LE SENTIMENT MÊME DE SOI

ANTONIO R. DAMASIO

LE SENTIMENT MÊME DE SOI

CORPS, ÉMOTIONS, CONSCIENCE

Traduit de l'anglais (États-Unis) par
Claire Larsonneur et Claudine Tiercelin

EDITIONS
ODILE JACOB

Toutes les figures reproduites ici le sont avec l'aimable autorisation du Dr Hanna Damasio.

Ouvrage initialement paru en 1999
chez Harcourt Brace & Compagny, New York,
sous le titre : *The Feeling of What Happens*. Body and Emotion
in the Making of Consciousness

15, Rue Soufflot, 75005 Paris
http://www.odilejacob.fr

ISBN : 2-7381-0738-9

Pour Hanna

Or the waterfall, or music heard so deeply
That it is not heard at all, but you are the music
While the music lasts. These are only hints and guesses,
Hints followed by guesses ; and the rest
Is prayer, observance, discipline, thought and action.
The hint half guessed, the gift half understood, is Incarnation.

T. S. ELIOT, Dry Salvages, *in Four Quartets* *

The question of who I was consumed me.
I became convinced I should not find the image
of the person that I
was : Seconds passed. What rose to the surface in me
plunged out of sight again. And yet I felt
the moment of my first investiture
was the moment I began to represent myself
the moment I began to live — by degrees — second by
second — unrelentingly — Oh mind what you're doing ! —
do you want to be *covered* or do you want to be *seen* ? —
And the garment — how it becomes you ! — starry
with the eyes of
others,
weeping —

Jorie GRAHAM, Notes on the Reality of the Self, *Materialism* **

* « Ou la cascade, ou la musique entendue si profondément / Qu'on ne l'entend plus du tout, mais qu'on est la musique / Tant que la musique dure. Ce ne sont là / Qu'allusions et conjectures ; allusions / Suivies de conjectures ; le reste étant / Prière, observance, discipline, méditation et action. / L'allusion à demi devinée, le don à demi compris est l'Incarnation. » T. S. Eliot, *Poésie*, Paris, Seuil, 1947, p. 201, trad. de Pierre Leyris modifiée à la demande de l'auteur.

** « La question de qui j'étais me consumait. / Je me persuadai que je ne devais pas trouver l'image de la personne que j'/ étais : les secondes s'écoulaient. Ce qui faisait surface en moi / disparaissait de ma vue aussitôt. Et pourtant j'avais l'impression / que le moment de ma première intronisation / fut le moment où j'ai commencé à me représenter / le moment où j'ai commencé à vivre — par degrés — seconde après / seconde — sans répit — Oh mon esprit, que fais-tu ! — / veux-tu être *couvert* ou veux-tu être *vu* ? — / Et ton habit — comme il te va bien ! — émerveillé / avec les yeux / des autres, / en pleurs —. »

Première partie

INTRODUCTION

CHAPITRE PREMIER

S'avancer en pleine lumière

J'ai toujours été intrigué par ce moment si particulier où, assis dans le public, nous voyons tout à coup le rideau s'ouvrir et un artiste s'avancer en pleine lumière, ou bien, en adoptant l'autre perspective, par ce moment où l'artiste, tapi dans une semi-obscurité, voit lui-même ce rideau s'ouvrir, révélant les lumières, la scène et le public.

Je me suis rendu compte, il y a de cela quelques années, que la qualité émouvante de ce moment, quel que soit le point de vue auquel on se place, vient de ce qu'il incarne une sorte de naissance, le franchissement d'un seuil, ce qui sépare l'abri sûr, mais restrictif du monde du possible et du risque qui se trouve au-delà et plus avant. Mais en introduction à ce livre, tandis que je réfléchis à ce que j'ai écrit, je me rends compte que le fait de s'avancer en pleine lumière est aussi une puissante métaphore pour la conscience, pour la naissance de l'esprit connaissant, pour l'apparition simple, et néanmoins considérable du sentiment de soi dans le monde du mental. Comment nous nous avançons dans la pleine lumière de la conscience, tel est précisément le sujet de ce livre. J'écris sur le sentiment de soi et sur la transition qui va de l'innocence et de l'ignorance à l'état de connaissance ; mon but spécifique est d'examiner les circonstances biologiques qui permettent cette transition cruciale. *

Aucun aspect de l'esprit humain n'est facile à étudier. Ceux qui souhaitent comprendre les sous-bassements biologiques de l'esprit considèrent que la conscience est le problème capital, même si sa définition peut considérablement varier d'un chercheur à l'autre. Si

* Le terme anglais *Self* sera traduit par « Soi » dans tout l'ouvrage, qu'il soit employé seul ou dans des expressions composées comme proto-Soi ou Soi-autobiographique.

élucider l'esprit constitue l'ultime frontière pour les sciences du vivant, la conscience apparaît bien souvent comme le dernier mystère dans l'élucidation de l'esprit. Certains le tiennent même pour insoluble.

Pourtant, on peut difficilement songer à un défi plus séduisant pour la réflexion et la recherche. La question de l'esprit, en général, et de la conscience, en particulier, permet aux êtres humains d'exercer, jusqu'à plus soif, leur désir de comprendre et leur appétit d'émerveillement sur leur propre nature, qu'Aristote tenait pour l'apanage de l'humanité. Qu'y a-t-il de plus difficile à connaître que la manière dont nous connaissons ? Qu'y a-t-il de plus étourdissant que de s'apercevoir que c'est le fait même d'avoir une conscience qui rend possibles et même inévitables nos questions sur la conscience ?

Bien que je ne tienne pas la conscience pour le pinacle de l'évolution biologique, je la considère comme une plaque tournante dans la longue histoire de la vie. Même lorsque nous avons recours à la définition simple et courante qu'en donne le dictionnaire — à savoir la connaissance immédiate que possède un organisme de soi et de ce qui l'environne —, on peut aisément imaginer comment la conscience a probablement ouvert la voie, dans l'évolution humaine, à un nouvel ordre de créations qui n'auraient pas été possibles sans elle : la conscience morale, la religion, les organisations sociales et politiques, les arts, les sciences, et la technologie. Peut-être même la conscience est-elle la fonction biologique cruciale qui nous permet de connaître la douleur ou la joie, de connaître la souffrance ou le plaisir, de ressentir de l'embarras ou de la fierté, de nous désoler de la perte d'un amour ou de la vie. Qu'on en fasse l'expérience ou qu'on l'observe à titre individuel, le pathos est un sous-produit de la conscience, tout comme le désir. Aucun d'entre nous ne connaîtrait jamais le moindre de ces états personnels sans la conscience. Ne blâmez pas Ève de connaître, blâmez la conscience, et remerciez-la aussi.

J'écris ces lignes du centre de Stockholm. Par la fenêtre je peux observer un vieil homme frêle en train de se diriger vers un ferry qui est sur le départ. Le temps presse, mais son allure est lente ; ses pas sont heurtés, à cause de l'arthrite dont il souffre aux chevilles ; il a les cheveux blancs ; son manteau est râpé. Il pleut sans discontinuer, et le vent le fait légèrement ployer tel un arbre perdu en plein champ. Il finit par atteindre le navire. Avec difficulté, il grimpe la haute marche qu'il lui faut franchir pour arriver sur la passerelle et commence à descendre vers le pont, effrayé à l'idée de prendre trop de vitesse sur la pente, tournant vivement la tête, à droite, à gauche, contrôlant ses arrières, cherchant des points d'appui, comme si tout son corps semblait dire : est-ce bien cela ? Suis-je au bon endroit ? Où dois-je ensuite me rendre ? Les deux hommes présents sur le pont l'aident alors à retrouver son aplomb, ils le font gentiment entrer dans la cabine avec des gestes chaleureux et le voilà, semble-t-il, en sûreté, là où il doit être. Mes inquiétudes sont dissipées. Le bateau s'en va.

À présent, laissez votre esprit vagabonder et songez à ceci : sans la conscience, la gêne et peut-être l'humiliation du vieil homme lui seraient tout bonnement restées inconnues. Sans la conscience, les deux hommes sur le pont n'auraient pas réagi avec empathie. Sans la conscience, je ne me serais pas senti concerné, et je n'aurais jamais pensé : un jour peut-être, je serai comme lui. J'aurai la même démarche hésitante, je ressentirai le même inconfort. La conscience amplifie l'impact de ces sentiments dans l'esprit des personnages de cette scène.

La conscience est, en effet, la clé qui nous ouvre les portes d'une vie soumise à examen, pour le meilleur et pour le pire, et c'est notre premier droit d'accès à tout ce que nous savons de la faim, de la soif, de la sexualité, des larmes, du rire, des coups de pied, des coups de poing, du flux d'images que nous appelons pensée, des sentiments, des histoires, des croyances, de la musique et de la poésie, du bonheur et de l'extase. À son niveau le plus simple et le plus fondamental, la conscience nous permet de reconnaître un désir irrésistible de rester en vie et de développer un intérêt pour soi. À son niveau le plus complexe et le plus élaboré, la conscience nous aide à développer un intérêt pour d'autres Soi et à améliorer l'art de la vie.

Absent sans avoir pris congé

Il y a trente-deux ans de cela, un homme se trouvait là assis en face de moi, dans une salle d'examen étrange, entièrement circulaire, et peinte en gris. Le soleil de l'après-midi brillait sur nous à travers une lucarne tandis que nous devisions tranquillement. Brusquement, l'homme s'est arrêté, au beau milieu d'une phrase, son visage a cessé de s'animer, sa bouche s'est figée, encore ouverte, et son regard s'est mis à fixer, dans le vide, un point du mur derrière moi. Pendant quelques secondes, il est resté là sans bouger. J'ai prononcé son nom, mais aucune réponse n'est venue. Puis il a commencé à remuer un peu, il a passé sa langue sur ses lèvres, ses yeux se sont dirigés vers la table qui se trouvait entre nous, apercevant, semble-t-il, une tasse de café et un petit vase en métal contenant des fleurs ; c'est ce qu'il a dû voir, parce qu'il a ramassé la tasse, et a bu son contenu. Je lui ai parlé de nouveau, mais il n'a pas répondu, une fois de plus ; il a touché le vase, je lui ai demandé ce qui se passait. Pas de réponse. Son visage est resté inexpressif. Il ne me regardait pas. Puis il s'est mis debout, et l'inquiétude m'a gagné ; je ne savais pas à quoi je devais m'attendre. Je l'ai appelé par son nom et il n'a pas répondu. Quand tout cela prendrait-il fin ? Puis il a fait le tour et a marché lentement vers la porte. Je me suis levé et je l'ai encore appelé. Il s'est arrêté, m'a regardé, et une expression est revenue sur son visage — il avait l'air perplexe. Je l'ai appelé de nouveau et il a dit : « Quoi ? »

Pendant un court instant, qui m'a paru des siècles, cet homme a souffert d'une détérioration de la conscience. Neurologiquement parlant, il a été pris d'un accès d'absence suivi d'un automatisme d'absence, deux des manifestations de l'épilepsie, affection causée par un dysfonctionnement cérébral. Ce n'était pas la première fois que je me trouvais ainsi exposé à une conscience détériorée, mais c'était, pour lors, la plus intrigante. D'un point de vue à la première personne, je savais quel effet cela pouvait faire de se dissoudre dans un état où l'on se trouve, à son corps défendant, sans connaissance, et de revenir à la conscience — alors que j'étais enfant, il m'était arrivé, dans un accident, de perdre conscience et, adolescent, j'avais subi une fois une anesthésie générale. J'avais aussi vu des patients dans le coma et observé, d'un point de vue à la troisième personne, à quoi pouvait ressembler un état d'inconscience. Dans tous ces cas pourtant, comme lorsqu'on s'endort ou que l'on se réveille, la perte de conscience était radicale, quelque chose comme une coupure de courant complète. Mais ce que je venais de voir, cet après-midi-là dans la pièce circulaire grise, était bien plus saisissant. L'homme ne s'était pas effondré par terre, dans un état comateux, et il ne s'était pas non plus endormi. Il était à la fois là et pas là, de toute évidence éveillé, partiellement attentif, capable assurément de manifester un comportement, corporellement présent, mais personnellement manquant, absent sans avoir pris congé.

Le souvenir de cet épisode ne m'a pas quitté, et ce fut un jour faste que celui où j'ai senti que je pouvais en interpréter le sens. J'ignorais alors, chose que je sais à présent, que j'avais été témoin de la transition, tranchante comme le rasoir, entre un esprit pleinement conscient et un esprit privé du sentiment de soi. Durant la période de conscience détériorée, la vigilance de l'homme, sa capacité fondamentale d'attention aux objets et son aptitude à se déplacer dans l'espace avaient été préservées. L'essentiel de son esprit était probablement toujours là, pour ce qui est des objets de son environnement, mais le sentiment que l'on a de soi et que l'on a de connaître, ce sens-là avait été suspendu. C'est probablement ce jour-là qu'a commencé à prendre forme, à mon insu, ma conception de la conscience ; quant à ma conviction qu'un sentiment de soi est une partie indispensable de l'esprit conscient, elle n'a fait que se renforcer au contact de cas comparables.

Mon intérêt pour la conscience ne s'est pas démenti au fil des années ; j'ai été tout de suite attiré par le défi scientifique qu'elle pose et horrifié aussi par les conséquences humaines que peut entraîner sa détérioration dans la maladie neurologique, mais je continuais à me tenir à distance. Le drame des situations dans lesquelles une lésion cérébrale est la cause d'un coma ou d'un état végétatif persistant, les cas où la conscience se trouve détériorée de la manière la plus radicale qui soit, voilà quelque chose que j'aurais préféré ne pas observer, si l'on m'en avait donné le choix. Il y a peu de choses aussi tristes que d'assister à la disparition soudaine et forcée de l'esprit conscient chez quelqu'un qui reste en vie, et peu de choses aussi douloureuses à expliquer à une famille. Comment regarder une personne dans les yeux, et bien lui faire comprendre que la tranquillité dont fait preuve un compagnon de toute une vie peut apparaître comme du sommeil, mais n'en est pas en fait ; qu'il n'y a rien de bénin ou de réparateur dans cette manière de se reposer ; que l'être qui fut jadis un être sentant ne reviendra peut-être jamais à l'état d'être sentant ? Pour autant, même si ma carrière de neurologue ne m'avait pas rendu la conscience ennuyeuse, ma carrière de neuroscientifique aurait pu me garantir de ne jamais toucher au problème. Étudier la conscience n'était tout bonnement pas la chose à faire, avant de devenir professeur titulaire, et même après, cela était considéré avec suspicion. Ce n'est qu'au cours des années récentes que la conscience est redevenue un sujet de recherche scientifique à peu près sans danger[1].

Il n'empêche : la raison pour laquelle je me suis finalement tourné vers la conscience a peu à voir avec la sociologie des études sur la conscience. Assurément, je n'avais pas envisagé de faire des recherches sur la conscience jusqu'à ce qu'une impasse s'impose à moi. L'impasse avait quelque chose à voir avec mon travail sur les émotions, ce qui veut dire que je peux en rejeter le blâme sur les passions de l'âme[2].

Voici donc quelle était la situation. Je comprenais raisonnablement bien la manière dont différentes émotions étaient induites dans le cerveau, et jouaient leur rôle dans le théâtre du corps. Je pouvais également imaginer comment l'induction des émotions, de même que les changements corporels qui en résultent et qui constituent pour une bonne part un état émotionnel se signalent dans plusieurs structures cérébrales capables de fournir les cartes de tels changements, constituant ainsi le substrat nécessaire pour ressentir une émotion. Mais j'étais absolument incapable de comprendre comment ce substrat cérébral du sentiment pouvait devenir *connu* de l'organisme ayant l'émotion. Je ne parvenais pas à donner une explication satisfaisante de la manière dont ce que nous autres, créatures conscientes, appelons le sentiment devient connu de l'organisme qui ressent. Par quel mécanisme supplémentaire chacun d'entre nous sait-il qu'un sentiment se produit dans les confins de son organisme ? Que se passe-t-il d'autre dans l'organisme, et plus particulièrement, que se passe-t-il d'autre dans le cerveau, lorsque nous savons que nous ressentons une émotion ou éprouvons de la douleur, ou, en l'occurrence, lorsque nous connaissons tout bonnement quelque chose ? Je venais de me heurter à l'obstacle de la conscience. Plus particulièrement, je venais de me heurter à l'obstacle du Soi, car il fallait bien quelque chose comme un sentiment de soi pour faire connaître les signaux qui constituent le sentiment de l'émotion à l'organisme qui a l'émotion en question.

Je voyais bien ce que surmonter l'obstacle du Soi signifiait, de mon point de vue : comprendre ses sous-bassements neuronaux nous aiderait peut-être à comprendre l'impact biologique très différent de trois phénomènes distincts bien qu'étroitement liés : une émotion, le sentiment de cette émotion, et *savoir* que nous avons un sentiment de cette émotion. Et, chose qui n'était pas moins importante, que surmonter l'obstacle du Soi pourrait aussi contribuer à élucider les sous-bassements neuronaux de la conscience en général.

Le problème de la conscience

Quel est donc le problème de la conscience du point de vue de la neurobiologie ? Même si la question du Soi me paraît être un problème crucial dans l'élucidation de la conscience, il me faut être clair : le problème de la conscience ne se limite pas à la question du Soi. Pour résumer les choses en termes très simples, je considère que le problème de la conscience est la combinaison de deux problèmes intimement liés. Il s'agit, pour le premier, du problème consistant à comprendre comment le cerveau qui se trouve situé à l'intérieur de l'organisme humain engendre les configurations mentales que nous appelons, faute d'un meilleur terme, les images d'un « objet ». Par objet, j'entends des entités aussi diverses qu'une personne, un lieu, une mélodie, un mal de dents, un état de félicité ; par image, j'entends une configuration mentale, sous n'importe laquelle des modalités sensorielles, par exemple, une image sonore, une image tactile, l'image d'un état de bien-être qui est véhiculé par des sens viscéraux. De telles images transmettent des aspects relatifs à certaines caractéristiques physiques de l'objet, et elles peuvent aussi transmettre la réaction de goût ou de dégoût que peut inspirer un objet parmi d'autres. De façon tout à fait naïve, ce premier problème de la conscience porte sur la manière dont nous parvenons à un « film cérébral », à condition de se rendre compte que sous cette métaphore grossière, le film comporte autant de pistes sensorielles que notre système nerveux peut avoir de portes sensorielles — la vision, le son, le goût et l'olfaction, le toucher, les sens internes, et ainsi de suite. (Voir le glossaire de l'Annexe pour un commentaire sur l'usage de termes tels qu'image, représentation et carte.)

Du point de vue de la neurobiologie, résoudre le premier problème, c'est découvrir comment le cerveau forme des configurations neuronales dans ses circuits de cellules nerveuses et parvient à transformer ces configurations neuronales en ces configurations mentales explicites qui constituent le niveau le plus élevé du phénomène biologique, et que j'aime appeler, pour faire court, des images — images visuelles, images auditives, images tactiles, et ainsi de suite, images qui sont mises pour n'importe quel objet, n'importe quelle relation, concrète ou abstraite, n'importe quel mot ou n'importe quel signe. Résoudre ce problème implique, nécessairement, que l'on aborde la question philosophique des qualia. Les qualia sont les qualités sensibles simples que l'on peut trouver dans le bleu du ciel ou la tonalité du son émis par un violoncelle, et les composantes fondamentales des images inhérentes à la métaphore du film sont faites ainsi de qualia. Je crois que ces qualités finiront par trouver une explication biologique, même si, pour l'heure, l'analyse neurobiologique est incomplète et que l'explication comporte des lacunes [3].

Venons-en à présent au second problème de la conscience. Il s'agit de savoir comment, parallèlement au fait d'engendrer des configurations mentales d'un objet, le cerveau engendre aussi un sentiment de soi dans l'acte de connaître. Pour m'aider à clarifier ce que j'entends par Soi et par connaître, je vous invite à vérifier tout de suite leur présence dans votre propre esprit.

Vous êtes en train de regarder cette page, de lire le texte et de construire, chemin faisant, la signification de mes mots. Mais l'intérêt pour le texte et la signification ne décrit guère tout ce qui se passe dans votre esprit. En même temps qu'il représente les mots imprimés et fait appel à toute la connaissance conceptuelle requise pour comprendre ce que j'ai écrit, votre esprit fait aussi appel à quelque chose d'autre, quelque chose qui suffit pour indiquer, instant après instant, que c'est *vous* plutôt que n'importe qui d'autre qui êtes en train d'effectuer la lecture et la compréhension du texte. Les images sensibles de ce que vous percevez extérieurement, et les images correspondantes que vous vous rappelez, occupent la majeure partie du champ de votre esprit, mais pas sa totalité. Outre ces images, il y a aussi cette autre présence qui vous signifie vous, en tant qu'observateur des choses en images, propriétaire des choses en images, acteur potentiel des choses en images. Il y a une présence de vous, dans une relation particulière à un certain objet. S'il n'y avait pas une telle présence, comment vos pensées pourraient-elles vous appartenir ? Qui pourrait vous dire que c'est le cas ? La présence est tranquille et subtile, et parfois elle n'est rien de plus qu'une « allusion à demi devinée », un « don à demi compris », pour emprunter ces expressions à T. S. Eliot. Je suggérerai plus loin que la forme la plus simple d'une telle présence est aussi une image, en vérité, le genre d'image qui constitue un sentiment. De ce point de vue, la présence du vous est le sentiment de ce qui se passe lorsque votre être est modifié par les actes consistant à saisir quelque chose. La présence ne disparaît jamais, depuis le moment où l'on s'éveille jusqu'au moment où l'on se rendort. La présence doit être là, ou bien alors il n'y a pas de vous.

Pour résoudre ce second problème, il importe de comprendre la manière dont, lorsque j'écris, j'ai un sentiment de moi-même, et la manière dont, lorsque vous lisez à présent, vous avez un sentiment de vous-même ; la manière aussi dont nous sentons que la connaissance acquise par appropriation et que vous et moi contemplons dans notre esprit, en ce moment même, est façonnée selon une perspective particulière, celle de l'individu à l'intérieur de qui elle est formée, plutôt que selon telle ou telle perspective canonique et qui serait la même pour tous. Pour résoudre ce problème, il faut aussi comprendre comment les images d'un objet et de la matrice complexe des relations, réactions, et plans qui s'y rattachent, sont ressenties comme la propriété mentale indubitable d'un propriétaire automatique qui est, en fait, un observateur, quelqu'un qui perçoit, qui connaît, qui pense, et qui est aussi un acteur potentiel. Ce second problème est d'autant plus surprenant que nous pouvons être certains que la solution qui en est traditionnellement proposée — un homoncule qui a pour charge de connaître — est manifestement incorrecte. Il n'y a pas d'homoncule, métaphysique ou dans le cerveau, qui serait assis dans le théâtre cartésien comme le serait un public en train d'attendre que les objets s'avancent en pleine lumière[4]. En d'autres termes, si l'on veut résoudre le second problème de la conscience, il faut élucider les sous-bassements biologiques de la curieuse aptitude que nous autres humains avons à construire, non pas simplement les configurations mentales d'un objet — les images de personnes, de lieux, de mélodies, et de leurs relations, en un mot, les images mentales temporellement et spatialement unifiées de quelque chose-à-connaître — mais également les configurations mentales qui transmettent, automatiquement et naturellement, le sentiment de soi dans l'acte de connaître. Comme on le pense couramment, la conscience, du niveau le plus élémentaire au plus complexe, est la structure mentale intégrée qui relie le Soi aux objets.

À tout le moins donc, la neurobiologie de la conscience se heurte à deux problèmes : celui de savoir comment est engendré le film cérébral, et celui de savoir comment le cerveau engendre également le sens que l'on a qu'il existe bel et bien un propriétaire et un observateur de ce film. Les deux problèmes sont si étroitement liés que le dernier vient se loger dans le premier. En effet, ce dont il s'agit dans le second problème, c'est d'engendrer l'*apparence* d'un propriétaire et d'un observateur du film, *à l'intérieur du film*. Les mécanismes physiologiques qui concernent le second problème ont une influence sur ceux concernés par le premier. Toutefois, en dépit du lien étroit qui unit les problèmes, les séparer est une manière de décomposer le problème de la conscience, et, ce faisant, de faciliter son investigation tout entière[5].

Il s'agit, dans ce livre, d'essayer d'affronter l'obstacle de la conscience en se concentrant nettement sur le problème du Soi, sans négliger ni minimiser pour autant l'autre problème de la conscience. C'est l'impasse à laquelle les émotions m'avaient conduit, et que j'ai décrite plus haut, qui fut à l'origine de cette tentative ; mais celle-ci s'est poursuivie bien au-delà de ce sujet particulier. Le livre porte sur l'idée que je me fais de ce qu'est la conscience, en termes mentaux, et de la manière dont la conscience peut se construire dans le cerveau humain. Je ne prétends pas avoir résolu le problème de la conscience, et au stade où l'on se trouve dans l'histoire des sciences cognitives et des neurosciences, en dépit de plusieurs contributions nouvelles et substantielles, je considère avec quelque scepticisme la pensée qui voudrait que l'on puisse résoudre *le* problème de la conscience. J'espère simplement que les idées présentées ici contribueront à l'élucidation du problème du Soi d'un point de vue biologique[6].

L'arrière-plan du texte est un programme de recherche continu qui s'appuie sur des enquêtes menées dans des directions diverses — réfléchir à des faits, en s'appuyant sur de nombreuses années passées à observer des patients neurologiquement atteints, souffrant de troubles mentaux et comportementaux ; réfléchir aussi à des découvertes faites en partant d'études menées en neuropsychologie expérimentale sur de tels troubles, proposer des théories des processus de la conscience tels qu'ils apparaissent dans l'état humain normal, en recourant à des données empiriques issues de la biologie, de la neuroanatomie, et de la neurophysiologie ; et concevoir des hypothèses testables sur les sous-bassements neuro-anatomiques de la conscience et qui soient informées par la réflexion et par la théorie.

Aborder la conscience

Avant d'aller plus loin, quelques mots s'imposent sur la manière d'aborder le problème que nous avons défini. Il serait merveilleux, bien sûr, que les contenus de notre esprit soient encore plus richement superposés qu'ils ne le sont déjà, en sorte que je puisse écrire ce livre sur des pistes parallèles et que vous puissiez lire des choses, en simultané, sur les postulats théoriques, les méthodes scientifiques et les faits fondamentaux. Mais nous opérons dans le monde de la physique classique, et je dois faire appel à des procédés de l'époque élisabéthaine : à-côtés et digressions. Je promets d'être bref et de coller à l'essentiel.

ESPRIT, COMPORTEMENT ET CERVEAU

La conscience est un phénomène entièrement privé et à la première personne, qui apparaît comme une partie du processus privé et à la première personne que nous appelons esprit[7]. Mais la conscience et l'esprit sont étroitement liés au comportement externe qui peut être observé par des tierces personnes. Nous avons tous en partage ces phénomènes — esprit, conscience à l'intérieur de l'esprit et comportements — et nous savons parfaitement bien comment ils sont reliés entre eux, d'abord en raison de notre propre auto-analyse, en second lieu, en raison de notre propension naturelle à analyser les autres. La sagesse ainsi que la science de l'esprit et du comportement humains reposent sur cette corrélation indéniable entre le privé et le public — l'esprit à la première personne, d'un côté, et le comportement à la troisième personne, de l'autre. Fort heureusement, pour ceux d'entre nous qui souhaitent aussi comprendre les mécanismes sous-jacents à l'esprit et au comportement, il se trouve que l'esprit et le comportement sont aussi en étroite corrélation avec les fonctions des organismes vivants, et notamment avec les fonctions du cerveau au sein de ces organismes[8]. La puissance de cette triangulation : esprit, comportement, cerveau, a été manifeste pendant plus d'un siècle et demi — depuis le jour où les neurologues Paul Broca et Carl Wernicke ont découvert un lien entre le langage et certaines régions de l'hémisphère cérébral gauche. La triangulation a permis un développement des plus heureux : les mondes traditionnels de la philosophie et de la psychologie ont peu à peu conjugué leurs forces avec le monde de la biologie, et créé une alliance étrange mais productive. Par exemple, grâce à l'ample regroupement des approches scientifiques aujourd'hui connues sous le nom de neurosciences cognitives, l'alliance a permis de nouvelles avancées dans la compréhension de la vision, de la mémoire et du langage. Il y a de bonnes raisons d'espérer que l'alliance contribuera également à la compréhension de la conscience.

Au cours des deux dernières décennies, les travaux menés dans les neurosciences cognitives sont devenus particulièrement gratifiants, parce que le développement de nouvelles techniques pour observer le cerveau, en termes de sa structure et de sa fonction, nous permet à présent de lier un certain comportement que nous observons, cliniquement ou lors d'une expérimentation, non seulement à ce que nous croyons être le pendant mental de ce comportement, mais aussi à des indices spécifiques de la structure cérébrale ou de l'activité cérébrale.

En voici quelques exemples. Les aires de dommage cérébral circonscrites par une maladie neurologique et qu'on appelle des lésions ont longtemps servi de pivot dans la recherche effectuée sur la base neuronale de l'esprit. De telles lésions n'étaient confirmées en général qu'au moment de l'autopsie, souvent bien des années après qu'on eut tiré les conclusions de l'étude du patient. Ce laps de temps ralentissait le processus d'analyse et suscitait une certaine incertitude quant à la corrélation entre l'anatomie et le comportement. Mais de récents développements techniques nous permettent d'analyser les lésions dans une reconstruction en 3-D du cerveau du patient vivant ; dans le même temps, on se livre à des observations comportementales ou cognitives. La reconstruction est exposée sur un écran d'ordinateur et s'appuie sur la manipulation élaborée de données brutes obtenues à partir d'un scanner à résonance magnétique. Il dépeint les structures neuronales avec une grande fidélité et permet une dissection soignée dans un espace virtuel plutôt que sur une table de laboratoire. La signification que revêt un tel développement est celle-ci : une lésion analysée de cette manière détaillée et opportune sert de sonde pour tester des hypothèses sur la manière dont un système cérébral accomplit une certaine fonction ou un certain comportement mental. Par exemple, nous pouvons postuler qu'un système constitué de quatre régions cérébrales en interconnexion, A, B, C, D, fonctionne sur un mode particulier. Nous pouvons alors prédire le genre de changements qui doit se produire, lors de la destruction, par exemple, de la région C. Pour tester la validité de la prédiction, nous étudions la manière dont les patients atteints d'une lésion dans l'aire C se comportent dans le cadre d'une tâche donnée. Incidemment, on utilise la même approche dans un autre domaine des neurosciences qui a connu une évolution récente, celui de la neurobiologie moléculaire. Un gène spécifique est inactivé expérimentalement, dans une souris, par exemple, causant ainsi une « lésion » (en jargon scientifique cela s'appelle un « knock-out »). L'investigation peut alors déterminer si les conséquences du « knock-out » sont telles qu'on les a prédites[9].

Voici un autre exemple d'un nouveau type d'index cérébral : il s'agit d'une aire d'activité cérébrale accrue ou affaiblie et qui est révélée par une tomographie par émission de positons (TEP) ou par un scanner d'imagerie fonctionnelle par résonance magnétique (IRM). De tels scanners peuvent être utilisés non seulement chez des patients neurologiquement atteints, mais aussi chez des humains qui n'ont pas de maladie cérébrale. Ici encore, on utilise une prédiction spécifique concernant l'activité d'une certaine région durant l'accomplissement d'une tâche mentale particulière, pour établir la validité de l'hypothèse.

Voici encore un autre index : un changement dans la réaction de conduction électrique mesuré dans la peau ; ou un changement dans les potentiels électriques et les champs magnétiques correspondants, mesuré à partir du cuir chevelu ; ou un changement dans les potentiels électriques mesuré directement sur la surface cérébrale durant une intervention chirurgicale pratiquée pour une épilepsie. Il est tout à fait remarquable que la possibilité d'établir des relations étroites entre esprit privé, comportement public et fonction cérébrale ne s'arrête pas avec l'application de ces nouvelles techniques. Les relations croisées peuvent être étendues par des rattachements à de nouveaux domaines du savoir relatifs à l'anatomie et à la fonction du système nerveux ; elles peuvent être rassemblées par des neuro-anatomistes expérimentaux, des neurophysiologistes, des neuropharmacologues et des neurobiologistes qui étudient les événements moléculaires se produisant à l'intérieur des cellules nerveuses individuelles, et qui peuvent, à leur tour, relier ces événements à la composition et à l'action de gènes spécifiques. Les faits réunis récemment sur la base de tous ces développements nous permettent d'établir peu à peu davantage de théories détaillées sur la relation qu'il peut y avoir entre certains aspects de l'esprit et du comportement et le cerveau. L'esprit privé de l'organisme, le comportement public de l'organisme, et son cerveau caché, peuvent ainsi s'unir dans l'aventure de la théorie, et de l'aventure naissent des hypothèses qui peuvent être testées expérimentalement, jugées d'après leurs mérites, et par la suite admises, rejetées ou modifiées. (Voir en annexe les bases fondamentales de l'anatomie cérébrale et l'organisation fonctionnelle du cerveau.)

RÉFLÉCHIR AUX DONNÉES NEUROLOGIQUES ET NEUROPSYCHOLOGIQUES

Les résultats des observations neurologiques et des expérimentations neuropsychologiques ont révélé bien des faits qui ont été le point de départ des idées présentées ici. Dont voici le premier : certains aspects des processus inhérents à la conscience peuvent être reliés au fonctionnement de régions et de systèmes cérébraux spécifiques ; ouvrant ainsi la voie à la découverte de l'architecture neuronale soustendant la conscience. Les régions et systèmes en question s'assemblent dans un ensemble limité de territoires cérébraux et, non moins qu'avec des fonctions telles que la mémoire ou le langage, on s'oriente vers une anatomie de la conscience. L'un des buts de ce texte est de présenter des hypothèses anatomiques testables sur certains aspects du processus de conscience.

Le deuxième fait, le voici : la conscience et l'éveil, ainsi que la conscience et l'attention de faible niveau peuvent être séparés. Ce fait s'appuie sur les données empiriques suivantes : des patients peuvent être éveillés et attentifs sans avoir de conscience normale, comme le montre l'exemple de l'homme de la pièce circulaire. Aux chapitres 3 et 4, je discuterai le cas de tels patients et j'examinerai la signification que revêt leur état.

Voici un troisième fait, qui est peut-être le plus révélateur : c'est que la conscience et l'émotion ne sont pas séparables. Comme le montre la discussion menée aux chapitres 2, 3 et 4, en règle générale, lorsque la conscience est détériorée, l'émotion l'est aussi. En effet, le lien qui existe entre émotion et conscience, d'un côté, et le lien qui existe entre elles deux et le corps, de l'autre, constituent un thème principal de ce livre.

Quatrième fait : la conscience n'est pas monolithique, du moins pas chez les humains : elle peut être séparée en espèces simples et complexes, et les données neurologiques montrent la séparation dans toute sa transparence. L'espèce la plus simple, que j'appelle la *conscience-noyau*, dote l'organisme d'un sentiment de soi relativement à un moment, maintenant, et relativement à un lieu, ici. La portée de la conscience-noyau est le ici et le maintenant. La conscience-noyau n'illumine pas le futur, et le seul passé qu'elle nous laisse vaguement entrevoir est celui qui s'est produit à l'instant juste avant. Il n'y a ni ailleurs, ni avant, ni après. À l'inverse, l'espèce complexe de conscience que j'appelle *conscience-étendue*, et dont il existe plusieurs niveaux et degrés, dote l'organisme d'un sentiment élaboré de soi — une identité et une personne, vous ou moi, rien de moins — et place cette personne en un point du temps historique individuel, avec une riche connaissance immédiate du passé qu'elle a vécu, comme du futur qu'elle a anticipé, et avec une connaissance aiguë du monde qu'elle côtoie.

En résumé, la conscience-noyau est un phénomène biologique simple ; elle a un niveau unique d'organisation, elle est stable tout au long de la vie de l'organisme ; elle n'est pas exclusivement humaine ; et elle ne dépend pas de la mémoire conventionnelle, de la mémoire de travail, du raisonnement, ou du langage. À l'inverse, la conscience-étendue est un phénomène biologique complexe ; elle a plusieurs niveaux d'organisation ; et elle évolue tout au long de la vie de l'organisme. Même si je crois que la conscience-étendue est aussi présente chez certains non-humains, à des niveaux simples, elle n'atteint son stade le plus élevé que chez les humains. Elle dépend de la mémoire conventionnelle et de la mémoire de travail. Quand, chez les hommes, elle atteint son apogée, elle est également mise en valeur par le langage.

La conscience-noyau est la première étape vers la lumière de la connaissance et elle n'illumine pas la totalité d'un être. À l'inverse, c'est un être parachevé que la conscience-étendue conduit finalement en pleine lumière. Dans la conscience-étendue, le passé et le futur anticipé sont sentis de concert avec le ici et le maintenant, dans une vision panoramique dont la portée est aussi vaste que celle d'un roman épique.

S'il est vrai que la conscience-noyau est le rite initiatique pour accéder à la connaissance, il est pareillement vrai que les niveaux de connaissance qui rendent possible la créativité humaine sont ceux que seule autorise la conscience-étendue. Lorsque nous songeons aux hauts faits de la conscience, et lorsque nous considérons la conscience comme l'apanage de l'humain, nous pensons à la conscience-étendue à son zénith. Et pourtant, comme nous le verrons, la conscience-étendue n'est pas une variété indépendante de conscience : au contraire, elle se construit sur les fondements de la conscience-noyau. Le fin scalpel de la maladie neurologique révèle que les détériorations de la conscience-étendue permettent à la conscience-noyau de rester indemne. Par contraste, les détériorations qui commencent au niveau de la conscience-noyau démolissent l'édifice tout entier de la conscience : la conscience-étendue, elle aussi, s'effondre. Pour être glorieuse, la conscience doit veiller au bel ordonnancement des deux espèces de conscience. Mais si nous voulons pouvoir élucider cette glorieuse combinaison, nous aurons intérêt à commencer par comprendre l'espèce la plus simple et la plus fondamentale : la conscience-noyau [10].

Incidemment, aux deux sortes de conscience correspondent deux sortes de Soi. Le sentiment de soi qui émerge dans la conscience-noyau est le *Soi central*, une entité transitoire, sans cesse recréée pour chacun des objets avec lesquels le cerveau interagit. Mais notre notion traditionnelle du *Soi* a trait à l'idée d'identité, et correspond à une collection non transitoire de faits et de manières d'être uniques qui caractérisent une personne. Le terme que j'utilise pour cette entité est celui de *Soi-autobiographique*. Le Soi-autobiographique dépend de souvenirs systématisés de situations où la conscience-noyau était occupée à connaître les caractéristiques les plus invariantes de la vie d'un organisme — de qui vous êtes issu, où et quand vous êtes né ; vos goûts et dégoûts, la manière dont vous réagissez habituellement à un problème ou à un conflit ; votre nom, et ainsi de suite. J'emploie le terme de mémoire autobiographique pour désigner le compte rendu organisé des principaux aspects biographiques d'un organisme. Les deux sortes de Soi sont liées, et au chapitre 5, j'explique comment le soi-autobiographique apparaît à partir du Soi central.

Cinquième fait : il n'est pas rare que l'on explique la conscience simplement en termes d'autres fonctions cognitives, telles que le langage, la mémoire, la raison, l'attention et la mémoire de travail. Bien que de telles fonctions soient effectivement nécessaires pour que les étages supérieurs de la conscience-étendue fonctionnent normalement, l'étude des patients neurologiquement atteints suggère qu'elles ne le sont pas pour la conscience-noyau. En conséquence, une théorie de la conscience ne devrait *pas* être simplement une théorie de la manière dont la mémoire, la raison et le langage contribuent à construire, de haut en bas, une interprétation de ce qui se passe dans l'esprit et le cerveau. Assurément, la mémoire, les inférences intelligentes et le langage sont cruciaux pour la production de ce que j'appelle le Soi-autobiographique et le déroulement de la conscience réfléchie. Une certaine interprétation des événements qui se déroulent dans un organisme peut assurément se produire une fois en place les processus de Soi-autobiographique et de conscience-étendue. Mais je ne crois pas que la conscience ait commencé ainsi, à ce niveau élevé dans la hiérarchie des processus cognitifs, et aussi tard dans l'histoire de la vie comme en chacun de nous. Je suggère que les toutes premières formes de conscience précèdent les inférences et les interprétations. Elles font partie de la transition biologique qui permet finalement les inférences et les interprétations. C'est pourquoi une théorie de la conscience devrait rendre compte de l'espèce fondamentale, plus simple, de phénomène qui se produit aux abords de la représentation non consciente de l'organisme aux fins duquel tout cela est orchestré et qui peut sous-tendre les développements ultérieurs de l'identité et de la personne.

En outre, une théorie de la conscience ne devrait *pas* être simplement une théorie de la manière dont le cerveau est attentif à l'image d'un objet. L'attention naturelle de faible niveau précède la conscience, alors que l'attention concentrée suit le plein essor de la conscience. L'attention est aussi nécessaire à la conscience que la possession d'images. Mais l'attention n'est pas suffisante pour la conscience et n'est pas la même chose qu'elle.

En définitive, une théorie de la conscience ne devrait *pas* être simplement une théorie de la manière dont le cerveau crée des scènes mentales intégrées et unifiées, même si la production de scènes mentales intégrées et unifiées est un aspect important de la conscience, notamment à ses niveaux les plus élevés. Ces scènes n'existent pas dans le vide. Je crois qu'elles sont intégrées et unifiées *à cause* de la singularité de l'organisme et *pour* le bénéfice de ce seul organisme. Les mécanismes qui provoquent l'intégration et l'unification de la scène demandent à être expliqués.

En concentrant mes efforts explicatifs sur la manière dont le « sentiment de soi dans l'acte de connaître un objet » apparaît dans l'esprit, je cours le risque de me voir reprocher d'aborder *seulement* le problème de la fameuse conscience de soi et de négliger le reste du problème, à savoir, le problème des qualia. Voici comment je répondrais. Si par « conscience de soi » on entend « conscience dotée d'un sentiment de soi », alors ce terme recouvre nécessairement toute conscience humaine — il n'y a tout bonnement aucune autre espèce de conscience, pour autant que je puisse en juger. J'ajouterai que l'état biologique que nous décrivons comme le sentiment de soi et les mécanismes biologiques responsables de sa production peuvent fort bien contribuer à optimiser le processus de connaissance des objets — avoir un sentiment de soi peut non seulement être requis pour connaître, au sens propre du terme, mais peut influencer le processus de tout ce qui vient à être connu. En d'autres termes, les processus biologiques qui sont à l'origine du second problème peuvent jouer un rôle dans les processus biologiques qui sont à l'origine du premier. Lorsque je me penche sur le problème du Soi, je me penche sur la question des qualia relativement à la représentation de l'organisme doté de conscience [11].

À la recherche du Soi

Comment savons-nous que nous sommes en train de voir un objet ? Comment devenons-nous conscients, au sens plein du terme ? Comment le sentiment de soi dans l'acte de connaître est-il implanté dans l'esprit ? Je ne me suis mis à entrevoir une réponse possible aux questions sur le Soi que lorsque j'ai commencé à voir le problème en termes de deux acteurs principaux, l'*organisme* et l'*objet*, et en termes des *relations* qu'entretiennent ces acteurs au cours de leurs interactions naturelles. L'organisme en question est celui au sein duquel apparaît la conscience ; l'objet en question est n'importe quel objet qui vient à être connu au cours du processus de conscience ; et les relations entre l'organisme et l'objet sont les contenus de la connaissance que nous appelons conscience. Vue sous cet angle, la conscience se définit comme l'élaboration d'une connaissance relative à deux faits : 1/ L'organisme est impliqué dans la mise en relation avec un objet quelconque. 2/ L'objet qui se trouve dans la relation est la cause d'un changement dans l'organisme.

La nouvelle perspective fait aussi de la réalisation biologique de la conscience un problème plus facile à traiter. Le processus d'élaboration de connaissance nécessite un cerveau et nécessite aussi les propriétés de signalement avec lesquelles les cerveaux peuvent assembler des configurations neuronales et former des images. Les configurations neuronales et les images nécessaires à l'apparition de la conscience sont celles qui constituaient des substituts de l'organisme, de l'objet et de la relation entre les deux. Dans un tel contexte, comprendre la biologie de la conscience, c'est découvrir comment le cerveau peut dessiner à la fois la carte des deux joueurs et celle des relations qu'ils entretiennent.

Le problème général de la représentation de l'objet n'était pas spécialement énigmatique. Des études approfondies de la perception, de l'apprentissage et de la mémoire, ainsi que du langage, nous ont donné une idée exploitable de la manière dont le cerveau traite un objet, en termes sensoriels et moteurs. Nous avons également une idée de la manière dont un objet peut être stocké en mémoire, catégorisé en termes conceptuels ou linguistiques et récupéré sur des modes du rappel ou de la récognition. Les détails neurophysiologiques de ces processus n'ont pas été dégagés, mais ces problèmes sont, dans leurs grandes lignes, compréhensibles. De mon point de vue, les neurosciences ont consacré la plupart de leurs efforts à comprendre la base neuronale de ce que je considère comme l'« objet-substitut ». Dans le jeu relationnel de la conscience, l'objet se manifeste sous la forme de configurations neuronales, dans les cortex appropriés à la cartographie de ses caractéristiques. Par exemple, dans le cas des aspects visuels d'un objet, les configurations neuronales s'élaborent dans toute une série de régions des cortex visuels, pas seulement une ou deux, mais plusieurs, travaillant de concert pour cartographier les divers aspects de l'objet en termes visuels [12]. Du côté de l'organisme, en revanche, les choses sont tout à fait différentes. Pour mesurer combien elles le sont, imaginons un exercice.

Levez les yeux de la page et regardez quelque chose, n'importe quoi, qui se trouve en face de vous ; observez-le intensément, puis revenez à la page. Tandis que vous procédiez ainsi, les nombreuses stations de votre système visuel, depuis les rétines jusqu'à plusieurs régions du cortex cérébral du cerveau, sont rapidement passées de la cartographie de la page du livre à la cartographie de la pièce en face de vous, puis de nouveau à la cartographie de la page. Tournez-vous à présent de 180 degrés et regardez derrière vous. De nouveau, la cartographie de la page a rapidement disparu, en sorte que le système visuel pouvait cartographier la nouvelle scène que vous étiez en train de contempler. La morale de l'histoire : dans une succession rapide, ce sont précisément les *mêmes* régions du cerveau qui ont construit plusieurs cartes entièrement *différentes* en vertu des différents dispositifs moteurs que l'organisme a pris en charge, et des différentes entrées sensorielles que l'organisme a réunies. L'image construite dans les multiples écrans du cerveau a changé de façon remarquable.

À présent, considérons ceci : tandis que votre système visuel changeait comme il se doit, au gré des objets qu'il cartographiait, un certain nombre de régions de votre cerveau dont le travail est de réguler le processus biologique, et qui contient des cartes préétablies représentant divers aspects de votre corps, n'ont pas du tout changé pour ce qui est de la *sorte* d'objet qu'elles représentaient. Le corps est resté tout du long l'« objet », et le restera jusqu'à ce que mort s'ensuive. Mais ce n'est pas seulement la *sorte* d'objet qui était précisément la même ; le degré de changement survenant dans l'objet — le corps — était infime. Pourquoi cela ? Parce que seule une gamme restreinte d'états corporels est compatible avec la vie et que l'organisme est génétiquement conçu pour assurer le maintien de ce groupe restreint, et équipé pour le rechercher, contre vents et marées.

Ce que nous avons donc, dans cette situation, c'est une curieuse asymétrie que l'on peut formuler dans les termes suivants : certaines parties du cerveau sont libres de déambuler à travers le monde et, ce faisant, sont libres de cartographier tout objet que la structure de l'organisme leur permet de cartographier. En revanche, d'autres parties du cerveau, celles qui représentent le propre état de l'organisme, ne sont pas du tout libres de déambuler. Elles sont clouées sur place. Elles ne peuvent rien cartographier que le corps et ce, à l'intérieur de cartes largement préétablies. Elles sont l'auditoire captif du corps et elles sont à la merci de la nature répétitive de dynamique du corps.

Cette asymétrie s'explique par plusieurs raisons. Tout d'abord, la composition et les fonctions générales du corps vivant restent les mêmes, en termes de qualité, tout au long de la vie. En second lieu, les changements corporels qui se produisent en permanence sont infimes, en termes de quantité. Ils ont une portée dynamique restreinte, parce que le corps doit fonctionner avec un spectre limité de paramètres s'il veut survivre ; l'état interne du corps doit être relativement stable en comparaison de l'environnement qui l'entoure. En troisième lieu, cet état stable est régi depuis le cerveau par des rouages neuronaux élaborés, conçus pour détecter des variations minimales dans les paramètres du profil chimique interne du corps et pour commander des actions censées corriger les variations détectées, directement ou indirectement. (J'aborderai la neuro-anatomie de ce système au chapitre 5.) Le système est fait non d'une unité mais de plusieurs, dont les plus importantes sont situées dans le tronc cérébral, l'hypothalamus et dans certaines sections du télencéphale basal. En résumé, l'organisme, dans le jeu de relations qu'entretient la conscience, est l'unité intégrale de notre être vivant, notre corps, pour ainsi dire ; et pourtant, dans la pratique, la partie de l'organisme appelée cerveau comporte en son sein une sorte de modèle de tout l'ensemble. C'est là un fait étrange, qu'on a sous-estimé et auquel on devrait prêter attention, et c'est peut-être la plus importante voie d'accès au possible sous-bassement de la conscience.

J'en suis venu à la conclusion que l'organisme, tel qu'il est représenté à l'intérieur de son propre cerveau, est un précurseur biologiquement vraisemblable de ce qui finit par devenir le mystérieux sentiment de soi. Les racines profondes du Soi, y compris le Soi élaboré qui recouvre l'identité et la personnalité, devaient se trouver dans l'ensemble des dispositifs du cerveau qui, de façon continue et *non consciente*, maintiennent l'état du corps dans les limites étroites et la relative stabilité nécessaires à la survie. Ces dispositifs représentent continuellement, *de façon non consciente*, l'état du corps vivant, ainsi que nombre de ses dimensions. J'ai appelé l'état d'activité inhérent à l'ensemble de ces dispositifs, le *proto-Soi*, le précurseur non conscient des niveaux de Soi qui apparaissent dans notre esprit comme les protagonistes conscients de la conscience : le Soi central et le Soi-autobiographique.

Au cas où certains lecteurs s'inquiéteraient, à ce stade, de me voir tomber dans le piège abyssal de l'homoncule, je dirai tout de suite et avec fermeté que tel n'est pas le cas. Le « modèle du corps-dans-le-cerveau » auquel je fais référence n'a rien à voir avec la rigide créature homonculaire des manuels démodés de neurologie. Il n'y a rien là qui ressemble à une petite personne qui se trouverait à l'intérieur d'une grande personne ; le modèle ne « perçoit » rien et ne « sait » rien : il ne parle pas et il ne fait pas la conscience. Au lieu de cela, le modèle est une collection de dispositifs cérébraux dont le travail principal est l'organisation automatisée de la vie de l'organisme. Comme notre discussion le montrera, l'organisation de la vie s'effectue par toutes sortes d'actions régulatrices établies de façon innée — sécrétion de substances chimiques telles que les hormones, ainsi que mouvements effectifs dans les viscères et dans les membres. La mise en œuvre de ces actions dépend de l'information que fournissent des cartes neuronales avoisinantes qui signalent, instant après instant, l'état de l'organisme tout entier. Plus important encore, ni les dispositifs de régulation biologique ni les cartes corporelles ne sont à l'origine de la conscience, même si leur présence est indispensable aux mécanismes qui réalisent bel et bien la conscience-noyau.

Telle est la question capitale, comme on le soutient au chapitre 5 : dans le jeu relationnel de la conscience, l'organisme est représenté dans le cerveau sous des formes aussi nombreuses que variées, et cette représentation est liée au maintien du processus biologique. Si cette idée est correcte, la vie et la conscience, plus précisément ce qui relève du Soi dans la conscience, sont inextricablement liées.

Pourquoi nous avons besoin de la conscience

Si vous trouvez surprenant le lien entre la vie et la conscience, considérez ce qui suit. La survie dépend de ce que l'on trouve et incorpore des sources d'énergie, et de ce que l'on empêche toutes sortes de situations qui menacent l'intégrité des tissus vivants. Il est certainement vrai que, sans actions, des organismes tels que les nôtres ne survivraient pas, puisque les sources d'énergie requises pour renouveler la structure de l'organisme et se maintenir en vie seraient impossibles à trouver et à mettre au service de l'organisme, encore moins pour conjurer les dangers de l'environnement. Mais en elles-mêmes, sans l'aide des images, les actions ne nous mèneraient guère loin. Les bonnes actions ont besoin de la compagnie de bonnes images. Les images nous permettent de choisir entre des répertoires de schèmes d'actions qui étaient déjà là, et d'optimiser la mise en œuvre de l'action choisie — nous pouvons, plus ou moins délibérément, plus ou moins automatiquement, passer mentalement en revue les images qui représentent différentes actions possibles, différents scénarios, différentes issues à l'action. Nous pouvons sélectionner et choisir les plus appropriées et rejeter les mauvaises. Les images nous permettent aussi d'inventer l'application de nouvelles actions à des situations nouvelles et de construire les plans de futures actions — nous pouvons combiner des bribes et des bouts d'images d'actions, ou d'images de scénarios, et c'est cela, tout simplement, la créativité. Les images étendent le domaine des actions et accroissent leur portée et leur efficacité.

Si les actions sont à la racine de la survie et si leur pouvoir est lié à la disponibilité d'images-guides, c'est donc qu'un dispositif capable de maximiser la manipulation effective d'images au service des intérêts d'un organisme particulier a dû procurer d'énormes avantages à l'organisme muni du dispositif et a probablement prévalu dans l'évolution. La conscience est précisément un dispositif de ce genre.

L'innovation majeure de la conscience fut de rendre possible la liaison entre le sanctuaire interne de la régulation biologique et le traitement des images. En d'autres termes, ce fut de permettre la répercussion du système de régulation biologique — enfoui dans les profondeurs du cerveau en des régions telles que le tronc cérébral et l'hypothalamus — sur le traitement des images qui représentent les choses et les événements situés à l'intérieur et à l'extérieur des organismes. Pourquoi était-ce réellement un avantage ? Parce que la survie dans un environnement complexe, c'est-à-dire la gestion efficace de la régulation biologique, dépend de ce que l'on adopte l'action appropriée, ce qui, à son tour, peut être considérablement amélioré si l'on a déjà une petite idée de ce que l'on va faire, et dans quel but, si l'on est capable de manipuler des images dans son esprit et si l'on est en mesure de planifier au mieux les choses. La conscience est ce qui a assuré le lien entre les deux aspects disparates du processus — la régulation biologique interne et la formation d'images.

La conscience permet de savoir que des images existent chez l'individu qui les forme, elle place des images dans la perspective de l'organisme en rapportant ces images à une représentation intégrée de l'organisme, et ce faisant, elle permet la manipulation des images pour le bien de l'organisme. Au moment de son apparition dans l'évolution, la conscience annonce la naissance de la prévoyance individuelle.

La conscience, c'est la possibilité d'élaborer dans l'esprit un contrepoint des régulations et caractéristiques enfouies au centre du cerveau, une nouvelle manière pour le désir de vivre de faire valoir ses droits, et pour l'organisme d'agir sur eux. La conscience est le rite initiatique qui permet à un organisme armé de la capacité de réguler son métabolisme, doté de réflexes innés et de cette forme d'apprentissage qu'on appelle le conditionnement, de devenir un organisme pourvu d'un esprit, le genre d'organisme dans lequel les réponses sont façonnées par une *préoccupation* mentale : la propre vie de l'organisme. Spinoza disait que l'effort de préservation du Soi est le premier et le seul fondement de la vertu [13]. La conscience est ce qui rend cet effort possible.

Le début de la conscience

Dès que je fus en mesure de concevoir la manière dont le cerveau pourrait réunir les configurations correspondant à un objet et celles correspondant à l'organisme, je commençai à examiner les mécanismes que le cerveau est susceptible d'utiliser pour représenter la relation entre objet et organisme. Il s'agissait précisément pour moi de chercher comment le cerveau pouvait représenter le fait que, lorsqu'un organisme se livre au traitement d'un objet, l'objet *détermine causalement* l'organisme à réagir et, ce faisant, à changer son état. J'en présente une solution possible aux chapitres 5, 6 et 7. Je suggère que nous devenons conscients, lorsque les dispositifs représentationnels de l'organisme manifestent une espèce bien particulière de connaissance sans paroles — en d'autres termes : on sait que le propre état de l'organisme a été changé par un objet — et lorsqu'une telle connaissance s'accompagne de la représentation saillante d'un objet. Le sentiment de soi dans l'acte de connaître un objet est une infusion de connaissance *nouvelle*, sans cesse créée à l'intérieur de l'esprit aussi longtemps que des « objets », réellement présents ou remémorés, interagissent avec l'organisme et le déterminent causalement à changer.

Le sentiment de soi est la première réponse à une question que l'organisme n'a jamais soulevée : à qui appartiennent les configurations mentales incessantes qui se déroulent en ce moment même ? La réponse est qu'elles appartiennent à l'organisme, en ce qu'il est représenté par le proto-Soi. J'indique ensuite comment le cerveau assemble la connaissance sans paroles nécessaires à la production de cette réponse qu'on n'avait pas demandée. Mais à ce stade, je puis dire que la forme la plus simple sous laquelle émerge mentalement la connaissance sans paroles est le sentiment que l'on a de connaître — le sentiment de ce qui se passe lorsqu'un organisme se livre au traitement d'un objet — et que ce n'est qu'après qu'il peut y avoir des inférences et des interprétations relativement au sentiment que l'on a de connaître.

Étrangement, la conscience se présente au début comme le sentiment de ce qui se passe lorsque nous voyons, ou entendons, ou touchons. Formulé en termes légèrement plus précis, c'est un sentiment qui accompagne la formation de n'importe quelle sorte d'image — visuelle, auditive, tactile, viscérale — au sein de nos organismes vivants. Lorsqu'il se trouve dans le contexte approprié, le sentiment marque ces images comme les nôtres, et nous permet de dire, au sens propre du terme, que nous voyons, ou entendons, ou touchons. Les organismes qui ne sont pas équipés pour engendrer la conscience-noyau sont condamnés à former, çà et là, des images de la vue, ou du bruit, ou du toucher, mais ils ne peuvent parvenir à savoir qu'ils l'ont fait. Depuis ses débuts les plus humbles, la conscience est connaissance, la connaissance conscience, pas moins reliées l'une à l'autre que ne l'étaient pour Keats la vérité et la beauté.

Affronter le mystère

Il n'y a pas eu accord chez ceux qui étudient le problème de la conscience, non seulement sur ce qu'est la conscience mais également sur les perspectives qu'on peut avoir de comprendre ses sous-bassements biologiques. Il y a eu aussi un peu d'embarras et même d'inquiétude chez ceux qui ne sont pas des spécialistes de la conscience, mais de simples utilisateurs au jour le jour sur les conséquences humaines que peut entraîner l'élucidation de la biologie de la conscience. Pour certains non-spécialistes, la conscience et l'esprit sont quasiment impossibles à distinguer, de même que la conscience et la conscience morale, la conscience et l'âme, ou la conscience et le spirituel. Pour eux, et peut-être pour vous, l'esprit, la conscience, la conscience morale, l'âme et le spirituel forment une vaste région d'étrangeté qui situe les humains à part, qui sépare le mystérieux de l'explicable et le sacré du profane. Il ne serait pas surprenant de découvrir que la manière dont on parvient à cette conjonction sublime de propriétés humaines importe énormément à tout être humain sensé, et même que l'on puisse s'offenser de les voir traiter par le mépris. Quiconque a affronté la mort saura précisément à quoi je fais référence, peut-être parce que le caractère irréversible de la mort concentre vivement nos pensées sur l'échelle monumentale de la vie humaine qui a reçu l'esprit en partage. Mais on ne devrait pas avoir besoin de la mort pour rendre quiconque sensible à cette question. La vie devrait suffire pour nous faire approcher l'esprit humain dans sa dignité et dans sa grandeur, et de manière presque paradoxale, avec de la tendresse pour sa fragilité.

Mais soyons bien clair. La science nous aide à faire des distinctions entre les phénomènes, et la science est désormais en mesure de distinguer plusieurs composantes de l'esprit humain. Il est en fait possible de distinguer conscience et conscience morale : la conscience relève de la connaissance de n'importe quel objet ou de l'action attribuée à un Soi, alors que la conscience morale relève du bien ou du mal inhérents à des actions ou à des objets. Il est également possible de distinguer conscience et esprit : la conscience est la partie de l'esprit qui a trait au sens manifeste que l'on a de soi et que l'on a de connaître. Il faut plus pour l'esprit que la seule conscience, et il peut y avoir esprit sans conscience, comme on le découvre chez des patients qui ont seulement l'un et pas l'autre.

Au fur et à mesure qu'elle progresse, la science propose des explications des phénomènes qu'elle réussit à distinguer. Dans le cas de l'esprit, elle parvient à expliquer des parties de la vaste région de l'étrangeté. Elle glane *certains* mécanismes sous-jacents à *certains* phénomènes qui contribuent à la création de l'esprit humain admirable que nous respectons tant. Pourtant, l'admirable création ne disparaît pas du seul fait que nous réussissions à expliquer certains des mécanismes qui le composent et qui sont nécessaires à sa production. L'apparence *est* la réalité — l'esprit humain tel que nous le sentons directement. Lorsque nous expliquons l'esprit, nous devons nous en tenir à cette réalité, tout en satisfaisant une partie de notre curiosité quant au tour de passe-passe qui se joue derrière l'apparence.

Il y a un autre point sur lequel je dois être clair : résoudre le mystère de la conscience n'est pas la même chose que résoudre tous les mystères de l'esprit. La conscience est un ingrédient indispensable de l'esprit humain créateur mais ce n'est pas le tout de l'esprit humain, et à mon sens, ce n'est pas non plus le pinacle de la complexité mentale. L'éthique et le droit, la science et la technologie, le travail des muses et le lait de la bonté humaine, tels sont mes sommets de prédilection, en matière de biologie. Assurément, nous n'aurions rien de tout cela sans les merveilles de la conscience qui sont à l'origine de chaque nouvel accomplissement. Il n'empêche : la conscience est un lever de soleil, ce n'est pas le soleil de midi, et un coucher de soleil encore moins. Comprendre la conscience ne dit rien ou ne dit que fort peu sur les origines de l'univers, le sens de la vie, ou la destinée probable des deux. Après avoir résolu le mystère de la conscience et s'être exercé sur quelques mystères voisins de l'esprit, à supposer que la science accomplisse l'un ou l'autre, il reste assez de mystère pour occuper bien des vies de savants, assez de crainte à l'égard de la nature pour que nous restions modestes sur le futur prévisible. Après avoir examiné comment la conscience peut se produire à l'intérieur des trois livres de chair que nous appelons le cerveau, nous pouvons révérer la vie et respecter les êtres humains encore plus, plutôt que moins.

Jouer à cache-cache

Nous utilisons parfois notre esprit, non pour découvrir des faits mais pour les cacher. Nous utilisons une partie de l'esprit comme un écran pour empêcher une autre partie de celui-ci de sentir ce qui se passe ailleurs. Faire ainsi écran n'est pas nécessairement intentionnel — nous ne sommes pas en permanence des spécialistes de l'obscurcissement délibéré —, mais délibéré ou non, l'écran cache.

L'une des choses que l'écran cache le plus efficacement, c'est le corps, notre propre corps, par quoi j'entends ses dedans, ses intérieurs. Comme un voile jeté sur la peau pour protéger sa pudeur, sans y parvenir vraiment, l'écran enlève partiellement de l'esprit les états internes du corps, ceux qui constituent le cours de la vie dans ses pérégrinations quotidiennes.

Le vague présumé, le caractère évanescent et intangible des émotions et des sentiments, est probablement un symptôme de ce fait, une indication de la manière dont nous couvrons la représentation de notre corps, de la manière dont une bonne partie de notre imagerie mentale reposant sur des objets et des événements non corporels masque la réalité du corps. Sans cela, nous n'aurions aucun mal à savoir que les émotions et les sentiments concernent de façon tangible le corps. Parfois, nous utilisons notre esprit pour cacher une partie de notre être à une autre partie de notre être.

Je pourrais décrire la dissimulation du corps comme une distraction, mais il me faut ajouter que c'est une distraction très adaptative. Dans la plupart des circonstances, plutôt que de concentrer ses forces sur nos états internes, il est peut-être plus avantageux de les concentrer sur les images qui décrivent des problèmes du monde extérieur ; ou bien sur les prémisses de ces problèmes ; ou sur les manières possibles de les résoudre et les conséquences que cela peut entraîner. Pourtant, cette perspective biaisée que l'on adopte relativement à ce qui est disponible dans notre esprit a un prix. Cela tend à nous empêcher de sentir l'origine et la nature possibles de ce que nous appelons Soi. Mais lorsque le voile est levé, à l'échelle de la compréhension qui est à la portée de l'esprit humain, je crois que nous pouvons sentir l'origine de cette construction que nous appelons le Soi dans la représentation de la vie individuelle.

Peut-être était-il plus facile de parvenir à une perspective plus équilibrée à une époque antérieure, lorsqu'il n'y avait pas de voile, lorsque l'environnement était relativement simple, bien avant les médias électroniques et les voyages en jet, bien avant l'imprimerie, avant l'empire, et antérieurement à la cité. Ce devait être plus facile de sentir la vie de l'intérieur, lorsque le cerveau offrait une vision orientée vers la représentation dominante des états internes de l'organisme. À supposer que les choses aient jamais été ainsi, peut-être à quelque brève et magique époque située entre Homère et Athènes, les heureux humains auraient perçu en un instant que la totalité de leurs amusantes bouffonneries portait sur la vie et que, sous toutes les images du monde extérieur, il y avait l'image incessante de leurs corps vivants. Ou peut-être n'auraient-ils pas perçu tout cela parce qu'ils ne disposaient pas du cadre de référence que nous offre aujourd'hui la connaissance en biologie. En tout état de cause, quelque chose me dit qu'ils étaient capables de sentir bien plus sur eux-mêmes que bon nombre d'entre nous, les non avertis, sommes capables de sentir, par les temps qui courent. Je m'émerveille de l'ancienne sagesse qui consistait à faire référence à ce que nous appelons désormais l'esprit par le terme *psyché* qui servait aussi à dénoter le souffle et le sang.

Je suggère que le va-et-vient extrêmement contraint des états internes de l'organisme, qui est contrôlé de façon innée par le cerveau et signalé en permanence dans le cerveau, constitue la toile de fond de l'esprit, et, plus spécifiquement, le fondement de l'entité évanescente que nous désignons sous le terme de Soi. Je suggère aussi que ces états internes, qui apparaissent naturellement selon un registre dont les pôles sont le plaisir et la peine, deviennent des signifiants non linguistiques involontaires de ce que certaines situations relatives à l'ensemble de valeurs inhérentes à l'organisme peuvent avoir de bien ou de mal. Je soupçonne qu'à une époque antérieure de l'évolution ces états — y compris tous ceux que nous classons comme des émotions — étaient entièrement inconnus des organismes qui les produisaient. Les états étaient régulateurs et cela suffisait ; ils produisaient certaines actions avantageuses, de façon interne ou externe, ou bien ils aidaient indirectement à la production de telles actions en les rendant plus propices. Mais les organismes qui exécutaient des opérations compliquées ignoraient tout de l'existence de ces opérations et actions puisqu'ils ignoraient même, au sens propre du terme, leur propre existence en tant qu'individus. Assurément, les organismes avaient un corps et un cerveau, et les cerveaux avaient une certaine représentation du corps. La vie était là, et la représentation de la vie aussi, mais le propriétaire potentiel et légitime de chaque vie individuelle ignorait complètement que la vie existait, parce que la nature n'avait pas encore inventé de propriétaire. Il y avait de l'être mais pas de connaissance. La conscience n'avait pas commencé.

La conscience commence lorsque les cerveaux acquièrent le pouvoir, le simple pouvoir, dois-je ajouter, de raconter une histoire sans paroles, l'histoire selon laquelle il y a une vie qui continue à marquer les heures dans un organisme, et que les états de l'organisme vivant, dans les confins du corps, sont continuellement modifiés par les rencontres qu'il peut faire dans son environnement avec des objets ou des événements, ou, en l'occurrence, par des pensées et par des ajustements internes du processus biologique. La conscience émerge lorsque cette histoire primordiale — l'histoire d'un objet changeant causalement l'état du corps — peut se raconter en utilisant le vocabulaire non verbal universel des signaux corporels. Le Soi apparent émerge comme le sentiment de ce qui se passe. Lorsque l'histoire est racontée la première fois, spontanément, sans qu'on l'ait jamais demandé, et pour toujours après cela, lorsque l'histoire se répète, la connaissance de ce par quoi passe l'organisme émerge automatiquement comme la réponse à une question qui n'a jamais été posée. Dès cet instant, nous commençons à connaître.

Je soupçonne que la conscience a prévalu dans l'évolution parce que la connaissance des sentiments causés par des émotions était indispensable à l'art de la vie, et parce que l'art de la vie a connu un succès considérable dans l'histoire de la nature. Mais vous préférerez peut-être modifier un peu mes propos et dire simplement que la conscience a été inventée pour que nous puissions ressentir la vie. La formulation n'est pas scientifiquement correcte, bien entendu, mais elle me plaît.

Deuxième partie

RESSENTIR ET CONNAÎTRE

CHAPITRE 2

L'émotion et le sentiment

Retour sur l'émotion

Sans exception, les hommes et les femmes de tout âge, de toute culture, de tout niveau d'éducation et de toute condition sociale éprouvent des émotions et se sentent concernés par celles des autres, s'adonnent à des distractions qui jouent sur leurs émotions et règlent pour une part non négligeable leur vie sur la recherche d'une émotion, d'un bonheur, tout en fuyant les émotions désagréables. À première vue, il n'y a rien de spécifiquement humain dans les émotions, puisqu'il est clair que bon nombre de créatures non humaines ont pléthore d'émotions ; manière dont les émotions ont fini par se conjuguer aux idées, valeurs, principes et jugements complexes dont seuls les humains sont capables a quelque chose de tout à fait spécifique ; c'est cette conjonction qui nous donne l'impression légitime que l'émotion humaine est spéciale. L'émotion humaine, ce ne sont pas seulement les plaisirs sexuels ou la peur des serpents. C'est aussi l'horreur que l'on éprouve à être témoin de souffrances et la satisfaction ressentie à voir la justice rendue ; ce qu'il peut y avoir de délicieux à observer le sourire sensuel de Jeanne Moreau, ou la dense beauté des mots et des idées de la poésie de Shakespeare ; c'est la voix lasse de Dietrich Fischer-Dieskau chantant le *Ich habe genug* de Bach et les phrasés à la fois sensuels et spirituels de Maria João Pires jouant du Mozart ou du Schubert ; c'est l'harmonie que recherchait Einstein dans la structure d'une équation. En fait, une belle émotion humaine peut même être déclenchée par de la musique ou des films populaires, dont on ne devrait jamais sous-estimer le pouvoir.

L'impact humain de toutes les causes d'émotion que je viens de mentionner, raffinées ou moins raffinées, et de toutes les nuances émotionnelles qu'elles induisent, subtiles et moins subtiles, dépend des sentiments qu'engendrent ces émotions. C'est à travers les sentiments, dirigés vers l'intérieur et privés, que les émotions, qui sont, elles, dirigées vers l'extérieur et publiques, commencent à exercer leur impact sur l'esprit ; mais pour que les sentiments exercent pleinement et durablement leur impact, la conscience est indispensable, parce que c'est seulement quand advient un sentiment de soi que l'individu qui a des sentiments en prend finalement connaissance.

Certains lecteurs seront peut-être troublés par la distinction que je fais entre « ressentir » et « savoir que l'on a un sentiment ». L'état de sentiment n'implique-t-il pas nécessairement que l'organisme qui ressent soit pleinement conscient de l'émotion et du sentiment qui se déroulent ? Il me semble que non ; un organisme peut représenter dans des configurations neuronales et mentales l'état que nous autres créatures conscientes appelons sentiment, sans jamais savoir que le sentiment a lieu. Cette séparation est difficile à concevoir, non seulement parce que les significations traditionnelles des termes nous empêchent de la voir, mais parce que nous *avons tendance* à être conscients de nos sentiments. Toutefois, rien ne prouve que nous sommes conscients de *tous* nos sentiments ; et bien des choses au contraire suggèrent que nous ne le sommes pas. C'est ainsi qu'il nous arrive bien souvent, dans telle ou telle situation, de nous rendre compte, de façon tout à fait soudaine, que nous nous sentons anxieux et mal à l'aise, contents ou apaisés, et il est manifeste que l'état de sentiment particulier que nous connaissons alors n'a pas commencé au moment de connaître, mais bien plutôt un peu avant. Ni l'état de sentiment ni l'émotion qui y a conduit n'ont été « dans la conscience », et pourtant, ils se sont déroulés sous forme de processus biologiques. Ces distinctions peuvent sembler artificielles, à première vue, bien que mon but ne soit pas de compliquer quelque chose de simple, mais plutôt de décomposer, en éléments qui soient accessibles, quelque chose de très compliqué. Dans le but d'examiner ces phénomènes, je distingue, sur une ligne continue, trois étapes du processus : un *état d'émotion*, qui peut être déclenché et exécuté de façon non consciente ; un *état de sentiment*, qui peut être représenté de façon non consciente ; et un *état de sentiment rendu conscient*, i. e. dont l'organisme qui a simultanément émotion et sentiment prend connaissance. Je crois que ces distinctions sont utiles lorsque nous essayons d'imaginer les soubassements neuronaux de cette chaîne d'événements chez les humains. Quelque chose me dit en outre que certaines créatures non humaines, qui manifestent des émotions, mais sont incapables d'avoir le genre de conscience que nous avons, peuvent fort bien, à leur insu, former les représentations que nous appelons sentiments. On suggérera peut-être que nous devrions avoir un autre terme pour « sentiments qui ne sont pas conscients », mais il n'y en a pas. Faute de mieux, il convient donc d'expliquer ce que l'on veut dire.

En bref, disons qu'il faut que la conscience soit là, si les sentiments doivent pouvoir influencer le sujet qui les a au-delà de l'immédiat ici et maintenant. La signification de ce fait, à savoir que les conséquences ultimes de l'émotion et du sentiment humains ont pour pivot la conscience, n'a pas été appréciée à sa juste valeur (l'étrange histoire de la recherche sur l'émotion et le sentiment, abordée plus loin, est peut-être responsable d'une telle négligence). L'émotion fut probablement établie au cours de l'évolution avant la naissance de la conscience et elle apparaît en chacun de nous sous l'effet d'inducteurs que, bien souvent, nous ne reconnaissons pas consciemment ; à l'inverse, c'est dans le théâtre de l'esprit conscient que les sentiments produisent leurs effets ultimes et plus durables.

Le puissant contraste qu'il peut y avoir entre l'émotion, qui est induite de façon voilée, tournée vers l'extérieur, et le sentiment humain, dont le statut est d'être dirigé vers l'intérieur et ultimement connu, m'a fourni une perspective inestimable pour réfléchir sur la biologie de la conscience. Et il y a d'autres ponts entre l'émotion et la conscience. Dans ce livre, je me propose de dire que la conscience, comme l'émotion, vise à la survie de l'organisme, et que, tout comme l'émotion, la conscience s'enracine dans la représentation du corps. J'attire aussi l'attention sur un fait neurologique curieux : lorsque la conscience est suspendue, depuis la conscience centrale jusqu'au sommet, l'émotion est habituellement suspendue elle aussi, ce qui donne à penser que, même si l'émotion et la conscience sont des phénomènes différents, leurs sous-bassements sont peut-être bien liés. Pour toutes ces raisons, il est important de se pencher sur les différentes caractéristiques de l'émotion avant de se mettre à aborder directement la conscience. Mais pour commencer, avant d'exposer les résultats de cette réflexion, je propose de faire une parenthèse sur l'étrange histoire de la science de l'émotion, parce que cette histoire permet peut-être d'expliquer pourquoi la conscience n'a pas été abordée dans la perspective qui est ici la mienne.

PARENTHÈSE HISTORIQUE

Vu le nombre de sujets avec lesquels l'émotion et le sentiment ont eu partie liée, on aurait pu espérer que la philosophie et les sciences de l'esprit et du cerveau aient entrepris cette étude. Curieusement, c'est seulement aujourd'hui que cela se produit. La philosophie, à l'exception de David Hume et de la tradition qu'il a inaugurée, s'est montrée méfiante à l'égard de l'émotion et l'a reléguée en grande partie dans les domaines méprisables de l'animalité et de la chair. Pendant un temps, la science a fait mieux, puis, elle aussi, a manqué l'occasion.

Vers la fin du XIXe siècle, Charles Darwin, William James, et Sigmund Freud ont longuement écrit sur différents aspects de l'émotion, et ont accordé une place privilégiée à l'émotion dans le discours scientifique. Pourtant, tout au long du XXe siècle et jusqu'à une date relativement récente, les neurosciences comme les sciences cognitives ont accueilli très fraîchement l'émotion. Darwin a mené une longue étude sur l'expression de l'émotion selon les cultures et les espèces, et bien qu'il ait considéré les émotions humaines comme des vestiges d'étapes antérieures de l'évolution, il a reconnu l'importance du phénomène. William James, avec la clarté qu'on lui connaît, avait eu une perception aiguë du problème, et il a produit une analyse qui, en dépit de son caractère incomplet, reste incontournable. Quant à Freud, il avait entrevu le potentiel pathologique des émotions perturbées et annoncé leur importance en des termes non déguisés.

Darwin, James et Freud ne pouvaient que rester vagues sur l'aspect cérébral de leurs idées, mais l'un de leurs contemporains, Hughlings Jackson, fut plus précis. Il fit le premier pas en direction d'une neuroanatomie possible de l'émotion et suggéra que l'hémisphère cérébral droit des humains est probablement dominant pour l'émotion, tout autant que l'est le gauche pour le langage.

On aurait pu croire qu'au début du nouveau siècle les neurosciences en pleine expansion mettraient l'émotion à leur programme de recherche et résoudraient ses questions. Mais ce développement ne s'est jamais produit. Pire : les travaux de Darwin sur les émotions disparurent du devant de la scène, la proposition de James fut injustement attaquée et rejetée sommairement ; quant à l'influence de Freud, elle se porta ailleurs. Durant presque tout le XXe siècle, dans les laboratoires de neuroscience, on se méfia de l'émotion. L'émotion, disait-on, était trop subjective. L'émotion était trop évanescente et vague. L'émotion était à l'extrême opposé de la raison, capacité humaine de loin la plus belle ; or la raison, présumait-on, était entièrement indépendante de l'émotion. C'était là un tour pervers que l'on donnait à la conception romantique de l'humanité. Les romantiques plaçaient l'émotion dans le corps, et la raison dans le cerveau. La science du xxe siècle délaissait le corps, renvoyait l'émotion dans le cerveau, mais la reléguait dans les strates neuronales inférieures en l'associant à des ancêtres que personne ne vénérait. Finalement, non seulement l'émotion n'était pas rationnelle, mais même l'étudier n'était probablement pas rationnel non plus.

Un certain nombre de choses vont curieusement de pair avec ce manque d'intérêt porté à l'émotion par les scientifiques du xxe siècle. L'une d'elles est l'absence d'une perspective évolutionniste dans l'étude du cerveau et de l'esprit. Il est peut-être exagéré de dire que les neurosciences et les sciences cognitives ont fait comme si Darwin n'avait jamais existé, mais c'est assurément ainsi, semble-t-il, que les choses se sont passées jusqu'aux dix dernières années. Certains aspects du cerveau et de l'esprit ont été discutés comme si on les avait conçus récemment, comme s'ils étaient nécessaires pour produire un certain effet — un peu comme l'installation de freins antiblocages dans une voiture neuve digne de ce nom — sans tenir compte, le moins du monde, des possibles antécédents des dispositifs mentaux ou cérébraux. Depuis peu, la situation est en train de changer de façon remarquable.

Une autre chose qui va de pair avec tout ceci a trait au peu de cas que l'on fait de la notion d'homéostasie. *L'homéostasie* désigne les réactions physiologiques coordonnées, et en grande partie automatisées, qui sont indispensables au maintien des états internes stables dans un organisme vivant. L'homéostasie décrit la régulation automatique de la température, la concentration d'oxygène, ou le pH de notre corps. De nombreux savants se sont souciés de comprendre la neurophysiologie de l'homéostasie, de chercher à saisir la neuro-anatomie et la neurochimie du système nerveux autonome (partie du système nerveux la plus directement impliquée dans l'homéostasie), et d'élucider les interrelations entre les systèmes endocrine, immunitaire et nerveux, dont l'ensemble contribue à produire l'homéostasie. Mais le progrès accompli dans ces domaines a eu peu d'influence sur les conceptions dominantes du fonctionnement de l'esprit ou du cerveau. Assez curieusement, les émotions font partie intégrante de la régulation que nous appelons l'homéostasie. Il est dénué de sens d'en discuter sans comprendre cet aspect des organismes vivants et *vice versa*. Dans ce livre, je suggère que l'homéostasie est capitale pour comprendre la biologie de la conscience (voir chapitre 5).

Un troisième phénomène qui va de pair avec tout ceci est l'absence remarquable, dans les sciences cognitives comme en neuroscience, d'une notion d'organisme. L'esprit est resté lié au cerveau dans une relation quelque peu équivoque, et le cerveau est resté régulièrement séparé du corps au lieu d'être considéré comme une partie d'un organisme vivant complexe. La notion d'organisme intégré — l'idée d'un ensemble fait d'un corps propre et d'un système nerveux — est quelque chose que l'on pouvait trouver dans les travaux de penseurs comme Ludwig von Bertalanffy, Kurt Goldstein et Paul Weiss, mais qui a eu peu d'impact dans l'élaboration des conceptions courantes de l'esprit et du cerveau [1].

Il y a certes des exceptions, dans ce vaste panorama. C'est ainsi que les propositions théoriques de Gerald Edelman et de Jean-Pierre Changeux sur la base neuronale de l'esprit sont informées par la réflexion évolutionniste, et prennent en compte la régulation homéostasique ; de même, mon hypothèse du marqueur somatique s'appuie sur des notions d'évolution, de régulation homéostasique et d'organisme [2]. Mais les hypothèses théoriques d'après lesquelles les sciences cognitives et les neurosciences ont été conduites n'ont pas beaucoup fait appel aux perspectives organismiques et évolutionnistes.

Au cours des années récentes, les neurosciences comme les sciences cognitives ont fini par admettre l'émotion. Une nouvelle génération de savants fait désormais de l'émotion son sujet de prédilection [3]. En outre, l'opposition présumée entre émotion et raison n'est pas acceptée sans mot dire. C'est ainsi que certains travaux de mon laboratoire ont montré que l'émotion fait partie intégrante des procédures de raisonnement et de prise de décision, pour le meilleur et pour le pire [4]. Cela peut sembler, à première vue, un peu contraire à l'intuition, mais il existe des preuves en faveur de cette thèse. Les découvertes proviennent de l'étude de plusieurs individus qui étaient entièrement rationnels dans leur manière de conduire leur vie jusqu'au moment où, à la suite d'une lésion neurologique dans certains sites bien spécifiques de leur cerveau, ils ont perdu une certaine catégorie d'émotions, et, de manière parallèle et tout à fait considérable, ont perdu leur capacité à prendre des décisions rationnelles. Ces individus continuent à utiliser les instruments de leur rationalité et continuent à faire appel à la connaissance du monde qui les entoure. Leur capacité à s'attaquer à la logique d'un problème reste intacte. Néanmoins, bon nombre de leurs décisions personnelles et sociales sont irrationnelles, et se font plus souvent à leur détriment et au détriment d'autrui que l'inverse. J'ai suggéré que le mécanisme délicat du raisonnement n'est plus affecté, de façon non consciente et même à l'occasion de façon consciente, par des signaux provenant des rouages neuronaux qui régissent l'émotion.

Cette hypothèse est connue sous le nom d'hypothèse du marqueur somatique, et les patients qui m'ont conduit à la proposer avaient des lésions dans des aires bien précises de la région préfrontale, notamment dans le secteur ventro-médian, et dans les régions pariétales droites. Que ce soit à la suite d'une attaque ou d'un traumatisme crânien ou d'une tumeur qui nécessitait une résection chirurgicale, la lésion de ces régions était constamment associée à la manifestation du schéma clinique que j'ai décrit plus haut, c'est-à-dire à un trouble de la capacité à décider de façon avantageuse dans des situations impliquant risque et conflit, et à une réduction sélective de la capacité de résonance émotionnelle dans ces mêmes situations précisément, bien que les capacités émotionnelles soient préservées. Avant l'apparition de leur lésion cérébrale, les individus ainsi affectés n'avaient montré aucune altération de ce type. Leur famille et leurs amis pouvaient sentir un « avant » et un « après », datés du moment de la lésion neurologique.

Ces découvertes suggèrent que la réduction sélective de l'émotion est au moins aussi préjudiciable à la rationalité que l'émotion excessive. Assurément, il ne semble pas vrai que la raison ait à gagner de fonctionner sans le renfort de l'émotion. Au contraire, il est probable que l'émotion aide le raisonnement, surtout lorsqu'il s'agit de questions personnelles et sociales impliquant risque et conflit. J'ai suggéré que certains niveaux de traitement émotionnel nous dirigent probablement vers le secteur de l'espace de prise de décision où notre raison peut le plus efficacement fonctionner. Toutefois, je n'ai *pas* suggéré que les émotions sont un substitut de la raison, ou que les émotions décident pour nous. Il est évident que des bouleversements émotionnels peuvent conduire à des décisions irrationnelles. Les données neurologiques dont nous disposons suggèrent simplement que l'absence sélective d'émotion pose problème. Une émotion bien ciblée et bien utilisée est, semble-t-il, un système de soutènement sans lequel l'édifice de la raison ne peut pas fonctionner comme il faut. Ces résultats et leur interprétation ont remis en cause l'idée selon laquelle il faudrait voir en l'émotion un luxe ou une nuisance ou un simple vestige de l'évolution, et la rejeter comme telle. Ils ont aussi permis de considérer l'émotion comme une incarnation de la logique de survie[5].

Le cerveau en sait plus que ne le révèle l'esprit conscient

Les émotions et les sentiments d'émotions sont respectivement le début et le terme d'une progression, mais le caractère relativement public des émotions et l'aspect complètement privé des sentiments qui en découlent montrent bien que les mécanismes situés tout au long de ce continu sont extrêmement différents. Il est utile de respecter une distinction entre émotion et sentiment, si nous voulons enquêter à fond sur ces mécanismes. J'ai proposé de réserver le terme de *sentiment* à l'expérience mentale et privée d'une émotion, et d'utiliser au contraire le terme d'*émotion* pour désigner l'ensemble de réponses qui, pour bon nombre d'entre elles, sont publiquement observables. En termes pratiques, cela veut dire que l'on ne peut observer un sentiment chez quelqu'un d'autre, même si l'on peut observer un sentiment chez soi lorsque, en tant qu'être conscient, on perçoit ses propres états émotionnels. Pareillement, personne ne peut observer ses propres sentiments, mais certains aspects des émotions qui donnent lieu à vos propres sentiments, d'autres que vous pourront manifestement les observer. En outre, à titre d'exemple, les mécanismes fondamentaux qui sous-tendent l'émotion ne nécessitent pas la conscience, même s'ils finissent par y avoir recours : on peut être à l'origine des processus en cascade qui conduisent à une manifestation émotionnelle, sans être conscient de ce qui a pu servir d'inducteur à l'émotion et encore moins des étapes intermédiaires qui y ont conduit. En effet, on peut même concevoir qu'un sentiment se produise dans la fenêtre temporelle limitée du ici et maintenant sans que l'organisme *sache* effectivement que tel est le cas. Assurément, à ce stade de l'évolution et à ce moment de notre vie adulte, les émotions se produisent dans un contexte où la conscience est présente. Nous pouvons constamment ressentir nos émotions et nous savons que nous les ressentons. L'étoffe dont sont faits nos esprits et nos comportements se tisse autour de cycles émotionnels continus, auxquels succèdent des sentiments dont on prend connaissance, et qui engendrent à leur tour de nouvelles émotions, en une polyphonie continuelle qui met en évidence et ponctue notre esprit de pensées spécifiques, et d'actions notre comportement. Mais même si l'émotion et le sentiment font désormais partie d'un continu fonctionnel, il est utile de distinguer les étapes qui jalonnent ce continu, si l'on veut étudier les sous-bassements biologiques avec quelque chance de succès. Par ailleurs, comme on l'a suggéré plus haut, il est possible que les sentiments se tiennent au seuil même qui sépare l'être du connaître, bénéficiant ainsi d'un lien privilégié avec la conscience[6].

Pourquoi suis-je aussi prêt à affirmer que les rouages biologiques sous-tendant l'émotion ne sont pas dépendants de la conscience ? Après tout, dans notre expérience quotidienne, nous connaissons souvent, semble-t-il, les circonstances qui sont à l'origine d'une émotion. Mais connaître souvent n'est pas connaître toujours. De nombreux éléments plaident en faveur de la nature cachée de l'induction émotionnelle, et je vais illustrer ce point en m'appuyant sur certains résultats expérimentaux obtenus dans mon laboratoire.

David souffre de l'un des déficits les plus graves de l'apprentissage et de la mémoire qui aient jamais été rapportés ; il est absolument incapable d'apprendre quelque fait nouveau que ce soit. Par exemple, il ne peut apprendre aucune apparence, aucun son, aucun lieu ou mot physique nouveau. En conséquence, il ne peut apprendre à reconnaître une personne nouvelle, à partir de son visage, de sa voix ou de son nom, pas plus qu'il ne peut se souvenir de quoi que ce soit se rapportant à l'endroit où il a rencontré une certaine personne ou les événements qui se sont déroulés entre lui et cette personne. Le problème de David a pour cause une lésion importante des deux lobes temporaux, qui comprend des lésions dans une région qu'on appelle l'hippocampe (dont l'intégrité est nécessaire pour créer des souvenirs de faits nouveaux) et la région qu'on appelle l'amygdale (un groupement sous-cortical de noyaux concernés par l'émotion et que je mentionnerai quelques pages plus loin).

Il y a de nombreuses années de cela, j'ai entendu dire que David semblait manifester, dans sa vie de tous les jours, des préférences et des aversions constantes envers certaines personnes. Par exemple, dans le lieu où il a vécu pendant près des vingt dernières années, il y avait des gens bien précis auprès desquels il choisissait fréquemment de se rendre s'il voulait une cigarette ou une tasse de café, et il y avait des gens vers lesquels il n'allait jamais. La constance de ces comportements était des plus curieuses, si on garde à l'esprit 1/ que David était absolument incapable de reconnaître l'un quelconque de ces individus ; 2/ qu'il n'avait pas la moindre idée de ce qu'il ait jamais vu ou non l'un quelconque d'entre eux ; et 3/ qu'il était incapable de produire le nom d'aucun d'entre eux ou même de désigner aucun d'entre eux une fois qu'on lui en avait donné le nom. Se pouvait-il que cette histoire fascinante soit plus qu'une curieuse anecdote ? Je décidai de le vérifier et me mis à procéder à des tests empiriques. À cette fin, en collaboration avec mon collègue Daniel Tranel, je mis au point une expérience qu'on appelle depuis, dans notre laboratoire, l'expérience du « bon garçon » et du « mauvais garçon » [7].

Sur une période d'une semaine, nous pûmes entraîner David, en des circonstances entièrement contrôlées, dans trois types distincts d'interaction humaine. Dans l'une d'entre elles, il s'agissait d'entrer en interaction avec quelqu'un qui était extrêmement agréable et accueillant et qui récompensait toujours David, qu'il ait ou non demandé quelque chose (c'était le « bon garçon »). Une autre interaction faisait intervenir quelqu'un qui était émotionnellement neutre et qui entraînait David dans des activités qui n'étaient ni plaisantes ni déplaisantes (c'était le « garçon neutre »). Un troisième type d'interaction impliquait un individu dont les manières étaient brusques, qui répondait toujours non à quelque requête que ce fût, et qui entraînait David dans une tâche psychologique très fastidieuse qui serait venue à bout de la patience d'un saint (le « mauvais garçon »). Il s'agissait de la tâche consistant à passer, avec un temps de retard, de quelque chose de non assorti à l'échantillon, tâche conçue pour étudier la mémoire des singes et qui est probablement palpitante si vous avez l'esprit d'un singe.

La mise en scène de ces différentes situations fut programmée sur une durée de cinq jours consécutifs, mais toujours pendant un laps de temps bien spécifié pour qu'on puisse bien mesurer et comparer l'exposition globale au bon, au mauvais et à l'indifférent. La mise en scène élaborée de ce ballet nécessitait des pièces variées et plusieurs assistants, qui, incidemment, n'étaient pas les mêmes, et qui incarnaient respectivement le bon garçon, le mauvais garçon, et le garçon neutre.

Une fois que toutes ces rencontres purent faire leur effet, nous demandâmes à David de participer à deux tâches distinctes. Au cours de l'une d'entre elles, on demandait à David de regarder deux séries de quatre photographies qui comportaient le visage de l'un des trois individus de l'expérience, puis on lui demandait : « Auprès de qui te rendrais-tu si tu avais besoin d'aide », et pour que les choses soient plus claires : « Qui, selon toi, est ton ami dans ce groupe ? »

David se comporta de la manière la plus spectaculaire qui soit. Lorsque l'individu qui avait été positif à son égard faisait partie du groupe des quatre, David choisissait le bon garçon dans 80 % des cas, ce qui indiquait que son choix ne se faisait manifestement pas de manière aléatoire — seul le hasard aurait fait choisir à David chacun des quatre dans 25 % des cas. L'individu neutre était choisi avec une probabilité qui n'était pas supérieure au hasard. Quant au mauvais garçon, il n'était jamais choisi, ce qui, ici encore, s'opposait à un comportement aléatoire.

Dans une seconde tâche, on demandait à David de regarder les visages des trois individus, et de dire ce qu'il savait à leur sujet. Comme à l'ordinaire, pour lui, rien ne lui venait à l'esprit. David était incapable de se souvenir de les avoir jamais rencontrés et n'avait aucune mémoire du moindre cas où il ait interagi avec eux. Inutile de dire qu'il était incapable de nommer l'un quelconque de ces individus, incapable d'indiquer l'un quelconque d'entre eux, une fois qu'on lui en avait donné le nom, et il n'avait pas non plus la moindre idée de ce dont nous parlions lorsque nous l'interrogions sur les événements de la semaine précédente. Mais lorsqu'on lui demandait lequel, parmi les trois, était son ami, il choisissait constamment le bon garçon.

Les résultats montrent que l'anecdote méritait d'être étudiée. De toute évidence, il n'y avait rien dans l'esprit conscient de David qui lui donnât une raison explicite de choisir le bon garçon de façon correcte et de rejeter le mauvais garçon de façon correcte. Il ignorait pourquoi il choisissait l'un et rejetait l'autre ; il le faisait, tout simplement. La préférence non consciente qu'il manifestait, cependant, est probablement liée aux émotions qui avaient été induites en lui durant l'expérience, ainsi qu'à la ré-induction non consciente d'une certaine partie de ces émotions au moment où il se trouvait soumis au test. David n'avait pas appris une connaissance nouvelle du type de celle qui peut se manifester dans l'esprit de quelqu'un sous la forme d'une image. Mais quelque chose était demeuré dans son cerveau, et ce quelque chose pouvait produire des résultats sous une forme non imagée : sous la forme d'actions et de comportement. Le cerveau de David pouvait produire des actions proportionnées à la valeur émotionnelle des rencontres originelles, qu'elles aient été causées par la récompense ou par l'absence de récompense. Pour que cette idée soit bien claire, je vais décrire une observation que j'ai pu faire lors d'une des séances d'exposition, au cours de l'expérience du bon garçon et du mauvais garçon.

On était en train de conduire David à une rencontre avec le mauvais garçon quand voici qu'au moment d'entrer dans le corridor menant à la pièce où l'attendait le mauvais garçon, quelques mètres plus loin, il flanche, s'arrête un instant, et seulement alors se laisse conduire gentiment jusqu'à la salle d'examen. Je sautai sur l'occasion et lui demandai immédiatement si quelque chose n'allait pas, s'il y avait quelque chose que je pouvais faire pour lui. Mais, comme c'était à prévoir, il me dit que non, que tout allait bien — après tout, rien ne lui venait à l'esprit, si ce n'est, peut-être, un sens émotionnel isolé mais sans qu'une cause sous-tende cette émotion. Il ne fait pour moi aucun doute que la vue du mauvais garçon avait induit une réponse émotionnelle brève et un sentiment bref, ici et maintenant. Toutefois, en l'absence d'un ensemble convenablement lié d'images, qui auraient pu lui expliquer la cause de la réaction, l'effet resta isolé, déconnecté, et par là même, immotivé [8].

J'ai peu de doute aussi sur le fait que si nous avions poursuivi cette tâche des semaines d'affilée plutôt que sur une seule semaine, David aurait mis de telles réponses positives et négatives au service du comportement le mieux adapté à son organisme, c'est-à-dire qu'il aurait en permanence préféré le bon garçon et évité le mauvais. Mais loin de moi l'idée qu'il aurait de lui-même choisi de le faire délibérément ; je dirais plutôt que son *organisme*, de par sa structure et ses dispositions, se serait installé dans un tel comportement. Il aurait développé un tropisme pour le bon garçon de même qu'un antitropisme pour le mauvais, tout comme il avait développé de telles préférences dans le contexte de la vie réelle.

La situation qui vient d'être décrite nous permet de faire quelques autres remarques. Premièrement, la conscience centrale de David est intacte, point sur lequel nous reviendrons au chapitre suivant. En second lieu, alors que dans le contexte de l'expérience du bon et du mauvais garçon, les émotions de David ont été induites de façon non consciente, dans d'autres contextes, il se met à avoir des émotions en connaissance de cause. Lorsqu'il n'a pas à invoquer en mémoire quelque chose de nouveau, il sent qu'il est heureux parce qu'il goûte à un plat favori ou qu'il assiste à une scène agréable. En troisième lieu, compte tenu de la destruction remarquable qu'ont subie plusieurs régions corticales et sous-corticales de son cerveau qui sont liées à l'émotion, à savoir les cortex préfrontaux ventro-médians, le télencéphale basal, l'amygdale, il est manifeste que ces territoires ne sont indispensables ni à l'émotion ni à la conscience. Nous pouvons aussi garder à l'esprit, pour la suite, que certaines structures du cerveau de David restent intactes : tout le tronc cérébral, l'hypothalamus, le thalamus, la plupart des cortex cingulaires ; et presque toutes les structures sensorielles et motrices.

Je terminerai ces commentaires en disant que celle qui jouait le rôle du mauvais garçon, dans notre expérience, était une jeune neuropsychologue fort belle et agréable. Nous avions conçu l'expérience de la sorte, en la faisant jouer à contre-emploi, puisque nous voulions déterminer dans quelle mesure la préférence manifeste de David pour la compagnie des jeunes et belles femmes viendrait contrebalancer ce que son comportement pouvait avoir de contrariant et le fait qu'elle soit chargée de la tâche ennuyeuse (David n'est pas insensible aux dames ; je l'ai surpris un jour en train de caresser le bras de Patricia Churchland — la célèbre philosophe était de visite parmi nous — en observant : « Vous êtes si douce... »). Comme vous pouvez le voir, notre petite stratégie légèrement perverse fut payante. Toute la beauté du monde aurait été incapable de compenser l'émotion négative induite par les manières du mauvais garçon et par la maigre distraction procurée par sa tâche.

Nous n'avons pas à être conscients de l'inducteur d'une émotion, et bien souvent, nous ne le sommes pas, et nous ne pouvons pas contrôler les émotions à volonté. On peut se trouver dans un état triste ou heureux, tout en étant absolument incapable de dire pourquoi on se trouve en ce moment même dans cet état. Une recherche minutieuse peut mettre au jour des causes possibles, et telle cause peut être plus probable que telle autre, mais bien souvent, il est impossible d'être certain. La cause réelle peut avoir été l'image d'un événement, une image qui avait la potentialité d'être consciente, mais qui ne l'a tout bonnement pas été, parce que vous n'y avez pas fait attention alors que vous faisiez attention à une autre. Ou bien il se peut qu'il n'y ait pas eu d'image du tout, mais qu'il s'est plutôt produit un changement transitoire dans le profil chimique de votre milieu interne, lequel a été provoqué par des facteurs aussi divers que votre état de santé, le régime, le temps, le cycle hormonal, le nombre, grand ou petit, d'exercices que vous avez pratiqués ce jour-là, ou même la quantité de soucis que vous vous étiez faits sur un certain sujet. Le changement serait assez substantiel pour produire certaines réponses et modifier votre état corporel, mais il ne serait pas possible à mettre en image, au sens où peuvent l'être une personne ou une relation ; en d'autres termes, il ne produirait pas une configuration sensorielle dont vous pourriez jamais avoir une connaissance immédiate dans l'esprit. En d'autres termes, les représentations qui induisent des émotions et donnent lieu, par la suite, à des sentiments, n'ont pas besoin d'être l'objet de l'attention, qu'elles signifient quelque chose d'extérieur à l'organisme ou quelque chose qu'on se rappelle en son for intérieur. Qu'elles soient de l'extérieur ou de l'intérieur, les représentations peuvent se produire à un niveau infra-conscient et induire néanmoins des réponses émotionnelles. Les émotions peuvent être induites d'une manière non consciente et apparaître ainsi au Soi conscient comme étant apparemment immotivées.

Doit-on permettre ou non à une image susceptible de fonctionner comme un inducteur de rester une cible pour nos pensées, c'est là quelque chose que l'on peut, en partie, contrôler. (Si vous avez reçu une éducation catholique, vous comprenez parfaitement ce à quoi je fais allusion, ou encore, s'il vous est déjà arrivé de fréquenter l'Actors Studio, l'école d'arts dramatiques fondée par Lee Strasberg.) Il se peut que nous échouions dans notre entreprise, mais le travail qui consiste à enlever ou à maintenir l'inducteur est quelque chose qui se produit certainement dans la conscience. Nous pouvons aussi contrôler, en partie, l'expression de certaines émotions — supprimer sa colère, masquer sa tristesse — mais nous ne sommes pas, pour la plupart, très doués pour cela, et c'est l'une des raisons pour lesquelles nous payons de fortes sommes d'argent pour aller voir de bons acteurs qui ont l'art de contrôler l'expression de leurs émotions (et pour lesquelles aussi nous sommes capables de perdre beaucoup d'argent en jouant au poker). Toutefois, dès lors qu'une représentation sensible particulière est formée, qu'elle fasse ou non réellement partie de notre courant de pensée conscient, nous n'avons pas grand-chose à dire sur le mécanisme qui induit l'émotion. Si l'on se trouve dans le contexte psychologique et physiologique approprié, une émotion s'ensuivra. Le déclenchement non conscient des émotions explique aussi pourquoi il n'est pas facile de les simuler volontairement. Comme je l'ai expliqué dans *L'Erreur de Descartes*, un sourire spontané procuré par un réel plaisir, ou les sanglots spontanés provoqués par l'angoisse sont exécutés par des structures cérébrales enfouies dans le tronc cérébral, sous le contrôle de la région cingulaire. Nous n'avons aucun moyen d'exercer un contrôle volontaire direct sur les processus neuraux situés dans ces régions. Il est facile de détecter le caractère factice de l'expression d'une émotion, qui se trouve avoir été simulée volontairement — il y a toujours quelque chose qui ne va pas, que ce soit dans la configuration des muscles faciaux ou dans la tonalité de la voix. Le résultat de cet état de choses est le suivant : chez la plupart de ceux qui, parmi nous, ne sont pas des acteurs, les émotions sont un assez bon index de la part que prend l'environnement à notre bien-être, ou, du moins, de la part qu'il paraît prendre dans nos esprits.

Nous sommes presque aussi efficaces pour mettre un terme à une émotion que nous le sommes pour empêcher un éternuement. Nous pouvons essayer d'empêcher l'expression d'une émotion, et nous pouvons y parvenir en partie mais pas complètement. Certains d'entre nous, moyennant l'influence culturelle appropriée, finissent par être assez doués pour cela, mais pour l'essentiel, ce que nous accomplissons, c'est la capacité de dissimuler certaines des manifestations extérieures de l'émotion, sans être jamais capables de faire barrage aux changements automatiques qui se produisent dans les viscères et dans le milieu interne. Pensez à la dernière fois où vous avez été ému en public et avez essayé de le dissimuler. Peut-être avez-vous pu vous en tirer, si vous étiez en train de regarder un film, là-bas, au-dehors, dans le noir, tout seul avec Gloria Swanson, mais pas si vous étiez en train de faire le panégyrique d'un ami décédé : votre voix vous aurait trahi. Quelqu'un m'a dit un jour que l'idée selon laquelle les sentiments surviendraient après l'émotion ne pouvait pas être une idée correcte, puisqu'il est possible de supprimer les émotions et de continuer à avoir des sentiments. Mais ce n'est pas vrai, bien entendu, au-delà de la suppression partielle des expressions faciales. Nous pouvons éduquer nos émotions mais pas les supprimer entièrement, et les sentiments que nous avons en nous témoignent bien que nous n'y parvenons pas.

LE CONTRÔLE DE L'INCONTRÔLABLE : UNE PARENTHÈSE

Il y a une exception partielle au contrôle extrêmement limité que nous avons sur le milieu interne et les viscères : c'est le contrôle respiratoire, sur lequel nous devons exercer quelque action volontaire, puisque la respiration autonome et la vocalisation volontaire que l'on pratique quand on parle ou quand on chante font appel au même instrument. Vous pouvez apprendre à nager sous l'eau, à retenir votre respiration pendant des périodes de plus en plus longues, mais il y a des limites au-delà desquelles aucun champion olympique ne peut aller et rester en vie. Les chanteurs d'opéra rencontrent une barrière similaire ; quel ténor n'adorerait-il pas tenir l'*ut* majeur un tout petit peu plus longtemps, et irriter la soprano ? Mais même s'il exerce son larynx et son diaphragme indéfiniment, aucun ténor ou soprano ne pourra franchir la barrière. Le contrôle indirect de la pression sanguine et du rythme cardiaque par des procédures telles que le biofeedback sont aussi des exceptions partielles. Mais, en règle générale, le contrôle volontaire sur la fonction autonome est modeste.

Je peux cependant évoquer une exception spectaculaire. Il y a quelques années de cela, la brillante pianiste Maria João Pires nous a raconté l'histoire suivante : lorsqu'elle joue, sous le parfait contrôle de sa volonté, elle peut ou bien réduire, ou bien laisser affluer, dans son corps, l'émotion. Ma femme Hanna et moi pensions que c'était là une idée merveilleusement romantique ; Maria João avait beau affirmer avec insistance qu'elle pouvait le faire, nous refusions de le croire. Finalement, le cadre où devait avoir lieu le moment empirique de vérité fut mis en place dans notre laboratoire. Maria João fut branchée à l'équipement psycho-physiologique compliqué, au moment où elle écoutait de courts morceaux de musique que nous avions choisis, avec deux cas possibles : émotion permise, ou émotion volontairement inhibée. Ses *Nocturnes* de Chopin venaient de sortir, et nous utilisions comme stimuli certains des siens ou certains de ceux de Daniel Barenboïm. Dans le cas « émotion autorisée », son rapport de conduction dermique était plein de creux et de bosses, et semblait étrangement lié à divers passages des morceaux. Puis, dans le cas « émotion réduite », l'incroyable, de fait, se produisit bel et bien. Elle pouvait quasiment aplatir son graphe de conduction dermique à volonté et changer son rythme cardiaque, par-dessus le marché. Sur le plan du comportement, elle changeait aussi. On pouvait assister à un réarrangement du profil des émotions d'arrière-plan et à l'élimination de certains des comportements émotifs spécifiques : par exemple, les mouvements de la tête et des muscles faciaux étaient moins nombreux. Lorsque notre collègue Antoine Bechara, complètement incrédule, répéta toute l'expérience, se demandant si cela pouvait être dû à un effet d'accoutumance, elle le fit de nouveau. Il est donc possible, en définitive, de trouver des exceptions, peut-être davantage chez ceux dont la vie consiste à créer de la magie à travers l'émotion.

Que sont les émotions ?

La mention du terme *émotion* évoque habituellement l'une des six fameuses *émotions primaires* ou *universelles* : bonheur, tristesse, peur, colère, surprise ou dégoût. Penser aux émotions primaires rend la discussion du problème plus facile, mais il importe de noter qu'il y a de nombreux autres comportements auxquels le label « émotion » a été attaché. Parmi lesquels les fameuses émotions *secondaires* ou *sociales*, telles que l'embarras, la jalousie, la culpabilité, ou l'orgueil ; et ce que j'appelle les *émotions d'arrière-plan*, telles que le bien-être ou le malaise, le calme ou la tension. On a également attaché le label émotion aux pulsions et aux motivations ainsi qu'aux états de peine et de plaisir[9].

Un fonds biologique commun sous-tend tous ces phénomènes, et on peut en tracer le contour suivant :

1. Les émotions sont des ensembles compliqués de réponses chimiques et neuronales, qui forment une configuration ; toutes les émotions ont telle ou telle sorte de rôle régulateur à jouer, contribuant d'une manière ou d'une autre à la création de circonstances avantageuses pour l'organisme qui manifeste le phénomène ; les émotions ont *trait à* la vie d'un organisme, à son corps pour être précis, et leur rôle est d'aider l'organisme à se maintenir en vie.

2. En dépit du fait que l'apprentissage et la culture altèrent l'expression des émotions et donnent aux émotions de nouvelles significations, les émotions sont des processus biologiquement déterminés, qui dépendent de dispositifs cérébraux établis de façon innée, mis en place au terme d'une longue histoire évolutionnaire.

3. Les dispositifs qui produisent des émotions occupent un ensemble relativement restreint de régions sous-corticales, qui part du niveau du tronc cérébral pour s'élever jusqu'au cerveau supérieur ; les dispositifs font partie d'un ensemble de structures qui à la fois régulent et représentent des états corporels, ce qui fera l'objet d'une discussion au chapitre 5.

4. Tous les dispositifs peuvent être mis en route automatiquement, sans délibération consciente ; la dose considérable de variation individuelle qu'il peut y avoir, et le fait que la culture joue un rôle dans l'élaboration de certains inducteurs, n'enlève en rien ce qu'il y a de fondamentalement stéréotypé, automatique, régulé et finalisé dans les émotions.

5. Toutes les émotions utilisent le corps comme leur théâtre (milieu interne, systèmes viscéral, vestibulaire et musculo-squelettique), mais les émotions affectent aussi le mode de fonctionnement de nombreux circuits cérébraux : la variété des réponses émotionnelles est responsable de profonds changements dans le paysage corporel comme dans le paysage cérébral. L'ensemble de ces changements sert de substrat aux configurations neuronales qui finissent par devenir des sentiments d'émotion.

Il faut, à ce stade, dire un mot des émotions d'arrière-plan, car le label et le concept ne font pas partie des discussions traditionnelles sur l'émotion. Lorsque nous sentons qu'une personne est « tendue » ou « à cran », « découragée » ou « enthousiaste », « démoralisée » ou « enjouée », sans qu'on ait invoqué un seul mot pour traduire le moindre de ces états possibles, nous détectons des émotions d'arrière-plan. Nous détectons des émotions d'arrière-plan par de subtils détails dans la posture corporelle, la vitesse et le contour des mouvements, des changements minimes dans la quantité et la vitesse des mouvements oculaires, comme dans le degré de contraction des muscles faciaux.

Les inducteurs d'émotions d'arrière-plan sont en général internes. Les processus de régulation biologique eux-mêmes peuvent provoquer des émotions d'arrière-plan, mais des conflits mentaux incessants aussi, qu'ils soient explicites ou implicites, lorsqu'ils suscitent une satisfaction soutenue ou une inhibition de pulsions et de motivations. C'est ainsi que des émotions d'arrière-plan peuvent être causées par un effort physique prolongé — vers le « haut », si on vient de faire un jogging ; vers le bas, si l'on s'est livré à un labeur physique inintéressant et monotone ; ou par le fait de ruminer une décision que l'on trouve difficile à prendre — l'une des raisons qui peuvent expliquer le découragement du prince Hamlet — ou encore par le fait de savourer la perspective d'un merveilleux plaisir qui vous attend peut-être. En résumé, certaines conditions de l'état interne engendrées par des processus physiologiques continus ou par les interactions de l'organisme avec l'environnement, ou bien encore les deux, provoquent des réponses qui constituent des émotions d'arrière-plan. Ces émotions nous permettent d'avoir, entre autres, les sentiments d'arrière-plan de tension ou de relaxation, de fatigue ou d'énergie, de bien-être ou de malaise, d'anticipation ou de crainte[10].

Dans les émotions d'arrière-plan, les réponses constitutives sont plus proches du for intérieur vital, et leur cible est plus interne qu'externe. Les profils du milieu interne et des viscères jouent le rôle directeur dans les émotions d'arrière-plan. Mais même si les émotions d'arrière-plan n'utilisent pas le répertoire différentiel des expressions faciales explicites qui définissent sans peine les émotions primaires et sociales, elles s'expriment aussi magnifiquement dans des changements musculo-squelettiques, par exemple dans une posture corporelle subtile et dans la manière globale de dessiner le mouvement du corps[11].

Dans ma propre expérience, les émotions d'arrière-plan sont les braves survivants des maladies neurologiques. Par exemple, des patients atteints de lésion frontale ventro-médiane continuent à en avoir, de même que les patients atteints de lésions à l'amygdale. Étrangement, comme vous le découvrirez au prochain chapitre, les émotions d'arrière-plan sont généralement compromises lorsque le niveau fondamental de la conscience, la conscience centrale, est, lui aussi, compromis.

La fonction biologique des émotions

Bien que la composition et la dynamique précises des réponses émotionnelles soient façonnées, en chaque individu, par un développement et un environnement uniques, tout porte à penser que la plupart des réponses émotionnelles, si ce n'est toutes, sont le résultat d'une longue suite d'harmonisations qui se sont faites au cours de l'évolution. Les émotions font partie des dispositifs biorégulateurs dont nous sommes équipés pour survivre. C'est la raison pour laquelle Darwin pouvait répertorier les expressions émotionnelles de tant d'espèces et trouver de la cohérence dans ces expressions, et c'est aussi la raison pour laquelle, en différentes parties du monde, et à travers toutes sortes de cultures, les émotions sont si faciles à reconnaître. Sans nul doute, il y a des expressions variables ainsi que des variations dans la configuration précise des stimuli susceptibles d'induire une émotion selon les cultures et selon les individus. Mais la chose dont il faut s'émerveiller, quand on survole de là-haut la planète, c'est la similitude, non la différence. C'est cette similitude, incidemment, qui rend possibles les relations transculturelles, et qui permet à l'art, à la littérature et au cinéma de traverser les frontières. C'est une thèse qui a été étayée d'une manière inestimable par les travaux de Paul Ekman[12].

La fonction biologique des émotions est double. La première fonction est la production d'une réaction spécifique à la situation inductrice. Chez un animal, par exemple, la réaction peut être de courir ou de rester immobile, ou de battre en retraite en fuyant l'ennemi, ou de se livrer à un comportement susceptible de procurer du plaisir. Chez les humains, les réactions sont essentiellement les mêmes, tempérées, espère-t-on, par une raison et une sagesse supérieures. La seconde fonction biologique de l'émotion est la régulation de l'état interne de l'organisme de telle sorte qu'il puisse être prêt pour la réaction spécifique. Par exemple, augmenter le flux sanguin dans les artères des jambes pour que les muscles reçoivent plus d'oxygène et de glucose, en cas de réaction de fuite, ou changer les rythmes cardiaques et respiratoires, dans le cas où l'on se fige brusquement. Dans un cas comme dans l'autre, comme dans d'autres situations, le plan est subtil et l'exécution extrêmement fiable. En bref, pour certaines classes de stimuli manifestement dangereux ou manifestement précieux de l'environnement interne ou externe, l'évolution a composé une réponse assortie, sous la forme de l'émotion. C'est pourquoi, en dépit de l'infinité de variations que l'on peut trouver à travers les cultures, selon les individus, et sur la durée de toute une vie, nous pouvons prédire avec quelque succès que certains stimuli produiront certaines émotions. (C'est pourquoi on peut dire à un collègue : « Va le lui dire ; elle sera si heureuse de l'entendre. »)

En d'autres termes, la « finalité » biologique des émotions est claire, et les émotions ne sont pas un luxe superflu. Les émotions sont de curieuses adaptations qui font partie intégrante des rouages qui assurent aux organismes la régulation de leur survie. Si vieilles que soient les émotions dans l'évolution, elles sont une composante, de niveau relativement élevé, des mécanismes de régulation biologique. Vous pourriez imaginer cette composante comme étant en sandwich entre le kit de survie de base (à savoir la régulation du métabolisme ; les réflexes simples, les motivations ; la biologie de la peine et du plaisir) et les dispositifs de la raison supérieure, mais faisant néanmoins toujours partie de la hiérarchie des dispositifs de régulation biologique. Pour des espèces moins compliquées que les humains, et pour des humains écervelés tout aussi bien, les émotions produisent vraiment des comportements tout à fait raisonnables du point de vue de la survie.

Au niveau le plus fondamental, les émotions font partie de la régulation homéostasique, et se trouvent là pour éviter la perte de l'intégrité, qui est un signe avant-coureur de la mort, ou la mort elle-même, ainsi que pour accéder à une source d'énergie, à un abri ou à la sexualité. Par l'entremise de puissants mécanismes d'apprentissage tels que le conditionnement, des émotions de toutes sortes assurent le lien entre la régulation homéostasique et les « valeurs » de survie, et les multiples événements et objets qui ponctuent notre expérience autobiographique. Les émotions sont inséparables de l'idée de récompense ou de punition, de plaisir ou de peine, d'approche ou de retrait, d'avantage ou de désavantage personnel. Inévitablement, les émotions sont inséparables de l'idée de bien et de mal.

On pourrait s'étonner de la pertinence qu'il peut y avoir à discuter du rôle biologique des émotions dans un texte consacré à la question de la conscience. La pertinence devrait clairement apparaître désormais. Les émotions fournissent automatiquement à l'organisme des comportements orientés vers la survie. Dans des organismes équipés pour sentir des émotions, c'est-à-dire pour avoir des sentiments, les émotions ont également un impact sur l'esprit, telles qu'elles se présentent, dans le ici et le maintenant. Mais dans des organismes équipés d'une conscience, c'est-à-dire capables de savoir qu'ils ont des sentiments, c'est un autre niveau de régulation qui est atteint. La conscience permet aux sentiments d'être connus et promeut ainsi l'impact de l'émotion de façon interne ; elle permet à l'émotion d'imprégner le processus de pensée par l'entremise du sentiment. En définitive, la conscience permet à n'importe quel objet d'être connu — pas seulement l'« objet » émotion — et, ce faisant, elle améliore la capacité de l'organisme à répondre de façon adaptée, en étant attentive aux besoins de l'organisme en question. Si l'émotion est consacrée à la survie d'un organisme, la conscience l'est également.

RAISON SUPÉRIEURE	Des programmes complexes, flexibles et personnalisés de réponse sont formulés dans des images conscientes et peuvent être exécutés sous la forme d'un comportement.
	CONSCIENCE
SENTIMENTS	Des configurations sensorielles signalant douleur, plaisir et émotions deviennent des images.
ÉMOTIONS	Des schèmes de réponse stéréotypés et complexes qui comprennent des émotions secondaires, des émotions primaires et des émotions d'arrière-plan.
RÉGULATION BIOLOGIQUE FONDAMENTALE	Des schèmes de réponse relativement simples, qui comprennent la régulation métabolique ; les réflexes, les rouages biologiques sous-jacents à ce qui va devenir douleur et plaisir ; les pulsions et les motivations.

Tableau 2.1. Niveaux de régulation biologique.

Le niveau fondamental de régulation biologique. — le kit de survie — comprend les états biologiques qui peuvent être consciemment perçus comme des pulsions et des motivations et comme des états de douleur et de plaisir. Les émotions se trouvent à un niveau supérieur de complexité. Les flèches qui vont dans les deux sens désignent la causalité ascendante ou descendante. Par exemple, la douleur peut induire des émotions, et certaines émotions peuvent comporter un état de douleur.

Induire des émotions

Les émotions se présentent dans l'un ou l'autre des deux types de circonstances suivants : dans le premier, l'organisme traite certains objets ou certaines situations avec l'un de ses dispositifs sensoriels — par exemple, lorsque l'organisme enregistre la vue d'un visage ou d'un lieu familier. Dans le second type de circonstance, l'esprit d'un organisme évoque à partir de sa mémoire certains objets et certaines situations, et les représente comme des images dans le processus de pensée — par exemple, se rappeler l'image d'un ami et le fait qu'il vient juste de mourir.

Il y a un fait évident lorsque nous considérons les émotions : certaines sortes d'objets ou d'événements ont tendance à être systématiquement plus liés à une certaine sorte d'émotions qu'à d'autres. Les classes de stimuli qui causent le bonheur, ou la crainte, ou la tristesse ont tendance à le faire avec une relative constance chez le même individu et chez des individus qui partagent le même arrière-plan social et culturel. En dépit de toutes les possibles variations individuelles dans l'expression d'une émotion, et en dépit du fait que nous puissions avoir des émotions mêlées, il y a une correspondance approximative entre des classes d'inducteurs d'émotion et l'état émotionnel qui en résulte. Tout au long de l'évolution, les organismes ont acquis les moyens de répondre à certains stimuli — notamment ceux qui sont potentiellement utiles ou potentiellement dangereux du point de vue de la survie — grâce à l'ensemble de réponses que nous appelons couramment une émotion.

Mais quelques précautions s'imposent ici. Je veux vraiment dire ce que je dis lorsque je parle de *gammes de stimuli* qui constituent des inducteurs pour certaines *classes d'émotion*. J'admets qu'il peut y avoir une variation considérable dans le type de stimuli susceptibles d'induire une émotion — selon les individus et selon les cultures — et j'attire l'attention sur le fait que, nonobstant le degré de programmation biologique des rouages émotionnels, le développement et la culture ont beaucoup à dire sur le produit final. En toute probabilité, le développement et la culture superposent les influences suivantes sur les dispositifs préprogrammés : tout d'abord, ils façonnent ce qui constitue un inducteur adéquat d'une émotion donnée ; en second lieu, ils façonnent certains aspects de l'expression de l'émotion ; et en troisième lieu, ils façonnent la cognition et le comportement consécutif au développement d'une émotion[13].

Il importe aussi de noter que si les rouages biologiques des émotions sont en grande partie programmés, les inducteurs, eux, ne font pas partie des rouages, ils leur sont extérieurs. Les stimuli qui causent les émotions ne se limitent en aucune façon à ceux qui ont contribué à façonner notre cerveau émotionnel au cours de l'évolution, et qui peuvent induire des émotions dans notre cerveau très tôt dans la vie. En se développant et en interagissant, les organismes gagnent en expérience factuelle et émotionnelle, au contact de toutes sortes d'objets et de situations qu'ils peuvent rencontrer dans leur environnement, et ils ont ainsi une chance d'associer de nombreux objets et situations, qui auraient été émotionnellement neutres, aux objets et situations dont la prescription naturelle est de causer des émotions. Une forme d'apprentissage que l'on appelle conditionnement est une manière de réaliser cette association. Il se peut qu'une nouvelle maison de forme semblable à celle dans laquelle vous avez passé une enfance heureuse fasse que vous vous y sentiez bien, même s'il n'y a rien de spécialement bien qui vous soit jamais arrivé dedans. De même, le visage d'une personne inconnue et merveilleuse, qui ressemble énormément à celui de quelqu'un qui est associé à un événement horrible, peut provoquer chez vous gêne ou irritation. Peut-être ne saurez-vous jamais pourquoi. La nature n'a pas prescrit ces réponses, mais elle vous a sûrement aidé à les avoir. Incidemment, c'est de cette manière que sont nées les superstitions. Il y a quelque chose d'orwellien dans la distribution des émotions à travers notre monde : tous les objets peuvent avoir droit à un attachement émotionnel quelconque, mais certains objets ont droit à bien plus que d'autres. Notre plan biologique premier fait obliquer les acquisitions secondaires que nous pouvons faire relativement au monde qui nous entoure.

Il y a une conséquence au fait d'étendre une valeur émotionnelle à des objets dont la prescription biologique n'était pas d'avoir une charge émotionnelle, c'est la suivante : la gamme de stimuli qui peuvent potentiellement induire des émotions est infinie. D'une manière ou d'une autre, la plupart des objets et des situations conduisent à une réaction émotionnelle quelconque, même si certains le font bien plus que d'autres. La réaction émotionnelle peut être faible ou forte — et, fort heureusement pour nous, elle est faible bien plus souvent que l'inverse — mais elle n'en est pas moins présente. L'émotion comme les rouages biologiques qui la sous-tendent vont nécessairement de pair avec un comportement, qu'il soit conscient ou non. Un certain niveau d'émotivité va nécessairement de pair avec le fait de penser à soi ou à son entourage.

L'omniprésence de l'émotion dans notre développement et, par suite, dans notre expérience quotidienne relie quasiment chaque objet ou situation rencontré dans notre expérience, en vertu du conditionnement, aux valeurs fondamentales de la régulation homéostasique : récompense et punition, douleur et plaisir, approche ou retrait ; avantage ou désavantage personnel, et, inévitablement, bien (au sens de la survie) ou mal (au sens de la mort). Que cela nous plaise ou non, telle est la condition humaine *naturelle*. Mais lorsque la conscience est présente, les sentiments ont leur impact maximal, et les individus sont également capables de réfléchir et de dresser des plans. Ils disposent d'un moyen pour contrôler la tyrannie omniprésente de l'émotion : cela s'appelle la raison. Ironiquement, bien sûr, les moteurs de la raison continuent d'avoir besoin de l'émotion, ce qui signifie que le pouvoir de contrôle de la raison est souvent modeste.

Voici une autre conséquence importante de l'omniprésence des émotions : c'est que chaque image pratiquement, qu'elle soit effectivement perçue ou remémorée, s'accompagne d'une réaction quelconque de l'appareil émotionnel. Nous verrons l'importance de ce fait lorsque nous nous pencherons sur les mécanismes nécessaires à la naissance de la conscience au chapitre 6.

Je terminerai ces commentaires sur les inducteurs d'émotions en rappelant un aspect délicat du processus d'induction. Jusqu'à présent, j'ai fait référence à des inducteurs directs — tonnerre, serpents, souvenirs heureux. Mais les émotions peuvent être induites indirectement, et l'inducteur peut produire son résultat d'une manière relativement négative, en bloquant la progression d'une émotion continue. En voici un exemple. Lorsqu'en présence d'une source de nourriture ou d'une source sexuelle un animal développe un comportement d'approche, et manifeste les caractéristiques de l'émotion-bonheur, lui bloquer la route et l'empêcher d'atteindre ses buts provoquera de la frustration et même de la colère, émotion très différente du bonheur. L'inducteur de la colère n'est pas la perspective de nourriture ou la perspective sexuelle, c'est plutôt le fait de voir contrarié le comportement qui conduisait l'animal à la bonne perspective. Voici un autre exemple : la brusque suspension d'une situation de punition — par exemple une douleur soutenue — qui induirait bien-être et bonheur. L'effet purificateur (cathartique) que devraient avoir toutes les bonnes tragédies, selon Aristote, repose sur la brusque suspension d'un état régulièrement induit de crainte et de pitié. Bien après Aristote, Alfred Hitchcock a construit une brillante carrière sur ce simple arrangement biologique, et Hollywood n'a jamais cessé d'en tirer parti pour empocher les dividendes. Que cela nous plaise ou non, en regardant *Psychose*, nous nous sentons vraiment très bien, quand Janet Leigh a cessé de hurler sous la douche et gît tranquillement au fond de la baignoire. En ce qui concerne l'émotion, on ne peut guère échapper au dispositif savamment orchestré que la nature nous a préparé. Nous le laissons aller et venir.

LA MÉCANIQUE DE L'ÉMOTION

D'expérience, nous savons que les réponses qui constituent les émotions sont des plus variées. Certaines réponses sont faciles à repérer chez vous et chez autrui. Pensez aux muscles du visage, lorsqu'ils adoptent les configurations typiques de la joie, de la douleur ou de la colère ; ou à la peau qui pâlit en réaction à de mauvaises nouvelles ou qui rougit face à une situation embarrassante. Ou bien considérez les postures corporelles qui signifient la joie, la défiance, la tristesse ou le découragement ; ou bien les mains moites et humides de l'appréhension ; le cœur battant à tout rompre qui va de pair avec l'orgueil ; ou le ralentissement du cœur, proche du calme plat, quand il est en proie à la terreur.

D'autres réponses ne sont pas aussi visibles, mais n'en sont pas moins importantes, telles que la multitude de changements qui interviennent dans des organes autres que les vaisseaux sanguins, la peau et le cœur. À titre d'exemple, la sécrétion d'hormones telles que le cortisol, qui change le profil chimique du milieu interne ; ou la sécrétion de peptides, tels que l'endorphine-ß ou l'oxytocine, qui altèrent le fonctionnement de plusieurs circuits cérébraux. Autre exemple : la décharge de neurotransmetteurs, tels que les monoamines, la norépinéphrine, la sérotonine et la dopamine. Durant les émotions, les neurones situés dans l'hypothalamus, le télencéphale basal et le tronc cérébral libèrent ces médiateurs chimiques dans plusieurs régions du cerveau situées vers le haut, et ce faisant, transforment temporairement le mode de travail de nombreux circuits neuronaux. Voici quelques conséquences typiques de l'augmentation ou de la diminution de décharge de tels transmetteurs : le sens que nous avons de l'accélération ou du ralentissement des processus mentaux, pour ne rien dire du sens que l'on peut avoir du caractère plaisant ou déplaisant qui s'attache à une expérience mentale. Un tel sentir fait partie de notre sentiment d'une émotion.

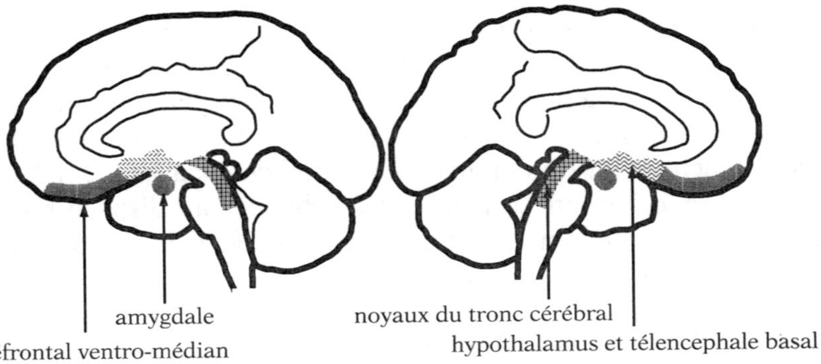

Figure 2.1. Sites de l'induction d'émotion.
Seul l'un de ces quatre sites est visible à la surface du cerveau (il s'agit de la région préfrontale ventro-médiane). Les autres régions sont sous-corticales (voir le schéma A 3 en annexe pour leur localisation précise). Elles sont toutes situées près de la ligne médiane du cerveau.

À émotions différentes, systèmes cérébraux différents. Exactement comme on peut lire la différence sur un visage entre une expression de colère et une expression de joie, exactement comme on peut sentir la différence entre la tristesse ou le bonheur dans sa chair, les neurosciences commencent à nous montrer comment des systèmes cérébraux différents travaillent pour produire, par exemple, colère, tristesse ou bonheur.

L'étude de patients souffrant de maladies neurologiques et de lésion cérébrale focale a fourni certains des résultats les plus révélateurs dans ce domaine, mais ces recherches sont complétées aujourd'hui par la neuro-imagerie fonctionnelle sur des individus qui n'ont pas de maladie neurologique. Je devrais noter que le travail réalisé sur des sujets humains permet aussi un dialogue fertile avec des chercheurs qui abordent certains de ces mêmes problèmes chez les animaux, autre nouveauté bienvenue dans ce domaine de recherche.

On peut résumer comme suit l'essentiel des découvertes dont on dispose : tout d'abord, le cerveau induit des émotions à partir d'un nombre relativement limité de sites cérébraux. La plupart d'entre eux sont localisés au-dessous du cortex cérébral et sont appelés sous-corticaux. Les principaux sites sous-corticaux se trouvent dans la région du tronc cérébral, de l'hypothalamus et du télencéphale basal. Exemple : la région qu'on appelle la substance grise périaqueducale, qui est un coordonnateur majeur des réponses émotionnelles. Cette substance agit *via* les noyaux moteurs de la formation réticulée et *via* les noyaux des nerfs crâniens, tels que les noyaux du nerf vague[14]. Un autre site sous-cortical important est l'amygdale. Les sites d'induction qui se trouvent dans le cortex cérébral, les sites corticaux, comprennent des secteurs de la région cingulaire antérieure et de la région préfrontale ventro-médiane.

En second lieu, ces sites interviennent dans le traitement de différentes émotions à des degrés divers. Nous avons récemment montré, en utilisant l'imagerie TEP, que l'induction et l'expérience de la tristesse, de la colère, de la crainte et du bonheur provoquent une activation dans plusieurs des sites mentionnés ci-dessus, mais que la configuration propre à chaque émotion est distincte. Par exemple, la tristesse active constamment le cortex préfrontal ventro-médian, l'hypothalamus et le tronc cérébral, tandis que la colère ou la peur n'activent ni le cortex préfrontal ni l'hypothalamus. L'activation du tronc cérébral se partage les trois émotions, mais l'activation hypothalamique et préfrontale ventro-médiane semble spécifique à la tristesse[15].

En troisième lieu, certains de ces sites interviennent aussi dans la récognition de stimuli qui signifient certaines émotions. Par exemple, une série d'études faites dans mon laboratoire a montré qu'une structure qu'on appelle l'amygdale, qui est enfouie dans les profondeurs de chaque lobe temporal, est indispensable pour reconnaître la peur dans les expressions du visage, pour être conditionné à la peur ou même pour exprimer la peur. (Dans un groupe de travail parallèle, les études de Joseph LeDoux et Michael Davis ont montré que l'amygdale est nécessaire au conditionnement à la peur et révélé des détails sur les circuits impliqués dans le processus[16].) Mais l'amygdale n'est pas d'un grand intérêt pour reconnaître ou apprendre le dégoût ou le bonheur. Il faut noter que d'autres structures, de manière tout aussi spécifique, s'intéressent à ces autres émotions et pas à la peur.

La description suivante illustre la fine esquisse que tracent les systèmes cérébraux relativement à la production et à la récognition de l'émotion. Ce n'est qu'un des multiples exemples que l'on peut invoquer en faveur de l'idée qu'il n'y a pas un seul et unique centre cérébral de traitement des émotions mais plutôt des systèmes discrets qui sont liés à des configurations émotionnelles distinctes.

N'AYEZ PAS PEUR

Il y a près de dix ans, une jeune femme, que je désignerai par S, attira mon attention en raison de ce que faisait apparaître la tomodensitométrie de son cerveau. De manière tout à fait inattendue, son

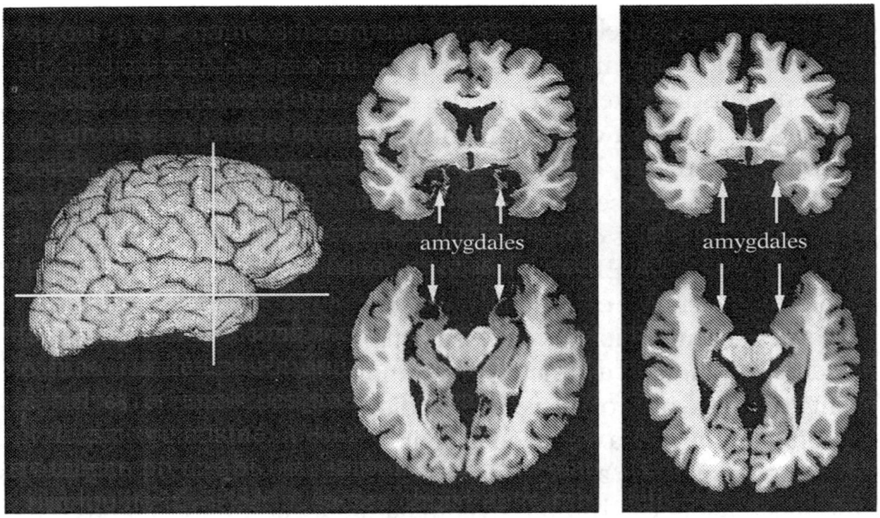

Figure 2.2. Lésions bilatérales des amygdales chez le patient S (à gauche) et un exemple d'amygdales normales (à droite).

Les coupes ont été effectuées selon deux plans perpendiculaires indiqués par les lignes blanches tracées sur la surface externe du cerveau. Les zones sombres repérées par des flèches correspondent aux amygdales détruites. On les comparera aux amygdales normales d'un cerveau témoin, présentées selon exactement les mêmes plans de coupe sur les deux figures de droite.

scanner révélait que les deux amygdales, celle du lobe temporal gauche et celle du lobe temporal droit, étaient presque entièrement calcifiées. Ce qu'on pouvait voir était frappant. Dans une tomodensitométrie, le cerveau normal se manifeste sous forme de myriades de pixels gris, et la nuance du gris définit les contours des structures. Mais si un minéral comme le calcium s'est déposé dans la masse cérébrale, le scanner le fait apparaître comme un blanc brillant et laiteux qu'il est absolument impossible de rater.

Tout autour des deux amygdales, le cerveau de S était parfaitement normal. Mais la quantité de calcium déposée dans les amygdales était telle qu'il était immédiatement évident qu'il ne pouvait y avoir qu'un fonctionnement normal infime sinon nul des neurones dans les amygdales. Chaque amygdale est comme une structure en carrefour, avec des voies qui partent de toute une série de régions corticales et sous-corticales pour rejoindre finalement le croisement, et des voies qui émanent de ce dernier pour se diriger vers tout autant de sites. Les opérations normales exécutées par une telle profusion de voies de signalisation croisée ne pouvaient tout bonnement pas se faire, que ce soit d'un côté ou de l'autre du cerveau de S. Ce n'était pas non plus une condition récente de son cerveau. Le dépôt de minéraux dans le tissu cérébral prend du temps, et le travail approfondi et sélectif auquel nous pouvions assister dans son cerveau avait probablement mis des années à s'accomplir, en débutant aux toutes premières années de sa vie. Pour ceux qui sont curieux de connaître les causes qui sont à l'origine du problème, je dirai que S souffre du mal d'Urbach-Wiethe, une maladie autosomale récessive qui se caractérise par des dépôts anormaux de calcium dans la peau et la gorge. Lorsque le cerveau est affecté par des dépôts de calcium, les structures les plus fréquemment touchées sont les amygdales. Ces patients ont souvent des crises épileptiques, heureusement sans gravité, et c'est une crise mineure qui avait en effet amené S à venir la première fois se faire soigner par nous. Nous pûmes lui venir en aide, et elle n'a pas eu de crises depuis.

Ma première impression de S était celle d'une jeune femme grande, mince et extrêmement agréable. J'étais particulièrement curieux de découvrir ce qu'il en était de sa capacité d'apprentissage et de mémoire, et de son attitude en société. La raison de cette curiosité était double. La controverse faisait rage, à l'époque, à propos de la contribution des amygdales à l'apprentissage de faits nouveaux : certains chercheurs croyaient que l'amygdale est un partenaire vital de l'hippocampe dans l'acquisition d'une mémoire factuelle nouvelle, d'autres considérant que sa contribution à cet égard est mineure. La curiosité relative à l'attitude de S reposait sur le fait qu'on savait, d'après des études menées sur des primates non humains, que l'amygdale joue un rôle dans les comportements sociaux [17].

Si je résume, je dirais que tout allait bien, dans la capacité de S à apprendre de nouveaux faits. Cela fut évident lorsque je la rencontrai la seconde fois et que, manifestement, elle me reconnut, me sourit et m'accueillit en m'appelant par mon nom. S'agissant de déterminer qui j'étais, à quoi ressemblait mon visage et quel était mon nom, l'apprentissage instantané était sans faille. De nombreux tests psychologiques confirmaient cette première impression, et c'est précisément ainsi que sont encore aujourd'hui les choses. Des années plus tard, nous devions montrer qu'un aspect particulier de son apprentissage était défectueux, mais cela n'avait rien à voir avec l'apprentissage de faits : cela avait à voir avec le conditionnement à des stimuli désagréables [18].

Son histoire sociale, en revanche, était exceptionnelle. Pour le dire dans les termes les plus simples possibles, je dirais que S abordait les gens et les situations avec une attitude majoritairement positive. D'autres diraient effectivement qu'elle était avenante, d'une manière excessive et déplacée. S n'était pas seulement agréable et joyeuse, elle semblait avide d'entrer en contact avec la plupart de ceux qui liaient conversation avec elle, et plusieurs membres de la clinique et du groupe de recherche eurent l'impression que les réserves et les réticences qu'on aurait pu attendre de sa part faisaient tout simplement défaut. Par exemple, peu de temps après une entrée en matière, S n'était pas effarouchée à l'idée de toucher ou de serrer la personne dans ses bras. Ne vous méprenez pas, son comportement ne provoquait aucune gêne pour qui que ce soit, mais il était invariablement perçu comme très éloigné du comportement standard d'un patient qui se serait trouvé dans sa situation.

Nous devions nous apercevoir que cette même attitude se manifestait dans tous les domaines de sa vie réelle. Elle se faisait facilement des amis, se lançait sans difficulté dans des liaisons romantiques, se laissant souvent abuser par ceux à qui elle avait fait confiance. En revanche, elle était et est toujours une mère pleine de zèle, très désireuse de se conformer aux règles sociales et de voir ses efforts appréciés. La nature humaine est vraiment difficile à décrire et pleine de contradictions, lorsqu'on se trouve dans la meilleure des situations et que la santé est florissante. Il est presque impossible de lui rendre justice lorsque nous entrons dans le domaine de la maladie.

Les premières années de recherche consacrées à S donnèrent deux résultats importants. D'un côté, S n'avait aucune difficulté à apprendre les faits. En vérité, on pouvait même dire que ses perceptions sensorielles, que ses mouvements, son langage et son intelligence fondamentale n'étaient pas différents de ceux d'un individu moyen en parfaite santé en termes de compétences élémentaires. D'un autre côté, son comportement social démontrait une déviation constante par rapport à sa tonalité émotionnelle dominante. C'est comme si les émotions négatives telles que la peur et la colère avaient disparu de son vocabulaire affectif, laissant les émotions positives dominer sa vie, au moins en termes de fréquence, sinon en termes de plus grande intensité. Cela m'intéressait au plus haut point parce que j'avais remarqué un schéma similaire chez des patients atteints de lésion bilatérale dans le secteur antérieur du lobe temporal, qui, conséquence de l'étendue de la lésion, avaient aussi une lésion aux amygdales. On pouvait raisonnablement faire l'hypothèse que leur déviation affective était imputable à la lésion de l'amygdale.

Toutes ces suppositions devaient se transformer en faits lorsque Ralph Adolphs me rejoignit au laboratoire. En faisant appel à toute une série de techniques intelligentes pour enquêter sur plusieurs patients, atteints pour certains de lésion à l'amygdale, pour d'autres de lésion à d'autres structures, Adolphs fut en mesure de suggérer que la déviation affective était la plupart du temps causée par la détérioration d'une émotion : la peur[19].

En utilisant une technique d'échelle multidimensionnelle, voici ce que montra Adolphs : S est en permanence incapable de lire l'expression de la peur sur le visage d'une autre personne, surtout lorsqu'il s'agit d'une émotion ambiguë, ou que d'autres émotions se trouvent exprimées dans le même temps. Elle n'a aucun problème de ce genre lorsqu'il s'agit de reconnaître d'autres expressions de l'émotion sur le visage, en l'occurrence celle de surprise qui est, à bien des égards, semblable, en termes de configuration générale. Curieusement, S, qui a un don remarquable pour le dessin et des talents pour l'esquisse, est incapable de dessiner un visage qui représente la peur, bien qu'elle puisse dessiner des visages qui représentent d'autres émotions. Lorsqu'on lui demande de simuler des expressions faciales d'émotions, elle n'a aucun mal à le faire pour les émotions primaires, mais pas pour la peur. Ses tentatives produisent peu de changements dans son expression faciale, où elle avoue son impuissance. À nouveau, elle n'a aucun mal à produire une expression faciale de surprise. Enfin, et surtout, S ne fait pas l'expérience de la peur comme vous et moi la ferions, dans une situation qui normalement la provoquerait. À un niveau purement intellectuel, elle sait ce qu'est censé être la peur, ce qui devrait la causer, et même ce que l'on peut faire dans des situations de peur, mais son bagage intellectuel, pour ainsi dire, ne lui sert que fort peu, voire à rien, dans le monde réel. L'absence de peur qui lui est naturelle, et qui est consécutive à la lésion bilatérale de ses amygdales, l'a empêchée d'apprendre, au cours de sa jeune vie, la signification des situations déplaisantes que nous avons tous pu connaître. En conséquence, elle n'a pas appris les signes avant-coureurs qui annoncent un possible danger ou désagrément, notamment lorsqu'ils se manifestent sur le visage d'une autre personne ou dans une situation. Nulle part cela n'a été plus clairement démontré que dans une étude récente mettant en œuvre un jugement de fiabilité et d'accessibilité reposant sur des visages humains[20].

L'expérience faisait appel au jugement d'une centaine de visages humains que des individus normaux avaient auparavant estimés en fonction de leurs divers degrés de fiabilité et d'accessibilité. Il y avait là cinquante visages, considérés systématiquement comme inspirant confiance, et cinquante autres, comme ne l'inspirant pas. La sélection de ces visages fut effectuée par des individus normaux à qui on posa une question simple : comment estimeriez-vous ce visage sur une échelle de un à cinq, relativement à la fiabilité et à l'accessibilité qu'inspire le propriétaire de ce visage ? Ou bien, en d'autres termes, avec quel empressement seriez-vous prêt à approcher la personne dotée de ce visage particulier, si vous aviez besoin d'aide ?

Une fois que les cent visages furent correctement distribués en fonction des estimations des quarante-six individus normaux, nous nous tournâmes vers les patients présentant des lésions cérébrales. La patiente S fut l'un des trois patients affectés d'une lésion bilatérale à l'amygdale à être inclus dans l'étude, mais nous étudiâmes aussi la performance de sept patients souffrant d'une lésion soit à l'amygdale gauche, soit à l'amygdale droite, trois patients souffrant d'une lésion à l'hippocampe et d'une incapacité à apprendre de nouveaux faits, et dix patients atteints de lésion ailleurs dans le cerveau, c'est-à-dire en d'autres endroits que l'amygdale et que l'hippocampe. Les résultats furent bien plus remarquables que ce que nous pouvions espérer.

S, ainsi que d'autres patients qui ont aussi des lésions aux amygdales des deux côtés du cerveau regardaient des visages que vous ou moi jugions fiables et les classaient, de façon tout à fait correcte, comme vous ou moi le ferions, comme des visages que l'on pourrait approcher en cas de besoin. Mais quand ils regardaient des visages dont vous ou moi nous méfierions, des visages de personnes que nous essaierions d'éviter, ils les jugeaient tout aussi fiables. Les patients atteints d'une lésion à une amygdale seulement, les patients amnésiques et les autres patients victimes de lésions cérébrales agissaient, pour leur part, comme des gens normaux.

L'incapacité où ils se trouvent de faire des jugements sociaux corrects, étayés par des expériences passées, sur des situations allant ou non dans le sens de leurs intérêts, a d'importantes conséquences pour ceux qui se trouvent ainsi affectés. Immergés dans un monde sûr, sorti tout droit d'un conte de fées, ces individus sont incapables de se protéger contre des risques sociaux simples et moins simples, et sont ainsi plus vulnérables et moins indépendants que nous. L'histoire de leur vie témoigne de cette détérioration chronique, autant qu'elle témoigne de l'importance extrême de l'émotion dans ce qui gouverne non seulement de simples créatures mais également des êtres humains.

COMMENT TOUT CELA MARCHE

Dans une émotion type, donc, certaines régions du cerveau, qui font partie d'un système neuronal largement préétabli et lié aux émotions, envoient des commandes à d'autres régions du cerveau et presque partout dans le corps propre. Les commandes sont envoyées *via* deux routes. L'une d'elle est la circulation sanguine, où les commandes sont envoyées sous la forme de molécules chimiques qui agissent sur des récepteurs situés dans les cellules qui constituent les tissus du corps. L'autre route est celle des voies neuronales ; les commandes longeant cette route prennent la forme de signaux électrochimiques qui agissent sur d'autres neurones, ou sur des fibres musculaires, ou sur des organes (tels que la glande surrénale) qui, à leur tour, peuvent libérer des substances chimiques de leur cru dans la circulation sanguine.

Ces commandes chimiques et neuronales coordonnées ont pour effet de provoquer un changement global dans l'état de l'organisme. Les organes qui reçoivent les commandes changent en fonction de la commande ; quant aux muscles, qu'il s'agisse des muscles lisses d'un vaisseau sanguin ou des muscles striés du visage, ils se meuvent comme on leur dit de le faire. Mais le cerveau lui-même est changé de façon tout à fait aussi remarquable. La décharge de substances telles que les monoamines et les peptides, en provenance de régions de noyaux situés dans le tronc cérébral et le télencéphale basal, altère le mode de traitement de nombreux autres circuits cérébraux, déclenche certains comportements spécifiques (par exemple se lier d'affection, jouer, pleurer), et modifie la signalisation des états corporels au cerveau. En d'autres termes, le cerveau comme le corps propre sont énormément et profondément affectés par l'ensemble des commandes, même si l'origine de ces commandes est circonscrite à une aire cérébrale relativement petite qui répond à un contenu particulier du processus mental. Considérons à présent ceci : au-delà de l'émotion, spécifiquement décrite comme la collection de réponses que je viens d'exposer, il faut ajouter deux étapes avant qu'une émotion ne soit *connue*. La première est le sentiment, la représentation des changements dont nous venons de discuter. La seconde est l'application de la conscience centrale à tout l'ensemble des phénomènes. Connaître une émotion — sentir un sentiment —, voilà qui ne se produit qu'à ce stade.

On peut résumer ces événements en passant par les trois étapes clés du processus :

1. Mise en route de l'organisme par un inducteur émotionnel, par exemple un objet particulier traité visuellement, d'où résultent des représentations visuelles de l'objet. Imaginez que vous tombiez sur tante Jeannette, que vous adorez et que vous n'avez pas vue depuis longtemps. Il y a toutes les chances pour que vous reconnaissiez immédiatement tante Jeannette, mais même dans le cas contraire, ou même

avant que vous ne la reconnaissiez, le processus fondamental de l'émotion se poursuivra jusqu'à l'étape suivante.

2. Des signaux consécutifs au traitement de l'image de l'objet activent tous les sites neuronaux qui sont prêts à répondre à la classe particulière d'inducteur à laquelle appartient l'objet. Les sites dont je parle — par exemple dans les cortex préfrontaux ventro-médians, les amygdales et le tronc cérébral — ont été programmés de façon innée, mais l'expérience passée avec des choses de type Jeannette a modulé la manière dont ils sont susceptibles de répondre, par exemple l'aisance avec laquelle ils répondront. Incidemment, tante Jeannette n'est pas en train de voyager dans tout votre cerveau sous la forme d'une photo de passeport. Elle existe à titre d'image visuelle, émanant de configurations neuronales engendrées par l'interaction de plusieurs aires situées dans les premiers cortex visuels, en grande partie dans les lobes occipitaux. Les signaux consécutifs à la présence de son image voyagent ailleurs et accomplissent leur travail lorsque des parties du cerveau qui s'intéressent à des choses de type Jeannette répondent à de tels signaux.

3. En conséquence de l'étape 2, les sites d'induction de l'émotion déclenchent un certain nombre de signaux vers d'autres sites du cerveau (par exemple les noyaux monoamines, les cortex somato-sensoriels, les cortex cingulaires) et vers le corps (par exemple les viscères, les glandes endocrines), comme on l'a vu précédemment. Dans certaines circonstances, l'équilibre des réponses peut favoriser le circuit intracérébral et engager le corps de façon minimale. C'est ce que j'ai appelé les réponses « en boucle corporelle comme si ».

Le résultat combiné des étapes 1, 2 et 3 est un ensemble momentané et approprié de réponses aux circonstances qui sont à l'origine de la commotion tout entière : par exemple tante Jeannette en vue ; ou la mort annoncée d'un ami ; ou rien que vous ne puissiez dire consciemment ; ou, si vous êtes un oisillon dans un nid en hauteur, l'image d'un grand objet volant au-dessus. Prenez le dernier exemple. L'oisillon n'a pas la moindre idée qu'il s'agit d'un aigle prédateur et aucun sens conscient du danger de la situation. Aucun processus de pensée, au sens propre du terme, ne dit à l'oisillon de faire ce qu'il fait ensuite, à savoir se recroqueviller aussi bas que possible dans le nid, en se tenant aussi tranquille que possible, de manière à devenir invisible à l'aigle. Et pourtant, les étapes du processus que je viens de décrire ont été enclenchées : des images visuelles se sont formées dans le cerveau visuel de l'oisillon, certains secteurs du cerveau ont répondu à la *sorte* d'image visuelle formée par le cerveau, et toutes les réponses appropriées, chimiques et neuronales, autonomes et motrices ont été enclenchées à toute allure. Le tranquille et lent bricolage de l'évolution a mené toute la réflexion pour l'oisillon, et son système génétique l'a consciencieusement transmis. Avec un peu d'aide de maman oiseau et grâce aux circonstances antérieures, le mini-concert de la peur est prêt à se jouer chaque fois que la situation l'exige. La réponse de peur que vous pouvez voir chez un chien ou un chat est exécutée de la même manière exactement, comme l'est la réponse de peur que vous pouvez observer chez vous lorsque vous marchez de nuit dans une rue obscure. Que nous parvenions aussi, nous et au moins le chien et le chat, à connaître quelque chose des sentiments causés par ces émotions, grâce à la conscience, voilà qui est une tout autre histoire.

En fait, on peut trouver les configurations fondamentales des émotions chez des organismes simples, y compris chez des organismes unicellulaires, et on s'aperçoit que l'on attribue des émotions telles que le bonheur, la peur ou la colère à des créatures très simples qui, selon toute vraisemblance, n'ont aucun sentiment de telles émotions, au sens où vous et moi en avons, des créatures qui sont trop simples pour avoir un cerveau, ou si elles en sont un, qui est trop rudimentaire pour avoir un esprit. On fait ces attributions sur la seule et unique base des mouvements de l'organisme, la vitesse de chaque acte, le nombre d'actes à la minute, le style des mouvements, et ainsi de suite. On peut faire la même chose avec une simple puce en train de se déplacer sur un écran d'ordinateur. Certains mouvements en dents de scie paraîtront « furieux », des sauts harmonieux mais explosifs paraîtront « joyeux », des mouvements de repli sur soi paraîtront « peureux ». Une vidéo qui dépeint plusieurs formes géométriques se déplaçant à des vitesses différentes et entretenant des relations diverses sélectionne des attributions d'état émotionnel chez des adultes normaux et même chez des enfants. La raison pour laquelle on peut anthropomorphiser la puce ou un animal de façon si efficace est simple : l'émotion, comme le terme l'indique, concerne le mouvement, concerne le comportement extériorisé, concerne certaines orchestrations de réactions par rapport à une cause donnée, au sein d'un environnement donné[21].

Quelque part entre la puce et votre animal de compagnie se trouve l'une des créatures vivantes qui a le plus contribué au progrès en neurobiologie, un escargot marin connu sous le nom d'*Aplysia californica*. Eric Kandel et ses collègues ont fait de grandes avancées dans l'étude de la mémoire en utilisant ce très simple escargot qui n'a pas beaucoup d'esprit mais qui a, incontestablement, un système nerveux qu'il est scientifiquement possible de déchiffrer et maints comportements intéressants. Eh bien, il se peut que l'*Aplysia* n'ait pas de sentiments comme vous ou moi, mais elle a quelque chose qui n'est pas sans ressemblance avec les émotions. Touchez les branchies d'une *Aplysia* et vous verrez les branchies se rétracter vivement et complètement, tandis que le rythme cardiaque de l'*Aplysia* s'accélère et qu'elle libère de l'encre autour d'elle pour tromper l'ennemi, un peu comme James Bond lorsqu'il est poursuivi de très près par le Dr No. L'*Aplysia* manifeste de l'émotivité avec un mini-concert de réponses qui n'est pas différent formellement, mais seulement plus simple que celui que je pourrais ou que vous pourriez déployer dans des circonstances comparables. Pour autant que l'*Aplysia* puisse représenter son état émotif dans le système nerveux, il se peut qu'elle ait les éléments essentiels de ce qui fait un sentiment. Nous ignorons si l'*Aplysia* a des sentiments ou non, mais il est encore plus difficile d'imaginer que l'*Aplysia* aurait connaissance de tels sentiments si elle les avait[22].

Préciser la définition de l'émotion : une parenthèse

Qu'est-ce qui peut recevoir le titre d'émotion ? La douleur ? Un réflexe subit ? Ni l'un ni l'autre, mais en ce cas, pourquoi ? La proximité de ces phénomènes voisins appelle des distinctions précises, mais on a tendance à ignorer les différences. Les réflexes subits font partie du répertoire des réponses régulatrices dont disposent les organismes complexes et sont faits de comportements simples (par exemple le retrait d'un membre). On peut les inclure parmi les nombreuses réponses concertées qui constituent une émotion — réponses endocrines, réponses viscérales multiples, réponses musculo-squelettiques multiples, et ainsi de suite. Mais même le simple comportement émotif de l'*Aplysia* est plus compliqué qu'une simple réponse subite.

La douleur, elle non plus, ne peut recevoir le titre d'émotion. La douleur est la conséquence d'un état de dysfonctionnement local qui se produit dans un tissu vivant, la conséquence d'un stimulus — une lésion tissulaire en puissance ou effective — qui provoque la sensation de douleur, mais provoque aussi des réponses régulatrices telles que les réflexes, et peut également induire des émotions bien à elle. En d'autres termes, les émotions peuvent être causées par le même stimulus que celui qui cause la douleur, mais cette même cause entraîne un résultat différent. Par la suite, nous pouvons en venir à savoir que nous avons mal, et que nous avons une émotion qui s'y trouve associée, à condition qu'il y ait conscience.

Lorsque vous avez ramassé l'autre jour cette assiette chaude et que vous vous êtes brûlé la peau des doigts, vous avez eu mal et il se peut même que vous ayez souffert de ce mal même. Voici ce qui vous est arrivé, dans les termes neurobiologiques les plus simples :

Premièrement, la chaleur a activé un grand nombre de fibres nerveuses minces et *non myélinisées*, appelées fibres-C, présentes près de la brûlure. (Ces fibres, qui sont distribuées dans tout le corps littéralement, sont évolutivement anciennes et sont pour une bonne part destinées à acheminer des signaux relatifs aux états corporels internes, y compris ceux qui, pour finir, provoqueront la douleur. On les dit non myélinisées parce qu'elles n'ont pas cette gaine isolante qu'on appelle la myéline. Des fibres légèrement myélinisées appelées fibres A-δ voyagent avec les fibres-C et jouent un rôle semblable. Considérées conjointement, on les appelle nociceptives parce qu'elles répondent à des stimuli qui peuvent provoquer ou qui provoquent de fait des lésions dans des tissus vivants.)

En second lieu, la chaleur a détruit plusieurs milliers de cellules dermiques, et la destruction a libéré un certain nombre de substances chimiques dans cette zone.

En troisième lieu, plusieurs classes de globules blancs chargées de la réparation des lésions tissulaires ont été appelées dans cette zone, l'appel étant venu de certaines des substances chimiques qui ont été déchargées (par exemple un peptide qu'on appelle la substance P et des ions tels que le potassium).

En quatrième lieu, plusieurs de ces substances chimiques ont activé des fibres nerveuses à elles, joignant leur concert de signaux à celui de la chaleur elle-même.

Une fois déclenchée dans les fibres nerveuses, l'onde d'activation s'est transmise à la moelle épinière, et une chaîne de signaux s'est propagée à travers plusieurs neurones (un neurone est une cellule nerveuse) et synapses (une synapse est le point où deux neurones entrent en connexion et transmettent des signaux), en longeant les voies d'acheminement idoines. Les signaux se sont propagés jusqu'aux niveaux supérieurs du système nerveux : le tronc cérébral, le thalamus et même le cortex cérébral.

Qu'ont entraîné tous ces signaux successifs ? Des ensembles de neurones localisés à plusieurs niveaux du système nerveux ont été temporairement activés, et l'activation a produit une configuration neuronale, une sorte de carte plus ou moins détaillée des signaux relatifs à la blessure de vos doigts. Le système nerveux central est maintenant en possession de configurations neuronales multiples et variées de lésion tissulaire, qui ont été choisies conformément aux caractéristiques biologiques de votre système nerveux et du corps propre avec lequel il est en connexion. Les conditions requises pour qu'une sensation de douleur puisse se produire ont été remplies.

La question à laquelle je veux en venir se pose à ce stade : peut-on identifier l'une, voire l'ensemble de ces configurations neuronales de lésion tissulaire au fait de *savoir* que vous aviez mal ? Et la réponse est : pas vraiment. Savoir que vous avez mal suppose quelque chose d'autre qui se produit *après* que les configurations neuronales qui correspondent au substrat de la douleur — les signaux nocicepteurs — se déploient dans les zones appropriées du tronc cérébral, du thalamus et du cortex cérébral, et engendrent une image de douleur, une sensation de douleur. Mais on notera que le processus « postérieur » auquel je fais référence n'est pas au-delà du cerveau, il est bel et bien dans le cerveau, et pour autant que je puisse en juger, il est tout aussi biophysique que le processus qui l'a précédé. Plus précisément, dans l'exemple ci-dessus, c'est un processus qui met en relation les configurations neuronales de lésion tissulaire avec celles qui sont mises pour *vous*, de manière à permettre la production d'une autre configuration neuronale — celle qui correspond à vous en train de connaître —, ce qui n'est qu'une autre manière de désigner la conscience. Si le dernier processus de mise en relation ne se produit pas, vous ne saurez jamais qu'il y avait une lésion tissulaire dans votre organisme — s'il n'y a pas de vous et s'il n'y a pas de connaître, il n'y a aucun moyen pour vous de connaître, n'est-il pas vrai ?

Curieusement, s'il n'y avait pas eu de vous, c'est-à-dire si vous n'aviez pas été conscient, et s'il n'y avait pas eu de Soi ni de connaissance relative à des assiettes chaudes et à des doigts qui brûlent, la riche machinerie de votre cerveau *sans* Soi et *sans* conscience n'en aurait pas moins utilisé les configurations neuronales nociceptives engendrées par la lésion tissulaire, pour produire un certain nombre de réponses utiles. Par exemple, l'organisme aurait été capable de retirer le bras et la main de la source de chaleur en quelques centièmes de milliseconde après le début de la lésion tissulaire, un processus réflexe médié par le système nerveux central. Mais remarquons que dans la phrase précédente, j'ai parlé d'« organisme » plutôt que de « vous ». Sans connaissance et sans Soi, ce n'aurait pas été tout à fait « vous », qui étiez en train de retirer le bras. Dans ces circonstances, le réflexe appartiendrait à l'organisme, mais pas nécessairement à « vous ». Il y aurait en outre un certain nombre de réponses émotionnelles qui se déclencheraient automatiquement, produisant des changements dans l'expression du visage et dans la posture, comme dans le rythme cardiaque et le contrôle de la circulation sanguine — nous n'apprenons pas à grimacer de douleur, nous nous contentons de grimacer. Même si l'on a de bonnes raisons de penser que toutes ces réponses, simples et moins simples, se produisent chez tous les êtres humains conscients, on n'a absolument pas besoin de conscience pour que les réponses aient lieu. Par exemple, nombre de ces réponses sont même présentes chez des patients comateux chez qui la conscience est suspendue — l'une des manières dont nous autres neurologues évaluons l'état du système nerveux chez un patient inconscient consiste à établir si le patient réagit par des mouvements du visage ou des membres à des stimuli déplaisants tels que le frottement de la peau du sternum.

Les lésions tissulaires provoquent des configurations neuronales sur la base desquelles votre organisme se trouve avoir mal. Si vous êtes conscient, ces mêmes configurations peuvent aussi *vous* permettre de savoir que vous avez mal. Mais que vous soyez ou non conscient, les lésions tissulaires et les configurations sensorielles qui s'ensuivent provoquent aussi la gamme de réponses automatisées évoquées ci-dessus, qui vont du simple retrait d'un membre à une émotion négative complexe. En un mot, la douleur n'est pas une émotion.

Vous vous demandez peut-être comment on peut opérer la distinction ci-dessus, et je puis vous donner bon nombre de preuves qui vont en ce sens ; je commencerai par un fait tiré de l'expérience directe que j'ai eu l'occasion de faire, tôt dans mon apprentissage, sur un patient chez qui la dissociation entre la *douleur comme telle* et *l'émotion causée par la douleur* était tout à fait manifeste[23]. Le patient souffrait d'un cas sévère de névralgie trigéminale réfractaire, que l'on appelle aussi « tic douloureux ». C'est une affection qui touche le nerf responsable des signaux qui interviennent dans la sensation du visage, et dans lequel même des stimuli innocents, tels qu'un affleurement de la peau du visage ou une brise soudaine, déclenchent une douleur atroce. Aucun médicament ne pouvait venir en aide à ce jeune homme qui ne pouvait guère faire autre chose que se recroqueviller, immobile, chaque fois que la douleur atroce lui poignardait la peau. En dernier recours, le neurochirurgien Almeida Lima, qui fut aussi l'un de mes premiers maîtres, proposa de l'opérer, car de petites lésions provoquées dans un secteur bien précis du lobe frontal, avait-on montré, soulageaient la douleur et étaient utilisées dans des situations de dernier recours telles que celle-ci.

Je n'oublierai pas cette vision du patient, le jour précédent l'opération : il craignait de faire le moindre mouvement, de peur de déclencher une nouvelle vague de douleur ; puis cette vision de lui, deux jours après l'opération, quand nous lui rendîmes visite, lors d'une ronde hospitalière : c'était une tout autre personne, détendue, joyeusement absorbée dans une partie de cartes avec un compagnon de chambre. Quand Lima l'interrogea sur la douleur, il leva les yeux et dit d'un ton très enjoué que « les douleurs étaient les mêmes », mais qu'il se sentait bien à présent. Je me souviens de ma surprise lorsque Lima creusa un peu plus l'état d'esprit de l'homme. L'opération avait eu une action infime, voire nulle, sur les configurations sensorielles correspondant au dysfonctionnement tissulaire local de la région du corps innervée par le nerf trijumeau. Les images mentales de ce dysfonctionnement tissulaire n'étaient pas altérées, et c'est pourquoi le patient pouvait rapporter que les douleurs étaient les mêmes. Et pourtant l'opération avait été un succès. Elle avait certainement aboli les réactions émotionnelles que les configurations sensorielles de dysfonctionnement tissulaire avaient engendrées. La souffrance avait disparu. L'expression du visage, la voix et le maintien général de cet homme n'étaient pas de ceux que l'on associe à la douleur.

Cette sorte de dissociation entre « sensation de douleur » et « affect de douleur » a été confirmée par des études effectuées sur des groupes de patients qui ont subi des opérations chirurgicales dans le but de les soulager de leur douleur. Plus récemment, Pierre Rainville, qui est aujourd'hui chercheur dans mon laboratoire, a montré, au moyen d'une manipulation intelligente reposant sur l'hypnose, que la sensation de douleur et l'affect de douleur sont manifestement séparables. Les suggestions hypnotiques censées influencer la douleur affectent de manière spécifique, sans altérer la sensation de douleur, l'activité cérébrale modulée au sein du cortex cingulaire, cette même région globale qu'il arrive aux neurochirurgiens de léser, pour soulager de leurs souffrances ceux qui ont une douleur chronique et intraitable. Rainville a également montré que lorsque les suggestions hypnotiques visaient la sensation de douleur plutôt que les émotions associées à la douleur, non seulement il y avait des changements dans l'évaluation du déplaisir *et* de l'intensité, mais il y avait aussi des changements dans S1 (le cortex somatosensoriel primaire) et le cortex cingulaire[24]. Brièvement : les suggestions hypnotiques dirigées vers les émotions consécutives à la douleur, plutôt que vers la sensation de douleur, ont réduit l'émotion, mais pas la sensation de douleur, et ont également provoqué des changements fonctionnels dans le seul cortex cingulaire ; les suggestions hypnotiques dirigées vers la sensation de douleur ont réduit la sensation de douleur *et* l'émotion, et provoqué des changements fonctionnels en S1 et dans le cortex cingulaire. Peut-être avez-vous eu l'expérience directe que je suis en train de décrire, s'il vous est déjà arrivé de prendre des bêtabloquants pour traiter un problème de rythme cardiaque, ou si vous avez pris un tranquillisant comme le Valium. Ces médicaments réduisent votre réactivité émotionnelle, et s'il se trouve que vous avez aussi mal au même moment, ils réduiront l'émotion causée par la douleur.

Nous pouvons vérifier la différence de statut biologique de la douleur et de l'émotion en examinant comment différentes interventions interfèrent avec l'une et pas avec l'autre. Par exemple, les stimuli qui causent la douleur peuvent être spécifiquement réduits ou bloqués par des analgésiques. Lorsque la transmission de signaux conduisant à la représentation d'un dysfonctionnement tissulaire est bloquée, il ne s'ensuit aucune douleur, aucune émotion. Mais il est possible de bloquer l'émotion et *pas* la douleur. L'émotion potentielle, provoquée par la lésion tissulaire, peut être réduite par des drogues appropriées, par exemple du Valium ou des bêtabloquants, ou même par une chirurgie sélective. La perception de la lésion tissulaire demeure, mais l'émotion ainsi émoussée fait disparaître la souffrance qui l'aurait accompagnée.

Que dire à présent du plaisir ? Le plaisir est-il une émotion ? Une fois encore, je préférerais dire que non, même si, tout comme la douleur, le plaisir est en relation étroite avec l'émotion. Comme la douleur, le plaisir est une qualité constitutive de certaines émotions ainsi qu'un déclencheur de certaines d'entre elles. Alors que la douleur est associée à des émotions négatives, telles que l'angoisse, la peur, la tristesse et le dégoût, dont la combinaison constitue communément ce qu'on appelle la souffrance, le plaisir est associé à de multiples nuances de bonheur, d'orgueil et d'émotions d'arrière-plan positives.

La douleur et le plaisir font partie du plan biologique dont les finalités sont évidemment adaptatives, mais ils opèrent dans des circonstances très différentes. La douleur est la perception d'une représentation sensorielle de dysfonctionnement tissulaire vivant local. Dans la plupart des cas, lorsqu'il y a une lésion effective ou imminente de tissus vivants, des signaux apparaissent qui sont transmis à la fois chimiquement et *via* des fibres nerveuses du type C et A-∂, et des représentations appropriées se créent dans le système nerveux central, à de multiples niveaux. En d'autres termes, l'organisme est conçu pour répondre à la perte d'intégrité, réelle ou menacée, de son tissu par un type particulier de signalisation. La signalisation fait appel à une foule de réponses chimiques et neuronales, qui vont des réactions locales des globules blancs aux réflexes impliquant un membre entier, jusqu'à une réaction émotionnelle concertée.

Les plaisirs apparaissent dans un contexte différent. Si nous nous tournons vers l'exemple simple des plaisirs associés au manger et au boire, nous voyons que le plaisir est généralement mis en mouvement par la détection d'un déséquilibre, par exemple un faible taux de sucre dans le sang ou une osmolalithe élevée. Le déséquilibre conduit à l'état de faim ou de soif (qu'on appelle état motivationnel et pulsionnel), lequel conduit à son tour à certains comportements impliquant la recherche de nourriture ou d'eau (qui font aussi partie intégrante de l'état motivationnel et pulsionnel), qui conduisent pour finir aux actes de manger et de boire. Le contrôle de ces diverses étapes comporte de nombreuses boucles fonctionnelles, différemment hiérarchisées, et suppose la coordination de substances chimiques intérieurement produites et de l'activité neuronale[25]. L'état de plaisir peut commencer durant la phase de recherche, par anticipation du but effectif de celle-ci, et augmenter une fois le but atteint.

Mais de la coupe aux lèvres, il y a un grand pas. Une quête de nourriture ou de boisson qui dure trop, ou qui n'aboutit pas, ne s'accompagnera pas du tout de plaisir ou d'émotions positives. Ou bien, si au cours d'une quête qui aboutit, un animal se voit empêché d'atteindre vraiment son but, le fait de voir ses plans contrecarrés peut effectivement être une cause de colère. De même, comme je l'ai noté dans mon commentaire sur la tragédie grecque, l'allégement ou la suspension d'un état de douleur peut provoquer l'émergence de plaisir et d'émotions positives.

Le point à retenir est la relation possible qu'il peut y avoir entre la douleur et le plaisir, et les émotions qui vont de pair avec eux, ainsi que le fait qu'ils ne sont pas l'image en miroir l'un de l'autre. Ce sont des états physiologiques différents et asymétriques, qui sous-tendent différentes qualités perceptives destinées à contribuer à la solution de problèmes très différents. (La dualité de la douleur et du plaisir ne devrait pas nous faire oublier le fait qu'il y a plus de deux émotions, dont certaines s'alignent sur la douleur, et d'autres sur le plaisir, sur la première pour la plupart. La symétrie manifeste de cette profonde division disparaît dès que les comportements deviennent plus complexes dans l'évolution.) Dans le cas de la douleur, le problème est de se débrouiller avec la perte d'intégrité du tissu vivant qui résulte de la lésion, qu'elle soit causée de façon interne par une maladie naturelle ou induite de façon externe par l'attaque d'un prédateur, ou par un accident. Dans le cas du plaisir, le problème est de mener l'organisme à des attitudes et à des comportements qui contribuent au maintien de son homéostasie. Curieusement, la douleur a peut-être commencé comme une pensée par après de la nature, comme une tentative pour traiter un problème déjà là. J'avais coutume de penser à la douleur comme à un bon verrou que l'on appose sur une porte après le cambriolage d'une maison, mais Pierre Rainville m'a suggéré une meilleure métaphore : mettre un garde du *corps* devant la maison pendant que vous réparez la fenêtre brisée. Après tout, le résultat direct de la douleur n'est pas d'empêcher la survenue d'une nouvelle blessure, du moins pas dans l'immédiat ; il est plutôt de protéger le tissu blessé, de faciliter la réparation tissulaire et d'éviter l'infection de la blessure. Le plaisir, en revanche, a entièrement trait à la prévoyance. Il se rapporte à l'intelligente anticipation de ce qui peut être fait pour *ne pas* avoir de problème. À ce niveau fondamental, la nature a trouvé une solution merveilleuse : elle déclenche chez nous le comportement qui convient.

La douleur et le plaisir relèvent de deux généalogies différentes de régulation biologique. La douleur s'aligne sur la punition et est associée à des comportements tels que se retirer ou se figer. Le plaisir, en revanche, s'aligne sur la récompense et est associé à des comportements tels que la recherche et l'approche.

La punition conduit les organismes à se refermer sur eux-mêmes, à se figer et à se retirer de leur entourage. La récompense conduit les organismes à s'ouvrir et à se tourner vers leur environnement, à l'approcher, à le rechercher, et ce faisant, à augmenter et leur chance de survie et leur vulnérabilité.

Cette dualité fondamentale est manifeste chez une créature aussi simple et probablement aussi peu consciente que peut l'être une anémone de mer. Son organisme, privé de cerveau et muni seulement d'un système nerveux simple, est à peine plus qu'un boyau à deux ouvertures, animé par deux séries de muscles, dont certains sont circulaires et d'autres allongés. Les circonstances entourant l'anémone de mer déterminent le comportement tout entier de son organisme : s'ouvrir au monde comme une fleur qui s'épanouit — stade auquel eau et éléments nutritifs entrent dans son corps et l'approvisionnent en énergie ; ou se refermer sur elle en un paquet plat et contracté, minuscule, en retrait, et presque imperceptible à autrui. L'essence de la joie et de la tristesse, de l'approche et de l'évitement, de la vulnérabilité et de la sécurité, est aussi manifeste dans cette dichotomie simple de comportement décérébré qu'elle peut l'être dans les sautes d'humeur d'un enfant en train de jouer.

Ce qui sous-tend la représentation des émotions et des sentiments

Il n'y a rien de vague, rien d'évanescent, rien d'imprécis, dans l'ensemble des réponses que je viens de décrire comme constitutifs d'une émotion. Ce qui sous-tend la représentation des émotions, c'est un ensemble de dispositions neuronales inhérentes à un certain nombre de régions cérébrales situées pour une bonne part dans les noyaux sous-corticaux du tronc cérébral, de l'hypothalamus, du télencéphale basal et de l'amygdale. Conformément à leur statut dispositionnel, ces représentations sont implicites, en sommeil, et indisponibles à la conscience. Elles existent plutôt comme des configurations potentielles d'activité, apparaissant au sein d'ensembles neuronaux. Une fois ces dispositions activées, un certain nombre de conséquences s'ensuivent. D'un côté, la configuration de l'activation représente, dans le cerveau, une émotion particulière comme un « objet » neuronal. De l'autre, la configuration de l'activation engendre des réponses explicites qui modifient à la fois l'état du corps propre et celui d'autres régions cérébrales. Ce faisant, les dernières réponses créent un état émotionnel, et à ce stade, un observateur extérieur peut apprécier l'engagement émotionnel de l'organisme en train d'être observé. Quant à l'état interne de l'organisme dans lequel l'émotion se produit, lui reviennent à la fois l'émotion comme objet neuronal (la configuration de l'activation au niveau des sites de l'induction) et le fait de sentir les conséquences de l'activation, un sentiment, pour autant que la série de configurations neuronales qui en résulte se transforme en images dans l'esprit.

Les configurations neuronales qui sous-tendent un sentiment apparaissent dans deux catégories de changements biologiques : des changements relatifs à l'état du corps et des changements relatifs à l'état cognitif. Les premiers s'effectuent par le biais de l'un des deux mécanismes suivants. L'un implique ce que j'appelle la « boucle corporelle ». Il utilise et des signaux d'humeur (des messages chimiques transmis par la circulation sanguine) et des signaux neuronaux (des messages électrochimiques transmis *via* les voies nerveuses). Sous l'effet des deux types de signaux, le paysage corporel se modifie et se trouve ensuite représenté dans des structures somato-sensorielles du système nerveux central, depuis le tronc cérébral jusqu'en haut. Le changement qui intervient dans la représentation du paysage corporel peut s'effectuer partiellement par le biais d'un autre mécanisme, que j'appelle la « boucle corporelle comme si » ou de simulation. Dans cet autre mécanisme, la représentation des changements relatifs au corps est directement créée dans des cartes sensorielles du corps, sous le contrôle d'autres sites neuronaux, par exemple les cortex préfrontaux. C'est une simulation, « comme si » le corps avait réellement été modifié, mais ne l'était pas en fait.

Les changements relatifs à l'état cognitif ne sont pas moins intéressants. Ils se produisent lorsque le processus émotionnel entraîne la sécrétion de certaines substances chimiques dans les noyaux du télencéphale basal, de l'hypothalamus et du tronc cérébral, et entraîne la décharge consécutive de ces substances vers plusieurs autres régions du cerveau. Lorsque ces noyaux déchargent certains neurotransmetteurs tels que la monoamine et certains peptides situés dans le cortex cérébral, le thalamus et les ganglions de la base, ils provoquent plusieurs altérations significatives de la fonction cérébrale. On ne comprend pas encore toute la série des possibilités, mais voici les plus importantes que je puis imaginer : 1/ l'induction de comportements spécifiques tels que ceux qui sont destinés à engendrer les liaisons affectives, le fait de se nourrir, l'exploration et le jeu ; 2/ un changement dans le traitement continu des états corporels entraînant le filtrage ou le passage des signaux du corps, leur inhibition ou augmentation sélective, ainsi que la modification de leur qualité plaisante ou déplaisante ; et 3/ un changement dans le mode de traitement cognitif tel que, par exemple, la modification (de lent à rapide, ou *vice versa*) du taux de production des images auditives ou visuelles, ou tel que la modification (de précise à vague) de la mise au point des images ; des changements dans le taux de production ou dans la mise au point font partie intégrante d'émotions aussi disparates que celles de tristesse ou d'allégresse.

Si l'on admet que les structures appropriées sont toutes là, les processus passés en revue ci-dessus permettent à un organisme d'éprouver une émotion, de la manifester, de la mettre en images, c'est-à-dire de ressentir l'émotion. Mais rien dans le compte rendu ci-dessus n'indique comment l'organisme pourrait savoir qu'il est en train de ressentir l'émotion qu'il éprouve. Pour qu'un organisme sache qu'il a un sentiment, il faut ajouter le processus de conscience aux processus d'émotion et de sentiment. Dans les chapitres qui suivent, j'expose ce qu'est, selon moi, la conscience et de quelle manière elle peut fonctionner pour que nous puissions « ressentir » un sentiment.

CHAPITRE 3

La conscience-noyau

Étudier la conscience

Nous avons beau jeu, nous autres scientifiques, de déplorer le fait que la conscience soit une question entièrement personnelle et privée, et qu'elle ne soit pas susceptible d'observations à la troisième personne, lesquelles sont monnaie courante en physique et dans d'autres branches des sciences du vivant. Il n'empêche : nous devons affronter le fait que telle est la situation, et faire de nécessité vertu. Par-dessus tout, nous ne devons pas tomber dans le piège qui consisterait à essayer d'étudier la conscience en adoptant un point de vue qui serait exclusivement externe, de peur, tout simplement, que le point de vue interne soit désespérément vicié. L'étude de la conscience humaine exige des conceptions à la fois internes et externes.

Même si l'investigation de la conscience est vouée à être relativement indirecte, cette restriction ne se limite pas à la conscience. Elle s'applique à tous les autres phénomènes cognitifs. Les actes comportementaux — coups de pied, coups de poing et gros mots — sont de jolies expressions du processus privé de l'esprit, mais il ne s'agit pas de la même chose. De même, les électro-encéphalogrammes et les scanners IRM fonctionnels saisissent des corrélats de l'esprit mais ne sont pas l'esprit. Pourtant, que tout cela ait un caractère inévitablement indirect ne signifie pas qu'on doive rester éternellement ignorant des structures mentales ou des mécanismes neuronaux qui les sous-tendent. Le fait que les images mentales ne soient accessibles qu'à l'organisme qui les possède n'interdit pas leur caractérisation, ne constitue pas une négation du fait qu'ils reposent sur une substance organique, et n'empêche pas que nous nous approchions pas à pas de ce qui permet de spécifier cette substance. Voilà qui peut susciter de l'inquiétude chez les puristes élevés dans l'idée que l'on ne doit pas se fier à ce que ne peut pas voir autrui, mais personne, en réalité, ne devrait s'inquiéter. Cet état de choses ne devrait pas nous empêcher de traiter scientifiquement les phénomènes subjectifs. Que cela nous plaise ou non, *tous* les contenus de notre esprit sont subjectifs, et le pouvoir de la science vient de sa capacité à vérifier ce qu'il peut y avoir de cohérent dans bon nombre de subjectivités individuelles.

La conscience apparaît dans l'intériorité d'un organisme plutôt qu'en public, mais elle est associée à un certain nombre de manifestations publiques. Ces manifestations ne décrivent pas le processus interne aussi directement qu'une phrase parlée traduit une pensée, pourtant elles sont bien là, disponibles à l'observation, corrélats et signes révélateurs de la présence de la conscience. En s'appuyant sur ce que l'on sait des esprits humains privés, et sur ce que l'on sait et peut observer du comportement humain, il est possible d'établir un lien à trois entrées entre : 1/ certaines manifestations externes, par exemple l'éveil, les émotions d'arrière-plan, l'attention, les comportements spécifiques ; 2/ les manifestations internes correspondantes de l'être humain qui a ces comportements, telles que ce dernier les rapporte ; et 3/ les manifestations internes que nous autres, en tant qu'observateurs, pouvons vérifier en nous-mêmes lorsque nous nous trouvons dans des circonstances comparables à celles de l'individu observé. Cette liaison à triple entrée nous autorise à faire des inférences raisonnables sur les états privés humains, en nous appuyant sur leur comportement externe [1].

La solution du problème de méthode que soulève le caractère privé de la conscience repose sur une aptitude humaine naturelle, celle qui consiste à élaborer en permanence des théories sur l'état d'esprit d'autrui en partant d'observations comportementales, de rapports d'états mentaux, et à faire des contre-expertises de leurs correspondances, au vu des expériences comparables que l'on peut avoir soi-même. En me mettant à l'étude de l'esprit et du comportement, j'ai transformé un passe-temps — la curiosité que je pouvais avoir de l'esprit d'autrui — en une activité professionnelle, ce qui veut simplement dire que c'est devenu quelque chose chez moi d'obsessionnel et que j'ai pris des notes.

Curieusement, comparée aux spécialistes, la culture populaire paraît moins gênée par la perspective privée de la conscience, comme l'a brillamment démontré Woody Allen dans *Harry dans tous ses états*. Peut-être avez-vous vu le film, mais si tel n'est pas le cas, voici comment je peux vous raconter ce qui arrive. Au beau milieu d'une scène de film-dans-le-film, le cameraman s'aperçoit que l'image de l'acteur qu'il est en train de filmer est floue. Naturellement, il attribue d'abord le problème à une erreur de mise au point, erreur qui est de son propre fait, et n'ayant pas réussi à la corriger, il commence à se demander avec inquiétude si ce n'est pas le mécanisme de mise au point qui est peut-être en panne. Mais le mécanisme va bien, et comme il n'y a pas d'amélioration, le cameraman s'inquiète à présent de l'état de l'objectif. Se pourrait-il qu'il soit sale et par là même à l'origine du flou ? Non pourtant, l'objectif lui aussi se révèle en bon état, et parfaitement propre. Au milieu du brouhaha qui s'ensuit, chacun se rend brusquement compte que le problème n'a absolument rien à voir avec la caméra, mais avec l'acteur en question (Mel, joué par Robin Williams). C'est l'acteur lui-même qui est hors point de mire. Il est *intrinsèquement flou*, et tous ceux qui le regardent voient une image brouillée ; tous ceux qui regardent quoi que ce soit d'autre que Mel voient une image claire. L'acteur de ce film-dans-le-film a été frappé d'une maladie qui fait que tous ceux qui l'entourent, y compris sa famille plongée dans la perplexité et son médecin, le voient hors point de mire.

La raison pour laquelle le public rit tient à l'absurdité manifeste de l'idée, à la violation d'une propriété fondamentale de la conscience : sa conception personnelle, privée et à la première personne, des choses. Le flou et le hors-point de mire ne sont pas des propriétés des objets — si ce n'est en un sens métaphorique. Même lorsqu'on interpose un écran entre un objet et vous, et qu'il modifie sa perception, c'est-à-dire lorsque les verres de vos lunettes sont sales, le flou n'est pas *dans* l'objet. Le flou et le hors-point de mire font pour beaucoup partie de notre perspective consciente dans la perception. Dans des circonstances normales, le flou et le hors-point de mire se produisent *à l'intérieur* de l'organisme d'une personne, en raison d'un certain nombre de causes possibles qui apparaissent à toute une série de niveaux physiologiques, depuis l'œil jusqu'aux voies d'acheminement des signaux au cerveau, jusqu'au cerveau lui-même. D'autres personnes qui se trouvent dans le voisinage de celui-qui-me-semble-flou ne partagent pas mon flou et mon hors-point de mire. La scène fonctionne, parce que personne n'arrive à mettre Mel en point de mire. Le flou est devenu une propriété externe d'un être vivant, plutôt que la caractéristique d'une observation élaborée à titre personnel.

L'approche contemporaine visant à étudier la base biologique de l'esprit humain comporte deux étapes. La première consiste à observer et à mesurer les actions d'un sujet expérimental, à rassembler et à mesurer les comptes rendus d'expériences internes proposées par un ou deux sujets. La seconde étape consiste à mettre en rapport les données recueillies et la manifestation mesurée de l'un des phénomènes neurobiologiques que nous commençons à comprendre, au niveau des molécules, des neurones, des circuits neuronaux ou des systèmes de circuits. L'approche s'appuie sur les présupposés suivants : les processus de l'esprit, y compris ceux de la conscience, reposent sur l'activité cérébrale ; le cerveau fait partie de tout un organisme avec lequel il interagit continuellement ; et nous, en tant qu'êtres humains, en dépit des traits individuels remarquables qui font que chacun de nous est unique, partageons des caractéristiques biologiques similaires, en termes de structure, d'organisation et de fonction de nos organismes.

Les limites de la solution préliminaire proposée ci-dessus peuvent s'élargir de façon remarquable, lorsque nous transférons l'approche aux êtres humains qui ont une maladie neurologique et qui développent des détériorations de l'esprit et du comportement à la suite d'une lésion cérébrale et d'un dysfonctionnement cérébral sélectif. C'est le genre de problème qui se produit, par exemple, lorsque l'on est victime d'une attaque. Cette approche, qui est connue sous le nom de méthode des lésions, nous permet de faire pour la conscience ce que nous faisons depuis longtemps pour la vision, le langage ou la mémoire : étudier une dégradation du comportement, la rattacher à une dégradation des états mentaux (la cognition) et rattacher les deux à une lésion cérébrale focale (une zone de lésion cérébrale circonscrite), soit à un rapport anormal de l'activité électrique établi par un encéphalogramme, soit à des potentiels électriques évoqués (un examen des ondes du cerveau), soit à une anomalie détectée au moyen d'un scanner d'imagerie fonctionnelle (tel que la tomographie par émission de positons [TEP] ou la résonance magnétique fonctionnelle [IRM]). Une population de patients neurologiques nous fournit des occasions que ne procure pas l'observation chez les seules gens normaux. Elle nous donne des éléments probants sur les troubles comportementaux et mentaux, de même qu'elle nous donne des éléments probants sur les sites anatomiquement identifiables de dysfonctionnement cérébral, avec lesquels nous pouvons étudier bien des aspects de l'esprit, notamment ceux qui sont moins transparents. Grâce aux données empiriques dont on dispose alors, il est possible de soumettre les hypothèses au test, de les étayer ou de les modifier selon les résultats, et de tester les hypothèses que l'on a pu encore perfectionner au contact d'autres patients neurologiquement atteints ou à l'occasion de contrôles effectués sur des gens sains.

L'étude des patients souffrant de maladie neurologique a façonné mes convictions sur la conscience plus que n'importe quoi d'autre, en matière de données empiriques. Mais avant de réfléchir aux observations que j'ai pu faire sur des malades neurologiquement atteints et dont la conscience est détériorée, un mot s'impose sur les manifestations externes qui sont révélatrices de la conscience.

La musique du comportement et les manifestations externes de la conscience

Les manifestations externes constantes et prévisibles de la conscience sont aisément identifiables et mesurables. Par exemple, nous savons que les organismes qui sont dans un état normal de conscience sont éveillés, attentifs aux stimuli de leur environnement, et se comportent d'une manière adéquate au contexte, et conforme à ce que nous imaginons qu'est leur but. Le comportement adéquat comprend aussi bien les émotions d'arrière-plan que j'ai décrites plus haut que des actions ou émotions spécifiques se rapportant aux événements ou stimuli spécifiques qui se présentent dans une scène donnée. Un observateur expert peut établir ces corrélats de conscience sur un laps de temps relativement court (peut-être aussi court que dix minutes si les circonstances s'y prêtent, bien que, dois-je ajouter, les experts peuvent être induits en erreur). La présence ou l'absence de vigilance peut s'établir par observation directe de l'organisme — les yeux doivent être ouverts, les muscles doivent avoir assez de tonus pour permettre le mouvement. La capacité d'attention aux stimuli peut s'établir à partir de la capacité de l'organisme à s'orienter vers eux, et nous pouvons observer des mouvements oculaires, des mouvements de la tête et des configurations dans les mouvements des membres et du corps tout entier, tandis que l'organisme répond à divers stimuli sensoriels et interagit dans un environnement. La présence de l'émotion d'arrière-plan peut s'établir à partir de la nature des expressions du visage et à partir du profil dynamique des mouvements des membres et de la posture. Quant à l'établissement du caractère finalisé et de l'adéquation du comportement, il peut se faire en prenant en compte le contexte de la situation, naturel ou expérimental, et en déterminant si les réponses de l'organisme à des stimuli comme les actions que l'organisme a entreprises de son propre chef sont appropriées à ce contexte.

Même si l'on peut sélectionner par des stimuli appropriés, observer, vidéo-enregistrer et mesurer toutes ces manifestations avec toutes sortes de dispositifs, je dois souligner que les jugements qualitatifs de l'observateur entraîné sont un instrument essentiel dans l'analyse du comportement. Ce à quoi l'observateur se trouve confronté est décomposable par une analyse d'expert, mais se présente d'abord et avant tout comme un ensemble composite, une concomitance de contributions qui se font en mesure, orchestrées dans un seul et unique organisme, et reliées, sous une forme ou une autre, par un seul et unique but.

Il peut être utile de considérer le comportement de l'organisme comme l'exécution d'un morceau orchestral dont on est en train d'inventer la partition au fur et à mesure. Tout comme la musique que vous entendez est le résultat d'un certain nombre d'instruments jouant ensemble et en mesure, le comportement d'un organisme est le résultat de plusieurs systèmes biologiques jouant de façon concomitante. Les différents groupes d'instruments produisent différentes sortes de sons et exécutent différentes mélodies. Ils peuvent jouer continûment tout un morceau durant, ou s'absenter de temps à autre, parfois pendant un certain nombre de mesures. Il en va de même pour le comportement d'un organisme. Certains systèmes biologiques produisent des comportements qui sont présents continûment, alors que d'autres produisent des comportements qui peuvent être présents ou non à un moment donné. Voici les principales idées que je souhaite mettre ici en lumière : premièrement, le comportement que nous observons dans un organisme vivant n'est pas le résultat d'une ligne mélodique simple ; il est plutôt le résultat d'une concomitance de lignes mélodiques à l'occasion de chaque unité temporelle que vous choisissez d'observer ; si vous étiez un chef d'orchestre en train de regarder la partition musicale imaginaire du comportement de l'organisme, vous verriez les différentes parties musicales s'assembler verticalement à chaque mesure. En second lieu, certaines composantes du comportement sont toujours présentes, formant la base continue de l'exécution, alors que d'autres ne sont présentes que durant certaines périodes de l'exécution ; la « partition comportementale » noterait le début d'un certain comportement à une certaine mesure et sa fin quelques mesures plus loin, tout comme la partition du chef d'orchestre note les débuts et les fins des parties du piano solo à l'intérieur des mouvements d'un concerto. En troisième lieu, nonobstant la diversité des composantes, le produit comportemental de chaque moment est un tout intégré, une fusion de contributions qui n'est pas sans ressembler à la fusion polyphonique d'une exécution orchestrale. À partir du trait crucial que je suis ici en train de décrire, la concomitance temporelle, quelque chose émerge qui n'est spécifié dans aucune des parties.

Lorsque je serai amené, dans les pages qui suivent, à examiner le comportement humain, je vous demanderai de penser à plusieurs lignes d'exécution parallèles se déroulant en mesure. L'éveil, l'émotion d'arrière-plan et l'attention de niveau faible seront là en permanence ; ils sont présents depuis le moment où l'on se réveille jusqu'au moment où l'on s'endort. Des émotions spécifiques, l'attention concentrée et des séquences particulières d'actions (comportements) apparaîtront de temps à autre, au gré des circonstances. De même pour les récits verbaux, qui sont une variété de comportement.

Considérons à présent une extension de cette métaphore dans l'esprit de la personne dont nous observons la façon de jouer. Je suggère qu'il y a aussi une partition d'orchestre dans l'esprit privé, seulement à présent, l'empilage concomitant des parties musicales correspond à des flux mentaux d'images. Ces flux sont pour une bonne part le contrepoint interne et cognitif des comportements que nous observons. Certaines images arrivent une fraction plus tôt que ne le font ces comportements, par exemple l'image mentale d'une idée que nous sommes sur le point d'exprimer dans une phrase. D'autres images suivent immédiatement après, par exemple le sentiment de l'émotion que nous venons de manifester. Il y a, bien entendu, des parties musicales pour l'état correspondant à l'éveil et qui consiste à former continuellement des images, comme pour la représentation des objets, événements et termes spécifiques qui les dénotent ; il y a aussi une partie pour les sentiments des différentes émotions que manifeste l'organisme. Mais il y a une autre partie dans la partition d'orchestre interne pour laquelle il n'y a pas de contrepoint externe précis : cette partie est le sentiment de soi, la composante cruciale de n'importe quelle notion de conscience.

Dans le contexte de cette métaphore, nous pouvons imaginer le sentiment de soi comme une partie supplémentaire qui informe l'esprit, non verbalement, de l'existence même de l'organisme individuel dans lequel cet esprit se déroule, et du fait que l'organisme se livre à des interactions avec des objets particuliers aussi bien en lui-même que dans son entourage. Cette connaissance altère le cours du processus mental comme le cours du comportement externe. Sa présence privée, qui n'est directement accessible qu'à son propriétaire, peut être inférée par un observateur extérieur à partir de l'influence qu'elle exerce sur les comportements extérieurs plutôt qu'à partir du porte-drapeau que constitue son propre comportement. L'éveil, l'émotion d'arrière-plan et l'attention de niveau faible sont ainsi des signes extérieurs de conditions internes qui sont compatibles avec l'apparition de la conscience. En revanche, les émotions spécifiques, l'attention soutenue et concentrée, ainsi que les comportements ciblés appropriés au contexte sur des laps de temps étendus sont une bonne indication que la conscience apparaît bel et bien dans le sujet que nous observons, même si nous, en tant qu'observateurs extérieurs, sommes incapables d'observer la conscience directement.

rapport verbal
actions spécifiques
émotions spécifiques
attention concentrée
attention de niveau faible
émotions d'arrière-plan
éveil

Tableau 3.1. Partition comportementale

L'ÉVEIL

L'éveil et la conscience ont tendance à aller de pair, même si cette association peut s'interrompre en deux circonstances exceptionnelles. L'une de ces exceptions est celle où nous sommes dans l'état de sommeil onirique. À l'évidence, nous ne sommes pas éveillés durant le sommeil onirique, et pourtant nous avons quelque conscience des événements qui se déroulent dans l'esprit. La mémoire que nous formons des derniers fragments de rêve avant que nous nous éveillions indique qu'une conscience quelconque était « allumée ». Un autre renversement spectaculaire de l'association habituelle peut aussi se produire : nous pouvons être éveillés tout en étant privés de conscience. Heureusement, ce dernier cas ne se produit que dans les conditions neurologiques dont je vais discuter.

C'est en regardant la transition du sommeil à l'éveil que l'on décrit le mieux ce dernier. L'image indélébile de cette transition qui me vient toujours à l'esprit est celle de Winnie dans *Oh les beaux jours* de

Samuel Beckett, lorsque la cloche sonne au début du premier acte. Winnie ouvre les yeux devant le public et déclare : « Un autre jour bienheureux. » Et elle va de l'avant, comme un lever de soleil matinal, dans un état qui permettra à son cerveau de former des images de son entourage : son sac, sa brosse à dents, les bruissements de Willie, son corps, qui, nous dit-elle, ne souffre pas trop, ce jour-là, « presque pas ». L'éveil s'arrête à la fin de la journée de Winnie, lorsque sonne la cloche qui met un terme au premier acte.

Ôtez l'éveil, sommeil onirique mis à part, et vous ôtez la conscience. À titre d'exemples de cette association : le sommeil sans rêve, l'anesthésie et le coma. Mais l'éveil n'est pas la conscience. Dans l'éveil, le cerveau et l'esprit sont « allumés », et des images de l'intérieur de l'organisme, ainsi que de l'environnement de l'organisme, se forment. On peut se livrer à des réflexes (ni la conscience ni l'éveil ne sont requis pour l'activité réflexe), et l'attention de niveau faible peut être dirigée vers des stimuli qui sont conformes aux besoins fondamentaux de l'organisme. Et pourtant, il se peut que la conscience soit absente. Les patients qui se trouvent dans certains états neurologiques sont éveillés et ne disposent pourtant pas de ce que la conscience-noyau aurait ajouté à leur processus de pensée : des images de connaissance centrées sur un Soi.

L'ATTENTION ET LA CONDUITE FINALISÉE

Il y a plus, s'agissant du comportement de Winnie, que le simple éveil. Elle s'oriente vers les objets et se concentre sur eux, si nécessaire. Les yeux, la tête, le cou, le torse et les bras bougent en une danse coordonnée qui établit une relation sans équivoque entre Winnie et certains stimuli de son environnement : le sac, la brosse à dents, les bruissements de Willie derrière elle. La présence de l'attention vers un objet extérieur signifie habituellement, bien que pas nécessairement, la présence de la conscience. Les patients atteints du fameux mutisme akinétique, qui sont privés de conscience, peuvent prêter une attention *fugace* et de niveau faible à un événement ou à un objet *saillant*, par exemple un observateur les appelant par leur nom. L'attention trahit seulement la présence de la conscience lorsqu'elle peut être *soutenue* sur une période de temps substantielle relativement aux objets qui sont nécessaires au comportement approprié à tel ou tel contexte — ce qui veut dire bien des minutes et des heures plutôt que des secondes. En d'autres termes, une durée prolongée et une concentration sur les objets appropriés définissent le genre d'attention indicatif de la conscience.

L'absence d'attention manifeste vers un objet extérieur n'est pas nécessairement une dénégation de la présence de conscience et peut plutôt indiquer que l'attention est dirigée vers un objet interne. Des professeurs étourdis et des adolescents rêveurs manifestent tout le temps ce « symptôme ». Heureusement, il s'agit d'un état extrêmement transitoire. L'absence complète et soutenue d'attention est associée à la dissolution de la conscience, comme cela se passe dans la somnolence, les états de confusion ou la stupeur.

Les créatures conscientes se concentrent sur certains objets et sont attentives à certains stimuli, quelque chose qui s'adapte très bien à notre propre vision des choses de l'intérieur, lorsque nous pensons à ce qui se passe dans notre esprit dans des situations comparables. Nous pouvons tous nous accorder sur le fait que l'attention et la conscience sont liées, mais la nature de la relation se discute. Selon moi, la conscience et l'attention apparaissent toutes deux par niveaux et degrés, elles ne sont pas monolithiques et elles s'influencent mutuellement dans une sorte de spirale ascendante. L'attention de niveau faible précède la conscience-noyau, elle est indispensable pour enclencher les processus qui engendrent la conscience-noyau. Mais le processus de conscience-noyau a pour effet de diriger l'attention de niveau élevé vers un point de concentration. Quand je fais attention à quelqu'un que je connais bien et qui vient d'entrer dans mon bureau, je le fais sous l'influence de la conscience-noyau. Je n'ai pu engendrer cette conscience que parce que mon organisme était dirigé par l'attention automatisée de niveau faible, ce qui m'a permis de traiter certains aspects de l'environnement qui sont importants pour des organismes comme le mien, tels que des créatures en train de bouger et dotées d'un visage humain. Au fur et à mesure que le traitement s'est poursuivi, la conscience-noyau a favorisé la concentration de l'attention sur l'objet particulier qui avait fait appel, dès le début, à l'organisme.

Mais revenons à Winnie. Vous remarquez ensuite qu'elle se comporte de manière finalisée par rapport aux stimuli sur lesquels elle se concentre. Ce pourrait ne pas être le cas, puisque Winnie est un personnage d'une pièce de Beckett, mais c'est ce qu'elle fait. En effet, son comportement fait partie d'un plan immédiatement reconnaissable, que seul aurait pu formuler un organisme bien au fait de son passé, de son présent et de ses anticipations futures. Le comportement concorde avec un tel plan sur une longue durée — des heures en fait. La finalité soutenue comme le caractère adéquat de son comportement supposent la présence de la conscience, même si la conscience ne garantit pas un comportement finalisé et adéquat : des idiots parfaitement conscients peuvent se comporter de façon tout à fait inadéquate.

Il y a quelque chose de particulièrement remarquable dans ce genre de comportements soutenus et adéquats ; leur déroulement s'accompagne toujours d'un flot d'états émotionnels. Les émotions d'arrière-plan dont nous avons discuté au chapitre précédent mettent continuellement en évidence les actions du sujet. Entre autres signaux révélateurs, on peut citer la posture globale du corps et le degré de mobilité des membres par rapport au tronc ; le profil spatial des mouvements des membres, qui peuvent être réguliers ou saccadés ; la vitesse des mouvements ; l'harmonie des mouvements que l'on peut trouver à tel ou tel niveau du corps, comme le visage, les mains et les jambes ; et enfin, et peut-être surtout, l'animation du visage. Même lorsque le sujet observé parle, les aspects émotionnels de la communication sont séparés du contenu des mots et des phrases parlés. Mots et phrases, du simple « Oui », « Non » et « Salut », jusqu'au « Bonjour » ou « Au revoir », sont généralement prononcés avec une inflexion émotionnelle d'arrière-plan. L'inflexion est une certaine manière de prononcer, l'accompagnement musical et tonal des sons du discours qui constituent les mots. L'accent avec lequel on prononce les mots peut exprimer non seulement des émotions d'arrière-plan, mais aussi des émotions spécifiques. Par exemple, vous pouvez dire à quelqu'un, sur le ton le plus aimant, « Eh bien, va-t'en ! », et vous pouvez également dire « Quel plaisir de te voir », avec un accent qui indique clairement votre indifférence.

En outre, des émotions spécifiques succèdent souvent à des stimuli ou à des actions qui les motivent apparemment dans le sujet, tel qu'on peut en juger en se plaçant du point de vue de l'observateur. En effet, le comportement humain normal manifeste une continuité d'émotions induites par une continuité de pensées. Les contenus de ces pensées — et il y a généralement des contenus parallèles et simultanés — comprennent des objets avec lesquels l'organisme est effectivement aux prises, ou des objets remémorés, ainsi que des sentiments, des émotions qui viennent d'apparaître. À leur tour, bon nombre de ces « courants » de pensée — d'objets réels, ou d'objets remémorés, et de sentiments — peuvent induire des émotions, depuis des émotions d'arrière-plan jusqu'à des émotions secondaires, que ce soit en connaissance de cause ou à notre insu. La manifestation continue de l'émotion découle de cette profusion d'inducteurs, connus ou inconnus, simples et moins simples.

La continuité de la ligne mélodique de l'émotion d'arrière-plan est un fait important à considérer dans notre observation du comportement humain normal. Lorsque nous observons quelqu'un dont la conscience-noyau est intacte, bien avant qu'aucuns mots ne soient émis, nous ne pouvons nous empêcher de faire des suppositions sur l'état d'esprit du sujet. Correctes ou non, certaines d'entre elles se fondent sur une continuité dans les signaux émotionnels que présente le comportement du sujet.

Une remarque de prudence sur une terminologie prêtant à confusion : à l'occasion, des termes tels que *alerte* (*alertness*) et *mise en éveil (arousal)* s'emploient comme synonymes d'*éveil (wakefulness)*, d'*attention (attention)*, et même de *conscience*, mais ils ne le devraient pas. *Alerte* s'emploie souvent au lieu d'*éveil*, comme lorsque vous dites que vous vous sentez « tout à fait alerte » ou que vous trouvez que quelqu'un l'est. Dans le sens que moi je lui donne, le terme *alerte* devrait signifier que le sujet n'est pas simplement éveillé mais manifestement disposé à percevoir et à agir. La signification propre d'*alerte* est quelque part entre « éveillé » (*awake*) et « attentif ».

Le terme de « mise en éveil » (*arousal*) est plus facile à définir. Il dénote la présence de signes d'activation du système nerveux autonome tels que des changements dans la couleur de la peau (rougeur ou pâleur), le comportement du cuir chevelu (les cheveux qui se dressent sur la tête), le diamètre des pupilles (plus large ou plus petit), la transpiration, l'érection sexuelle, et ainsi de suite, que recouvrent assez bien des termes vulgaires comme *excitation*. On peut être éveillé, alerte et pleinement conscient sans être « mis en éveil » (*aroused*) en ce sens ; mais nous savons tous que nos organismes peuvent être « mis en éveil » en ce sens durant le sommeil, lorsque nous ne sommes pas éveillés, attentifs ou conscients. Même des patients qui sont dans le coma peuvent être mis en éveil, simplement, ils l'ignorent. Compliqué, n'est-ce pas ?

Étudier la conscience à partir de son absence

On peut se demander comment il est possible de commenter, à partir d'une perspective personnelle, l'absence de conscience, étant donné que l'absence de connaissance et de Soi doit empêcher notre expérience de cette absence. On répondra qu'il y a bien quelques circonstances dans lesquelles nous sommes tout près de faire l'expérience de l'absence de conscience. Considérons les brefs moments durant lesquels nous revenons à nous après un épisode de perte de conscience provoquée par l'évanouissement ou l'anesthésie ; ou, de façon plus bénigne, les moments fugaces qui précèdent le moment où l'on se réveille complètement en sortant du profond sommeil réparateur qui suit une grande fatigue. Dans ces instants transitoires, nous avons une lueur de l'état mental appauvri qui les a précédés. Des images se forment de gens, d'objets et de lieux autour de nous, et pourtant, pendant un bref instant qui peut paraître bien trop long, le sentiment de soi fait défaut, et aucune propriété individuelle de la pensée n'est manifeste. Un quart de seconde plus tard, notre sens de nous-même est « allumé » et oui, nous concluons vaguement que les images nous appartiennent, mais tous les détails ne collent pas clairement encore. Il faut un peu plus longtemps pour qu'on assiste à la réinstauration du Soi-autobiographique et pour que la situation s'explique parfaitement.

La question demeure, cependant, de savoir comment il nous est possible d'avoir ne serait-ce qu'une lueur d'un tel état d'appauvrissement mental non conscient, alors que nous n'étions pas vraiment conscients durant cet état. Nous avons assurément ce genre de lueur, et quelque chose me dit que s'il en est ainsi, c'est parce que nous n'avons aucun souvenir, dans ces instants de transition, de l'expérience des instants qui ont immédiatement précédé la transition. Notre expérience consciente comporte normalement une brève mémoire de ce que nous sentons comme le « juste avant », qui s'attache à ce que nous pensons innocemment être le « maintenant ». Cette mémoire décrit le sentiment d'un Soi à qui on attribue une certaine connaissance. Mais immédiatement après le réveil, la brève mémoire qui aurait préservé l'instant antérieur au bénéfice de l'instant présent n'est pas disponible, pour la bonne raison qu'il n'y avait aucune expérience consciente à mémoriser. Notre introspection de ces états anormaux révèle donc un fait important : la continuité de la conscience normale nécessite une brève mémoire, de l'ordre d'une fraction de seconde, exploit trivial pour le cerveau humain dont la mémoire à court terme pour les faits peut durer près de soixante secondes.

Les variétés les plus extrêmes de conscience détériorée — coma, état végétatif persistant, sommeil profond, anesthésie profonde — ne se prêtent que rarement à des analyses comportementales, en raison du fait que presque toutes les manifestations de la « partition comportementale » dont nous discutions se trouvent abolies[2]. Corrélativement, presque toutes les manifestations internes de la « partition cognitive » sont présumées elles aussi abolies. L'idée selon laquelle, en pareille situation, les phénomènes de la conscience, voire les phénomènes de l'esprit, se trouvent suspendus est une intuition qui s'appuie sur des réflexions solides sur notre propre condition et sur des observations tout aussi solides sur le comportement d'autrui. Elle se trouve aussi pleinement étayée par les récits, rares, mais extrêmement instructifs, que font des personnes qui reprennent conscience après avoir été dans le coma. Ces dernières peuvent se souvenir de la descente dans le néant qui caractérise le coma — tout autant que nous pouvons nous souvenir de l'anesthésie générale — comme du retour à l'état de connaissance, mais elles n'ont absolument aucun souvenir de la période intermédiaire, qui peut s'étaler sur des semaines ou sur des mois. Il est légitime de présupposer, au vu de toutes les données dont on dispose, que rien ou quasiment rien ne se passait en fait dans l'esprit en de telles circonstances[3].

Deux autres groupes de patients, cependant, sont une source importante d'analyse des comportements et sortent nettement du lot par l'influence que leur examen a pu avoir sur mon étude de la conscience. L'un des groupes est constitué de patients en proie au phénomène compliqué connu sous le nom d'*automatisme épileptique*. L'autre groupe réunit des patients qui, à la suite de toute une série de maladies neurologiques, développent une affection connue sous le terme couverture de *mutisme akinétique*. Dans les deux groupes, la conscience-noyau et la conscience-étendue sont profondément affectées, et pourtant, les comportements décrits dans la « partition comportementale » ne sont pas tous abolis, permettant ainsi l'intervention de l'observateur et l'analyse d'une performance résiduelle[4].

Les automatismes épileptiques peuvent être comme un scalpel et séparer la conscience des choses qui sont dans la conscience. Les automatismes peuvent apparaître soit au moment des crises, soit juste après. Les épisodes qui m'intéressent le plus sont associés à des crises d'absence, bien que l'on rencontre aussi des automatismes qui vont de pair avec ce que l'on appelle des crises du lobe temporal. Les crises d'absence sont l'une des principales variétés d'épilepsie, dans laquelle la conscience est momentanément suspendue ainsi que l'émotion, l'attention et le comportement adéquat. Le trouble s'accompagne d'une anomalie électrique qui apparaît de manière caractéristique dans l'EEG. Les crises d'absence sont très instructives pour celui qui étudie la conscience, et la crise d'absence type est en fait l'un des plus purs exemples de perte de conscience — le terme d'absence est une abréviation pour « absence de conscience ». L'automatisme d'absence qui suit une crise d'absence particulièrement longue en est peut-être le plus pur exemple.

Si vous parliez d'absence à quelqu'un qui est sujet à des crises et à des automatismes, voici ce qui pourrait arriver si un épisode devait survenir. Brusquement, alors que vous êtes engagé dans une conversation parfaitement sensée, le patient s'interrompt au beau milieu d'une phrase, se fige dans tel ou tel mouvement qu'il était en train d'accomplir et se met à regarder fixement dans le vide, le regard centré sur le néant, le visage dénué de toute expression — un masque dépourvu de toute signification. Le patient reste éveillé. Le tonus musculaire est conservé. Le patient ne tombe pas, ou n'a pas de convulsion, ou ne laisse pas tomber ce qu'il a dans la main. Cet état de suspension de l'animation peut ne durer que quelque trois secondes — un temps bien plus long que ce que vous imaginez lorsque vous en êtes le spectateur — et durer aussi longtemps que des dizaines de secondes. Plus il dure, plus il est probable que l'absence proprement dite sera suivie par un automatisme d'absence, qui, une fois encore, peut prendre quelques secondes ou un grand nombre de secondes. Quand l'automatisme commence, les événements deviennent encore plus troublants. La situation n'est pas sans ressembler à l'interruption d'un arrêt sur image dans un film, lorsque vous appuyez sur la commande qui interrompt l'arrêt sur image ou lorsque le projecteur qui s'était enrayé dans une salle de cinéma se met à se désenrayer. La séance continue. En sortant de son état figé, le patient regarde autour de lui, peut-être pas vous, mais quelque chose qui se trouve à proximité, son visage reste vide, sans aucun signe d'expression déchiffrable, il boit dans le verre qui se trouve sur la table, se passe la langue sur les lèvres, farfouille dans ses vêtements, se lève, fait un tour, se dirige vers la porte, l'ouvre, hésite juste au moment de franchir le seuil, puis chemine le long du couloir. Pour lors, vous vous êtes levé et l'avez suivi de manière à pouvoir être témoin de la fin de l'épisode. De multiples scénarios peuvent se dérouler. Dans le scénario le plus probable, il se peut que le patient s'arrête et reste planté là quelque part dans le couloir, l'air un peu confus ; ou bien il se peut qu'il s'assoie sur un banc, s'il y en a un. Mais il est également possible que le patient entre dans une autre pièce ou continue de marcher. Dans la variété la plus extrême de tels épisodes, dans ce qu'on appelle la « fugue épileptique », le patient peut même sortir du bâtiment et marcher dehors dans la rue. Pour un observateur attentif, il a l'air étrange et confus, mais il peut fort bien s'en sortir sans encombre en venant vers l'observateur. Tout au long de la trajectoire de l'un quelconque de ces scénarios, le plus souvent en l'espace de quelques secondes, plus rarement de quelques minutes, l'épisode d'automatisme se termine, et le patient a l'air ahuri, où qu'il se trouve alors. La conscience s'en est revenue aussi brusquement qu'elle s'en était allée, et il faut être là pour lui expliquer la situation et le faire revenir là où vous étiez tous les deux avant le début de l'épisode.

Dans l'intervalle, le patient n'a aucune espèce de souvenir. Le patient ne sait pas alors, et ne saura jamais, ce que son organisme était en train de faire durant l'épisode. Dès qu'un épisode se termine, de tels patients n'ont aucun souvenir de ce qui s'est passé durant la crise ou dans le prolongement de la crise au cours de la période d'automatisme. Ils se rappellent ce qui s'est passé avant la crise, et peuvent faire remonter ces contenus à la mémoire, ce qui indique clairement que leurs mécanismes d'apprentissage étaient intacts avant la crise. Ils apprennent immédiatement ce qui se passe après que la crise se termine, signe que la crise n'a pas produit de détérioration permanente de l'apprentissage. Mais les événements qui se sont produits durant la période de crise n'ont pas eu maille à partir avec la mémoire, ou, dans le cas contraire, sont impossibles à faire remonter.

Si vous aviez dû interpréter le patient à n'importe quel stade durant l'épisode, il vous aurait regardé dans un état de total effarement ou peut-être avec indifférence Il n'aurait pas su qui vous étiez, aussi bien spontanément que si vous l'aviez spécifiquement questionné ; il n'aurait pas su qui il était ni ce qu'il faisait ; et il aurait simplement pu vous garder à distance avec un geste vague, en vous regardant à peine. Les contenus qui constituent un esprit conscient auraient fait défaut, ce qui n'aurait pas pu davantage donner lieu à un compte rendu verbal qu'à une action éminemment intelligente. Il serait resté assez éveillé et attentif pour traiter le prochain objet de son champ perceptif, mais pour ce que nous pouvons en déduire de la situation, c'est tout ce qui se serait passé dans son esprit. Il n'y aurait eu aucun plan, aucune prévoyance, nulle part ce sens de l'organisme individuel qui a des souhaits, des volitions, des jugements ou des croyances. Il n'y aurait eu aucun sentiment de soi, aucune personne identifiable avec un passé et des anticipations futures — plus précisément, aucun Soi-central et aucun Soi-autobiographique.

En de telles circonstances, la présence d'un objet promeut l'action suivante, et cette action peut être adéquate dans le micro-contexte du moment — boire dans un verre, ouvrir une porte. Mais cette action et d'autres ne seront pas adéquates dans le contexte plus large des circonstances où opère le patient. En observant les actions se dérouler, on se rend compte qu'elles sont dénuées de but ultime et ne conviennent pas du tout à quelqu'un qui se trouve dans cette situation.

Il y aurait pourtant eu un éveil indéniable : les yeux auraient été ouverts, le tonus musculaire maintenu. Il y aurait eu une certaine capacité à créer des configurations neuronales et vraisemblablement des images : les objets entourant le patient devaient être suffisamment cartographiées en termes visuels ou tactiles pour qu'il pût exécuter les actions avec succès. L'attention, elle aussi, aurait été présente, non pas l'attention de niveau élevé comme celle que nous avons en ce moment, mais une attention suffisante pour permettre aux dispositifs perceptuo-moteurs de l'organisme de se tourner vers un objet particulier, assez longtemps et assez bien pour que des images sensorielles se forment comme il faut, et que soient exécutés avec exactitude les mouvements liés à ces images, par exemple l'image visuelle d'un mur ; l'image tactile du verre dans lequel le patient pourrait boire.

En d'autres termes, le patient aurait eu certains aspects élémentaires de l'esprit, aurait eu certains contenus dans son esprit ayant trait aux objets de son entourage, mais il n'aurait pas eu les contenus de l'esprit que j'appelle conscience. Il n'aurait pas développé, parallèlement à l'image des objets autour de lui, une image de connaissance centrée sur un Soi ; une image renforcée des objets avec lesquels il était en interaction ; un sens de la connexion appropriée avec ce qui s'est passé l'instant d'avant ou de ce qui pourrait se passer l'instant d'après.

La dissociation entre la conscience détériorée et la capacité de former des configurations neuronales des objets, si surprenant que cela puisse être, est également mise en lumière par de nouvelles données empiriques étonnantes. Par IRM, on a pu étudier un patient plongé dans un état végétatif persistant, forme plus légère de coma dans laquelle il y a des signes d'éveil mais où la conscience est gravement détériorée. Durant la séance, on lui a projeté sur les rétines des photographies de visages humains familiers. Cela a entraîné une activation d'une région située dans les cortex occipito-temporaux, et dont on sait qu'elle est activée par la perception de visages, chez des personnes normales, éveillées et conscientes. Ainsi, même sans conscience, le cerveau peut traiter des signaux sensoriels à travers diverses stations neuronales et provoquer l'activation d'au moins certaines des zones ordinairement impliquées dans les processus perceptifs[5].

Si vous aviez observé un épisode d'automatisme d'absence, vous auriez été le témoin des comportements élaborés d'un organisme privé de toute conscience-étendue et de tout, sauf peut-être de la forme la plus obscure de conscience-noyau. On peut seulement essayer d'imaginer ce que peuvent être les restes d'un esprit d'où on a ôté le Soi et la connaissance, peut-être un esprit ponctué d'images de choses à connaître, mais jamais vraiment connues, de choses pas vraiment possédées, privé du moteur nécessaire à l'action délibérée.

Je conclurai en commentant le fait, tout au long de l'épisode, que l'émotion ait fait défaut. La suspension de l'émotion est un signe important dans les crises d'absence et dans les automatismes d'absence. L'émotion fait également défaut dans les mutismes akinétiques décrits dans la section suivante. Le manque d'émotion — pas d'émotions d'arrière-plan et pas d'émotions spécifiques — est remarquable, mais il n'a pas été mis en lumière dans la littérature concernée. En réfléchissant à cette découverte, bien des années après avoir commencé à la noter, tout me porte à penser que l'absence d'émotion est un corrélat sûr d'une conscience-noyau déficiente, tout autant peut-être que la présence d'un certain degré d'émotivité est quasiment toujours associée à l'état conscient. Une découverte voisine se produit régulièrement durant l'expérience naturelle faite sur la conscience, que nous appelons le sommeil. Le sommeil profond ne s'accompagne pas d'expressions émotionnelles, mais dans le sommeil onirique, durant lequel la conscience revient, de l'étrange manière qui la caractérise, il est facile de déceler, dans le sujet, des expressions émotionnelles.

La découverte de détériorations parallèles dans la conscience et dans l'émotion paraîtra d'autant plus remarquable lorsque nous nous apercevrons que ces patients chez qui la conscience-noyau est intacte mais la conscience-étendue compromise ont de toute évidence des émotions d'arrière-plan et primaires normales. Les émotions et la conscience-noyau ont tendance à aller ensemble, au sens littéral : elles sont présentes, ensemble ou bien absentes, ensemble[6].

L'absence d'émotion est surprenante si l'on songe au fait, comme nous l'avons vu, que les émotions peuvent être déclenchées de façon non consciente, à partir de pensées auxquelles on ne prête pas attention, ou à partir de dispositions inconnues, aussi bien qu'à partir d'aspects de nos états corporels qui sont impossibles à percevoir. Le manque d'émotion consécutif à la disparition de la conscience-noyau peut s'expliquer, en peu de mots, en suggérant que les émotions comme la conscience-noyau ont besoin, en partie, des mêmes substrats neuronaux et qu'un dysfonctionnement stratégiquement localisé compromet les deux sortes de traitement. Les substrats communs comprennent l'ensemble des structures neuronales qui sous-tendent le proto-Soi (lequel sera décrit au chapitre 5), structure qui régule et à la fois représente les états internes du corps. L'absence d'émotion, depuis l'émotion d'arrière-plan jusqu'aux niveaux élevés d'émotion, est, selon moi, le signe que d'importants mécanismes de régulation corporelle ont été compromis. La conscience-noyau est fonctionnellement proche des mécanismes ébranlés, intimement liée à eux, et du même coup, compromise en même temps qu'eux. Il n'y a pas de relation fonctionnelle aussi proche entre le traitement émotionnel et la conscience-étendue. C'est pourquoi, comme on le notera au chapitre 7, les détériorations de la conscience-étendue ne s'accompagnent pas d'une interruption de l'émotion.

Les sujets dotés d'une conscience normale peuvent prendre en charge leurs émotions sous la forme de sentiments, et ces sentiments, à leur tour, peuvent engendrer une nouvelle ligne émotionnelle mélodique qui confère au comportement les traits que nous reconnaissons si facilement comme étant des caractéristiques de la vie d'un être sentant. Dans un état pathologique, la suspension du cycle qui fait aller de l'émotion au sentiment, puis du sentiment à l'émotion prive le comportement d'un signe révélateur majeur de ce qu'est la vie d'un être sentant et engendre chez l'observateur l'idée que quelque chose d'étrange se passe dans l'esprit du sujet observé. Je ne serais pas surpris de découvrir que la raison pour laquelle nous n'hésitons pas à attribuer la conscience aux esprits de quelques animaux, et notamment aux animaux domestiques, vient du flot d'émotions ouvertement motivé qu'ils manifestent, et de l'hypothèse automatique et raisonnable que nous faisons alors que de telles émotions sont bel et bien causées par des sentiments qui ne pourraient affecter le comportement que si l'on avait affaire à un être sentant. Je reviendrai plus loin sur ce sujet.

Une autre source importante d'information relative à la conscience détériorée vient de l'étude de patients qui se trouvent dans l'état connu sous le terme englobant de *mutisme akinétique*. L'*akinésie* est le terme technique pour désigner le manque de mouvement, généralement dû à une inaptitude à déclencher le mouvement, même si cela inclut souvent la lente exécution du mouvement ; le *mutisme*, comme le mot l'indique, dénote une absence de parole. Comme d'habitude, les termes sont suggestifs de ce qui se passe à l'extérieur, ou de ce qui ne se passe pas mais rate la cible, si on se place du point de vue interne. Vue de l'intérieur, d'après toutes les données dont on dispose, la conscience est gravement diminuée ou même carrément suspendue. Le problème de ce qu'on appelle le mutisme akinétique me fascine depuis des années, et j'ai passé bien des heures à observer ces patients, dans leur lit d'hôpital ou dans mon laboratoire, à étudier leurs scanners et électro-encéphalogrammes et à attendre patiemment que leur mutisme se résolve, afin de pouvoir éventuellement leur parler. L'histoire de l'un de mes patients ainsi atteint vous donnera une idée de ce qui se passe.

L'attaque dont souffrait cette patiente, que j'appellerai L., avait provoqué une lésion dans les régions internes et supérieures du lobe frontal des deux hémisphères. Une région connue sous le nom de cortex cingulaire avait été lésée, ainsi que des régions voisines. Elle était brusquement devenue incapable de bouger et de parler, et, de façon générale, elle devait rester incapable de bouger et de parler pendant la majeure partie des six mois suivants. Elle restait au lit, souvent les yeux ouverts, mais avec une expression de vide sur le visage. À l'occasion, elle pouvait attraper un objet en mouvement — moi, par exemple, en train de me déplacer autour du lit — et le suivre à la trace pendant quelques instants, en bougeant les yeux et la tête pendant un moment, mais très vite, le regard fixe, tranquille et décentré, était de nouveau là. Le terme de *neutre* permet de traduire l'équanimité de l'expression, mais une fois que vous vous concentriez sur ses yeux, le mot *vide* était plus adapté. Elle était là sans être là.

Son corps n'était pas plus animé que son visage. Elle pouvait faire un mouvement normal avec le bras ou la main, par exemple pour rejeter les draps de son lit, mais en général ses membres étaient au repos. Ensemble, corps et visage n'exprimaient aucune espèce d'émotion, d'arrière-plan, primaire ou secondaire, en dépit de la quantité d'inducteurs auxquels on avait fait appel, jour après jour, que ce soit pour tenter de mener des conversations avec un centre d'intérêt bien précis ou que ce soit parce que se trouvaient tout simplement présents à son chevet une cohorte de médecins, d'infirmières, d'étudiants en médecine, d'amis et de parents. La neutralité émotionnelle régnait en maîtresse, ce qui voulait dire, non seulement qu'il n'y avait aucune réponse aux inducteurs extérieurs, mais aucune réponse, non plus, aux inducteurs intérieurs, ceux qui pouvaient être présents dans ses pensées mais qui, telles que les choses se présentaient, ne l'étaient manifestement pas.

Lorsqu'on l'interrogeait sur sa situation, elle restait presque invariablement silencieuse, même si, après quantité de câlineries, il lui arrivait de pouvoir dire son nom, juste une fois, avant de retomber dans son silence. Elle n'avait rien à dire sur les événements qui l'avaient conduite à être hospitalisée, aucune remarque à faire sur son passé ou sur son présent. Elle ne réagissait pas plus à la présence de ses parents et amis qu'à celle du médecin ou des infirmières. Ni les photographies, ni les chants, ni l'obscurité ni la pleine lumière, ni les roulements de tonnerre, ni le bruissement de la pluie ne pouvaient la faire réagir. Elle ne manifestait jamais le moindre agacement face aux questions incessantes et répétitives dont je l'assaillais, ne montrait jamais le moindre signe d'inquiétude sur elle-même ou sur quoi que ce soit d'autre.

Des mois plus tard, lorsqu'elle sortit de cet état d'existence étriquée et se mit progressivement à répondre à quelques questions, elle tira au clair l'énigme de son état d'esprit. Contrairement à ce qu'un observateur superficiel aurait pu penser, son esprit n'avait pas été retenu captif dans la prison de son immobilité. Il apparaissait plutôt qu'il n'y avait guère eu d'esprit du tout, et rien qui ressemblât à la conscience-noyau, pour ne rien dire de la conscience-étendue. La passivité de son visage et de son corps était le juste reflet de son manque d'animation mentale. Elle n'avait aucun souvenir de quelque expérience particulière que ce fût durant sa longue période de silence ; elle n'avait jamais éprouvé de peur ; n'avait jamais été inquiète ; n'avait jamais souhaité communiquer. Pendant la période qui précéda immédiatement les premières réponses qu'elle me fit, ce qui fut peut-être l'affaire de quelques jours, elle se souvenait vaguement qu'on lui avait posé des questions, mais elle sentait qu'elle n'avait vraiment rien à dire, et de nouveau, cela n'était cause pour elle d'aucune souffrance. Rien ne l'avait obligée à ne pas dire ce qu'elle pensait.

À l'inverse des patients qui sont atteints du syndrome du « locked-in » (nous en discutons au chapitre 8), L. semble n'avoir eu aucun sens d'elle-même ni de son entourage, aucun sens de connaître pendant la majeure partie de sa longue somnolence éveillée. À la différence des patients souffrant du syndrome du « locked-in », mais comme les patients épileptiques décrits précédemment et les patients décrits dans la section suivante, L. aurait pu parfaitement bouger — membres, yeux, dispositif linguistique — si elle avait eu un esprit conscient pour formuler un plan et commander un mouvement. Mais ce ne fut pas le cas. Même s'il y avait probablement certaines images qui s'étaient formées — on imagine mal comment elle aurait pu sinon suivre un objet à la trace, si brièvement que ce fût ; comment autrement elle aurait pu repousser effectivement les draps de son lit par un toucher précis, si elle s'appuyait exclusivement sur les réflexes —, il semble qu'elle n'avait pas produit de pensée, de raisonnement ou de plan différencié, et qu'il n'y avait pas eu non plus la moindre réaction émotionnelle à quelque contenu mental que ce fût. Cet ensemble imposant de déficits s'était traduit extérieurement par une expression neutre du visage, une quasi-suspension du mouvement corporel, et le mutisme. Ici encore, l'émotion était absente.

Chez certains patients qui sont parvenus à des stades avancés de la maladie d'Alzheimer, la conscience est également détériorée, et d'une manière semblable à celle que je viens de décrire pour le mutisme akinétique. Au début de la maladie, la perte de mémoire domine le tableau, et la conscience est intacte, mais à mesure que les ravages de l'Alzheimer se font sentir, on assiste souvent à une dégradation progressive de la conscience. Malheureusement, les manuels et les descriptions couramment proposées du syndrome d'Alzheimer insistent sur la perte de mémoire et sur la conservation, au début, de la conscience, et oublient souvent de mentionner cet important aspect de la maladie.

Le déclin affecte d'abord la conscience-étendue en rétrécissant progressivement son champ jusqu'au point où disparaît pratiquement tout ce qui peut ressembler à un soi-autobiographique. Finalement, c'est au tour de la conscience-noyau d'être diminuée à un degré où même le simple sentiment de soi n'est plus présent. L'éveil se maintient, et les patients répondent aux gens et aux objets de manière élémentaire — par un regard ou un geste ; en tenant un objet —, mais rien n'indique que les réponses émanent d'une réelle connaissance. En l'espace de quelques secondes, la continuité de l'attention du patient est rompue, et le manque de but général devient évident.

J'ai vu cette désintégration se produire chez de nombreux patients atteints de la maladie d'Alzheimer et jamais aussi douloureusement que chez un ami proche, qui était aussi l'un des éminents philosophes de sa génération et dont le brio intellectuel masquait à tous son déclin mental sauf à ceux qui étaient le plus proches de lui. La dernière fois que je le vis, il ne prononça pas un mot ni ne donna le moindre signe manifestant qu'il pouvait nous reconnaître, moi ou sa femme. Ses yeux, dont l'expression avait été vidée de l'intérieur, se fixaient sur une personne ou sur un objet pendant quelques secondes, sans qu'aucune réaction s'ensuive sur son visage ou dans son corps. Aucune espèce de signe d'émotion n'apparaissait jamais, positif ou négatif. Et pourtant il pouvait déplacer son fauteuil roulant, ici et là dans la pièce, de manière relativement imprévisible, par exemple pour s'approcher de la grande baie vitrée et pour regarder au-dehors vers rien en particulier.

Un jour, je le vis se diriger vers l'unique bibliothèque de la pièce, qui était presque vide, atteindre une étagère qui se trouvait à peu près à portée de son fauteuil et ramasser un papier plié. C'était un cliché brillant et usagé, de format huit sur onze, et plié en quatre. Il le posa sur ses genoux, lentement ; il le déplia, lentement, et il fixa longuement le beau visage qui s'y trouvait, celui de sa femme en train de sourire, divisé à présent en quatre quartiers, sous l'effet des profondes craquelures du papier dues aux innombrables pliages. Il regardait mais ne voyait pas. Il n'y avait pas l'ombre d'une réaction, à quelque moment que ce fût, aucun lien établi entre le portrait et son modèle vivant qui était assis à quelques mètres seulement de lui ; aucun lien établi avec moi, qui, en vérité, avais pris la photographie dix ans auparavant, à une époque de joie partagée. La photographie avait été régulièrement pliée et dépliée, depuis le début de la progression de la maladie, lorsqu'il savait encore que quelque chose manquait, peut-être une tentative désespérée pour s'accrocher à la certitude de ce qui avait jadis été. C'était devenu désormais un rituel inconscient, effectué au même rythme lent, dans le même silence, avec la même absence de résonance affective. Dans la tristesse du moment, j'étais heureux qu'il ne puisse plus connaître.

La réflexion rendue possible par ces cas de conscience dérangée fait apparaître les faits suivants :

Tout d'abord, il y a une séparation nette entre, d'un côté, l'éveil, l'attention de niveau faible et les comportements adéquats, qui peuvent survivre au dérangement de la conscience, et de l'autre, l'émotion qui se perd en même temps que le sens de connaître et de soi. Le déficit dans l'ordre de la connaissance et du Soi, comme dans celui de l'émotion qu'on peut reconnaître comme motivée, va de pair avec des déficits dans la planification, l'attention de niveau élevé, et dans des comportements soutenus et adéquats. La dissociation de fonctions que nous pouvons observer dans ce genre de cas montre une stratification de sous-composantes qui auraient été difficiles à remarquer, et encore moins à démêler, sans le scalpel fourni par la maladie neurologique.

En second lieu, à des fins pratiques, nous pouvons classer les exemples neurologiques de conscience-noyau perturbée comme suit :

A. *Perturbation de la conscience-noyau avec conservation de l'éveil et conservation du comportement d'attention minimale.* Comme exemples de premier plan on trouve les mutismes akinétiques et les automatismes épileptiques. Les mutismes akinétiques sont causés par un dysfonctionnement dans le cortex cingulaire, dans le télencéphale basal, dans le thalamus et dans le cortex pariétal péricingulaire médian.

B. *Perturbation de la conscience-noyau avec conservation de l'éveil, mais comportement d'attention minimale déficient.* Les crises d'absence et l'état végétatif persistant en sont des exemples de premier plan. Les crises d'absence ont trait à un dysfonctionnement dans le thalamus ou dans le cortex cingulaire antérieur.

L'état végétatif persistant, que l'on confond souvent avec le coma, peut se distinguer du coma en ce que les patients végétatifs ont des cycles de sommeil et d'éveil, comme on le voit par le fait qu'ils ouvrent et ferment les yeux, et parfois aussi par les schémas que montre leur EEG. L'état végétatif persistant est discuté au chapitre 8. Typiquement, il est causé par un dysfonctionnement dans un ensemble particulier de structures situées dans le tronc cérébral supérieur, l'hypothalamus ou le thalamus.

C. *Perturbation de la conscience-noyau accompagnée de perturbation de l'éveil.* Exemples : le coma, la perte transitoire de conscience provoquée par une blessure à la tête ou l'évanouissement, le sommeil profond (sans rêve) et l'anesthésie profonde. On revient sur les aspects pertinents du coma au chapitre 8, mais nous notons que le site typique de dysfonctionnement se trouve dans des structures du tronc cérébral supérieur, l'hypothalamus et le thalamus. Le contrôle du sommeil et de l'éveil réside dans la même région générale, et l'on sait que l'action de plusieurs anesthésiques se fait également dans cette région.

En troisième lieu, comme cela apparaîtra clairement lorsque nous nous pencherons sur les corrélats neuro-anatomiques de la conscience (aux chapitres 6 et 8), presque tous les sites de lésion cérébrale associés à une perturbation significative de la conscience-noyau ont un trait important en commun : ils sont situés près de la ligne médiane du cerveau ; en fait, les côtés gauche et droit de ces structures sont comme des images en miroir, se regardant mutuellement à travers la ligne médiane. Au niveau du tronc cérébral et du diencéphale (région qui regroupe le thalamus et l'hypothalamus), les sites lésés se trouvent près du long ensemble de canaux et de ventricules qui définissent la ligne médiane de tout le système nerveux central. Au niveau cortical, ils sont situés dans la surface médiane (interne) du cerveau. Aucun d'eux n'est visible lorsque nous inspectons les surfaces latérales (externes) du cerveau, et ils occupent tous une position étrangement « centrale ». Ces structures sont d'une époque ancienne de l'évolution, elles sont présentes dans de nombreuses espèces non humaines, et elles arrivent tôt à maturité dans le développement humain individuel.

CHAPITRE 4

L'allusion à demi suggérée

Le langage et la conscience

À diverses reprises, lorsque j'étais étudiant en médecine et que j'apprenais la neurologie, je me souviens d'avoir demandé aux gens les plus sages autour de moi comment nous produisons l'esprit conscient. Curieusement, j'obtenais toujours la même réponse : grâce au langage. On me disait que les créatures dépourvues de langage se limitaient à leur existence sans connaissance, mais pas nous, heureux humains, parce que le langage nous faisait connaître. La conscience était une interprétation verbale de processus mentaux incessants. Le langage nous donnait aussi le recul nécessaire pour regarder les choses à la bonne distance. La réponse paraissait trop facile, bien trop simple pour quelque chose que j'imaginais alors comme étant d'une complexité insurmontable, ainsi que tout à fait dénuée de plausibilité, étant donné ce que je voyais quand j'allais au zoo. Je ne l'ai jamais crue, et je m'en félicite.

Le langage — c'est-à-dire les mots et les phrases — est une traduction de quelque chose d'autre, une conversion d'images non linguistiques qui sont mises pour des entités, des événements, des relations et des inférences. Si le langage opère pour le Soi et pour la conscience de la même manière qu'il opère pour tout le reste, c'est-à-dire en symbolisant en mots et en phrases ce qui existe d'abord sous une forme non verbale, alors il doit y avoir un Soi non verbal et un savoir non verbal pour lesquels les mots « je », ou « moi », ou l'expression « je sais » sont les traductions appropriées, quel que soit le langage. Je crois qu'il est légitime de prendre l'expression « je sais » et d'en déduire la présence d'une image non verbale du savoir centrée sur un Soi précédant et motivant cette expression verbale.

L'idée selon laquelle le Soi et la conscience émergeraient *après* le langage et seraient une construction directe du langage a peu de chances d'être correcte. Le langage ne surgit pas de rien. Le langage nous donne des noms pour les choses. Si le Soi et la conscience étaient nés *de novo* du langage, ils constitueraient le seul et unique exemple de mots sans concept sous-jacent.

Assurément, étant donné ce suprême don qu'est le langage, la plupart des ingrédients de la conscience, des objets aux inférences, peuvent être traduits dans le langage, et pour nous, à ce stade de l'histoire naturelle comme de l'histoire individuelle de chacun, le processus de base de la conscience est implacablement traduit par le langage, recouvert par lui, en somme. Le langage contribue de façon éminente à la forme supérieure de conscience que nous utilisons en ce moment même, et que j'appelle conscience-étendue. Pour cette raison, il faut faire un effort considérable pour imaginer ce qui se tient derrière le langage, mais l'effort doit être fait.

SI VOUS AVIEZ AUTANT D'ARGENT : UN COMMENTAIRE SUR LE LANGAGE ET LA CONSCIENCE

Au fur et à mesure que j'étudiais, cas après cas, des patients atteints de désordres graves du langage provoqués par des maladies neurologiques, je me rendais compte que, quel que pût être le degré de détérioration linguistique rencontré, les processus de pensée du patient restaient pour l'essentiel intacts et, surtout, que la conscience que le patient pouvait avoir de sa situation ne semblait pas différente de la mienne. La contribution du langage à l'esprit était, le moins qu'on puisse dire, stupéfiante, mais sa contribution à la conscience-noyau était, où que ce soit, introuvable.

Cela n'est guère surprenant si l'on songe à la place qu'occupe le langage dans le vaste ensemble des aptitudes mentales. Peut-on décemment penser que des énoncés linguistiques auraient pu voir le jour chez des individus qui n'auraient eu aucun sens d'eux-mêmes, d'autrui et de leur entourage ? Le langage aurait-il jamais pu s'imposer dans l'évolution si la conscience-noyau n'était pas apparue la première ?

Dans tous les cas que je connais, les patients souffrant de détériorations linguistiques majeures restent éveillés et peuvent se comporter de façon réfléchie. Et surtout, ils sont tout à fait capables de signaler qu'ils sont en train de faire l'expérience d'un objet particulier, ou de déceler la drôlerie ou le tragique d'une situation, ou de se figurer une issue que l'observateur anticipe. La signalisation peut se faire par l'intermédiaire d'un langage appauvri ou par l'intermédiaire d'un geste de la main ou d'un mouvement du corps, ou d'une expression du visage, mais elle est là, et tout de suite. Et, ce qui est tout aussi important, l'émotion est présente à foison, sous la forme d'émotions d'arrière-plan, primaires et secondaires, très largement reliées aux événements en cours, manifestement motivées par eux, comparables, de toute évidence, à ce que serait notre propre émotion dans des situations semblables.

La meilleure preuve, à cet égard, nous est donnée par des patients atteints de ce que l'on appelle l'aphasie globale. Il s'agit là d'une panne majeure de *toutes* les facultés linguistiques. Les patients sont incapables de saisir le langage, que ce soit auditivement ou visuellement. En d'autres termes, ils ne comprennent aucun discours lorsqu'on leur parle et ne peuvent lire un seul mot ou une seule lettre ; ils n'ont aucune aptitude à produire de discours au-delà de mots stéréotypés, des jurons essentiellement ; ils ne peuvent même pas répéter un mot ou un son si on le leur demande. Rien ne prouve que, dans leur esprit éveillé et attentif, il y ait des mots ou des phrases qui se forment. Tout semble indiquer, au contraire, que leur esprit est un processus de pensée où les mots n'ont plus cours.

Pourtant, bien qu'il soit hors de question de soutenir une conversation normale avec un aphasique global, il est possible de communiquer, de façon riche et humaine, si sous avez seulement la patience de vous accoutumer au vocabulaire limité et improvisé de signes non linguistiques que le patient peut développer. En vous familiarisant avec les instruments dont dispose le patient, jamais même il ne vous viendra à l'esprit de vous demander si cet être humain est ou n'est pas conscient. En termes de conscience-noyau, cet être humain n'est pas différent de vous et de moi, en dépit de son incapacité à traduire la pensée dans le langage et *vice versa*.

Mais laissez-moi jouer le rôle de l'avocat du diable et voir où tout cela me mène. Chez des patients atteints d'aphasie globale, la lésion détruit un large secteur de l'hémisphère cérébral gauche, mais elle ne le détruit pas complètement. Les patients atteints d'aphasie globale ont une lésion aux deux aires bien connues du langage, les aires de Broca et de Wernicke, dans le lobe frontal et temporal de l'hémisphère gauche ; ils ont généralement une lésion étendue dans des régions des cortex frontal, pariétal et temporal entre les aires de Broca et de Wernicke, et une lésion dans une vaste quantité de matière située au-dessous de ces cortex, et même dans la matière grise des ganglions de la base de l'hémisphère gauche. Toutefois, les sceptiques pourraient

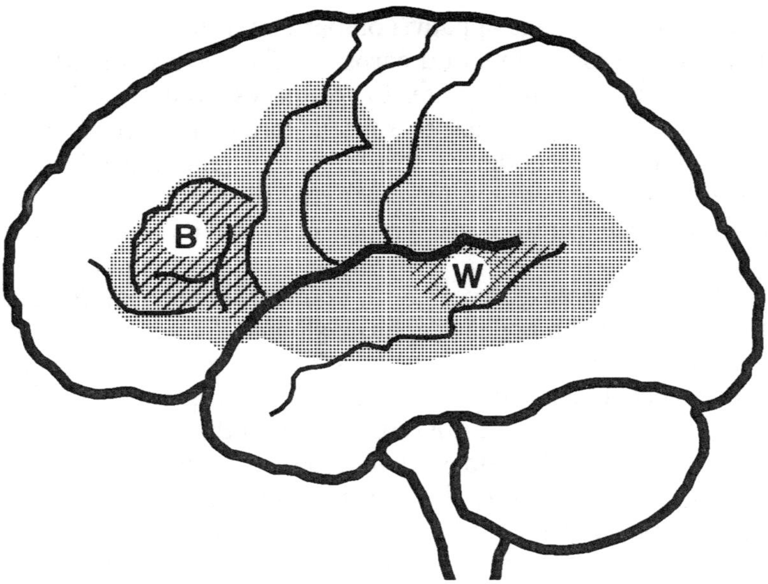

Schéma 4.1. Étendue des lésions de l'hémisphère gauche d'un patient atteint d'aphasie globale.

Les aires de Broca et de Wernicke sont détruites, ainsi que plusieurs autres régions associées au traitement du langage.

soutenir que, même dans les pires cas d'aphasie globale, il y a encore quelques portions de l'hémisphère gauche qui restent intactes dans les régions préfrontale et occipitale. Se pourrait-il que de telles régions, tout en n'étant pas capables de permettre, en toute rigueur, la parole, retiennent certaines des aptitudes « liées au langage » qui sont nécessaires à l'émergence de la conscience « causée par le langage » ?

On peut envisager directement cette possibilité en étudiant le comportement de patients qui ont subi des excisions radicales de tout l'hémisphère gauche pour le traitement de certaines tumeurs. Ce genre d'opération, qui n'est plus en usage mais que l'on pratiquait jadis en dernier recours pour soulager des patients souffrant de tumeurs cérébrales malignes et rapidement fatales, nécessitait l'ablation de tout l'hémisphère abritant la tumeur ; autrement dit, il n'y avait plus, après, de cortex cérébral, pas même dans les aires que pourraient invoquer les sceptiques de mon expérience de pensée. Les hémisphérectomies gauches, comme on pouvait s'y attendre, avaient un effet dévastateur du point de vue du langage, entraînant rien de moins qu'une aphasie globale des plus sévères. Mais j'ai une image vive de certains de ces patients, et je vais vous parler de l'un d'eux en particulier, qui s'appelait Earl, et que Norman Geschwind étudia au milieu des années 1960.

Je peux vous assurer que le fait que la conscience-noyau d'Earl soit intacte n'était pas remis en cause à l'époque ; pas plus qu'il ne le serait aujourd'hui. Même si la production linguistique d'Earl se limitait quasiment à quelques explétives, il était manifeste qu'il les utilisait avec une intention parfaite d'indiquer qu'il pensait à des questions, à des parties de l'examen, et qu'il se sentait frustré par les limitations de ses propres aptitudes. Earl n'était pas seulement éveillé et attentif, il produisait aussi un comportement adapté au sort misérable qui était désormais le sien. Il ne produisait pas simplement des réflexes dépourvus de pensées, dépourvus de conscience. Il *essayait* de répondre aux questions qu'on lui posait, parfois avec des gestes, et il y avait des délais de réflexion entre le moment où il essayait de deviner ce que pouvaient donc bien vouloir dire les pantomimes de l'examinateur et le moment où il concluait qu'il ne pouvait pas produire de réponse. Tantôt il répondait par un mouvement de la tête, ou une expression du visage. Tantôt la frustration se transmettait par un signe de la main qui en disait long et qui était plein de résignation. La mélodie de ses émotions était en parfaite harmonie avec le moment.

Le langage n'a guère plus besoin de la conscience que comme une importante aptitude de plus parmi toutes celles dont les humains doivent être reconnaissants. Les hauts faits du langage sont ailleurs, dans la capacité à traduire avec précision des pensées en mots et en phrases, et des mots et phrases en pensées ; dans la capacité à classer rapidement la connaissance en se plaçant sous les auspices d'un mot ; dans la capacité à manipuler avec vivacité et économie de vastes catégories de connaissance avec de simples termes de dénotation ; et dans la capacité à exprimer des constructions imaginaires ou de distantes abstractions à l'aide d'un terme simple et efficace. Mais aucune de ces aptitudes remarquables — qui ont permis à l'esprit humain de croître en connaissance, en intelligence et en créativité, et qui ont renforcé les formes sophistiquées de *conscience-étendue* qui sont aujourd'hui les nôtres — n'a quoi que ce soit à voir avec la fabrication de la conscience-noyau, pas plus qu'elle n'a à voir avec la fabrication de l'émotion ou de la perception.

Je me souviens toujours avec tendresse d'une gentille grand-mère que son attaque avait laissée avec une grave aphasie et qui, avec toute la force de volonté et l'intelligence que lui permettait son esprit conscient, était déterminée à surmonter ses déficiences. Elle fit des progrès remarquables, mais son langage resta un pâle reflet de ce qu'il avait été jadis, et on ne se bousculait pas pour venir l'entendre parler. Un jour que j'étais en train de vérifier sa capacité à produire des noms d'individus uniques, je lui montrai une série de photos de célébrités et lui demandai le nom de chaque personne. Nous parvînmes à un cliché très glamour de Nancy Reagan — c'étaient les folles années 1980 — et il y avait là Mrs Reagan, vêtue de quelque chose de brillant et d'argenté ; la chevelure chatoyante ; le regard pétillant levé vers Ronnie. Le visage ridé de ma charmante patiente s'assombrit et bien qu'elle ne parvînt pas à trouver le nom de Nancy Reagan, elle prononça ces mots : « Si *vous* aviez autant d'argent, *je* serais comme cela *à la fois* » (*If you had that much money, I would be like that either*). Comme cette conscience d'elle-même était émouvante ! Elle avait instantanément saisi les différentes couches de signification impliquées par cette image iconique. Mais bien qu'elle ait réussi à choisir quelques mots de façon judicieuse, et fût même arrivée à construire un cadre conditionnel correct pour son énoncé, elle n'était même pas capable de trouver, en manifestant un esprit de suite, le pronom correct pour se dénoter elle-même — le langage était impuissant à fournir une traduction stable pour son *Soi* ou pour un autre. Son langage ne pouvait plus correspondre à la sophistication de son processus de pensée, et pourtant, quel sens parfait de soi elle conservait, et de quel riche Soi-autobiographique elle disposait toujours !

Mémoire et conscience

Tout comme le langage peut être dispensé de quelque rôle que ce soit dans la création de la conscience-noyau, la mémoire conventionnelle, elle aussi, peut l'être. La conscience-noyau ne se fonde pas sur la mémoire extensive. Mais elle ne se fonde pas non plus sur la mémoire de travail, laquelle est néanmoins requise pour la conscience-étendue. En termes de mémoire, tout ce que requiert la conscience-noyau, c'est une mémoire à court terme et très brève. Point n'est besoin, pour qu'il y ait conscience-noyau, d'avoir accès à de vastes entrepôts de souvenirs personnels passés, même si de tels vastes réservoirs autobiographiques contribuent aux niveaux avancés de la conscience que je désigne sous le nom de conscience-étendue. Mes convictions sur ce sujet se sont forgées au contact de patients que j'ai pu étudier, et qui souffraient de graves troubles de l'apprentissage et de la mémoire, qu'on appelle amnésies. Je voudrais illustrer mon propos à l'aide de l'exemple d'un de mes patients, David, qui est peut-être l'amnésique le plus profond qui ait jamais été enregistré, et que j'ai étudié pendant plus de vingt ans. J'ai parlé de David lorsque j'ai rapporté les résultats de l'expérience du bon et du mauvais garçon, et le voici, à présent, en personne.

RIEN NE VIENT À L'ESPRIT

Mon ami David vient d'arriver. Je l'accueille chaleureusement avec un sourire, et il me rend la pareille. Je suis ravi de le voir, et lui aussi. Tout cela est si naturel que je ne puis dire lequel a souri le premier ou lequel s'est avancé vers l'autre le premier. Peu importe. David et moi sommes contents d'être là. Nous nous asseyons et commençons à parler comme de bons vieux amis. Je propose à David du café et j'en verse pour moi. Si vous étiez en train de regarder la scène, en toute innocence, de l'autre côté de la glace, vous n'auriez rien d'inhabituel à rapporter.

Mais la scène va changer. Brisant là les conventions qui régissent habituellement les conversations plaisantes entre amis, voici que je me tourne vers David et lui demande qui je suis. Imperturbable, David dit que je suis son ami. Imperturbable, je dis : « Bien sûr, mais David, qui suis-je vraiment, comment est-ce que je m'appelle ? »

« Eh bien, je ne sais pas, je ne peux pas y penser maintenant, vraiment, je ne peux pas. »

« David, essaie, je te prie, de te souvenir comment je m'appelle. »

Et David répond alors : « Tu es mon cousin George. »

« George qui, David, je te prie, cousin Georges qui ? »

« Cousin Georges McKenzie », dit David, d'une voix affirmative, mais le front se creusant d'une ride fugitive et perplexe.

Tout le monde sait que je ne suis pas George McKenzie, et que je ne suis pas le cousin de David, tout le monde sauf David, de toute évidence. Contrairement aux apparences, David ne sait pas qui je suis. Il ne sait pas ce que je fais, et ne sait pas s'il m'a vu avant ou pas, il ne sait pas quelle est la dernière fois où il m'a vu, et il ne sait pas comment je m'appelle. Il ne connaît pas non plus le nom de la ville où il est, le nom de la rue ou le nom du bâtiment. Il ne sait pas davantage quelle heure il est, bien que, lorsque je lui demande l'heure, il regarde tout de suite à sa montre et dise, de façon correcte, trois heures moins le quart. Lorsque je lui demande la date, il regarde à nouveau sa montre et dit, de façon correcte à nouveau, qu'on est le six du mois. Sa montre comporte un dateur bien visible pour le jour du mois mais pas pour le mois.

« Parfait, David, parfait, mais quel mois je te prie ? »

À quoi il dit, lançant des regards gênés autour de la pièce, et jetant un coup d'œil aux rideaux bien tirés sur la fenêtre, « Eh bien, février, ou mars, je crois ; il a fait plutôt froid », et sans rompre le rythme, à mi-chemin de la dernière phrase, il s'est levé, a marché vers la fenêtre, tiré les rideaux et s'est exclamé : « Oh, Grand Dieu, non ! On doit être en juin ou en juillet : il fait vraiment un temps estival. »

« En effet, dis-je. On est en juin et il fait près de trente dehors. »

À quoi David rétorque : « Trente degrés au-dessus de zéro ? Chouette alors, on devrait aller dehors. »

David revient vers sa chaise, et nous reprenons notre conversation. Si je me tiens éloigné de choses spécifiques portant sur des gens, des lieux, des événements ou des moments, la conversation revient à la normale. David connaît son chemin et sait se repérer dans un monde non spécifique. Ses termes sont bien choisis ; le discours est mélodique ; la prosodie riche en émotions appropriées à l'instant ; et les expressions de son visage, ses mains, les gestes qu'il fait avec ses bras et la posture de son corps lorsqu'il se détend sur sa chaise sont précisément ce que vous attendriez en pareille situation. Les émotions d'arrière-plan de David s'écoulent comme un long fleuve tranquille. Mais le contenu spontané de la conversation de David est générique, et chaque fois qu'on lui demande de produire le moindre détail non générique, il refuse souvent de le faire et avoue, en toute franchise, que rien ne lui vient à l'esprit. Pressé de se risquer à la description spécifique d'un événement, ou de le situer dans le temps, ou de proposer le nom d'une personne unique, il fera fi de toute prudence et produira une fable.

Mon vieil ami David a l'une des plus profondes détériorations de la mémoire jamais recensées chez un être humain. La mémoire de David était entièrement normale jusqu'au jour où une grave encéphalite l'a touché. Dans le cas de David, cette maladie infectieuse du tissu cérébral a été causée par un virus, le virus herpès simplex de type I. La plupart d'entre nous sommes porteurs du virus, mais seul un nombre infinitésimal d'entre nous contractera jamais une encéphalite dont ce virus aura été la cause. Personne ne sait pourquoi le virus se comporte brusquement de façon agressive chez quelques rares malheureux.

David avait quarante-six ans lorsqu'il a développé l'encéphalite. La maladie a provoqué une lésion majeure dans des régions privilégiées de son cerveau, à savoir dans les lobes temporaux droit et gauche. Une fois que la maladie eut fait son œuvre, en l'espace de quelques semaines, il devint clair que David était incapable d'apprendre le moindre fait nouveau. Il ne pouvait tout simplement rien apprendre de nouveau. Cela ne faisait aucune différence qu'il rencontrât une personne nouvelle ou un nouveau paysage ; qu'il fût témoin d'un nouvel événement, qu'on lui donnât un nouveau mot à se rappeler ou qu'il eût une nouvelle voiture. Il ne retenait tout bonnement aucun fait dans sa mémoire. Sa mémoire se limitait à une fenêtre temporelle de moins d'une minute. Durant cette brève période, sa mémoire des nouveaux faits était normale. Si je devais me présenter à lui, quitter la pièce et revenir en l'espace, disons, de vingt secondes, lui demander qui j'étais, il disait sans coup férir mon nom et disait que oui, il venait de me rencontrer, que j'avais disparu et que je venais de revenir, mais si, au lieu de cela, je devais revenir trois minutes plus tard, David n'avait pas la moindre idée de qui j'étais. Et si je le pressais de me répondre, je devenais *n'importe qui*, peut-être cousin George McKenzie.

Dans sa profonde incapacité à apprendre de nouveaux faits, David était semblable au patient HM, qui fut le premier à être étudié de façon détaillée par la psychologue Brenda Milner. HM est incapable d'apprendre le moindre fait nouveau depuis le milieu des années 1950 (curieusement, il a presque le même âge que David). Mais le déficit mémoriel de David est plus étendu que celui de HM, car il est non seulement incapable d'apprendre des faits nouveaux, mais il est également incapable de se souvenir de quantité de faits anciens. Le souvenir de n'importe quelle chose unique ou presque, qu'il s'agisse d'un individu, d'un événement, provenant de sa vie tout entière lui est refusé. Sa perte de mémoire remonte quasiment au berceau.

Il y a quelques exceptions à ce ravage. Il connaît son nom et ceux de sa femme, de ses enfants et de parents proches. Il ne se rappelle pas à quoi ils ressemblent ou à quoi leurs voix ressemblent. En conséquence, il ne peut en reconnaître aucun en photographie, vieille ou récente, et il ne les reconnaît pas en personne. En fait, il ne réussit pas à reconnaître la plupart des photos de lui, à l'exception de certaines de ses photos de jeune homme. La raison pour laquelle David et HM sont si semblables dans leur incapacité à apprendre des faits nouveaux et si différents dans leur capacité à se rappeler des faits anciens est qu'ils ont un site lésé en commun, l'hippocampe, mais pas un autre, qui n'est compromis que dans le cas de David — les cortex situés dans le reste du lobe temporal, notamment ceux qui sont dans la région inférotemporale et polaire.

David connaît sa précédente occupation professionnelle et le nom de la ville dans laquelle il a passé la majeure partie de sa vie, mais il ne peut pas se figurer le lieu et il est incapable de reconnaître des photographies de ses précédentes maisons, des voitures qu'il possédait et des animaux qu'il aimait, ou des effets personnels qui lui étaient chers. Rien de spécifique ne lui vient à l'esprit lorsqu'on l'interroge sur ces choses bien uniques, et ce qui lui vient à l'esprit quand on lui montre des photos des choses ou les choses elles-mêmes, c'est la connaissance de la chose en tant qu'elle appartient à une catégorie conceptuelle. Lui montre-t-on un cliché de son fils de quatorze ans, il dit que le cliché représente un jeune homme qui a un joli sourire, qui va probablement au collège, mais il ne conçoit pas un instant qu'il s'agisse de son propre fils. Tout ce qu'il se rappelle, comme le montre la conversation ci-dessus, ce sont les aspects génériques de tout le monde qui l'entoure. Il sait ce qu'est une ville, et une rue, et un bâtiment, et en quoi un hôpital diffère d'un hôtel. Il sait quelles différentes sortes de meubles, ou de vêtements, ou de moyens de transport existent. Il connaît aussi les différentes sortes d'actions que les choses et les êtres humains peuvent accomplir, et il connaît le fil général de l'intrigue des événements qui impliquent le plus communément de telles choses ou de tels êtres vivants. Mais lorsque vous vous apercevez qu'il a perdu la capacité d'accéder aux faits uniques qu'il a appris jusqu'à l'âge de quarante-six ans et qu'il s'est montré incapable d'acquérir de nouveaux faits depuis lors, vous prenez la mesure de l'ampleur de cette détérioration. La détérioration est si profonde que vous pouvez fort bien vous demander à quoi ressemble l'esprit qui se trouve à l'intérieur d'une telle personne. David est-il un zombie, le genre d'être que certains philosophes ont créé dans leurs expériences de pensée ? Et plus directement en liaison avec ce qui nous occupe : David est-il conscient ?

LA CONSCIENCE DE DAVID

David s'en sort parfaitement bien pour ce qui est de la liste de contrôle de la conscience-noyau. Dans la terminologie traditionnelle des neurologues, il est « éveillé et alerte ». Nous savons, incidemment, que ses rythmes circadiens sont normaux, qu'il dort normalement et qu'il passe, comme on peut s'y attendre, la partie de son temps de sommeil en sommeil MOR, cette période de mouvement oculaire rapide du sommeil au cours de laquelle ont lieu les rêves. Il ne fait également aucun doute que David se comporte attentivement à l'égard des stimuli que nous lui présentons. Qu'on lui demande d'écouter une phrase ou un morceau de musique, que nous lui montrions une photo ou un film, il fait attention au stimulus comme vous et moi, tantôt en manifestant un grand enthousiasme, tantôt moins, mais toujours de façon assez adéquate pour traiter le stimulus, en créer une impression, et être prêt à répondre à une question s'y rapportant. Son attention peut être concentrée et soutenue sur des laps de temps substantiels, de longues périodes, en fait, pour autant que le stimulus ou que la situation suscite son intérêt. C'est ainsi qu'il peut jouer toute une partie de dames — et gagner ! — bien qu'il ne connaisse même pas le nom du jeu et ne serait même pas capable d'articuler une seule de ses règles ou d'indiquer quand il y a joué pour la dernière fois. Des émotions d'arrière-plan s'écoulent continuellement ainsi que, sinon la totalité, du moins quantité d'émotions, primaires et secondaires. La joie qu'il éprouve à gagner fait plaisir à voir ; la modulation affective de sa voix lorsque le jeu approche du moment décisif est un abécédaire de l'émotion humaine. Pour finir, son comportement spontané est finalisé — il fera ce qu'il faut pour trouver la bonne chaise où s'asseoir, la nourriture et la boisson à consommer, un écran de télévision ou une fenêtre d'où il puisse observer le monde. Il conserve ce comportement finalisé relativement au contexte où il se trouve, de longues minutes ou de longues heures durant, pour autant que la tâche soit intéressante.

Ce qui distingue David des patients que j'ai décrits précédemment est tout à fait clair. Les patients souffrant d'automatismes épileptiques sont eux aussi éveillés, mais la durée de leur attention est extrêmement brève, ne s'attache pas de façon soutenue à un objet et ne reste sur l'objet que le temps nécessaire pour créer une image et susciter le comportement qui s'ensuit. Le comportement des patients souffrant d'automatisme n'est finalisé qu'à l'intérieur de chaque action — boire dans un verre — ou pendant quelques actions consécutives — se lever et marcher au dehors —, mais il n'y a aucune continuité finale. Les comportements ne sont pas appropriés au contexte général de la situation.

Sur la base du fait que l'éveil normal, l'attention et le comportement finalisé sont présents, les utilisateurs d'une définition extérieure de la conscience concluraient que David a une conscience normale. Je serais bien sûr d'accord avec eux et, pour renforcer le diagnostic des externalistes, j'ajouterais que David est tout à fait conscient de la relation entre lui-même et son entourage, comme l'indique clairement la manière dont il rapporte ses réactions personnelles aux choses et aux événements qui l'entourent. Je ne peux pas me précipiter dans son esprit pour y jeter un coup d'œil, mais je peux analyser les commentaires qu'il ne manque pas de faire sur le monde dont il fait l'expérience — « Oh ! C'est merveilleux ! » ; « J'aime celui-ci » ; « C'est agréable d'être là assis avec vous, les amis, à regarder des photos » ; « Mon Dieu, comme c'est terrible » ; « Je trouve que cela a un goût délicieux ; c'est ce genre-là que je préfère » ; « Je ne crois pas que ce soit bien de dire ces choses en public. » Il est légitime d'en déduire que, puisque nous appartenons à une même espèce d'organismes et que ce commentaire n'est pas formellement différent de celui que nous ferions dans des circonstances similaires, il prend son origine dans un état mental qui est formellement comparable à celui dans lequel nous produirions de tels jugements. Lorsque presque rien ne vient à l'esprit, le sens que David a de soi, lui, est toujours là.

Dans la fenêtre temporelle de cette mémoire à court terme — qui dure près de quarante-cinq secondes — il y a amplement le temps d'engendrer la conscience-noyau à propos d'un tas de choses. Tout porte à penser que les images que forme David dans les diverses modalités sensorielles — vision, audition, toucher — se forment du point de vue de son organisme. Il est manifestement évident qu'il traite ces images comme les siennes, et non comme celles de quelqu'un d'autre. Et il est facile d'observer qu'il peut agir sur la base de ces images et qu'il rapporte des intentions d'agir qui sont étroitement couplées au contenu des images. En conclusion, David n'est pas un zombie. En termes de conscience-noyau, David est aussi conscient que vous et moi.

Il va sans dire que l'esprit de David n'est pas tout à fait comme le nôtre, et il importe de décrire ce qui manque. Son esprit est comme le nôtre, au sens où il a des images de diverses modalités sensorielles, que ces images se produisent dans des ensembles coordonnés et logiquement reliés entre eux ; que ces ensembles changent dans le temps en allant de l'avant, et que de nouveaux ensembles succèdent aux précédents. David a un flux d'ensembles d'images de ce genre, le même genre de processus que Shakespeare et Joyce ont converti sous forme littéraire dans leurs monologues, et que William James a appelé un courant de conscience. Mais le *contenu* qui se trouve dans les images inhérentes au courant de conscience de David est une tout autre histoire. Nous savons pour sûr que ses images incarnent le général plutôt que le particulier — une connaissance générale à propos des stimuli que nous lui montrons et une connaissance générale à propos de sa personne, de son corps, de ses états physiques et mentaux courants, de ses goûts et dégoûts. À la différence de nous, David ne peut jamais faire appel aux éléments spécifiques ayant trait à des choses, personnes, lieux ou événements uniques. Alors que vous et moi mélangerons inévitablement, chaque fois que cela se présentera, des images de connaissance générale à des images de connaissance unique, David est obligé de s'en tenir au général. L'esprit de David diffère du nôtre dans la spécificité de ses contenus. Quelque chose me dit qu'il diffère aussi dans la quantité d'images. Étant limité à des contenus génériques, il est fort possible que l'esprit de David traite, dans chaque unité temporelle, un plus petit nombre d'images que vous et moi.

Le pur et simple manque de contenu spécifique compromet bel et bien sa capacité à rattacher l'appréhension qu'il peut avoir d'un objet donné au registre global de son histoire et de sa personne. Il peut sentir la signification factuelle d'un objet et développer un sentiment de plaisir pour cet objet, mais il est incapable d'expliquer comment il a développé la signification factuelle ou le sentiment, pas plus qu'il ne peut se rappeler quelles situations précises dans son autobiographie ont bien pu conduire aux images qu'il convoque. Il ne peut pas davantage expliquer comment cet objet est ou non en rapport avec ses anticipations futures, pour la bonne et simple raison que David n'a pas de mémoire d'un futur planifié, potentiel, comme vous et moi pouvons en avoir. David a été incapable de faire des plans à l'avance, parce que faire des plans à l'avance suppose la manipulation intelligente d'images spécifiques du passé ; or David ne peut évoquer aucune espèce d'images spécifiques. Tout indique qu'il a un sens normal de lui-même, dans le ici et le maintenant, mais que sa mémoire autobiographique s'est réduite à un squelette, et c'est pourquoi le *Soi-autobiographique* susceptible de se construire, à quelque moment que ce soit, se trouve sévèrement appauvri.

En conséquence de cette indigence en matière d'éléments spécifiques, la conscience-étendue de David est détériorée. Il est possible que, s'il était capable de convoquer les contenus spécifiques qu'il ne retient plus dans sa mémoire autobiographique, certains des mécanismes qui permettent la conscience-étendue pourraient effectivement être en place. Rien ne prouve qu'il ne dispose pas de la capacité de produire plusieurs images mentales simultanément ou de retenir en son esprit différentes images de différentes modalités sensorielles, capacité rendue possible par la mémoire de travail et essentielle pour la conscience-étendue. Il peut, par exemple, exécuter sans peine des tâches qui requièrent des conjonctions de couleur, de forme et de taille.

Du fait que font défaut à David les éléments spécifiques requis pour définir des choses uniques, lui font aussi défaut les aspects de la conscience-étendue qui ont trait à la cognition et au comportement sociaux. Une connaissance immédiate de haut niveau des situations sociales s'élabore à partir d'une vaste connaissance de situations sociales spécifiques, et David ne peut pas faire appel à une telle connaissance. Il observe bon nombre de conventions sociales, comme en atteste la manière polie avec laquelle il accueille autrui, prend part à la conversation, ou se promène dans une rue ou un corridor. Il a également idée de ce à quoi ressemble un comportement humain et bon. Mais la connaissance compréhensive des opérations d'une collectivité sociale lui échappe.

David apporte des preuves en faveur de deux conclusions. Premièrement, la connaissance factuelle à un niveau unique et spécifique n'est pas une condition préalable à la conscience-noyau. En second lieu, David a une lésion étendue aux deux régions temporales, y compris à l'hippocampe, aux cortex médians qui le recouvrent, à la région temporale polaire, à un secteur assez considérable des régions temporales latérales et inférieures, et aux amygdales. Nous apprenons ainsi que la conscience-noyau ne peut en aucune façon dépendre de ces vastes régions cérébrales.

Recueillir certains faits

On peut recueillir un certain nombre de faits préliminaires à partir de ce bref survol des conditions dans lesquelles la conscience peut soit être détériorée, soit rester intacte.

Tout d'abord, la conscience n'est pas monolithique. Il est raisonnable de distinguer des sortes de conscience — il y a au moins une rupture naturelle entre l'espèce simple et fondamentale et l'espèce étendue complexe — et il est également raisonnable de distinguer des niveaux ou des degrés au sein de la conscience-étendue. Les résultats de la maladie neurologique valident la distinction entre conscience-noyau et conscience-étendue. L'espèce fondamentale de conscience, la conscience-noyau, est perturbée dans les mutismes akinétiques, les crises d'absence et les automatismes épileptiques, l'état végétatif persistant, le coma, le sommeil profond (sans rêve) et l'anesthésie profonde. Conformément à la nature fondamentale de la conscience-noyau, lorsque la conscience-noyau fait défaut, la conscience-étendue fait elle aussi défaut. En revanche, lorsque la conscience-étendue est perturbée, comme l'attestent les patients qui ont des troubles profonds de la mémoire autobiographique, la conscience-noyau reste intacte. (On aborde la conscience-étendue et ses désordres au chapitre 7).

En second lieu, il est possible de séparer la conscience en général des fonctions telles que l'éveil, l'attention de faible niveau, la mémoire

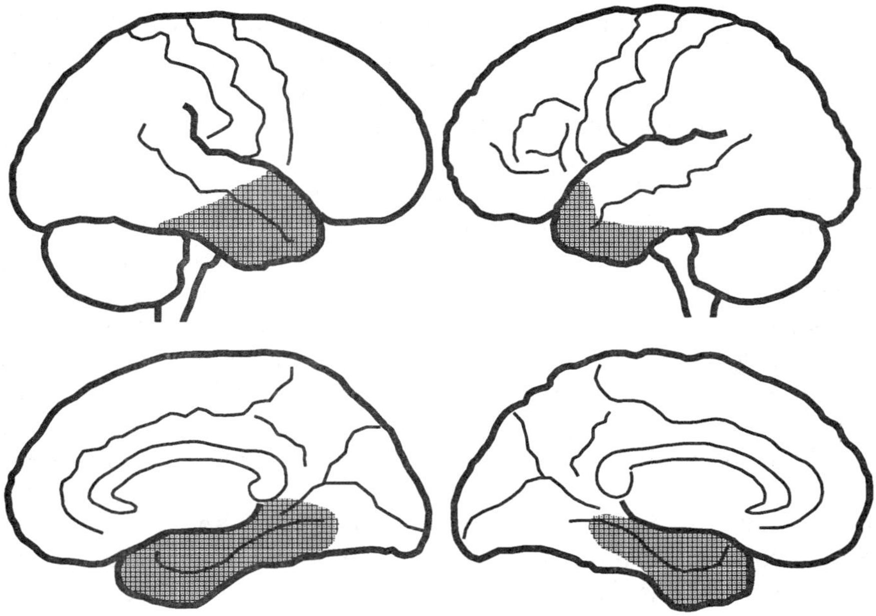

Schéma 4.2. Étendue des lésions du lobe temporal chez le patient D.
Les lésions ont détruit de larges sections des lobes temporaux, y compris l'hippocampe, dans les deux hémisphères, droit et gauche. La faculté d'apprendre des faits nouveaux et celle de se souvenir de faits anciens sont toutes les deux gravement perturbées.

de travail, la mémoire conventionnelle, le langage et le raisonnement. La conscience-noyau n'est pas la même que l'éveil ou que l'attention de faible niveau, même si elle exige le fonctionnement normal des deux. Comme nous l'avons vu, des patients souffrant de crises d'absence, d'automatisme ou de mutisme akinétique sont techniquement éveillés mais pas conscients. En revanche, les patients qui perdent l'éveil (à l'exception partielle du sommeil MOR) ne peuvent plus être conscients.

La conscience-noyau n'est pas non plus identique à la conservation d'une image dans le temps, processus que l'on connaît sous le nom de mémoire de travail — le sentiment de soi et de connaître est si bref et produit en telle abondance qu'il n'est point besoin de le conserver dans le temps pour qu'il soit effectif. En revanche, la mémoire de travail est vitale pour le processus de conscience-étendue.

Comme nous l'avons vu, la conscience-noyau ne dépend pas de l'élaboration d'un souvenir stable d'une image ni qu'on se la rappelle, en d'autres termes, elle ne dépend pas des processus d'apprentissage et de mémoire conventionnels ; la conscience-noyau ne repose pas sur le langage ; et pour finir, la conscience-noyau n'équivaut pas à la manipulation intelligente d'une image dans des processus tels que l'élaboration de plans, la résolution de problèmes et la créativité. Des patients souffrant de profonds déficits dans le raisonnement et l'élaboration de plans manifestent une conscience-noyau parfaitement normale, bien que les extrémités de la conscience-étendue soient alors déficientes. (Voir *L'Erreur de Descartes*.)

Ces différents aspects de la cognition — éveil, formation d'images, attention, mémoire de travail, mémoire conventionnelle, langage, intelligence — peuvent tous être séparés par une analyse appropriée et étudiés séparément en dépit du fait qu'ils opèrent ensemble, en accord parfait avec la conscience, comme un ensemble extrêmement harmonieux et virtuose.

En troisième lieu, l'émotion et la conscience-noyau sont manifestement associées. Les patients dont la conscience-noyau est détériorée ne révèlent pas l'émotion par l'expression de leur visage, l'expression de leur corps ou l'extériorisation vocale. C'est toute la gamme de l'émotion, des émotions d'arrière-plan aux émotions secondaires, qui fait généralement défaut chez ces patients[1]. Par opposition, comme on le verra lorsque nous discuterons de la conscience-étendue (au chapitre 7), les patients dont la conscience-noyau est préservée, mais dont la conscience-étendue est détériorée, ont des émotions d'arrière-plan et primaires normales. Cette association suggère, à tout le moins, que certains des dispositifs neuronaux dont dépendent et l'émotion et la conscience-noyau sont situés dans la même région. Mais il est également plausible que le lien entre l'émotion et la conscience-noyau dépasse la simple contiguïté des dispositifs neuronaux dont ils dépendent.

En quatrième lieu, les troubles de la conscience-noyau visent le domaine tout entier de l'activité mentale ainsi que toute la gamme des modalités sensorielles. Chez les patients dont la conscience-noyau est dérangée, depuis ceux qui sont dans le coma ou dans un état végétatif persistant jusqu'à ceux qui souffrent d'automatismes épileptiques, de mutismes akinétiques et de crises d'absence, la détérioration de la conscience-noyau ne laisse aucun îlot où la conscience soit préservée. La détérioration s'étend à toutes les modalités sensorielles. La conscience-noyau couvre tout le champ des pensées qui peuvent être rendues conscientes, tout le domaine des choses à connaître. La conscience-noyau est une ressource capitale.

Par opposition, comme on l'expose au chapitre suivant, la détérioration qui peut affecter la formation d'images dans une modalité sensorielle, par exemple visuelle ou auditive, compromet seulement l'appréciation consciente d'un aspect de l'objet — le visuel ou l'auditif — mais pas la conscience-noyau en général, et pas même la conscience de ce même objet *via* un canal sensoriel différent, par exemple olfactif ou tactile. Naturellement, une détérioration de l'aptitude *entière* de la formation d'images abolit par là même la conscience, parce que la conscience opère sur des images.

Les observations ci-dessus ne sont pas compatibles avec l'idée selon laquelle la conscience est organisée par secteur sensoriel. Il y a des affections dans lesquelles la lésion cérébrale empêche les patients de traiter des images d'une certaine sorte, par exemple visuelles ou auditives. En pareils cas, le traitement sensoriel de cette modalité peut être perdu dans sa presque totalité comme dans la cécité corticale ; ou bien c'est un aspect de la modalité qui peut être perdu, comme dans la perte de traitement de la couleur qu'on appelle l'achromatopsie, ou bien c'est une partie substantielle d'un processus qui peut être perturbée, comme lorsque les patients deviennent incapables de reconnaître des visages familiers dans l'affection qu'on appelle la prosopagnosie. Dans le cadre de référence qui est le mien, les patients ainsi affectés ont un trouble du « quelque chose-à-connaître ». Mais ils ont une conscience-noyau normale pour toutes les images formées dans d'autres modalités sensorielles et, non moins crucialement, ils ont une conscience-noyau normale pour les stimuli spécifiques qu'ils ne réussissent pas à traiter normalement. En d'autres termes, les patients qui sont incapables de reconnaître un visage jadis familier ont une conscience-noyau normale pour le stimulus qui se présente à eux, sont pleinement conscients du fait qu'ils ne connaissent pas le visage, alors même qu'ils le devraient. Ils savent que, en fait, c'est un visage humain et que c'est le sens qu'ils ont d'eux-mêmes, dans l'acte de connaître, qui ne parvient pas à connaître. Ces patients ont une conscience-noyau normale et une conscience-étendue normale en dehors de l'îlot de connaissance déficiente. Le piteux état dans lequel ils se trouvent met en évidence le fait que la conscience-noyau, et le sentiment de soi qui en résulte, est une ressource essentielle. Ces observations soulèvent aussi des questions sur les tentatives menées pour comprendre la conscience de façon intelligible dans le domaine d'une seule et unique modalité sensorielle, telle que la vision, sans faire appel à cette notion d'organisme global, au service duquel est la conscience. Ces tentatives peuvent contribuer à l'élucidation du premier des deux problèmes de la conscience exposés au chapitre 1 — le problème du film cérébral —, mais sont sans incidence sur le second — le problème du sentiment de soi dans l'acte de connaître[2].

Le fait que la conscience-noyau puisse être séparée d'autres processus cognitifs ne signifie pas que la conscience n'ait pas une influence sur eux. Au contraire, comme on l'explique au chapitre 6, la conscience-noyau a une influence majeure sur ces autres processus cognitifs. La conscience-noyau concentre et accroît l'attention et la mémoire de travail ; la conscience-noyau accroît l'établissement de souvenirs ; la conscience-noyau est indispensable aux opérations normales du langage ; et la conscience-noyau élargit la portée des manipulations intelligentes comme faire des plans, résoudre des problèmes, et la créativité.

En conclusion, des individus tels que nous, dotés d'une grande capacité de mémoire et d'intelligence, peuvent manipuler des faits de façon logique, avec ou sans l'aide du langage, et produire des inférences à partir de ces faits. Mais ce que je propose, c'est de faire une distinction entre la conscience-noyau et les inférences que nous pouvons tirer en ce qui concerne ses contenus. Nous pouvons inférer que les pensées qui se déroulent dans notre esprit sont créées selon notre perspective individuelle, que nous les possédons ; que nous pouvons agir sur elles ; que le protagoniste manifeste de la relation à l'objet est notre organisme. Mais, tel que je vois les choses, la conscience-noyau commence bien avant ces inférences : *c'est la preuve même, le sens à l'état brut de notre organisme individuel dans l'acte de connaître.*

Toutes les propriétés cognitives discutées ci-dessus ont été rendues possibles par la conscience-noyau et ont, à leur tour, aidé à construire la conscience-étendue sur la base de la conscience-noyau. Le cordon ombilical, cependant, n'a jamais été coupé. Derrière la conscience-étendue, à tout moment, bat le pouls de la conscience-noyau. Cela peut paraître surprenant, mais ce ne devrait pas l'être. Nous avons toujours besoin de la digestion pour apprécier Bach.

L'allusion à demi suggérée

Il est temps d'en dire un peu plus sur la conscience-noyau, à présent que nous avons discuté des circonstances dans lesquelles elle peut disparaître ou être remarquablement préservée en dépit de la présence d'autres perturbations cognitives importantes.

Dans le chapitre inaugural de ce livre, j'ai suggéré que la conscience-noyau comporte un sens interne qui s'appuie sur des images. J'ai aussi suggéré que les images particulières sont celles d'un sentiment. Ce sens interne transmet un message non verbal puissant sur la relation entre l'organisme et l'objet, et ce message est le suivant : il y a un sujet individuel dans la relation, une entité construite de façon transitoire à laquelle la connaissance du moment est apparemment attribuée. Implicite dans le message est l'idée que les images de n'importe quel objet donné qui sont actuellement en cours de traitement se forment selon notre perspective individuelle, que nous sommes les propriétaires du processus de pensée, et que nous pouvons agir sur le contenu de ce dernier. L'extrême fin du processus de conscience-noyau inclut la mise en valeur de l'objet qui en a été l'origine, si bien que l'objet devient saillant, parce qu'il fait partie de la relation qu'il entretient avec l'organisme qui connaît.

La conception de la conscience que j'adopte ici est historiquement liée à celle qu'on trouve exprimée chez des auteurs aussi divers que Locke, Brentano, Kant, Freud et William James. Tous croyaient comme moi que la conscience est un « sens interne ». Curieusement, la conception du « sens interne » n'est plus le courant dominant dans les études sur la conscience[3]. Peu de philosophes la partagent, et elle ne reçoit guère les faveurs des cognitivistes ou des neuroscientifiques. Dans la conception que j'adopte ici, la conscience est également conforme aux propriétés fondamentales que William James disait qu'elle avait : elle est sélective, elle est continue ; elle a trait à des objets autres qu'elle-même ; elle est personnelle. James ne faisait pas de distinction entre les espèces centrale et la conscience-étendue, mais cela n'est finalement pas problématique, parce que les propriétés qu'il proposait s'appliquent aisément aux deux sortes de conscience[4].

La conscience-noyau est engendrée comme sur le mode d'une pulsation, pour chacun des contenus dont nous sommes conscients. C'est la connaissance qui se matérialise lorsque vous vous trouvez en présence d'un objet, que vous construisez pour lui une configuration neuronale et découvrez automatiquement que l'image désormais saillante de l'objet se forme selon votre perspective, vous appartient, et que vous pouvez même agir sur elle. Vous parvenez à cette connaissance, à cette découverte, comme je préfère l'appeler, de façon instantanée : il n'y a aucun processus inférentiel perceptible, aucun processus logique visible au grand jour qui vous conduit là, et pas un seul mot — il y a l'image de la chose et, tout de suite après, le sens que vous prenez de sa possession.

Ce que vous ne parvenez jamais à connaître directement, c'est le mécanisme sous-jacent à la découverte, les étapes qui doivent avoir lieu derrière la scène apparemment ouverte de votre esprit pour que la conscience-noyau de l'image d'un objet se produise et fasse que l'image soit la vôtre. Au total, les étapes, à l'arrière de la scène, prennent du temps, le temps étant par essence ce qui permet d'établir le lien causal entre l'image d'un objet et sa possession par vous. Le temps écoulé est infime si on le mesure avec un bon chronomètre, mais il est en vérité extrêmement long si vous y pensez en vous plaçant du point de vue des neurones qui rendent tout cela possible, et dont les unités de temps sont bien plus petites que celles de votre esprit conscient — les neurones sont excités et se déclenchent eux-mêmes en quelques millisecondes seulement, alors que les événements dont nous sommes conscients dans notre esprit se produisent en l'espace de nombreuses dizaines, centaines et milliers de millisecondes. Au moment où vous êtes « livré en conscience » pour un objet donné, les choses se sont écoulées dans la machinerie de votre esprit pendant une durée qui paraîtrait une éternité à une molécule — si les molécules pouvaient penser. Nous sommes toujours désespérément en retard pour la conscience et, comme nous souffrons tous du même retard, personne ne le remarque. L'idée selon laquelle la conscience est en retard, relativement à l'entité qui est à l'origine du processus de conscience, se voit renforcée par les expériences pionnières menées par Benjamin Libet sur le temps que met un stimulus à être rendu conscient. Nous sommes probablement en retard pour la conscience de près de cinq cents millisecondes[5]. Il est curieux, naturellement, que nous puissions positionner notre Soi mental entre le temps cellulaire, d'un côté, et le temps mis par l'évolution pour nous mener jusqu'ici, de l'autre, de même que cela rend modeste, incontestablement, de ne pouvoir imaginer comme il convient l'une ou l'autre de ces balances temporelles lointaines.

En regardant ces pages et en voyant ces mots, que vous le vouliez ou non, automatiquement et implacablement, vous sentez que *c'est vous* qui êtes en train d'effectuer la lecture. Ce n'est pas moi qui suis en train de le faire ni personne d'autre. C'est vous. Vous sentez que les objets que vous êtes en ce moment en train de percevoir — le livre, la pièce qui vous entoure, la rue qui se trouve au-dehors — sont saisis selon votre perspective, et que les pensées qui se forment dans votre esprit sont les vôtres et celles de personne d'autre. Vous sentez aussi que vous pouvez agir sur la scène si vous le souhaitez — cesser de lire, commencer à réfléchir, vous lever et aller faire un tour. La *conscience* est le terme général chapeautant les phénomènes mentaux qui permettent cette étrange confection au terme de laquelle vous êtes celui qui observe ou qui connaît des choses observées, où vous êtes le propriétaire des pensées formées selon votre perspective, où vous êtes l'acteur potentiel de la scène. La conscience fait partie de votre processus mental ; elle ne lui est pas extérieure. La perspective individuelle, l'appropriation individuelle de la pensée et l'agentivité individuelle, telles sont les richesses cruciales que la conscience-noyau apporte au processus mental qui se déroule en ce moment dans votre organisme. L'essence de la conscience-noyau est la pensée même que vous avez de vous — le sentiment même de vous — en tant qu'être individuel impliqué dans le processus de connaissance de votre propre existence et de l'existence d'autrui. Peu importe, pour le moment, que la connaissance et le Soi, qui sont des entités mentales réelles, se révèlent être, en définitive, biologiquement parlant, parfaitement réels mais tout à fait différents de ce que nos intuitions pourraient nous conduire à imaginer.

Vous êtes en train de lire ce texte et de traduire le sens de ses mots en un flux de pensée conceptuel, au fil de votre lecture. Les mots et les phrases sur la page, qui sont la traduction de mes concepts, se voient à leur tour traduits, dans votre esprit, par des images non verbales. La collection de ces images définit les concepts qui étaient à l'origine dans mon esprit. Mais, parallèlement à la perception des mots imprimés et à la mise en œuvre de la connaissance conceptuelle correspondante nécessaire pour les comprendre, votre esprit vous représente aussi *vous* en train de faire la lecture et de procéder, instant après instant, à la compréhension. La portée tout entière de votre esprit ne se limite pas à des images de ce qui est perçu à l'extérieur, ou de ce qui est remémoré relativement à ce qui est perçu. Cela vous inclut vous aussi.

Les images qui constituent la connaissance et le sentiment de soi — les sentiments de connaissance — ne s'imposent pas au premier plan dans votre esprit. Elles influencent l'esprit de façon extrêmement forte et, pourtant, elles restent généralement sur le côté, elles se font discrètes. Il n'est pas rare que la connaissance et le sentiment de soi se fassent sur un mode subtil plutôt qu'assertif. Il est du destin des contenus mentaux subtils qu'on passe à côté d'eux, et pas simplement de ceux qui constituent la connaissance et le Soi.

Considérez la tâche que vous êtes en train d'effectuer : les mots de la page et les pensées qu'ils engendrent exigent une procédure nommée attention, quelque chose comme un produit fini, lorsqu'il s'agit de traitement mental en temps réel. Mes mots et mes pensées commandent presque toute la capacité de traitement qui s'offre à vous. Selon toute probabilité, vous n'êtes pas simultanément attentif à toutes les images que vous évoquez en ce moment même, alors que vous analysez ce texte, encore moins attentif à d'autres images que vous êtes aussi en train d'évoquer et qui sont sans rapport. Pour cette raison, certaines de vos pensées risquent de devenir plus saillantes et d'autres au contraire de se replier en quittant l'avant-scène mentale — par exemple, les mots de la page peuvent se brouiller ou disparaître complètement, l'espace de quelques instants, tandis que vous considérez d'autres images dans votre processus de pensée. La discrétion et la subtilité ne sont donc pas injustement dirigées vers le signifiant que vous êtes. Elles sont, pour l'esprit, un mode de fonctionnement banal.

Un nombre considérable des images qui se forment sur *n'importe quel* sujet passent inaperçues ou quasiment inaperçues à tel ou tel moment. Il y a seulement quelques minutes, la chose suivante s'est produite : je remontais vers mon bureau, un livre dans ma main gauche et une tasse de café dans la droite. Un peu avant, à mi-hauteur dans l'escalier, j'avais laissé tomber deux stylos sur les marches. En montant l'escalier, sans remarquer la moindre pensée qui soit aucunement en rapport avec ce sujet, posément et rapidement, j'ai transféré la tasse vers ma main gauche, une action habile exigeant un mouvement précis pour que le café ne se renverse pas, ce qui a également impliqué que je glisse le livre sous mon bras gauche ; je me suis alors mis à ramasser les stylos avec la main droite. Rétrospectivement, la totalité de ces actions, qui ne sont pas de l'ordre de la routine dans ce contexte et dans cette suite, se sont produites sans raccords et apparemment sans y penser. En fait, je n'ai remarqué la présence d'un plan à l'arrière de ces actions que lorsque j'ai vu comment ma main droite a adopté la forme nécessaire pour la préhension des deux stylos étant donné leur orientation spatiale. Pendant une fraction de seconde, concentrant mon esprit sur ce qui venait de se passer plutôt que vers le moment même, je pouvais reconstruire une partie du processus sensori-moteur derrière cet événement trivial et néanmoins complexe.

Seule une fraction de ce qui se passe mentalement est en vérité assez nette et assez bien éclairée pour être remarquée, et pourtant c'est bien là, pas loin du tout, et peut-être à notre portée, si seulement on essaie. Curieusement, le contexte où l'on se trouve influence le degré de ce que l'on remarque dans les franges de son esprit. Si je n'avais pas été préoccupé par la question de la présence subtile du Soi central, je n'aurais probablement pas remarqué du tout cet incident, et je n'aurais pas réfléchi à la richesse des détails mentaux qui accompagnaient ces actes qui n'avaient rien de remarquable[6].

Si vous deviez soutenir que vous ne vous remarquez jamais en train de connaître, je dirais faites plus attention et vous le remarquerez. J'ajouterai aussi qu'il est avantageux de ne pas remarquer que l'on est soi-même en train de connaître. Songez-y un instant, à moins que le but particulier du moment mental fût de réfléchir à un état particulier de votre organisme, il n'y aurait guère d'intérêt à prêter attention à la partie des contenus mentaux qui constituent le vous du moment, aucun besoin de gaspiller la capacité de traitement en la consacrant à vous seul. Laissez-vous juste aller. Le fait que ce signifiant qui est vous puisse faire preuve de discrétion ne veut pas dire que le signifiant soit sans importance ou qu'on puisse s'en passer. Vous pouvez, jusqu'à un certain point, contrôler volontairement l'activité du sens de vous plus élaboré que j'appelle le Soi-autobiographique ; nous pouvons le laisser dominer le panorama de votre esprit, ou être minimal. Mais vous ne pouvez pas grand-chose s'agissant du vous central ; vous ne pouvez pas le faire disparaître entièrement — une présence substantielle demeure toujours. Et c'est, là aussi, une bonne chose. Comme nous venons de le voir, la suppression de la conscience-noyau, excepté dans les cas où elle est causée par le sommeil ou l'anesthésie, est un signe de maladie. Si la suppression est seulement partielle, elle cause un état anomal que d'autres reconnaîtront aisément comme anormal mais dont vous n'aurez aucune connaissance — lorsqu'il n'y a pas de connaissance, vous ne connaissez pas. De façon cruciale, la suppression de la connaissance et du Soi sans suppression de l'éveil met l'organisme gravement en danger — on est alors capable d'agir sans connaître les conséquences de ses actes. C'est comme si, sans le sentiment de soi dans l'acte de connaître, les pensées que l'on engendre n'étaient pas revendiquées parce que leur propriétaire légitime est manquant. L'organisme ainsi privé de Soi est perdu, parfaitement incapable de dire à qui ces pensées appartiennent.

Troisième partie

BIOLOGIE DU CONNAÎTRE

CHAPITRE 5

L'organisme et l'objet

Le corps qui abrite le Soi

Le fait de centrer la recherche de la conscience sur les problèmes du Soi a rendu la recherche des plus intéressantes, mais cela ne l'a en rien rendue plus claire, jusqu'à ce que je commence à voir la conscience en termes de deux joueurs, l'*organisme* et l'*objet*, et en termes des *relations* qu'entretiennent ces joueurs. Tout à coup, la conscience devenait cette connaissance qui se construit à propos de deux faits : la mise en rapport de l'organisme avec un objet quelconque ; et le changement provoqué dans l'organisme par l'objet qui se trouve dans cette relation. Comme on l'a noté précédemment, il s'agissait désormais, pour élucider la biologie de la conscience, de découvrir comment le cerveau peut construire des configurations neuronales qui correspondent à chacun des deux joueurs et aux relations qu'ils entretiennent.

Le problème de la représentation de l'objet paraît moins problématique que celui de la représentation de l'organisme. Les neurosciences ont consenti des efforts considérables pour comprendre la base neuronale de la représentation des objets. Des études poussées sur la perception, l'apprentissage et la mémoire, ainsi que sur le langage, nous ont donné une idée exploitable de la manière dont le cerveau traite un objet, en termes moteurs et sensoriels, et une idée de la manière dont la connaissance relative à un objet peut être stockée en mémoire, catégorisée en termes conceptuels ou linguistiques, et récupérée sur le mode du rappel ou de la récognition. L'objet se manifeste, sous la forme de configurations neuronales, dans les cortex sensoriels qui conviennent à sa nature. Par exemple, dans le cas des aspects visuels d'un objet, les configurations neuronales idoines sont construites dans toute une série de régions des cortex visuels, pas seulement une ou deux, mais toute une quantité, qui travaille de concert pour cartographier les divers aspects de l'objet en termes visuels. Nous reviendrons sur la représentation de l'objet plus loin dans le chapitre.

Du côté de l'organisme, toutefois, les choses sont différentes. Bien qu'on sache beaucoup de choses sur la manière dont l'organisme est représenté dans le cerveau, l'idée selon laquelle de telles représentations pourraient être liées à l'esprit et à la notion de Soi a peu retenu l'attention. La question de savoir ce qui pourrait donner au cerveau un moyen naturel d'engendrer la référence singulière et stable que nous appelons Soi est restée sans réponse. J'ai cru un bon moment que la réponse se trouve dans un ensemble particulier de représentations de l'organisme et de ses actions potentielles. Dans *L'Erreur de Descartes*, j'ai avancé l'hypothèse selon laquelle la partie de l'esprit que nous appelons Soi serait, biologiquement parlant, fondée sur un ensemble de configurations neuronales non conscientes, qui seraient mises pour la partie de l'organisme que nous appelons le corps propre[1]. Voilà qui peut sembler extrêmement étrange, à première vue, mais qui sera peut-être plus plausible une fois que mes raisons auront été considérées.

LE BESOIN DE STABILITÉ

En pensant aux racines biologiques qui permettent au Soi de passer du simple Soi-central au Soi-autobiographique élaboré, j'ai commencé par examiner les caractéristiques qu'ils ont en commun. Au sommet de la liste, j'ai placé la stabilité, et voici pourquoi. Dans toutes les sortes de Soi que nous pouvons envisager, il y a une notion qui occupe toujours la place centrale : c'est celle d'individu, un individu unique, délimité, dont les changements à travers le temps se font très en douceur, mais qui, d'une manière ou d'une autre, semble rester le même. En mettant l'accent sur la stabilité, je n'entends pas suggérer que le Soi, sous quelque version que ce soit, est une entité cognitive ou neuronale immuable, mais plutôt qu'il doit posséder un degré remarquable d'invariance structurelle, s'il veut pouvoir offrir une continuité de référence sur de longues périodes de temps. La continuité de référence est en effet ce que le Soi doit pouvoir proposer.

Une relative stabilité est requise à tous les niveaux du traitement, du plus simple au plus complexe. Il faut de la stabilité, lorsque vous mettez en rapport différents objets dans l'espace, ou lorsque, immanquablement, vous réagissez émotionnellement d'une certaine manière à certaines situations. Il faut aussi de la stabilité au niveau des idées compliquées. Lorsque je dis : « J'ai changé d'avis sur les multinationales », j'indique par là que j'entretenais jadis certaines opinions sur ces entreprises, que je n'entretiens plus. Le contenu de mon esprit, qui décrit désormais les multinationales, comme le concept qui est désormais le mien de leur comportement, a changé, mais pas mon « Soi », ou du moins pas au même degré que mes idées sur ce type d'entreprise. Une relative stabilité vient renforcer la continuité de référence et constitue ainsi pour le Soi une condition préalable. Notre recherche d'un substrat biologique du Soi doit identifier des structures capables de fournir une telle stabilité.

Quand nous revenons sur la notion de Soi, nous y trouvons la notion d'individu singulier. Et lorsque nous revenons sur la singularité individuelle, nous y trouvons la stabilité. L'énigme des racines biologiques du Soi peut dès lors se formuler comme suit : qu'est-ce qui procure à l'esprit une colonne vertébrale, qu'est-ce qui est unique, et le même ?

LE MILIEU INTERNE COMME PRÉCURSEUR DU SOI

La conscience est une importante propriété des organismes vivants, et il peut être utile d'inclure la vie dans sa discussion. Assurément, la conscience paraît postérieure à la vie et aux dispositifs de base qui permettent à l'organisme de se maintenir en vie, et selon toute vraisemblance, si la conscience a réussi dans l'évolution, c'est précisément parce qu'elle vient offrir un magnifique support à la vie.

Si l'on veut comprendre les organismes vivants, depuis ceux qui sont faits d'une seule cellule jusqu'à ceux qui sont faits de milliards de cellules, il y a pour cela un excellent moyen : c'est de voir ce qui les délimite, ce qui sépare ce qui est *dedans* et ce qui est *dehors*. La structure de l'organisme se trouve à l'intérieur de la limite, et la vie de l'organisme se définit par le maintien des états internes au sein de la limite. L'individualité singulière dépend de la limite.

Contre vents et marées, même lorsque de grandes variations se produisent dans l'environnement d'un organisme, la structure de ce dernier bénéficie d'un arrangement dispositionnel qui modifie ses agencements internes de telle sorte que les variations environnementales ne provoquent pas, corrélativement, une variation importante et excessive de l'activité qui se déroule à l'intérieur. Lorsque des variations qui franchissent une limite dangereuse sont sur le point de se produire, on peut les empêcher, par telle ou telle action préventive ; et lorsque des variations dangereuses se sont déjà produites, on peut toujours les corriger par telle ou telle action appropriée.

Les caractéristiques nécessaires à la survie, que je suis en train de décrire ici, comportent : une délimitation ; une structure interne ; un arrangement dispositionnel destiné à la régulation des états internes et qui remplit un mandat de maintien de la vie ; une frange étroite de variabilité des états internes assurant une relative stabilité de ces états. Considérons à présent ces caractéristiques. Suis-je *juste* en train de décrire une liste de caractéristiques nécessaires à la survie d'un simple organisme vivant, ou se pourrait-il que je sois en train de décrire certains des antécédents biologiques du sens du Soi — le sens d'un organisme un, délimité, vivant, résolu à assurer la stabilité pour se maintenir en vie ? Je dirais que je pourrais bien être en train de décrire l'un ou l'autre. Il est curieux de penser que la constance du milieu interne soit essentielle au maintien de la vie, *et* que ce puisse être un schéma directeur et un point d'ancrage pour ce qui deviendra finalement un Soi dans l'esprit.

PLUS SUR LE MILIEU INTERNE

Un simple organisme fait d'une seule cellule, par exemple une amibe, n'est pas simplement en vie : il est résolu à rester en vie. En tant que créature dépourvue de cerveau et dépourvue d'esprit, une amibe ou une bactérie ne connaît pas les intentions de son propre organisme, au sens où nous connaissons nos intentions à nous. Mais la forme d'une intention est là, néanmoins, laquelle s'exprime par la manière dont la petite créature réussit à garder le profil chimique de son milieu interne en équilibre, tandis qu'autour d'elle, dans l'environnement qui lui est extérieur, règne une pagaille monstre.

Voici ce à quoi je veux en venir : le désir de rester en vie n'est pas un développement moderne. Ce n'est pas une propriété des seuls humains. D'une manière ou d'une autre, du simple au complexe, la plupart des organismes la manifestent. Ce qui varie, c'est le degré auquel les organismes *ont connaissance de* ce désir. Mais le désir est toujours là, que les organismes en aient ou non connaissance. Grâce à la conscience, les humains en ont une expérience aiguë.

La vie se déroule à l'intérieur d'une limite qui définit un corps. La vie et le désir de vivre existent à l'intérieur d'une limite, le mur sélectivement perméable qui sépare l'environnement interne de l'environnement externe. L'idée d'organisme tourne autour de l'existence de cette limite. Dans une simple cellule, la limite s'appelle une membrane. Dans des créatures complexes, comme nous, elle prend plusieurs formes — par exemple la peau qui couvre la majeure partie de notre corps ; la cornée qui couvre la partie du globe oculaire qui reçoit la lumière ; les muqueuses qui recouvrent la bouche. S'il n'y a pas de limite, il n'y a pas de corps, et s'il n'y a pas de corps, il n'y a pas d'organisme. La vie a besoin de limite. Je crois que lorsqu'ils ont fini par apparaître dans l'évolution, l'esprit et la conscience portaient d'abord et avant tout sur la vie et sur le désir de vivre s'exprimant à l'intérieur d'une limite. Dans une large mesure, c'est toujours le cas.

SOUS LE MICROSCOPE

Regardons à présent à l'intérieur de la limite d'une simple cellule. On y trouvera le noyau de la cellule immergée dans un bain enrichi appelé cytoplasme. Immergées également dans le cytoplasme, se trouvent les organelles, sous-départements d'une cellule tels que les mitochondries et les microtubules. La vie ne se poursuit que tant que le profil chimique du bain fonctionne à l'intérieur d'un certain champ de variation possible. La vie s'arrête, lorsque la variation d'un ensemble de paramètres chimiques passe au-delà ou au-dessous de certaines valeurs. Étrangement, la vie consiste en une variation continue, mais seulement si le champ de variation est contenu dans certaines bornes. Si vous deviez regarder de près à l'intérieur de la limite, la vie consiste en une succession de grands changements, une mer agitée sur laquelle une haute lame de fond en suit une autre. Mais si vous regardez de loin, les changements s'apaisent, comme lorsqu'un océan agité devient une surface lisse comme un miroir, vue d'un avion haut dans le ciel. Et si vous vous éloignez encore plus, et regardez simultanément la cellule tout entière et son environnement, vous verrez que, contrairement aux creux et bosses de son environnement, la vie qui se déroule à l'intérieur de la cellule est en majeure partie, à présent, le lieu du stable et du même.

Le travail qui consiste à régner dans l'amplitude des changements, de garder l'intérieur sous contrôle en dépit des aléas de l'extérieur, est une tâche immense. Elle se poursuit continûment, rendue possible par des fonctions de commande et de contrôle nettement ciblées, qui se distribuent à travers le noyau cellulaire, les organelles et le cytoplasme. En 1865, le biologiste français Claude Bernard a donné un nom à l'environnement situé à l'intérieur d'un organisme : le *milieu interne*. Le terme a pris, avec sa tonalité à la française, et personne n'utilise jamais « environnement interne » comme traduction possible. Claude Bernard notait que le profil chimique du fluide dans lequel vivent les cellules est en règle générale tout à fait stable, ne variant qu'à l'intérieur de limites étroites, quelle que soit l'importance des changements pouvant intervenir dans l'environnement de l'organisme. Il eut une intuition très forte : pour que la vie indépendante continue, le milieu interne doit être stable. Dans la première partie du vingtième siècle, W. B. Cannon devait faire progresser ces idées en écrivant sur une fonction biologique qu'il appela l'*homéostasie* et qu'il décrivit comme « les réactions physiologiques coordonnées qui maintiennent la plupart des états stables du corps [...] et qui sont tellement propres à l'organisme vivant[2] ».

Le désir involontaire et inconscient de rester en vie se traduit, dans une simple cellule, par une opération compliquée qui exige de « sentir » l'état du profil chimique situé à l'intérieur de la limite, et qui exige une « connaissance inconsciente » et involontaire de ce qu'il faut faire, chimiquement parlant, lorsque le sentir révèle trop ou trop peu d'un ingrédient quelconque qui se trouve à tel endroit ou à tel moment à l'intérieur de la cellule. Pour le dire en d'autres termes : il exige, pour sentir le déséquilibre, quelque chose qui n'est pas sans ressembler à la perception ; il exige quelque chose qui n'est pas sans ressembler à la mémoire implicite, sous forme de dispositions à l'action, afin de maintenir son savoir-faire technique ; et il exige quelque chose qui n'est pas sans ressembler à un talent, pour effectuer une action de prévention ou de correction. Si tout cela vous apparaît comme une description de fonctions importantes de notre cerveau, vous avez raison. Mais le fait est que je ne parle pas de cerveau, parce qu'il n'y a pas de système nerveux à l'intérieur de la petite cellule. En outre, ce mécanisme qui ressemble à un cerveau sans en être vraiment un ne peut pas provenir de ce que la nature copierait les propriétés d'un cerveau. Au contraire, sentir des conditions environnementales, maintenir un savoir-faire dans des dispositions et agir sur la base de ces dispositions, tout cela était déjà présent dans des créatures unicellulaires, avant qu'elles ne fassent partie d'organismes multicellulaires, encore moins d'organismes multicellulaires *dotés de* cerveaux.

La vie et le désir de vivre qui s'expriment dans la surface délimitée circonscrivant un organisme précèdent l'apparition des systèmes nerveux, des cerveaux. Mais lorsque les cerveaux font leur apparition, ils concernent toujours la vie, et ils préservent et étendent leur capacité à sentir l'état interne, à maintenir le savoir-faire dans les dispositions, et à utiliser ces dispositions pour répondre aux changements dans l'environnement entourant les cerveaux. Les cerveaux permettent la régulation on ne peut plus effective du désir de vivre, et, à un certain stade de l'évolution, en le sachant.

LA GESTION DE LA VIE

La gestion de la vie pose différents problèmes selon les organismes et selon les environnements. Des organismes simples placés dans des environnements hospitaliers peuvent n'avoir besoin que de fort peu de connaissance et d'aucune organisation pour répondre adéquatement et se maintenir en vie. Tout ce dont ils peuvent avoir besoin, c'est de quelques dispositifs pour sentir, un stock de dispositions pour répondre en accord avec ce qui est senti et certains moyens pour exécuter l'action sélectionnée pour y répondre. Par opposition, les organismes complexes, placés dans des environnements complexes, exigent de vastes répertoires de connaissance, la possibilité de choisir entre de nombreuses réponses disponibles, l'aptitude à construire de nouvelles combinaisons de réponses, et l'aptitude à dresser des plans de manière à éviter des situations désavantageuses et à se concilier celles qui sont favorables.

La machinerie dont on a besoin pour effectuer ces tâches exigeantes est compliquée et nécessite un système nerveux. Elle demande un vaste stock de dispositions, qui, pour une bonne part d'entre elles, doivent être fournies par le génome et être innées, même si certaines dispositions peuvent être modifiées par l'apprentissage et que des stocks supplémentaires de dispositions peuvent être acquis par l'expérience. Plusieurs types de détecteurs sont également requis ; ces détecteurs doivent être capables de détecter divers signaux provenant des environnements extérieurs au cerveau (le corps) et extérieurs au corps (le monde du dehors). Finalement, la gestion de la vie exige aussi un moyen de répondre, non seulement par des actions exécutées par des muscles, mais aussi par des images capables de dépeindre les états internes de l'organisme, des entités, des actions et des relations.

La gestion de la vie d'un organisme placé dans un environnement complexe et qui n'est pas nécessairement favorable requiert ainsi davantage de savoir-faire innés, davantage de possibilités de sentir et plus de variété dans les réponses possibles qu'il n'en faudrait à un organisme simple placé dans un environnement simple. Mais ce n'est pas seulement une affaire de quantité. Il faut une nouvelle approche, et c'est ce qu'a permis la nature en développant deux arrangements anatomiques et fonctionnels. Le premier consiste à relier les structures cérébrales nécessaires à la gestion de différents aspects de la vie de l'organisme à un système à multiples composantes. Pour prendre une analogie dans le domaine de l'engineering, cela correspondrait à l'assemblage de panneaux de contrôles en interconnexion. En termes biologiques, ces panneaux ne sont pas des mythes : ils sont situés dans plusieurs noyaux du tronc cérébral, de l'hypothalamus et du télencéphale basal. Le second consiste à procurer à ces régions de gestion des signaux prenant leur origine, instant après instant, dans toutes les parties de l'organisme. Ces signaux offrent aux régions de gestion — les panneaux de contrôle — une vision constamment réactualisée de l'état de l'organisme.

Certains des signaux sont directement transmis par des voies de transmission nerveuse et indiquent l'état des viscères (par exemple le cœur, les vaisseaux sanguins, la peau) ou des muscles. D'autres signaux arrivent dans la circulation sanguine et sont transmis par la concentration d'une hormone (ou de glucose, d'oxygène, ou de dioxyde de carbone) ou par le niveau pH du plasma. Ces signaux sont « lus » par un certain nombre de dispositifs sensitifs neuraux qui réagissent différemment selon les points décisifs que manifestent leurs échelles de « lecture ». Une analogie de cette opération est celle du thermostat qui est en relation avec le contrôle climatique : certaines lectures de température déclenchent une réponse (réchauffement ou refroidissement pendant un certain nombre de minutes jusqu'à ce que l'on parvienne au point décisif désiré) ; certaines valeurs ne déclenchent aucune réponse. On peut imaginer que certaines parties du système nerveux central, par exemple dans le tronc cérébral et l'hypothalamus, sont comme un vaste champ de détecteurs semblables à un thermostat, dont les états d'activité constituent une carte. Il y a certains risques dans cette analogie, puisque les points décisifs d'un organisme vivant peuvent connaître des changements au cours de leur vie et peuvent être influencés en partie par le contexte dans lequel opèrent les dispositifs sensitifs. Après tout, nos détecteurs semblables au thermostat sont faits de tissu vivant et non de métal ou de silicone. Telles sont les raisons pour lesquelles Steven Rose a plaidé, de façon convaincante, en faveur du terme *homéodynamique* plutôt que pour celui d'*homéostasie*[3]. Néanmoins, l'analogie est, pour l'essentiel, valide.

POURQUOI LES REPRÉSENTATIONS DU CORPS SONT-ELLES DE BONS INDICATEURS DE STABILITÉ ?

La raison pour laquelle les représentations du corps sont de bons indicateurs de stabilité vient de la remarquable invariance des structures et opérations du corps. Tout au long du développement, de l'âge adulte, et même de la vieillesse, le *plan* du corps reste pour une bonne part inchangé. Certes, les corps croissent en taille au cours de leur développement, mais les systèmes et les organes fondamentaux sont les mêmes tout au long de la vie, et les opérations qu'effectuent la plupart des composantes changent peu, voire pas du tout. Cela est généralement vrai des os, des articulations et des muscles, et tout particulièrement vrai des viscères et du milieu interne. La gamme des états possibles du milieu interne et des viscères est étroitement limitée. Cette limitation est inscrite dans les caractéristiques de l'organisme, puisque la gamme des états compatibles avec la vie est infime. La gamme autorisée est en vérité si infime, et le besoin de respecter ses limites si absolu pour la survie, que les organismes font leur apparition, équipés d'un système de régulation automatique chargé de veiller à ce que les déviations susceptibles de présenter des menaces pour la vie ne se produisent pas, ou puissent être rapidement corrigées.

En résumé, non seulement une partie considérable du corps est remarquable par le nombre minime de variations qu'on y constate — on pourrait même dire, par son identité relative —, mais les organismes vivants comportent, de façon naturelle, des dispositifs censés assurer une variation limitée ou, si on veut, censés maintenir l'identité à soi. Ces dispositifs sont génétiquement implantés dans n'importe quel être vivant et accomplissent leur travail fondamental, que les êtres le veuillent ou non. La plupart des êtres ne « veulent » absolument rien du tout, mais, chez ceux pour qui c'est le cas, cela ne fait aucune différence : les dispositifs régulateurs fondamentaux continuent de fonctionner de la même manière.

C'est pourquoi, si vous cherchez un havre de stabilité dans l'univers du changement qui est le monde de nos cerveaux, considérer les dispositifs de régulation qui assurent le contrôle de la vie, de même que les représentations neuronales intégrées du milieu interne, les viscères, le cadre musculo-squelettique qui caractérisent l'état vivant, n'est pas ce que vous pourriez faire de pire. Le milieu interne, les viscères et le cadre musculo-squelettique produisent une représentation continue, dynamique, mais de portée étroite, alors que le monde qui nous entoure change de façon spectaculaire, en profondeur, et de manière souvent imprévisible. Instant après instant, le cerveau a à sa disposition une représentation dynamique d'une entité dotée d'une gamme limitée d'états possibles — le corps[4].

Un corps, une personne : les racines de la singularité du Soi

À ce stade, peut-être souhaitez-vous considérer quelques données amusantes. Pour chaque personne que vous connaissez, il y a un corps. Peut-être n'avez-vous jamais songé à cette relation simple que voici : une personne, un corps ; un esprit, un corps — premier principe. Peut-être aussi n'avez-vous jamais rencontré une personne présentant deux corps ou des corps multiples, pas même des jumeaux siamois. Il se trouve simplement que cela ne s'est pas produit. Peut-être avez-vous fait la rencontre ou entendu parler de corps occasionnellement habités par plus d'une personne, état pathologique qu'on appelle le désordre de la personnalité multiple (et qui a aujourd'hui un nouveau nom, celui de désordre de l'identité dissociative). Mais, même alors, le principe n'est pas tout à fait violé puisque, à quelque instant que ce soit, l'une seulement des identités multiples peut utiliser le corps pour penser et se comporter, une seule en même temps acquiert assez de contrôle pour *être* une personne et s'exprimer (mieux encore, pour exprimer *son Soi*). Le fait que l'on ne considère pas comme normales des personnalités multiples montre bien que tout le monde s'accorde à trouver qu'un corps unique va de pair avec un *Soi* unique.

Si nous admirons tant les acteurs, c'est, entre autres choses, parce qu'ils peuvent nous convaincre qu'ils sont d'autres personnes, qu'ils ont d'autres esprits et d'autres *Soi*. Mais nous savons que tel n'est pas le cas, nous savons qu'ils sont seulement les purs réceptacles d'ingénieux faux-semblants, et nous louons leur travail parce que ce qu'ils font n'est ni naturel ni facile.

Voilà qui est surprenant, non ? Pourquoi ne devrions-nous pas, en règle générale, trouver deux ou trois personnes dans un seul corps ? Quelle économie de tissu biologique ! Ou pourquoi des personnes de grande capacité intellectuelle et de grande imagination n'habiteraient-elles pas deux ou trois corps ? Que ce serait amusant, quel monde de possibilités ! Pourquoi n'y aurait-il pas des personnes sans corps dans notre voisinage, vous savez, des fantômes, des esprits, des créatures sans poids et sans couleur ? Pensez aux économies d'espace ! Mais le fait est, purement et simplement, que de telles créatures n'existent pas en ce moment, et rien n'indique qu'elles aient jamais existé, et la raison sensée pour laquelle il en est ainsi est qu'un esprit, ce qui définit une personne, requiert un corps et qu'un corps, un corps humain, assurément, engendre naturellement un seul esprit. Un esprit est si étroitement façonné par le corps et destiné à le servir que seul un et un seul esprit pouvait se trouver y faire son apparition. Pas de corps, jamais d'esprit. Pour n'importe quel corps, jamais plus d'un seul esprit.

Les esprits dotés d'un corps-esprit contribuent à sauver le corps. Lorsque des créatures comme nous sont apparues, dotées de corps et d'esprits conscients, elles étaient, comme les appelait Nietzsche, des « hybrides de plantes et de revenants », la combinaison d'un objet vivant apparemment délimité, bien circonscrit, aisément identifiable, doté d'une animation mentale apparemment non délimitée, interne et difficile à localiser. Il appelait aussi ces créatures des « discordances » car elles constituaient un étrange mariage entre ce qui était clairement matériel et ce qui était manifestement dépourvu de substance. Le mariage a plongé tout le monde dans la perplexité, durant des millénaires, et est peut-être devenu à présent, dans une certaine mesure, un peu plus facile à comprendre qu'auparavant. Peut-être[5].

L'invariance de l'organisme et l'impermanence de la permanence

Il est stupéfiant de s'apercevoir que les stabilités apparemment solides comme le roc qui sous-tendent un esprit unique et un *Soi* unique sont elles-mêmes éphémères, et continuellement reconstruites au niveau des cellules et des molécules. Cette étrange situation — un paradoxe apparent plutôt que réel — a une explication simple : bien que les blocs de constructions nécessaires à l'édification de nos organismes soient régulièrement remplacés, les plans architecturaux des différentes structures de nos organismes sont soigneusement maintenues. Il y a un *Bauplan* de la vie, et nos corps sont un *Bauhaus*. Considérons ce qui suit.

Nous ne sommes pas simplement voués à périr à la fin de notre vie. La plupart des parties qui nous constituent périssent toute notre vie durant, pour être seulement remplacées par d'autres parties périssables. Les cycles de la mort et de la naissance se répètent bien des fois au cours d'une vie — certaines des cellules de notre corps survivent aussi peu qu'une semaine, pas plus d'une année, pour la plupart d'entre elles ; il y a des exceptions : ce sont les précieux neurones de notre cerveau, les cellules musculaires du cœur, et les cellules du cristallin.

La plupart des composantes qui ne sont pas remplacées — telles que les neurones — sont modifiées par l'apprentissage. (En fait, rien n'étant sacré, il se peut même que quelques neurones soient remplacés.) La vie oblige les neurones à se comporter différemment, en modifiant, par exemple, la manière dont ils se relient à d'autres. Aucune composante ne reste la même très longtemps, et la plupart des cellules et des tissus qui constituent aujourd'hui notre corps ne sont pas les mêmes que ceux que nous avions lorsque nous sommes entrés à l'école. Ce qui reste le même, pour une bonne part, c'est le plan de construction de la structure de notre organisme et les points décisifs pour le fonctionnement de ses parties. Appelons-les l'esprit de la forme et l'esprit de la fonction[6].

Lorsque nous découvrons de quoi nous sommes faits et comment nous sommes assemblés, nous découvrons un processus sans fin de construction et de démolition, et nous nous rendons compte que la vie est à la merci de ce processus qui n'en finit jamais. Comme les châteaux de sable sur les plages de notre enfance, elle peut être balayée par les eaux. Il est stupéfiant que nous ayons le moins du monde un sentiment de soi, que nous ayons — que la plupart d'entre nous aient, que quelques-uns d'entre nous aient — une certaine continuité de structure et de fonction qui constitue l'identité, certains traits stables de comportement que nous appelons une personnalité. Fabuleux en vérité, extraordinaire pour certains, que vous soyez vous et que je sois moi.

Mais le problème va bien au-delà du caractère périssable et de la question du renouvellement. De même que les cycles de la mort et de la vie reconstruisent l'organisme et ses parties conformément à un plan, de même le cerveau reconstruit le sentiment de soi instant après instant. Nous n'avons pas un *Soi* sculpté dans la pierre et, comme la pierre, résistant aux sévices du temps. Le sens que nous avons de nous-même est un état de l'organisme, le résultat de certaines composantes qui fonctionnent d'une certaine manière et interagissent d'une certaine manière, à l'intérieur de certains paramètres. C'est une autre reconstruction, un schéma vulnérable d'opérations intégrées qui a pour conséquence d'engendrer la représentation mentale d'un être individuel vivant. C'est l'édifice biologique tout entier, des cellules, tissus et organes, aux systèmes et aux images, qui est maintenu en vie, par la constante exécution de plans de construction, toujours au bord de l'effondrement partiel ou complet, si le processus de reconstruction et de renouvellement venait à s'interrompre. Les plans de construction ont tous partie liée avec le besoin de se tenir à distance du bord.

Les racines de la perspective individuelle, de la possession et de l'agentivité

Tout ce qui se passe dans votre esprit se passe dans un temps et un espace relatifs à l'instant du temps où se trouve votre corps et à la région de l'espace que votre corps occupe. Les choses sont en vous ou hors de vous. Celles qui sont hors de vous sont stationnaires ou mobiles. Les stationnaires peuvent être proches ou lointaines, ou quelque part entre les deux. Les choses mobiles peuvent être en train de s'avancer vers vous ou de s'éloigner de vous, ou de voyager le long d'une trajectoire qui vous échappe, mais votre corps est la référence. En outre, la perspective qui est le fruit des expériences vécues est une source de métaphore chez les organismes dotés de capacités cognitives aussi riches qu'une mémoire conventionnelle foisonnante, une mémoire de travail, le langage et les capacités de manipulation que nous subsumons sous le terme d'*intelligence*. Par exemple, la notion de *Soi* est « proche de mon cœur », mais l'idée d'homoncule est « éloignée de mes goûts ». La possession et l'agentivité sont, de même, entièrement relatives à un corps, à un instant particulier et dans un espace particulier. Les choses que vous possédez sont proches de votre corps, ou devraient l'être, en sorte qu'elles restent vôtres, et ceci s'applique à des choses, à des amoureux, à des idées. L'agentivité, bien sûr, exige un corps agissant dans le temps et l'espace et n'a, sans cela, aucun sens.

Imaginez-vous en train de traverser une rue, et représentez-vous à présent une voiture que vous n'attendiez pas et qui arrive à toute allure dans votre direction. Le point de vue relatif à la voiture qui vient vers vous est le point de vue de votre corps, et ce ne peut être rien d'autre. Une personne assistant à la scène depuis sa fenêtre située au troisième étage derrière vous a un point de vue différent : celui de son autre corps. La voiture approche, et la position de votre tête et de votre cou se modifie tandis que vous vous orientez dans sa direction, alors que vos yeux se déplacent de façon conjuguée pour se fixer sur les configurations qui évoluent rapidement et se forment sur vos rétines. Un monde d'ajustements est en pleine effervescence, depuis le système vestibulaire, qui commence dans l'oreille interne, concerne l'équilibre et sert à indiquer la position du corps dans l'espace, jusqu'aux mécanismes des colliculi, qui guident les mouvements d'yeux, de tête et de cou à l'aide des noyaux du tronc cérébral, jusqu'aux cortex occipitaux et pariétaux, qui modulent le processus depuis le haut. Mais ce n'est pas tout. Le fait qu'une voiture fonce vers vous provoque une émotion qu'on appelle la peur, que vous le vouliez ou non, et change bien des choses dans l'état de votre organisme — les viscères, le cœur et la peau répondent rapidement, entre autres choses. Voici mon hypothèse : le signal donné de tous les changements énumérés ci-dessus constitue le moyen d'exécuter la perspective individuelle de l'organisme dans votre esprit. Vous remarquerez que je ne dis pas que c'est le moyen pour vous de *faire* pour encore *l'expérience* de la perspective de l'organisme, ce qui serait la même chose qu'en avoir *connaissance*. L'expérience ou la connaissance de quelque chose, en un mot la conscience, vient plus tard. Bien des changements qui interviennent au moment où la voiture approche se produisent pour la représentation cérébrale multidimensionnelle du corps propre qui a existé de manière fugace durant les instants qui ont immédiatement précédé le début de l'épisode ; ils arrivent *au* proto-Soi de votre organisme. La personne qui assiste à la scène depuis la fenêtre du troisième étage a une perspective différente mais subit des changements formels similaires dans son autre proto-Soi.

Je dirais que la perspective est continûment et irrévocablement construite par la mise en œuvre de signaux provenant de toute une série de sources. Premièrement, d'un appareil perceptif spécifique — dans l'exemple, les images optiques qui se forment dans les deux rétines. En second lieu, des ajustements divers qui sont exécutés simultanément par les différents secteurs musculaires du corps et par le système vestibulaire. Dans l'exemple, les images rétiniennes changent rapidement, au fur et à mesure que l'objet approche, mais, pour qu'elles restent dans le champ de vision, des ajustements doivent se faire dans les muscles qui contrôlent le cristallin et la pupille ; les muscles qui contrôlent la position du globe oculaire ; et les muscles qui contrôlent la tête, le cou et le tronc [7]. Finalement, il y a des signaux provenant des réponses émotionnelles à un objet particulier, tout à fait marquées dans le cas de la voiture arrivant à vive allure, et qui comportent des changements, en divers endroits du corps, dans la musculature lisse des viscères. Notons que, selon l'objet, il peut y avoir un accompagnement musculo-squelettique et émotionnel de proportions différentes, mais tous deux sont toujours présents. La présence de tous ces signaux — provenant, dans cet exemple particulier, des images rétiniennes, des ajustements dans la posture musculaire et des ajustements endocrines, musculaires et viscéraux — décrit simultanément l'objet tel qu'il se profile *en direction de l'organisme* et une partie de la réaction de l'organisme *vers l'objet*, puisque l'organisme se régule pour assurer un traitement satisfaisant de l'objet.

Il n'existe rien de tel qu'une perception *pure* de l'objet au sein d'un canal sensoriel, par exemple la vision. Les changements qui se produisent en même temps et que je viens de décrire ne sont *pas* simplement là, comme ils pourraient tout aussi bien ne pas être là. Pour percevoir un objet, que ce soit visuellement ou autre, l'organisme a besoin et de signaux sensoriels spécialisés, *et* de signaux provenant de l'ajustement du corps, lesquels sont nécessaires pour qu'il y ait perception[8].

L'affirmation selon laquelle il n'existe rien de tel que la perception pure reste vraie, même dans le cas où l'on se trouve empêché de bouger — si l'on a reçu une injection de curare, par exemple. Après une injection de curare, aucun des muscles de votre squelette ne bouge, parce que le curare bloque les récepteurs nicotiniques du neurotransmetteur d'acétylcholine. Pourtant, les muscles « viscéraux » qui interviennent dans l'émotion peuvent bouger librement, parce que le curare n'affecte pas les récepteurs muscariniques de l'acétylcholine.

L'affirmation reste également vraie lorsque vous pensez simplement à un objet plutôt que vous ne le percevez réellement dans le monde extérieur à votre organisme. En voici la raison : les registres que nous tenons des objets et événements qu'il nous est arrivé de percevoir comprennent les ajustements moteurs que nous avons faits pour ne serait-ce que parvenir à la perception, et comprennent aussi les réactions émotionnelles que nous avons eues alors. Ils sont tous enregistrés ensemble dans la mémoire, bien que dans des systèmes séparés. En conséquence, même lorsque nous pensons « simplement » à un objet, nous avons tendance à reconstruire des souvenirs, non seulement d'une forme ou d'une couleur, mais aussi de l'engagement perceptif qu'avait nécessité l'objet et des réactions émotionnelles adjacentes, si infimes qu'elles aient pu être. Que vous soyez immobile, sous l'effet d'une injection de curare, ou tranquillement assis dans l'obscurité en train de rêver, les images que vous formez dans votre esprit signalent *toujours* à l'organisme la manière dont il est occupé à former des images et évoquent certaines réactions émotionnelles. Vous ne pouvez tout bonnement pas échapper au fait que votre organisme se trouve *affecté*, surtout de façon motrice ou émotionnelle : cela fait partie intégrante du fait d'avoir un esprit.

La perspective adoptée à l'égard d'une mélodie que vous entendez ou d'un objet que vous touchez est, tout naturellement, la perspective de votre organisme, parce qu'elle s'appuie sur les modifications que subit votre organisme durant les événements de l'audition ou du toucher. Quant au sens que l'on a de posséder des images et au sens que l'on a d'agir sur ces images, eux aussi sont une conséquence directe des opérations qui créent la perspective. Ils sont inhérents à ces opérations, en tant qu'ils constituent des données empiriques sensorielles de base. Par la suite, nos cerveaux créatifs et éduqués finissent par élucider les données sous forme d'autres inférences, que nous finissons également par connaître.

La perspective de l'organisme grâce à laquelle se forment les images est essentielle à la préparation des actes impliquant les objets dépeints dans les images. La perspective correcte relative à la voiture qui arrive est importante pour planifier le mouvement qui permettra de l'éviter, et la même chose vaut de la perspective relative au ballon que vous êtes censé attraper avec votre main. Le sens automatique d'agentivité que peut avoir l'individu est quelque chose qui est né sur-le-champ. Par la suite, vous pouvez faire des inférences qui vont dans le même sens. Le fait que vous ayez interagi avec un objet de manière à en créer des images rend la pensée consistant à *agir sur* l'objet plus facile à concevoir.

Il nous faut noter que la présence de tous ces changements ne suffit pas pour qu'il y ait conscience. Il y a conscience lorsque nous connaissons, et nous ne connaissons que lorsque nous traçons la carte de la relation entre objet et organisme. C'est seulement alors que nous pouvons en toute rigueur découvrir que tous les changements réactifs décrits ci-dessus ont lieu dans notre propre organisme et ont un objet pour cause.

La cartographie des signaux corporels

Parmi les grands obstacles qui empêchent de comprendre les idées explorées ici se trouvent les notions incomplètes et souvent confuses qui entourent la signalisation somatique et le système somatosensoriel, qui est censé transmettre les signaux. Le terme *somatosensoriel*, comme l'implique fort bien sa dérivation étymologique, décrit le fait de sentir le *soma*, terme grec pour « corps ». Mais, bien souvent, ce qu'évoque ce *soma* est plus étroit qu'il ne devrait l'être. Malheureusement, ce qui vient le plus fréquemment à l'esprit lorsqu'on entend les mots *somatique* ou *somatosensoriel*, c'est l'idée de toucher ou l'idée de sensation dans les muscles ou les articulations. Pourtant, en réalité, le système sensoriel se rapporte à bien plus de choses que cela, et ne se limite pas du tout en vérité à un seul et unique système. C'est la combinaison de plusieurs sous-systèmes, dont chacun transmet des signaux au cerveau sur l'état d'aspects très différents du corps. Il est manifeste que ces divers systèmes de signalisation ont fait surface à différents stades de l'évolution. Ils font appel à des rouages différents en termes des fibres nerveuses qui transportent les signaux du corps au système nerveux central, et ils diffèrent également dans le nombre, le type et la position des relais du système nerveux central, dans lesquels ils cartographient leurs signaux. En fait, il y a un aspect de la signalisation somatosensorielle qui ne fait pas du tout appel à des neurones, mais plutôt à des substances chimiques présentes dans la circulation sanguine. En dépit de ces distinctions, les divers aspects de la signalisation somatosensorielle travaillent en parallèle et dans une belle coopération pour produire, à de multiples niveaux du système nerveux central, depuis la moelle épinière et le tronc cérébral jusqu'aux cortex cérébraux, des myriades de cartes des aspects multidimensionnels de l'état du corps à tel ou tel moment.

Pour donner une idée de ce que font les sous-systèmes et de la manière dont ils sont organisés, je regrouperai la signalisation en trois divisions fondamentales : le milieu interne et la division viscérale ; la division vestibulaire et musculo-squelettique ; et la division du toucher fin.

Ces trois divisions peuvent toutes travailler en étroite coopération et dans une indépendance relative. Lorsque vous touchez un objet dont la texture vous procure du plaisir, des signaux provenant des trois divisions ont été transmis à des cartes du système nerveux central qui décrivent l'interaction incessante dans ses nombreuses dimensions, par exemple les mouvements avec lesquels vous cherchez l'objet ; les propriétés qui activent les senseurs tactiles ; et les réactions humorales et viscérales qui constituent la réponse agréable à l'objet. Mais les divisions peuvent opérer de façon indépendante, par exemple la première sans beaucoup d'aide de la seconde, ou la première et la seconde sans aucune aide de la troisième. Le point important à noter est que la première division — celle qui a trait à l'intérieur de l'organisme — est en permanence active, en permanence en train de signaler au cerveau l'état de la plupart des aspects internes du corps propre. Jamais, lorsqu'il est dans un état normal, le cerveau ne manque de recevoir des rapports continus sur le milieu interne et les états des viscères, et, dans la plupart des situations, même lorsque aucun mouvement actif n'est effectué, le cerveau est également informé de l'état du dispositif musculo-squelettique. Le cerveau est vraiment l'auditoire captif du corps.

Le milieu interne et la division viscérale sont chargés de sentir les changements qui interviennent dans l'environnement chimique des cellules du corps tout entier. Le terme *interoceptif* décrit de façon générique ces opérations consistant à sentir. Il y a un aspect de ces signaux qui se passe tout à la fois des fibres nerveuses et des voies de transmission. Les substances chimiques qui s'écoulent dans la circulation sanguine sont senties par des noyaux de neurones dans certaines régions du tronc cérébral, de l'hypothalamus et du télencéphale. Si la concentration de la substance chimique se trouve être dans les limites autorisées, rien ne se passe. Si la concentration est trop élevée ou trop basse, les neurones répondent — ils mettent en route toute une série d'actions destinées à effectuer une correction du déséquilibre. Par exemple, ils peuvent vous calmer ou vous donner la frousse, ils peuvent vous donner faim ou vous donner envie de faire l'amour, ce qui est tout à fait fascinant, bien entendu, mais le fait est que les signaux créent, instant après instant, de multiples cartes du milieu interne, autant de dimensions de notre intérieur que cette méthode particulière permet d'en mesurer, et il *y en a* de nombreuses.

L'exposition du cerveau aux substances chimiques qui s'écoulent dans la circulation sanguine est remarquable. Le cerveau est protégé de la pénétration de certaines molécules par ce qu'on appelle la barrière sang-cerveau, un filtre biologique qui enveloppe quasiment tous les vaisseaux sanguins qui acheminent les éléments nutritifs au tissu cérébral et est très sélectif sur ce qui a droit ou non de passer du sang au tissu cérébral. Mais quelques régions cérébrales sont privées des barrières sang-cerveau et admettent aisément de grandes molécules qui, ailleurs dans le cerveau, sont empêchées d'influencer le tissu neuronal de façon directe. Les molécules qui franchissent la barrière sang-cerveau agissent sur le cerveau directement, en des endroits comme l'hypothalamus ; les grandes molécules qui ne peuvent pénétrer la barrière sang-cerveau se mettent à agir sur le cerveau en des endroits bien précis où la barrière n'existe pas, ce qu'on appelle les organes circumventriculaires. À titre d'exemples de tels sites : l'area postrema (située dans le tronc cérébral) et les organes subfornicaux (situés au niveau de l'hémisphère cérébral). Les neurones chimiquement excités dans ces aires passent leurs messages à d'autres neurones. L'action de substances telles que l'oxytocine, qui est cruciale pour toute une série de comportements, depuis les relations sexuelles et affectives jusqu'à la naissance de l'enfant, dépend de cet arrangement. L'immersion du cerveau dans le milieu chimique n'est pas une mince affaire.

Un autre aspect de cette division transporte, le long des voies de transmission nerveuse, les signaux que nous percevons finalement comme de la douleur, qui peuvent survenir en presque n'importe quel endroit du corps, par exemple dans les viscères de l'abdomen ou dans une articulation comme dans un muscle. Cette division transporte aussi des signaux neuronaux se rapportant à des aspects du milieu interne : en conséquence, le profil chimique de l'organisme se trouve être cartographié, non pas seulement à travers la circulation sanguine, mais aussi à travers les voies de transmission neuronale — c'est ainsi que les niveaux de pH et la concentration d'oxygène et de dioxyde de carbone font tous deux l'objet d'une projection cartographique biunivoque.

Finalement, cette division signale aussi l'état des muscles lisses, tellement abondants dans tous les viscères, et qui sont sous contrôle autonome. La désignation *autonome* signifie qu'un processus particulier est contrôlé dans sa quasi-totalité par des dispositifs indépendants de notre volonté qui sont situés dans le tronc cérébral, l'hypothalamus et les noyaux limbiques plutôt que dans le cortex cérébral. Il y a des muscles lisses partout, par exemple dans n'importe quel vaisseau sanguin du corps tout entier. Ces muscles lisses peuvent se contracter ou se dilater pour réguler la circulation sanguine et ses fonctions annexes. On connaît bien l'un des effets d'une telle contraction ou dilatation des muscles lisses : c'est lorsqu'elle fait augmenter ou diminuer la pression sanguine systémique ou lorsqu'elle provoque le blêmissement ou le rougissement de la peau. Incidemment, le plus grand de tous les viscères du corps est la peau elle-même. Je ne fais pas référence à la surface de la peau, qui a un rôle décisif dans le sens du toucher, mais à « l'épaisseur de la peau », qui est vitale pour la régulation de la température. Des brûlures importantes peuvent vous tuer, non pas parce que vous perdez les fonctions tactiles, mais parce que votre régulation homéostasique est gravement perturbée. Ce rôle crucial de la fonction dermique provient de la capacité à changer le calibre de nombreux vaisseaux sanguins qui s'enchevêtrent dans son épaisseur. « *I've got you under my skin* »(littéralement : « Je t'ai sous la peau ») traduit involontairement cette importante idée physiologique, et la chanson aurait été encore plus exacte si Cole Porter avait écrit : « Je t'ai dans l'épaisseur de ma peau » ; ce qui aurait été tout aussi vilain. Comme on pouvait s'y attendre, les Français l'ont fort bien compris en disant « je t'ai dans la peau », c'est-à-dire, littéralement, *à l'intérieur de* la peau.

Les signaux que je viens de considérer voyagent à travers un secteur particulier de la moelle épinière (les lamina I et II de la corne postérieure) et du noyau du nerf trijumeau (dans sa pars caudalis). Mais j'ajouterais que, derrière le regroupement commode de tous ces types de signaux sous une division plus grande, bien des choses se cachent sous la forme de la subdivision en canal. Par exemple, nous savons, par les travaux de A. Craig, que les neurones qui transportent des signaux liés à la nociception (la douleur) sont différents de ceux qui servent de médiation à d'autres aspects du sens corporel, même s'ils s'appuient tous sur les fibres-C et les fibres A-∂[9]. En revanche, nous savons aussi que bon nombre de signaux liés au corps ne sont pas seulement transmis séparément à des niveaux supérieurs du système nerveux, mais sont également mêlés et regroupés peu après leur entrée dans le système nerveux central. C'est ce qui se produit, par exemple, dans les zones plus profondes de chaque segment de la moelle épinière[10]. D'autres informations pour cette division du système somatosensoriel viennent des viscères, et sont véhiculées par des afférents des viscères jusqu'à la moelle épinière et par des nerfs tels que le nerf vague (qui contourne complètement la moelle et se dirige directement vers le tronc cérébral).

La division musculo-squelettique transmet au système nerveux l'état des muscles qui réunissent les parties mobiles du squelette, à savoir les os. Lorsque les fibres musculaires se contractent, la longueur d'un muscle se réduit, et les os reliés de façon appropriée sont mis en mouvement. Lorsque les fibres musculaires se relâchent, c'est le contraire qui se produit. Tous les muscles qui effectuent un mouvement du squelette peuvent être contrôlés par notre volonté et sont des muscles striés (il n'y a qu'une seule exception à cette règle et elle a trait au cœur, dont les fibres musculaires sont striées plutôt que lisses, et ne sont cependant sous aucun contrôle de la volonté et ne sont pas non plus chargées de mouvoir des parties osseuses). La fonction de cette division du système somatosensoriel est généralement connue sous les noms de *proprioceptive* ou *kinesthésique*. Exactement comme dans le cas des signaux interoceptifs provenant du milieu interne et des viscères, les signaux proprioceptifs/kinesthésiques forment de nombreuses cartes des aspects du corps qu'ils passent en revue, à de multiples niveaux du système nerveux central, tout du long depuis la moelle épinière jusqu'au cortex cérébral. Le système vestibulaire, qui trace la carte des coordonnées du corps dans l'espace, complète l'information selon cette division.

Une troisième division du système somatosensoriel transmet le *toucher fin*. Ses signaux décrivent les altérations que subissent les senseurs spécialisés de la peau lorsque nous entrons en contact avec un objet et explorons sa texture, sa forme, son poids, sa température, et ainsi de suite. Alors que le milieu interne et la division viscérale se préoccupent principalement de la description des états internes, la division du toucher fin se préoccupe surtout de la description des objets extérieurs reposant sur les signaux engendrés sur la surface du corps. La division musculo-squelettique, qui se trouve un peu dans un entre-deux, peut être utilisée à la fois pour l'expression des états internes et pour la description du monde extérieur.

Le Soi neuronal

Il y a peu de chances que le sentiment de soi, sous sa version centrale ou sous sa version autobiographique, constitue la forme originale du phénomène. Mon hypothèse est que le sentiment de soi a un précédent biologique préconscient, le *proto-Soi*, et que les manifestations les plus anciennes et les plus simples du Soi émergent lorsque le mécanisme qui engendre la conscience-noyau opère sur ce précurseur non conscient.

Le proto-Soi est une collection cohérente de configurations neuronales qui, instant après instant, cartographient l'état de la structure physique de l'organisme dans ses nombreuses dimensions. Cette collection de premier ordre de configurations neuronales, sans cesse maintenue, se produit non pas en un seul endroit du cerveau, mais en de nombreux endroits, à une multiplicité de niveaux, du tronc cérébral au cortex cérébral, dans des structures qui sont reliées entre elles par des voies de transmission neuronale. Ces structures sont intimement impliquées dans le processus de régulation de l'état de l'organisme. Les opérations consistant à agir sur l'organisme et à sentir l'état de l'organisme sont étroitement liées. Il ne faut pas confondre le proto-Soi avec le riche sentiment de soi sur lequel est centrée en ce moment même notre connaissance actuelle. *Nous ne sommes pas conscients du proto-Soi*. Le langage ne fait pas partie de la structure du proto-Soi. Le proto-Soi n'a pas de pouvoirs perceptifs et ne détient aucune connaissance[11].

Il ne faut pas non plus confondre le proto-Soi avec l'homoncule rigide de l'ancienne neurologie. Le proto-Soi ne se produit pas en un seul endroit, et il émerge dynamiquement et continuellement à partir des signaux très divers qui interagissent et traversent différents ordres du système nerveux. Par ailleurs, le proto-Soi n'est pas un interprète. C'est un point de référence à chacun des points où il se trouve.

Il faudrait considérer cette hypothèse en gardant à l'esprit qu'il convient d'introduire une précision importante sur la relation entre les régions cérébrales et les fonctions, telles que le proto-Soi. De telles fonctions ne sont pas « situées » dans une seule région cérébrale ni dans un ensemble de régions, mais sont, plutôt, un produit de l'interaction de signaux neuronaux et chimiques entre un ensemble de régions. Cela est vrai du proto-Soi non conscient relativement à l'ensemble de régions que je présente plus haut, et c'est également vrai des fonctions telles que le Soi-central ou le Soi-autobiographique, dont on discutera plus loin. Il faut à tout prix éviter de penser en termes phrénologiques.

Les structures nécessaires à l'exécution du proto-Soi sont recensées plus bas, ainsi que celles qui ne sont pas nécessaires à son exécution. En s'appuyant sur les deux listes, il est possible de tester l'hypothèse de toutes sortes de manières. La manière la plus directe consiste à formuler des prédictions sur les effets liés aux lésions occasionnées à certaines des structures centrales présentes dans les deux listes. Certaines lésions devraient perturber le proto-Soi et, partant, perturber la conscience, plus ou moins gravement, alors que d'autres devraient laisser la conscience intacte. On peut établir un tableau préliminaire de la validité de ces prédictions, sur la base des données actuelles issues de la neuropathologie et de la neurophysiologie, mais d'autres études prospectives sont nécessaires pour apporter confirmation de la moindre de ces conclusions.

LES STRUCTURES CÉRÉBRALES NÉCESSAIRES À L'EXÉCUTION DU PROTO-SOI

1. Plusieurs *noyaux du tronc cérébral* qui régulent les états corporels et cartographient des signaux corporels. Avec les chaînes de signalisation qui commencent dans le corps et se terminent dans les structures les plus élevées et les plus distales du cerveau, cette région est la première dans laquelle un agrégat de noyaux signale l'état corporel global actuel, tel qu'il est transmis pas les voies de transmission de la moelle épinière, le nerf trijumeau, le complexe du nerf vague et l'area postrema. Dans cette région se trouvent aussi compris des

noyaux réticulaires classiques, ainsi que des noyaux voués aux monomamines et acétylcholines [12].

2. L'*hypothalamus*, qui est situé près des structures désignées en 1 et étroitement lié à elles, ainsi que le *télencéphale basal*, qui est situé au voisinage de l'hypothalamus, sont en interconnexion avec l'hypothalamus et le tronc cérébral, et constituent une extension de ces structures inférieures dans le télencéphale. L'hypothalamus contribue à la représentation courante du corps, en maintenant un registre courant de l'état du milieu interne selon plusieurs dimensions, par exemple le niveau des éléments nutritifs qui circulent tels que le glucose, la concentration de divers ions, la concentration relative d'eau, le pH, la concentration de diverses hormones, et ainsi de suite. L'hypothalamus contribue à la régulation du milieu interne en agissant sur la base de telles cartes.

3. Le *cortex insulaire*, les *cortex connus sous le nom de S2* et les *cortex médiaux pariétaux* situés derrière le splenium du corps calleux, qui font tous partie des cortex somatosensoriels. Chez les humains, la fonction de ces cortex est asymétrique. En m'appuyant sur mes propres observations chez des patients, j'ai émis l'hypothèse suivante : l'ensemble de ces cortex dans l'hémisphère droit détient la représentation la plus intégrée de l'état interne courant de l'organisme au niveau des hémisphères cérébraux, ainsi que les représentations du plan invariant du cadre musculo-squelettique. Dans un article publié récemment, Jaak Panksepp lie également le corps et le Soi, au moyen d'une représentation innée du corps dans le tronc cérébral. Son idée est proche de ma notion de proto-Soi, à plusieurs égards, bien que la manière dont il conçoit la contribution d'une telle représentation à la conscience soit entièrement différente de la mienne [13].

LES STRUCTURES CÉRÉBRALES QUI NE SONT PAS NÉCESSAIRES À L'EXÉCUTION DU PROTO-SOI

Les structures recensées plus bas ne sont pas nécessaires à l'exécution du proto-Soi. Cette liste non exhaustive recouvre la majorité du système nerveux central. Elle comprend tous les premiers cortex sensoriels pour les modalités sensorielles externes — ce qui veut dire qu'elle comprend les cortex visuels et auditifs ainsi que les secteurs des cortex somatosensoriels qui ont trait au toucher fin ; tous les cortex temporaux et la plupart des cortex d'ordre supérieur frontaux (les cortex d'ordre supérieur sont ceux qui ne sont pas exclusivement consacrés à une seule modalité sensorielle mais plutôt à l'intégration supramodale des signaux se rapportant aux premiers cortex sensoriels), et la formation hippocampale et ses cortex interconnectés, c'est-à-dire le cortex entorhinal (aire 28) et les cortex perirhinaux (aire 35). Le tableau spécifique est le suivant :

1. Plusieurs parmi les premiers cortex sensoriels, à savoir ceux des aires 17, 18, 19, qui sont consacrés à la vision ; 41/42, 22, consacrés à l'audition ; l'aire 37, qui est partiellement dédiée à la vision mais est aussi un cortex d'ordre supérieur (voir 2, plus bas), et la partie de S1 concernée par le toucher fin. Ces cortex sont impliqués dans la formation des configurations sensorielles à modalité spécifique, qui servent de support aux images mentales de différentes modalités sensorielles présentes dans notre esprit. Ils jouent un rôle dans la conscience, centrale comme étendue, dans la mesure où l'objet à connaître est assemblé à partir de ces régions. Mais ils ne jouent aucun rôle dans le proto-Soi.

2. Tous les cortex inférotemporaux, à savoir les aires 20, 21, une partie de 37, 36 et 38. Ces cortex sont la base des souvenirs dispositionnels (implicites) qui peuvent être rappelés sous la forme de configurations sensorielles et d'images mentales explicites. Ces cortex servent de support à bon nombre de récits autobiographiques sur la base desquels le moi autobiographique peut être assemblé et la conscience-étendue réalisée.

3. L'hippocampe, structure vitale dans la cartographie « en ligne » de stimuli multiples et concomitants. L'hippocampe reçoit des signaux se rapportant à l'activité dans tous les cortex sensoriels, qui arrivent indirectement au bout de plusieurs chaînes de projection comportant plusieurs synapses, et renvoie en retour des signaux *via* des projections à rebours le long des mêmes chaînes. Il est essentiel pour créer de nouveaux souvenirs des faits, mais pas de nouveaux souvenirs d'aptitudes perceptuo-motrices. Il semble retenir des souvenirs en lui-même de façon temporaire mais non permanente. Et, plus important encore, il semble contribuer à l'établissement de souvenirs ailleurs, dans un circuit connecté à lui.

4. Les cortex qui sont en relation avec l'hippocampe, à savoir les aires 28 et 35. Ces cortex peuvent retenir des souvenirs dispositionnels d'une complexité même supérieure à ceux situés en 2, ci-dessus.

5. Les cortex préfrontaux. Toute une batterie de cortex d'ordre supérieur. Certains d'entre eux retiennent des dispositions d'une haute complexité pour des souvenirs personnels impliquant des contextes temporels et spatiaux uniques ; pour des souvenirs de la relation entre certaines catégories d'événements ou d'entités et des états somatiques ; et pour des souvenirs de concepts abstraits. Certains de ces cortex par-

ticipent à une mémoire de travail de niveau élevé pour les fonctions linguistiques, spatiales et temporelles. En raison de leur rôle dans la mémoire de travail, les cortex préfrontaux sont cruciaux pour des niveaux élevés de la conscience-étendue. En raison de leur rôle dans la mémoire autobiographique, ils ont une pertinence pour le soi-autobiographique et la conscience-étendue.

6. Le cervelet. L'un des secteurs les plus transparents mais aussi les plus évanescents du cerveau. Il est manifestement impliqué dans la construction du mouvement précis — vous ne pouvez pas viser juste sans lui, encore moins chanter, jouer d'un instrument ou pratiquer le tennis. Pourtant, il est également impliqué dans les processus cognitifs, et tout particulièrement, c'est mon hypothèse, au cours du développement. Il se peut qu'il soit impliqué dans les processus de recherche mentale, telle que, par exemple, la recherche d'un terme spécifique ou d'un élément non verbal spécifique dans la mémoire. L'absence remarquable du moindre dysfonctionnement cognitif grave consécutif à son ablation ou à son inactivation laisse penser que le rôle qu'il joue dans la cognition est subtil et intervient à un niveau élevé plutôt qu'à la base. Toutefois, de récentes études ont suggéré que les observations sur le cervelet étaient inadéquates et que celui-ci avait bien un rôle en ce qui concerne certains aspects des émotions.

Quelque chose à connaître

Nous avons vu comment un ensemble spécifique de structures neuronales peut servir de support à la représentation d'états corporels courants de premier ordre que j'appelle le proto-Soi et, ce faisant, fournir les racines du Soi, le « quelque chose-à-quoi-la-connaissance-est-attribuée ». Il est temps de dire quelque chose des racines de l'autre acteur principal qui intervient dans le processus : le « quelque chose-à-connaître ».

L'arrière-plan nécessaire pour comprendre comment le cerveau représente le quelque chose-à-connaître est fort étendu. Nous avons une compréhension considérable, bien qu'incomplète, de la manière dont les représentations sensorielles qui s'effectuent dans les modalités sensorielles principales (par exemple la vision, l'audition, le toucher) se rapportent à des signaux qui apparaissent dans des organes sensoriels périphériques, comme l'œil ou l'oreille interne, et de la manière dont ces signaux sont relayés vers les régions sensorielles primaires respectives du cortex cérébral au moyen de noyaux sous-corticaux tels que ceux qui se trouvent dans le thalamus. Au-delà des cortex sensoriels primaires, nous avons une petite idée de la manière dont les représentations mentales spécifiques — celles qui ont une structure manifeste — se rapportent à diverses cartes neuronales, et de la manière dont on peut conserver, de façon explicite, quelque mémoire de ces représentations. Nous savons, par exemple, que divers aspects d'un objet — sa forme, sa couleur et son mouvement, les sons qu'il produit — sont manipulés de manière relativement isolée par des régions corticales localisées en aval des cortex visuels ou auditifs primaires respectifs. Nous soupçonnons qu'une sorte de processus neuronal intégratif contribue à engendrer, au sein de la région globale se rapportant à chaque modalité — ce qu'on appelle les cortex sensoriels primaires —, le composite des activités neuronales qui servent de support à l'image intégrée dont nous faisons l'expérience [14].

Mais, comme on l'a indiqué plus haut, nous ne savons rien de toutes les étapes intermédiaires qui se situent entre les configurations neuronales et les configurations mentales. Ce que nous savons, c'est que la même région globale sert de support à la formation des images et pour la perception (que nous construisons à partir de la scène réelle extérieure au cerveau, du dehors jusqu'au dedans), et pour le souvenir (que nous reconstruisons dans l'esprit de façon interne, du dedans jusqu'au dehors, pour ainsi dire). Nous avons des raisons de croire que l'intégration de représentations sensorielles à travers des modalités — disons, la vision *et* l'audition, ou la vision *et* le toucher — peut bien dépendre de mécanismes de synchronisation qui coordonnent l'activité à travers de vastes régions du cerveau et n'auront probablement pas encore besoin d'un autre espace intégratif unique — un unique théâtre cartésien. Et nous savons avec certitude que l'intégration sensorielle de base ne nécessite pas les cortex d'ordre supérieur situés dans les cortex temporaux et préfrontaux antérieurs [15]. (Voir en annexe, section 3, pour une discussion plus étendue de ces points.)

Considérons à présent la situation de quelque chose que l'on doit réellement connaître, d'un objet réel. Un tel objet est exécuté dans les premiers cortex sensoriels, ces collections de cortex dans lesquels les signaux provenant de divers canaux sensoriel, tels que la vision, l'audition et le toucher, sont traités selon les nombreuses dimensions de l'objet, telles que couleur, forme, mouvement, fréquences auditives, et ainsi de suite.

La présence de tels signaux provenant d'un objet réel provoque dans l'organisme la sorte de réponse dont j'ai discuté précédemment dans ce chapitre, à savoir une collection d'ajustements moteurs, ceux-ci étant requis pour continuer à rassembler des signaux sur l'objet ainsi que des réponses émotionnelles à plusieurs aspects de l'objet. En d'autres termes, l'exécution de quelque chose-à-connaître s'accompagne inévitablement d'un effet complexe sur le proto-Soi, un effet sur la base neuronale même du quelque chose-à-quoi-la-connaissance-est-attribuée. Laissez-moi redire que cela suffit pour *être*, mais pas pour *connaître*, c'est-à-dire que cela ne suffit pas pour être conscient. La conscience, comme nous le verrons, n'apparaît que lorsque l'objet, l'organisme et leur relation peuvent être re-représentés.

Tournons-nous à présent vers le cas d'un objet qui n'est pas réellement présent, mais qui a été plutôt livré à la mémoire. Selon mon cadre de référence, la mémoire de cet objet a été stockée sous forme dispositionnelle. Les dispositions sont des fichiers qui sont en sommeil et implicites plutôt qu'actifs et explicites, comme le sont les images. Ces souvenirs dispositionnels d'un objet qui a jadis été réellement perçu comprennent non seulement des fichiers relatifs à des aspects sensoriels de l'objet, tels que couleur, forme ou son, mais aussi des fichiers relatifs aux ajustements moteurs qui ont nécessairement accompagné le regroupement des signaux sensoriels ; en outre, les souvenirs contiennent aussi des fichiers relatifs à la réaction émotionnelle obligée à l'objet. En conséquence, lorsque nous nous rappelons un objet, lorsque nous laissons les dispositions rendre explicite leur information implicite, nous récupérons non seulement les données sensorielles, mais également les données motrices et émotionnelles qui les accompagnent. Lorsque nous nous rappelons un objet, nous ne nous rappelons pas seulement les caractéristiques sensorielles d'un objet réel, nous nous rappelons aussi les réactions passées de l'organisme à cet objet.

Le sens que revêt la distinction entre objet réel et objet mémorisé apparaîtra clairement dans le chapitre. Ce que je dirais, en avant-première, c'est que cette distinction permet aux objets mémorisés d'engendrer la conscience-noyau de la même manière que le font des objets réellement perçus. C'est pourquoi nous pouvons être conscients de ce dont nous nous souvenons tout autant que nous sommes conscients de ce que nous voyons, entendons ou touchons réellement, en ce moment même. N'était ce magnifique arrangement, nous n'aurions jamais pu développer un Soi-autobiographique.

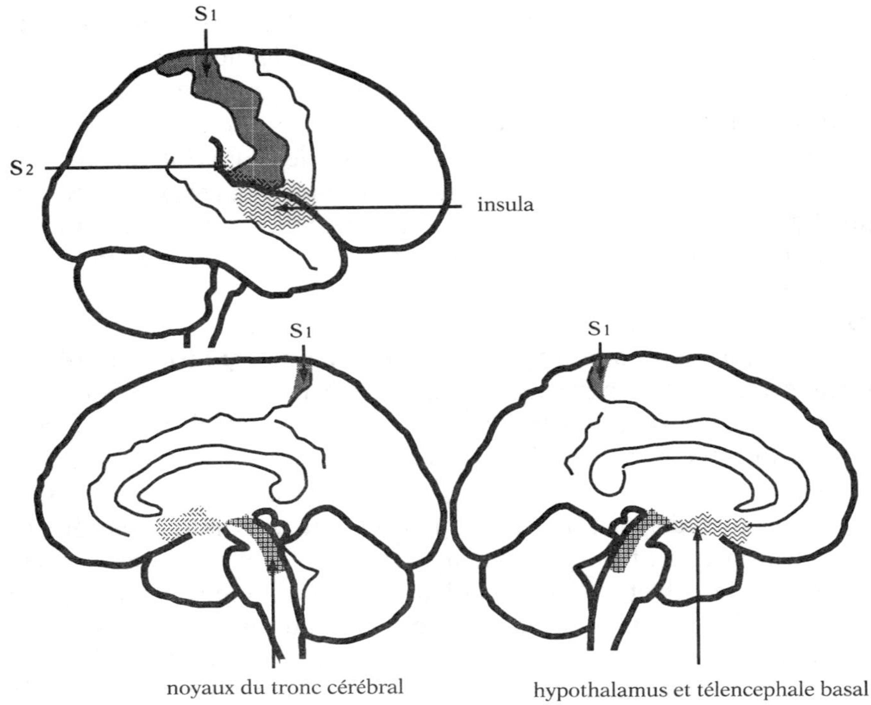

Schéma 5.1. Emplacement des structures du proto-Soi.
On remarquera que la région dite de l'insula est enfouie au fond de la crevasse sylvienne et n'est pas visible à la surface du cortex.

Note sur les troubles du quelque chose-à-connaître

Les troubles du quelque chose-à-connaître se répartissent en deux grandes catégories : les troubles perceptifs et les agnosies. Dans les troubles perceptifs, une absence de signaux provenant d'une modalité sensorielle comme la vision ou l'ouïe, ou la division somatosensorielle du toucher, empêche la formation de la représentation sensorielle de l'objet — à titre d'exemple : la surdité ou la cécité acquises. Dans ces circonstances, un objet X, qui devait être représenté par un canal sensoriel particulier, ne peut plus être représenté, ne parvient pas à mobiliser l'organisme comme à l'ordinaire et ne modifie pas le proto-Soi. Ce qui a pour résultat qu'aucune conscience-noyau n'apparaît.

Venons-en à la seconde catégorie, aux agnosies. L'*agnosie* est un terme obscur mais bien formé qui dénote une incapacité à faire remonter à la mémoire le genre de connaissance relatif à un objet donné au moment où l'objet est perçu. Le percept est dépouillé de son sens, comme une définition ancienne et lapidaire l'a si bien établi. La forme exemplaire de l'agnosie est l'état que l'on appelle l'*agnosie associative*, pour reprendre des termes neurologiques techniques. L'agnosie associative peut toucher les modalités sensorielles principales ; c'est ainsi qu'on trouve des cas d'agnosie visuelle, d'agnosie auditive et d'agnosie tactile. En raison de leur spécificité aiguë, ce sont là des cas parmi les plus troublants rencontrés en neurologie. Comme vous le découvrirez plus bas, un être humain parfaitement sain et intelligent peut être privé de la capacité de reconnaître des personnes familières à la vue mais non au son (ou *vice versa*).

CE DOIT ÊTRE MOI PUISQUE JE SUIS ICI

C'est ce que disait prudemment Émilie en contemplant le visage que lui renvoyait le miroir. Ce devait être elle, elle s'était placée devant le miroir, de son plein gré ; il fallait donc bien que ce fût elle, sinon qui donc cela pourrait-il bien être ? Et pourtant, elle ne pouvait pas reconnaître son visage dans la glace ; assurément, c'était bien le visage d'une femme, mais de qui ? Elle n'avait pas *l'impression* que c'était le sien, et elle ne pouvait pas confirmer que c'était le sien, puisqu'elle ne pouvait pas faire revenir son visage dans l'œil de son esprit. Le visage qu'elle regardait n'évoquait rien de précis à son esprit. Elle pouvait croire que c'était le sien, en raison des circonstances. Elle avait été amenée par moi dans cette pièce, et on lui avait demandé de marcher jusqu'au miroir et de voir qui s'y trouvait. La situation lui disait sans équivoque possible qu'il ne pouvait s'agir de personne d'autre, et elle acceptait de dire, avec moi, que, bien entendu, c'était elle.

Pourtant, lorsque je me mis à appuyer sur le bouton « marche » du magnétophone et lui fis entendre un enregistrement de sa propre voix, elle reconnut immédiatement que c'était la sienne. Elle n'eut aucun mal à reconnaître sa voix unique, même si elle ne pouvait plus reconnaître son visage unique. Cette même disparité s'appliquait aux visages et aux voix de n'importe qui d'autre. Elle ne pouvait pas reconnaître le visage de son mari, le visage de ses enfants ou le visage d'autres parents, amis et connaissances. Et pourtant, elle pouvait facilement reconnaître leurs voix caractéristiques.

Émilie n'était pas sans ressembler à David, au sens où « rien ne lui venait à l'esprit » lorsque certaines choses bien spécifiques lui étaient montrées. Mais elle était extrêmement différente, au sens où son problème avait exclusivement trait à l'univers visuel. Rien ne lui venait à l'esprit quand on ne lui montrait que l'aspect visuel d'un stimulus unique, qui lui était parfaitement familier — le visage d'une personne, telle ou telle maison, telle ou telle voiture. Les aspects non visuels du même stimulus — tels que le son ou le toucher, par exemple — faisaient venir à l'esprit tout ce qu'ils étaient censés faire venir [16].

Émilie s'en sortait mieux avec moins que tout ce qui pouvait se présenter sous la forme de quelque chose d'unique. De façon remarquable, elle n'avait aucun mal à dire qu'un visage dont l'identité ne lui était plus accessible exprimait une émotion. Il en allait de même de l'âge et du sexe de la personne détentrice de tel ou tel visage [17]. Son problème se limitait à des choses uniques dans le médium visuel.

Comment s'en sort Émilie sur ma liste de contrôle de la conscience-noyau ? Réponse : parfaitement. Je n'ai pas besoin de vous dire qu'elle est éveillée et attentive en tous points. Son attention se concentre aisément et reste soutenue pour toutes sortes de tâches. Ses émotions et les sentiments qu'elle rapporte sont, de même, entièrement normaux. Son comportement est finalisé et approprié à tous les contextes, immédiats aussi bien qu'à long terme, et n'est limité que par ses difficultés visuelles. En fait, en dépit de ces difficultés, elle peut accomplir des exploits intellectuels remarquables. Elle reste assise pendant des heures à observer la démarche des gens et essaie de deviner de qui il s'agit, souvent avec succès ; elle peut parfaitement tenir une conversation, au cours de ses réceptions, avec les invités qu'elle accueille, à condition que son mari lui murmure à l'oreille le nom de la personne visuellement inconnue ; et elle peut trouver sa voiture, qu'il lui est visuellement impossible de reconnaître, dans le parking du supermarché, en étudiant systématiquement toutes les plaques d'immatriculation.

Je voudrais attirer votre attention sur quelque chose, toutefois, de tout à fait révélateur. Non seulement elle est consciente de ce qu'elle connaît parfaitement bien, mais elle est également consciente de ce qu'elle *ne connaît pas*. Elle produit de la conscience-noyau pour tous les stimuli qui lui parviennent, quelle que soit la quantité de connaissance à laquelle elle puisse faire appel relativement au stimulus. Émilie, de même que tous les nombreux autres patients comme elle que j'ai étudiés durant toutes ces années, est parfaitement consciente de choses qu'elle ignore, et elle examine ces choses, en se référant à son Soi connaissant, de la même manière qu'elle examine les choses qu'elle connaît. Considérons l'expérience suivante que nous avions construite pour Émilie.

Nous avions noté, tout à fait par hasard, alors que nous étions en train de recourir à une longue séquence de photographies pour tester sa capacité à reconnaître toutes sortes de gens, qu'en regardant la photo d'une femme inconnue qui avait une dent du haut un peu plus sombre que les autres Émilie se risquait à dire qu'elle était en train de regarder sa fille.

« Pourquoi pensez-vous que ce soit votre fille », me souviens-je lui avoir demandé.

« Parce que je sais que Julie a une dent du haut plus sombre, dit-elle. Je parie que c'est elle. »

Ce n'était pas Julie, bien entendu, mais l'erreur était révélatrice de la stratégie sur laquelle notre intelligente Émilie devait désormais s'appuyer. Incapable de reconnaître l'identité à partir de traits globaux et d'ensembles de traits locaux du visage, Émilie sautait sur n'importe quel trait simple susceptible de lui rappeler quoi que ce soit qui puisse être éventuellement relié à telle ou telle personne qu'on pouvait raisonnablement lui demander de reconnaître. La dent sombre évoquait sa fille, et, sur cette base, elle faisait une supposition fondée qu'il s'agissait bien de sa fille.

Pour contrôler la validité de cette interprétation, nous conçûmes une expérience simple. Nous modifiâmes quelques photos d'hommes et de femmes souriants, de telle manière qu'ils affichent une incisive supérieure un peu plus sombre, et nous les répartîmes au hasard dans un paquet de toute une série d'autres photos. Chaque fois qu'Émilie arrivait à la photo de n'importe quelle jeune femme — mais pas d'un homme ou d'une vieille femme —, elle proclamait qu'il s'agissait de sa fille. Elle avait une conscience aiguë de l'ensemble et des parties de photos qu'on lui montrait, ou bien elle n'aurait eu aucune possibilité de raisonner aussi intelligemment qu'elle pouvait le faire, élément après élément, et n'aurait eu aucune chance de tomber juste sur les stimuli ciblés. À tout le moins, Émilie et tous ceux qui sont comme elle démontrent que l'on n'a pas besoin d'avoir une connaissance spécifique d'un élément donné à un niveau unique pour avoir une conscience-noyau de l'élément en question.

Lorsqu'un patient atteint d'agnosie faciale ne réussit pas à reconnaître le visage familier qui se trouve en face de lui et affirme qu'il n'a jamais vu cette personne, qu'il n'a pas le moindre souvenir de quoi que ce soit qui touche à cette personne, la connaissance pertinente qui permettrait de procéder à un tour d'horizon conscient n'est pas mise en œuvre, mais la conscience-noyau, elle, reste intacte. En fait, une fois que vous confrontez le patient avec le fait que le visage qui se

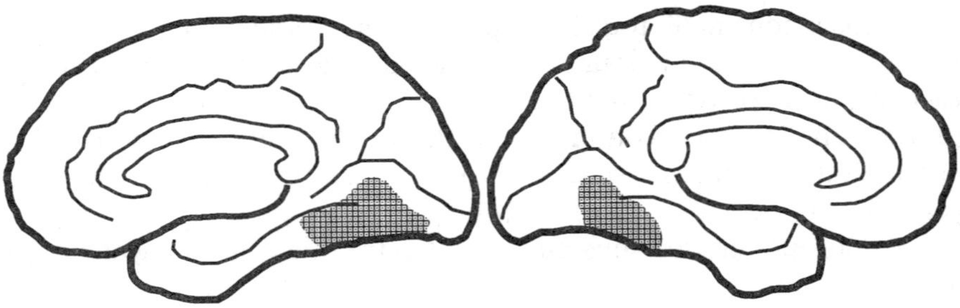

Schéma 5.2. Lésions à l'origine de la prosopagnosie du patient E.
Ces lésions se situaient à la jonction des lobes occipitaux et temporaux des deux hémisphères. Leur localisation est typique des cas de prosopagnosie associative.

trouve en face de lui est celui d'un ami proche, le patient est non seulement conscient en général, mais conscient également de son échec, conscient de son incapacité à convoquer quelque connaissance que ce soit qui serait utile pour reconnaître l'ami proche. Son problème n'est pas un problème de conscience mais de mémoire. Le quelque chose-à-connaître spécifique fait défaut — le patient ne peut pas se représenter la connaissance de qui est celui qu'il est en train de regarder, il ne peut pas être conscient de quelque chose qui est maintenant présent. Mais la conscience-noyau est présente, en tant qu'elle est engendrée par d'autres couches de quelque chose-à-connaître — par exemple le visage en tant que visage, en tant qu'il s'oppose au visage d'une personne unique. C'est précisément parce que la conscience-noyau normale est présente que l'on en vient à admettre qu'il y a un vide dans le phénomène de reconnaissance.

Le problème d'Émilie était provoqué par une lésion bilatérale dans les premiers cortex visuels et, plus précisément, dans les cortex de l'association visuelle localisés à la transition des lobes occipitaux et temporaux de l'aspect ventral du cerveau. Les aires 19 et 37 de Brodmann, dans une région qu'on appelle le gyrus fusiforme, supportaient le poids de la lésion (voir schéma).

Sur la base des premières corrélations que l'imagerie cérébrale nous avait permis d'établir sur l'agnosie faciale, il y a de cela presque deux décennies, nous suggérions que ces cortex étaient normalement impliqués dans le traitement des visages et d'autres stimuli visuellement ambigus qui faisaient pareillement appel au cerveau[18]. Les expériences actuellement menées en imagerie cérébrale fonctionnelle viennent renforcer cette idée : les individus normaux activent constamment la région lésée dans le cerveau d'Émilie, lorsqu'ils sont conscients de procéder au traitement d'un visage[19]. Il est important de noter que l'activation de cette zone dans une expérience d'imagerie cérébrale fonctionnelle ne doit pas être interprétée comme signifiant que « la conscience des visages » se produit dans ce qu'on appelle la zone du visage. L'image du visage dont le sujet est conscient ne peut jamais se produire sans qu'une configuration neuronale ne s'organise dans la zone du visage ; *mais le reste du processus qui engendre le sens que l'on a de connaître ce visage et qui attire l'attention sur la configuration se produit ailleurs, dans d'autres composantes du système.*

Le sens que revêt la précision ci-dessus n'apparaît nulle part plus clairement que si l'on considère le fait suivant : lorsqu'un patient inconscient, qui se trouve dans un état végétatif persistant, se voit montrer des visages familiers, ce qu'on appelle « la zone du visage » (à la jonction occipito-temporale, dans le gyrus fusiforme) se trouve être éclairée, dans un scanner d'imagerie fonctionnelle, tout autant qu'elle peut l'être chez des personnes normales capables d'éprouver des sensations[20]. La morale de cette histoire est simple : *le pouvoir d'effectuer des configurations neuronales pour le quelque chose-à-connaître est préservé, même lorsque la conscience ne s'effectue plus.*

La lésion bilatérale occasionnée aux cortex auditifs donne le même résultat que la lésion occasionnée aux cortex visuels, en ce qui concerne la conscience-noyau. De la même manière qu'Émilie ne convoque pas la connaissance spécifique pertinente pour des choses uniques, telles que la personne ou l'objet qui lui était auparavant familier, les patients atteints de lésion dans telles ou telles régions du secteur auditif du cortex cérébral perdent la capacité de convoquer la connaissance pertinente pour, disons, une mélodie qui leur était auparavant familière, ou pour la voix auparavant familière d'une personne unique. Le patient connu dans mon laboratoire sous le nom de patient X illustre la situation. Il s'agissait d'un chanteur d'opéra accompli et reconnu qui, à la suite d'une attaque, avait perdu la capacité de reconnaître la voix des collègues avec lesquels il avait joué dans le monde entier. Quant à sa propre voix, il ne pouvait pas non plus la reconnaître. Il avait aussi perdu la capacité d'identifier des mélodies familières, y compris celles d'arias qu'il avait chantées des centaines de fois au cours de sa longue carrière. Tout comme dans le cas d'Émilie, il n'avait aucun problème en dehors du domaine auditif et, tout comme dans le cas d'Émilie, il produisait convenablement de la conscience-noyau pour les stimuli qu'il n'était plus capable de connaître au sens propre du terme. Il scrutait chacun des morceaux qu'il n'avait pas reconnus avec une conscience aiguë, cherchant dans chaque tonalité, dans sa couleur, dans son mode de production, une clé qui lui indiquerait l'identité du chanteur qui l'avait produit. La seule voix qu'il fût jamais capable de reconnaître infailliblement fut celle de Maria Callas, ce qui prouve peut-être un peu plus que Callas était véritablement d'une race à part.

Émilie et X ont tous les deux une lésion dans les cortex d'association, respectivement dans les cortex d'association visuelle et auditive. Il est dès lors manifeste, à partir de l'étude de nombreux cas comme les leurs, qu'une lésion importante dans ces cortex sensoriels ne compromet pas la conscience-noyau. Lorsqu'il s'agit d'une lésion importante des premiers cortex, seule une lésion dans les régions somatosensorielles provoque une perturbation de la conscience, pour les raisons évoquées plus haut : les régions somatosensorielles font partie de la base du proto-Soi, et leur lésion peut facilement altérer les mécanismes fondamentaux de la conscience-noyau.

À présent que nous savons comment le cerveau peut regrouper les configurations neuronales qui représentent un objet et les configurations neuronales qui représentent un organisme individuel, nous voici prêts à examiner les mécanismes auxquels le cerveau peut faire appel pour représenter la relation entre l'objet et l'organisme — l'action causale de l'objet sur l'organisme et la possession qui en résulte de l'objet par l'organisme.

CHAPITRE 6

La formation de la conscience-noyau

La naissance de la conscience

Comment commençons-nous à être conscients ? Plus précisément : comment en arrivons-nous à avoir un sens de nous-mêmes dans l'acte de connaître ? Nous commençons par une première astuce. L'astuce consiste à construire un compte rendu de ce qui se passe dans l'organisme, lorsque l'organisme interagit avec un objet, qu'il soit réellement perçu ou remémoré, que ce soit dans les limites du corps (par exemple la douleur) ou en dehors d'elles (par exemple un paysage). Ce compte rendu est un simple récit sans paroles. Il comporte bel et bien des personnages (l'organisme, l'objet). Il se déroule dans le temps. Et il a un début, un milieu et une fin. Le début correspond à l'état initial de l'organisme. Le milieu correspond à l'arrivée de l'objet. La fin est faite des réactions qui entraînent des modifications dans l'état de l'organisme.

Nous devenons conscients, dès lors, lorsque nos organismes construisent de façon interne et manifestent, de façon interne, une espèce bien spécifique de connaissance sans paroles — que notre organisme a été changé par un objet — et lorsqu'une telle connaissance se produit en même temps que la manifestation interne saillante d'un objet. La forme la plus simple dans laquelle émerge cette conscience est le sentiment de connaître, et l'énigme qui se trouve en face de nous se résume dans la question suivante : par quel tour de passe-passe une telle connaissance se trouve-t-elle rassemblée et pourquoi la connaissance apparaît-elle d'abord sous la forme d'un sentiment ?

La réponse spécifique que j'ai déduite se présente sous la forme de l'hypothèse suivante : *il y a production de conscience-noyau lorsque les dispositifs de représentation du cerveau engendrent un compte rendu en images, non verbal, de la manière dont le propre état de l'organisme est affecté par le traitement, opéré par ce dernier, d'un objet et lorsque ce processus met en valeur l'image de l'objet causal, le plaçant ainsi de façon saillante dans un contexte spatio-temporel.* L'hypothèse met au jour deux mécanismes constituants : l'engendrement du compte rendu en images et non verbal de la relation objet-organisme — qui est la source du sentiment de soi dans l'acte de connaître — et la mise en valeur des images d'un objet. En ce qui concerne le constituant « sentiment de soi », l'hypothèse se fonde sur les prémisses suivantes :

1. La conscience dépend de la construction et de la manifestation internes de nouvelles connaissances concernant une interaction entre cet organisme et un objet.

2. L'organisme, en tant qu'unité, est cartographié dans le cerveau de l'organisme, dans des structures qui régulent la vie de ce dernier, et signalent ses états internes de façon continue ; l'objet est également cartographié au sein de l'esprit, dans les structures sensorielles et motrices activées par l'interaction de l'organisme avec l'objet ; l'organisme comme l'objet sont cartographiés sous forme de configurations neuronales, dans des cartes de premier ordre ; toutes ces configurations neuronales peuvent devenir des images.

3. Les cartes sensori-motrices correspondant à l'objet provoquent des changements dans les cartes correspondant à l'organisme.

4. Les changements décrits en 3 peuvent être re-représentés dans d'autres cartes encore (des cartes de second ordre) qui représentent ainsi la relation entre objet et organisme.

5. Les configurations neuronales formées de façon transitoire dans des cartes de second ordre peuvent devenir des images mentales, pas moins que les configurations neuronales dans les cartes de premier ordre.

6. Les cartes de l'organisme et les cartes de second ordre étant intrinsèquement liées au corps, les images mentales qui décrivent la relation sont des sentiments.

Je rappelle, une fois encore, que le centre de notre enquête ici concerne la manière dont des configurations neuronales, dans quelque carte que ce soit, deviennent des configurations mentales ou une image — tel est le premier problème de la conscience ainsi qu'on l'a évoqué au chapitre 1. Nous nous concentrons sur le *second* problème de la conscience, le problème du Soi.

S'agissant du cerveau, l'organisme dont il est question dans l'hypothèse est représenté par le proto-Soi. Les aspects déterminants de l'organisme évoqués dans le compte rendu sont ceux dont j'ai indiqué qu'ils sont donnés dans le proto-Soi : l'état du milieu interne, les viscères, le système vestibulaire et le cadre musculo-squelettique. Le compte rendu décrit la relation qu'il y a entre le proto-Soi changeant et les cartes sensori-motrices de l'objet qui provoque ces changements. En résumé : tandis que le cerveau forme des images d'un objet — telles qu'un visage, une mélodie, un mal de dents, le souvenir d'un événement — et tandis que les images de l'objet *affectent* l'état de l'organisme, un autre niveau de structure cérébrale crée pour sa part un compte rendu rapide et non verbal des événements qui ont lieu dans les diverses régions cérébrales activées du fait de l'interaction entre l'objet et l'organisme. La cartographie des conséquences de la liaison avec l'objet s'effectue dans des cartes neuronales de premier ordre représentant le proto-Soi et l'objet ; le compte rendu de la *relation causale* entre l'objet et l'organisme ne peut être saisi que dans des cartes neuronales de second ordre. Rétrospectivement, et en s'autorisant d'un langage métaphorique, on pourrait dire que le compte rendu rapide et non verbal de second ordre raconte une histoire : *celle de l'organisme, pris dans l'acte de représenter son propre changement d'état alors qu'il est sur le point de représenter quelque chose d'autre*. Mais le fait stupéfiant est que l'entité connaissable du ravisseur vient juste d'être créée dans le récit du rapt.

Cette intrigue se répète sans cesse pour tous les objets que le cerveau représente, et peu importe que l'objet soit présent et en train d'interagir avec l'organisme, ou qu'il soit un souvenir passé qui remonte à la mémoire. Quoi que soit réellement l'objet ne fait pas de différence non plus. Chez les individus en bonne santé, tant que le cerveau est éveillé, la machinerie de formation d'images et la conscience sont « en marche », et tant que nous ne sommes pas en train de manipuler notre état mental en faisant quelque chose comme la méditation bouddhiste ; on ne manque jamais d'objets « réels » ou d'objets « pensés », et il n'est donc pas possible de tomber en panne de l'abondante matière première qui s'appelle la conscience-noyau. Il y a tout simplement trop d'objets, réels ou remémorés, et souvent il y a plus d'un objet presque au même moment. C'est la même intrigue en images qui est fournie, à profusion, à ce flux que nous appelons la « pensée »[1].

Le récit sans paroles que je propose s'appuie sur des configurations neuronales qui deviennent des images, les images étant cette même monnaie fondamentale dans laquelle s'effectue aussi la description de l'objet qui cause la conscience. Chose des plus importantes :

les images qui constituent ce récit s'incorporent au courant des pensées. Les images présentes dans le récit de la conscience s'écoulent comme des ombres, en compagnie des images de l'objet auquel elles apportent un commentaire involontaire, et qu'on n'avait pas sollicité. Pour revenir sur la métaphore du film-cérébral, elles sont *dans* le film. Il n'y a pas de spectateur extérieur[2].

Je conclurai à présent ma présentation de la manière dont je conçois l'apparition de la conscience-noyau en abordant le second constituant de l'hypothèse. Le processus qui est à l'origine du premier constituant — le compte rendu en images et non verbal de la relation entre objet et organisme — a deux conséquences claires. L'une, déjà présentée, est l'image subtile de la connaissance, l'essence sentimentale du sens que nous avons de nous-mêmes ; le second constituant est la mise en valeur de l'image de l'objet causal, qui domine la conscience-noyau. L'attention est conduite à se concentrer sur un objet, ce qui entraîne la saillance des images de l'objet dans l'esprit. L'objet *se dégage* de toute une série d'objets moins heureux — sélectionné, en tant qu'il est une *occasion* particulière, au sens à la fois jamesien et whiteheadien. Il devient un *fait*, qui suit les événements précédents qui mènent à son devenir, et il fait partie d'une relation avec l'organisme auquel tout cela arrive.

ON EST LA MUSIQUE, TANT QUE LA MUSIQUE DURE : LE SOI-CENTRAL *TRANSITOIRE*

Vous savez que vous êtes conscient, vous ressentez que vous l'êtes dans l'acte de connaître, parce que le subtil compte rendu en images qui s'écoule à présent dans le courant de pensées de votre organisme manifeste la connaissance que votre proto-Soi a été changé par un objet qui vient juste de passer au premier plan dans votre esprit. Vous savez que vous existez, parce que le récit vous montre, vous, comme protagoniste dans l'acte de connaître. Vous vous élevez au-dessus du niveau de la mer de la connaissance, de façon transitoire mais incessante, comme un Soi-central *ressenti*, sans cesse renouvelé, grâce à quelque chose qui pénètre, depuis l'extérieur du cerveau, jusque dans ses rouages sensoriels, ou à quelque chose qui, partant des stocks mnésiques du cerveau, s'oriente vers le rappel sensoriel, moteur ou autonome. La première base du *vous* conscient est un sentiment qui apparaît dans la re-représentation du *proto-Soi non conscient en cours de modification*, au sein d'un compte rendu qui établit la cause de la modification. La première astuce qui sous-tend la conscience est la création de ce compte rendu, et son premier résultat est le sentiment de connaître.

Le connaître acquiert une existence dans l'histoire, il est inhérent à la configuration neuronale nouvellement construite, qui constitue le compte rendu non verbal. À peine remarquez-vous que quelque chose est en train d'être raconté, parce que les images qui dominent ce bel arrangement mental sont celles des choses dont vous êtes à présent conscient — les objets que vous voyez ou entendez — plutôt que celles qui constituent, de façon aiguë, le sentiment de vous-même dans l'acte de connaître. Parfois, tout ce que vous remarquez, c'est une traduction verbale du compte rendu ou d'une inférence connexe, effectuée par après, et que l'on vous murmure à l'oreille. Oui, c'est bien moi, en train de voir, d'entendre ou de toucher. Mais, si faible soit-elle, si à demi devinée que soit souvent l'allusion, lorsque la narration s'arrête, sous l'effet d'une maladie neurologique, votre conscience s'arrête aussi, et la différence est monumentale[3].

T. S. Eliot aurait aussi bien pu penser au processus que je viens de décrire lorsqu'il écrivit dans les *Quatre Quatuors*, sur « la musique entendue si profondément qu'on ne l'entend plus du tout », et lorsqu'il dit : « On est la musique tant que dure la musique. » Sans doute pensait-il au fugitif moment où une connaissance profonde peut émerger — une union, ou « incarnation », pour reprendre ses termes.

AU-DELÀ DU SOI-CENTRAL TRANSITOIRE : LE SOI-AUTOBIOGRAPHIQUE

Il y a cependant quelque chose qui dure, une fois que la musique s'en est allée ; il y a un résidu qui demeure, après bien des émergences éphémères du Soi-central. Dans des organismes complexes comme le nôtre, munis de vastes capacités mémorielles, les fugitifs moments de connaissance au cours desquels nous découvrons notre existence sont des faits qui peuvent être livrés à la mémoire, correctement catégorisés et reliés à d'autres souvenirs qui relèvent et du passé et du futur à venir. La conséquence de cette opération d'apprentissage complexe est le développement de la mémoire autobiographique, un agrégat de fichiers dispositionnels relatifs à ceux que nous avons été sur le plan physique, et à ceux que nous avons généralement été, sur le plan du comportement, ainsi que des fichiers se rapportant à ceux que nous projetons d'être dans le futur. Nous pouvons élargir cette mémoire agrégée et la remodeler au fur et à mesure que notre vie se déroule. Lorsque certains fichiers personnels se font explicites dans des images reconstruites, en fonction des besoins, en quantités plus petites ou plus grandes, ils deviennent le *soi-autobiographique*. La vraie merveille est que cette mémoire autobiographique soit reliée de façon architecturale, neuronalement et cognitivement parlant, au proto-Soi non conscient et au Soi-central émergent et conscient de chaque instant vécu. Cette connexion forme un pont entre le processus continu de la conscience-noyau, condamné à l'éphémère du Sisyphe, et un ensemble progressivement plus large de souvenirs établis, solides comme le roc, et qui ont trait à des faits historiques uniques et à des caractéristiques constantes de l'individu. En d'autres termes, la stabilité du proto-Soi non conscient, qui repose sur le corps et qui a une portée dynamique, qui se reconstruit à vif à chaque instant, de même que le Soi-central conscient, qui émerge à partir de lui, dans le compte rendu non verbal de second ordre lorsqu'un objet le modifie, s'enrichissent de l'arrangement corrélatif de faits mémorisés et invariants — par exemple où vous êtes né, de qui vous êtes issu ; les événements critiques de votre autobiographie ; ce que vous aimez et n'aimez pas ; votre nom ; et ainsi de suite. Même si la base du Soi-autobiographique est stable et invariante, son registre change continuellement en fonction de l'expérience. Le bel arrangement du Soi-autobiographique est ainsi plus susceptible d'être remodelé que le Soi-central, qui se reproduit, à maintes et maintes reprises, sous la même forme essentiellement, tout au long de la vie.

À la différence du Soi-central, qui se trouve là, tel un protagoniste du compte rendu primordial, et à la différence du proto-Soi, qui est une représentation actuelle de l'état de l'organisme, le Soi-autobiographique repose sur un concept, au sens cognitif et neurobiologique vrai du terme. Le concept existe, sous la forme de souvenirs dispositionnels et implicites, qui sont contenus dans certains réseaux cérébraux en interconnexion, et bon nombre de ces souvenirs implicites peuvent être rendus explicites à tout moment, de façon simultanée[4]. Leur activation, sous forme d'images, constitue, à chaque instant, la toile de fond d'une vie mentale saine, sans qu'on y prenne habituellement garde, souvent juste suggérée, et à demi devinée, exactement comme le Soi principal et comme le connaître, et pourtant bel et bien là, prête à devenir plus centrale, si le besoin se fait sentir de confirmer que nous sommes bien qui nous sommes. Tel est le matériau que nous utilisons lorsque nous décrivons notre personnalité ou les caractéristiques individuelles du mode d'être d'une autre personne. On y reviendra au chapitre suivant, lorsque l'on discutera de la conscience-étendue et des mécanismes sous-jacents à l'identité et à la personnalité.

Si on prend les choses du point de vue du développement, je suppose que, dans les tout premiers stades de notre être, on n'a guère

SOI-AUTOBIOGRAPHIQUE : Le Soi-autobiographique repose sur la mémoire autobiographique qui est constituée par des souvenirs implicites de cas multiples d'expériences individuelles du passé et du futur à venir. Les aspects invariants de la biographie d'un individu forment la base de la mémoire autobiographique. La mémoire autobiographique se développe continuellement avec l'expérience de la vie, mais peut être en partie remodelée pour refléter de nouvelles expériences. Des séries de souvenirs qui décrivent l'identité et la personne peuvent être réactivés sous la forme d'une configuration neuronale et rendus explicites sous forme d'images si besoin est. Tout souvenir réactivé fonctionne comme un « quelque chose-à-connaître » et engendre sa propre pulsation de conscience centrale. Le résultat en est le Soi-autobiographique, dont nous sommes conscients.

LE SOI-CENTRAL : Le Soi-central est inhérent au compte rendu non verbal de second ordre qui se produit chaque fois qu'un objet modifie le proto-Soi. Le Soi-central peut être déclenché par n'importe quel objet. Le mécanisme de production du Soi-central subit des changements mineurs au cours de la vie. Nous sommes conscients du Soi-central.

LA CONSCIENCE

LE PROTO-SOI : Le proto-Soi est une collection reliée et temporairement cohérente de configurations neuronales qui représentent l'état de l'organisme, à de multiples niveaux du cerveau. Nous ne sommes pas conscients du proto-Soi.

Schéma 6.1. Espèces de Soi.

plus que des états réitérés de Soi-central. Mais, au fil des expériences, la mémoire autobiographique se développe, et le soi-autobiographique peut se déployer. Les jalons que l'on a identifiés, dans le développement de l'enfant, sont vraisemblablement le résultat d'une expansion inégale de la mémoire autobiographique et du déploiement inégal du soi-autobiographique [5].

Que la mémoire autobiographique se développe bien ou non et que le soi-autobiographique devienne ou non robuste, il paraît clair qu'il leur faut en permanence être approvisionnés en conscience-noyau, s'ils veulent avoir le moindre effet sur l'organisme de leur propriétaire. Les contenus du soi-autobiographique ne peuvent être connus que lorsque la conscience-noyau vient tout juste de se construire et que la connaissance de chacun de ces contenus est à connaître. Un patient pris dans les affres d'un automatisme épileptique n'a pas détruit sa mémoire autobiographique et ne peut pourtant pas accéder à ses contenus. Lorsque la crise cesse et que la conscience-noyau revient, le pont est rétabli, et le soi-autobiographique peut être convoqué, si besoin est. En d'autres termes, même si les contenus du soi-autobiographique relèvent de l'individu d'une manière tout à fait unique, ils dépendent du don de la conscience-noyau à rester en vie, exactement comme n'importe quel autre quelque chose-à-connaître. C'est un peu injuste, peut-être, mais c'est ainsi.

LE SOI-CENTRAL	LE SOI-AUTOBIOGRAPHIQUE
Le protagoniste transitoire de la conscience, engendré pour n'importe quel objet qui provoque le mécanisme de conscience centrale. Du fait qu'elle est en permanence disponible pour provoquer des objets, elle est continuellement engendrée et apparaît ainsi comme étant continue dans le temps.	Reposant sur des fichiers permanents, mais dispositionnels, des expériences du Soi-central. Ces fichiers peuvent être activés sous forme de configurations neuronales et transformés en images explicites. Les fichiers sont en partie modifiables en fonction des expériences ultérieures.
Le mécanisme du Soi-central requiert la présence du proto-Soi. L'essence biologique du Soi-central est la représentation dans une carte de second ordre du proto-Soi en train d'être modifié.	Le Soi-autobiographique requiert la présence d'un Soi-central pour commencer un développement graduel.

Schéma 6.2. Ce qui distingue le Soi-central du Soi-autobiographique.

L'assemblage de la conscience-noyau

Je vois la conscience-noyau comme le fruit d'une série de pulsations, chaque pulsation étant déclenchée par chacun des objets avec lesquels nous interagissons ou que nous nous rappelons. Disons qu'une pulsation de conscience commence juste avant qu'un nouvel objet déclenche le processus de changement du proto-Soi et se termine lorsqu'un nouvel objet commence à déclencher sa propre série de changements. Le proto-Soi modifié par le premier objet devient alors le proto-Soi *inaugural* du nouvel objet. Une nouvelle pulsation de conscience-noyau commence.

La continuité de la conscience repose sur l'engendrement stable de pulsations de conscience, qui correspondent au traitement indéfini de myriades d'objets, dont l'interaction, réelle ou constamment remémorée, modifie le proto-Soi. La continuité de la conscience vient de l'abondant flux de récits non verbaux de la conscience-noyau.

Il est probable que plus d'un récit est créé de manière simultanée. Et ce, parce que plus d'un objet peut se trouver invoqué quasiment en même temps, même si ces objets ne peuvent l'être de façon simultanée, s'ils sont en grand nombre ; plus d'un objet peut ainsi induire une modification dans l'état du proto-Soi. Lorsque nous parlons d'un « courant de conscience », métaphore qui suggère une seule piste et une seule suite de pensées, la partie du courant qui transporte la conscience a toutes chances d'arriver, non pas en un seul objet, mais en plusieurs. En outre, il est également probable que chaque interaction d'objet engendre plus d'un récit, puisque plusieurs niveaux cérébraux peuvent être impliqués. À nouveau, une telle situation paraît avantageuse, parce qu'elle produirait une surabondance de conscience-noyau et assurerait la continuité de l'état de « connaissance ». J'en dirai un peu plus sur la question des générateurs multiples de la conscience-noyau dans les pages qui suivent.

Le besoin d'une configuration neuronale de second ordre

Le récit raconté des changements occasionnés au proto-Soi inaugural par l'interaction de l'organisme avec quelque objet que ce soit requiert son propre processus et sa propre base neuronale. Dans les termes les plus simples, je dirais qu'au-delà des nombreuses structures neuronales dans lesquelles l'objet causal et les changements du proto-Soi sont représentés séparément il y a au moins une autre structure qui *re-représente* à la fois le proto-Soi et l'objet dans leur relation temporelle, et peut ainsi représenter ce qui arrive réellement à l'organisme : *le proto-Soi à l'instant inaugural; l'objet entrant dans la représentation sensorielle ; le changement du proto-Soi inaugural en proto-Soi modifié par l'objet*. Mais quelque chose me dit qu'il y a plusieurs structures dans le cerveau humain, qui ont la capacité d'engendrer une configuration neuronale de second ordre re-représentant des occurrences de premier ordre. La configuration neuronale de second ordre qui sous-tend le compte rendu — en images et non verbal — de la relation organisme-objet repose probablement sur une signalisation croisée intriquée entre plusieurs structures de « second ordre ». Il est peu probable qu'une seule région cérébrale contienne *la* configuration neuronale de second ordre suprême.

Les principales caractéristiques des structures de second ordre dont l'interaction engendre la carte de second ordre sont les suivantes : une structure de second ordre doit 1/ être capable de recevoir des signaux, *via* des voies de transmission axonale, provenant de sites impliqués dans la représentation du proto-Soi *et* de sites susceptibles de représenter un objet ; 2/ être capable d'engendrer une configuration neuronale qui « décrit », d'une manière temporellement ordonnée, les événements qui se produisent dans les cartes de premier ordre ; 3/ être capable, directement ou indirectement, d'introduire l'image consécutive à la configuration neuronale dans le flux global d'images que nous appelons pensée ; et 4/ être capable, directement ou indirectement, de renvoyer le signal aux structures engagées dans le traitement de l'objet, de manière à mettre en valeur l'image de l'objet.

Une esquisse de cette idée générale est présentée dans la figure 6.1. Une structure de second ordre reçoit une série de signaux relatifs à un événement qui se déroule et qui se produit en différents sites du cerveau — la formation de l'image de l'objet X ; l'état du proto-Soi comme image de X commence à se former ; les changements qui s'opèrent dans le proto-Soi sous l'effet du traitement de X. Cette succession de re-représentations constitue une configuration neuronale qui devient, directement ou indirectement, la base d'une image — l'image d'une relation entre l'objet X et le proto-Soi changé par X. Insistons, ici encore, sur le fait que c'est là une simplification de l'idée. Selon toute vraisemblance, du fait de l'existence de plusieurs structures de second ordre, la configuration neuronale et l'image de la relation résulteront de la signalisation croisée qui s'effectue entre ces structures de second ordre. Notons également que, comme nous l'avons vu plus haut, le processus de conscience-noyau ne se limite pas à l'engendrement de ce compte rendu en images. La présence de la configuration du compte rendu dans une configuration neuronale de second ordre a d'importantes conséquences : elle influence les cartes neuronales de l'objet en modulant leur activité et met ainsi en valeur la saillance de ces configurations durant une courte période.

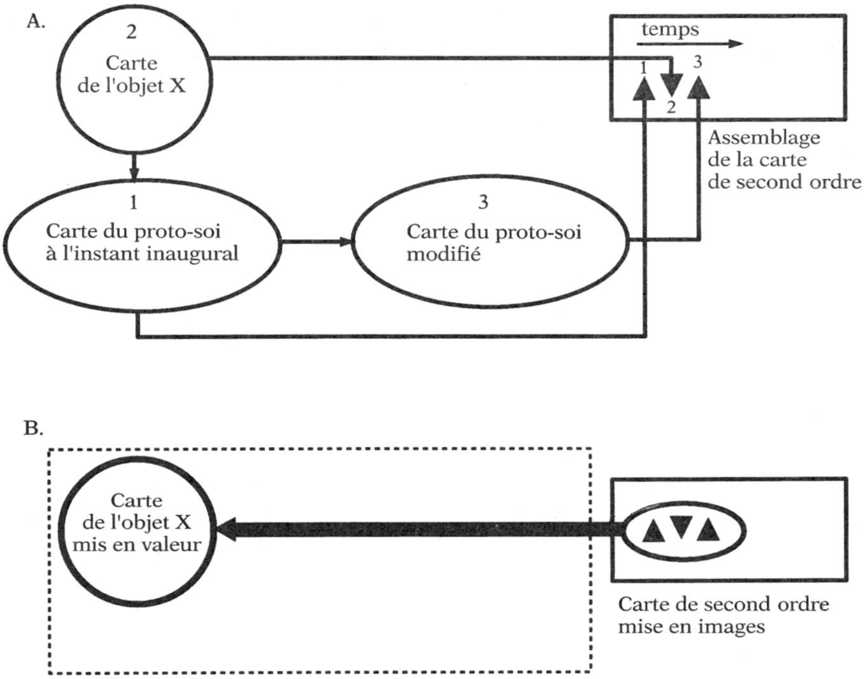

Schéma 6.1. Diagrammes de la carte de second ordre.
A. *Composants du modèle neuronal de second ordre assemblé en séquence temporelle dans la structure de second ordre.* B. *L'image de la carte de second ordre apparaît, et la carte de l'objet s'en trouve mise en valeur.*

OÙ SE TROUVE LA CONFIGURATION NEURONALE DE SECOND ORDRE ?

Il importe de considérer la source anatomique possible de la configuration de second ordre. Voici ce que je puis suggérer de mieux : la configuration neuronale de second ordre apparaît de façon transitoire à partir des interactions qui s'effectuent entre quelques régions choisies. On ne la trouve pas au sein d'une seule et unique région du cerveau — une sorte de centre de la conscience conçu de façon phrénologique —, mais pas davantage ne se trouve-t-elle partout ou quelque part en particulier. Le fait que la configuration neuronale de second ordre soit exécutée dans plus d'un site peut paraître surprenant à première vue, mais ce ne devrait pas l'être. Je crois qu'elle se conforme à une règle cérébrale générale plutôt qu'à une exception. Considérons, par exemple, ce qui se passe dans le cas du mouvement. Imaginez-vous dans une pièce au moment où entre un ami, qui souhaite vous emprunter un livre. Vous vous levez et marchez, tout en prenant un livre, et commencez à parler. Votre ami dit quelque chose d'amusant ; vous vous mettez à rire. Vous voici donc à présent en train de produire des mouvements avec tout votre corps, en vous levant et en commençant votre trajectoire, et en adoptant, dans ce but, une certaine posture ; vos jambes sont en mouvement, de même que votre bras droit ; de même que des parties de votre appareil vocal ; ainsi que les muscles de votre visage, de votre cage thoracique et du diaphragme, au moment où vous riez. Il y a une demi-douzaine de générateurs moteurs *séparés*, chacun jouant son rôle, certains sous contrôle volontaire (ceux qui vous aident à saisir le livre), d'autres pas (ceux qui contrôlent la posture du corps ou le rire). Mais tous sont magnifiquement coordonnés en temps et lieu, en sorte que vos mouvements s'effectuent de manière homogène et semblent émaner d'une seule et unique source, et d'une seule et unique volonté. Comment et où se produit cette fusion homogène stupéfiante, nous en avons quelques indices. Incontestablement, elle se produit grâce au concours d'un tas de circuits mettant en œuvre le tronc cérébral, le cervelet et les ganglions de la base, interagissant par signalisations croisées. De quelle manière précisément, cela n'est pas clair, naturellement.

Transférons à présent les conditions ci-dessus à ma conception de la conscience-noyau. Ici aussi, je suggère qu'il y a de multiples générateurs de conscience, à plusieurs niveaux du cerveau, et pourtant le processus paraît homogène et ne porter que sur un seul sujet connaissant et un seul objet. Il est raisonnable de postuler que, dans des circonstances normales, plusieurs cartes de second ordre relatives à divers aspects du traitement d'un objet sont créées en parallèle, en gros dans le même intervalle de temps. La conscience-noyau de cet objet serait le fruit d'un composé de cartes de second ordre, une configuration neuronale intégrée qui donnerait lieu au compte rendu en images que j'ai proposé plus haut, et qui conduirait aussi à la mise en valeur de l'objet. J'ignore comment la fusion, le mélange et l'homogénéité se trouvent réalisés, mais il est important de noter que le mystère n'est pas propre à la conscience ; il a trait à d'autres fonctions telles que le mouvement. Quand nous résoudrons ce dernier, peut-être résoudrons-nous aussi le premier.

Il y a plusieurs structures cérébrales capables de recevoir des signaux convergents, provenant de sources variées et apparemment capables, dès lors, de réaliser des cartes de « second ordre ». Si on suit mon hypothèse, les structures de second ordre auxquelles je pense doivent accomplir une conjonction spécifique de signaux émanant de « cartes de tout l'organisme » et de « cartes d'objets ». Le fait de restreindre la source des signaux à conjoindre élimine plusieurs candidats, par exemple les cortex d'ordre supérieur des régions pariétales et temporales, l'hippocampe et le cervelet, dont le rôle tombe dans le registre de la cartographie de premier ordre. En outre, les structures de second ordre requises par l'hypothèse doivent être capables d'exercer une influence sur des cartes de premier ordre, de manière à permettre la mise en valeur et la cohérence des images d'objet. Une fois que cette autre restriction est également prise en compte, les véritables prétendants à la structure de second ordre sont les colliculi supérieurs (les structures jumelles vallonnées qui se trouvent dans la partie postérieure du mésencéphale qu'on appelle le tectum) ; toute la région du cortex cingulaire ; le thalamus ; et certains cortex préfrontaux. Quelque chose me dit que ces prétendants jouent tous un rôle dans la conscience ; qu'aucun d'entre eux n'agit seul ; et que la portée de leurs contributions est variée. Par exemple, je doute que les colliculi supérieurs soient particulièrement importants dans la conscience humaine et je soupçonne que les cortex préfrontaux ne participent probablement qu'à la conscience-étendue. La figure 6.2 donne une idée approximative de l'endroit où ils se trouvent.

La notion d'interaction entre de telles structures est cruciale pour l'hypothèse. Par exemple, s'agissant de la conscience-noyau, je crois que les colliculi supérieurs comme les cortex cingulaires assemblent de façon indépendante une carte de second ordre. Pourtant, la configuration neuronale de second ordre que j'envisage dans mon hypothèse et dont je fais la base de notre sentiment de connaître est supra-régionale. Elle serait le résultat du concert joué par les colliculi supérieurs et le cingulaire sous la coordination du thalamus ; et on peut raisonnablement supposer que les composantes cingulaires et thalamiques se tailleraient la part du lion dans le concert.

L'influence ultérieure des configurations neuronales de second ordre sur la mise en valeur de l'image de l'objet s'effectue par plusieurs moyens, parmi lesquels la modulation thalamocorticale et l'activation des noyaux acétylcholines et monoamines dans le télencéphale basal et le tronc cérébral, qui, tous, affectent par la suite le traitement cortical. On notera avec intérêt que les structures de second ordre que je propose auraient bel et bien les moyens d'exercer de telles influences.

La liste des dispositifs neuro-anatomiques requis pour exécuter la conscience s'accroît ainsi, mais, par bonheur, reste circonscrite. La liste comprend le nombre choisi de structures nécessaires à l'exécution

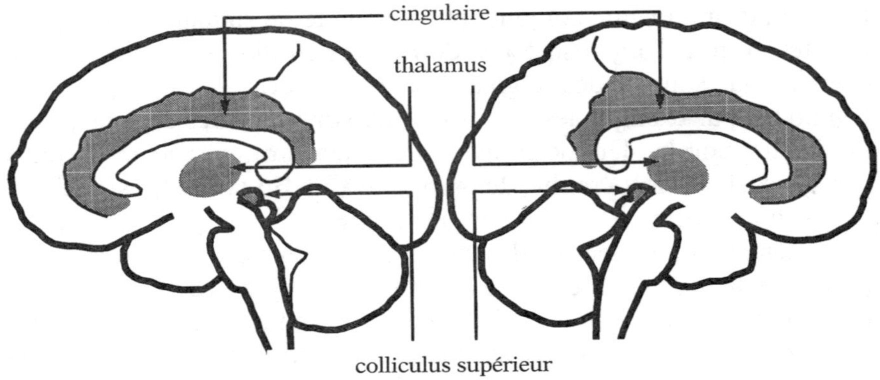

Schéma 6.2. *Emplacement des principales structures associées aux cartographies de second ordre, mentionnées dans l'hypothèse.*

du proto-Soi (certains noyaux du tronc cérébral, l'hypothalamus et le télencéphale basal, certains cortex somato-sensoriels), ainsi que les structures énumérées ici comme de possibles sites cartographiques de second ordre. Au chapitre 8, j'examine le degré d'implication plausible de toutes ces structures dans la formation de la conscience.

Les images du savoir

Le premier usage qu'on peut faire du compte rendu en images de la relation organisme-objet est d'informer l'organisme sur ce qu'il est, en fait, en train de faire ou, pour le formuler différemment, de répondre à une question qui n'a jamais été posée par l'organisme : qu'est-ce qui se passe ? Quelle est la relation entre les images des choses et ce corps ? À qui ces choses arrivent-elles ? Le sentiment de connaître est le commencement de la réponse. J'ai déjà souligné les conséquences du fait d'acquérir une telle connaissance, sans qu'elle ait été sollicitée : c'est le commencement de la liberté de *comprendre* une situation, le commencement de la chance que l'on a finalement de planifier des réponses qui diffèrent des « ready-made » à la Duchamp que fournit la nature.

Mais, comme je l'ai suggéré, il y a un usage secondaire immédiat possible du processus qui conduit au compte rendu en images. Lorsque le cerveau muni de l'organisme en éveil approprié engendre la conscience-noyau, le résultat premier est *plus* d'éveil — notons qu'une certaine vigilance était déjà présente, ainsi que nécessaire pour faire démarrer l'affaire. Le second résultat est une attention *plus concentrée* sur l'objet causal — ici encore, une certaine attention était déjà présente. On parvient aux deux résultats par la mise en valeur des cartes de premier ordre qui représentent l'objet.

Jusqu'à un certain degré, le message impliqué dans l'état conscient est : « Il faut consacrer une attention concentrée à X. » La conscience a pour conséquence une vigilance *accrue* et une attention *concentrée,* qui, toutes deux, améliorent le traitement de l'image pour certains contenus et peuvent ainsi contribuer à optimiser des réponses immédiates et planifiées. L'engagement de l'organisme envers un objet intensifie sa capacité à traiter cet objet de façon sensorielle et augmente aussi l'opportunité qu'il peut avoir de se voir embauché par d'autres objets — l'organisme se tient prêt pour d'autres rencontres et pour des interactions plus détaillées. Cela entraîne, globalement, une alerte plus grande, une concentration plus aiguë et une plus grande qualité dans le traitement des images.

Au-delà du fait qu'elles procurent le sentiment de connaître et une mise en valeur de l'objet, les images du savoir, assistées de la mémoire et du raisonnement, forment la base des inférences non verbales simples, le lien étroit entre la régulation biologique et le traitement d'images qui est implicite dans le sens de la perspective individuelle. La possession se dissimule, pour ainsi dire, dans le sens de la perspective, prête à apparaître au grand jour, lorsque l'inférence suivante peut se faire : si ces images ont la perspective de ce corps que je ressens à présent, alors ces images sont dans mon corps — elles sont miennes. Quant au sens de l'action, il réside dans le fait que certaines images sont intimement associées à certaines options possibles de réponse motrice. C'est là que réside notre sens de l'agentivité — ces images sont miennes, et je peux agir sur l'objet qui les a causées.

La conscience émanant d'objets perçus et de perceptions passées remémorées

Lorsque des objets apparaissent dans l'esprit, non pas parce qu'ils sont immédiatement présents dans notre environnement, mais parce que nous les faisons remonter de la mémoire, leurs images provoquent aussi la conscience-noyau. Cela est dû au fait que nous stockons en mémoire non seulement des aspects de la structure physique d'un objet — ce qui permet potentiellement de reconstruire sa forme, ou sa couleur, ou sa sonorité, ou son mouvement typique, ou son odeur, ou tout ce que vous voulez —, mais également des aspects de l'engagement moteur de notre organisme dans le processus d'appréhension de ces aspects pertinents : nos réactions émotionnelles à un objet, notre état physique et mental élargi au moment d'appréhender l'objet. En conséquence, le rappel d'un objet et le déploiement de son image dans l'esprit s'accompagnent de la reconstruction d'au moins certaines des images qui représentent ces aspects pertinents. La reconstruction de cette série d'accommodements de l'organisme avec l'objet que vous vous rappelez engendre une situation semblable à celle qui se présente lorsque vous percevez un objet directement[6].

En conséquence, lorsque vous pensez à un objet, la reconstruction d'une partie des accommodements requis pour le percevoir dans le passé ainsi que les réponses émotives qui lui ont été apportées par le passé suffisent pour changer le proto-Soi d'une manière très voisine de celle que j'ai décrite lorsque vous vous trouvez directement confronté à un objet extérieur. La source immédiate de l'objet dont vous devenez conscient est différente, dans la perception réelle et dans le rappel, mais la conscience d'appréhender quelque chose est la même, qu'elle soit perçue ou rappelée. C'est pourquoi les patients qui ont reçu une injection de curare et qui sont incapables de produire, dans leur posture, des ajustements somato-moteurs réels pour percevoir un objet n'en restent pas moins conscients d'objets présentés à leurs dispositifs sensoriels stationnaires. Selon toute vraisemblance, même les plans que l'on élabore d'accommodements perceptuo-moteurs futurs contribuent réellement à modifier le proto-Soi et à être par là même à l'origine de comptes rendus de second ordre. Si les actions elles-mêmes comme les plans d'actions peuvent être la source de cartes de second ordre, alors la conscience-noyau peut même apparaître plus tôt puisque les plans que l'on élabore pour se mouvoir se produisent nécessairement avant le mouvement, tout comme les réponses qui finissent par provoquer les émotions se produisent avant que ces émotions ne se déroulent.

Puisque le cerveau a la possibilité de représenter, dans des cartes somato-sensorielles, et des plans d'action et les actions elles-mêmes, et puisque de tels plans peuvent être mis à la disposition de cartes de second ordre, cela signifie que le cerveau doit avoir à sa disposition un double mécanisme pour construire les récits primordiaux de la conscience.

La nature non verbale de la conscience-noyau

Je voudrais clarifier ce que j'entends par faire un récit ou raconter une histoire. Les termes sont tellement liés au langage qu'il me faut à nouveau vous demander de ne pas y penser en termes de mots. Je n'entends pas récit ou histoire au sens où l'on réunit des mots ou des signes dans des expressions ou des phrases. J'entends raconter un récit ou une histoire, au sens de créer une carte non linguistique d'événements logiquement reliés. Il vaut mieux penser à un film (bien que le médium du film ne donne pas non plus une idée parfaite) ou au mime — Jean-Louis Barrault mimant l'histoire du vol de la montre dans *Les Enfants du paradis*. Deux vers d'un poème de John Ashbery font bien sentir cette idée : « Voici la mélodie, mais il n'y a pas de mots, les mots ne sont que spéculation [du latin *speculum*][7]. »

Dans le cas des humains, le récit non verbal de second ordre peut immédiatement faire l'objet d'une reconversion linguistique, qu'on pourrait appeler le troisième ordre. En plus de l'histoire qui signifie l'acte de connaître et attribue ce dernier à un Soi-central flambant neuf, le cerveau humain engendre aussi une version verbale automatique de l'histoire. Nous n'avons aucun moyen, ni vous, ni moi, d'arrêter cette traduction verbale. Tout ce qui se joue sur les pistes non verbales de nos esprits se traduit rapidement en mots et en phrases. C'est dans la nature de la créature humaine, dotée de langage. Cette traduction verbale irrépressible, le fait que le savoir et le Soi-central deviennent *aussi* verbalement présents dans notre esprit, au moment où nous nous concentrons habituellement sur eux, telle est probablement la source de la conviction qui est la nôtre que la conscience pourrait être explicable par le seul langage. On a pensé que la conscience s'est produite lorsque, et seulement lorsque le langage a commenté pour nous la situation mentale. Inutile de dire que la conception de la conscience appelée par cette notion suggère que seuls des humains ayant acquis une maîtrise substantielle de l'instrument linguistique auraient des états conscients. Les animaux non dotés de langage et les bébés des hommes seraient simplement malchanceux, à jamais inconscients.

L'explication de la conscience par le langage est improbable, et nous n'avons pas besoin de nous abriter derrière le masque du langage pour trouver une autre solution plus plausible. Curieusement, la nature même du langage va complètement à l'encontre de l'idée qu'il pourrait avoir un rôle premier dans la conscience. Les mots et les phrases traduisent des concepts, et les concepts consistent dans l'idée non linguistiques de ce que sont les choses, les actions, les événements et les relations. Inévitablement, les concepts précèdent les mots et les phrases dans l'évolution comme en chacun de nous. Les mots et les phrases des humains physiquement et mentalement sains ne viennent pas de nulle part ; et ne sauraient être une traduction *de novo* qui ne partirait de rien. Ainsi, lorsque mon esprit dit « je » ou « moi », il traduit, aisément et sans efforts, le concept non linguistique de l'organisme qui est le mien, du Soi qui est le mien. Si une construction perpétuellement activée du Soi-central n'était pas là, l'esprit ne pourrait tout simplement pas le traduire par « je », ou « moi », ou par n'importe quelle espèce de paraphrase qu'il pourrait appliquer, dans quelque langage que ce soit qu'il pourrait connaître. Le Soi-central doit être en lieu et place pour que sa traduction en un terme convenable puisse se faire.

On pourrait soutenir, en fait, que le contenu logique du récit *verbal* de la conscience — indépendamment des caprices que peut suivre sa forme — permet de déduire la présence du récit pareillement cohérent que je propose comme fondement de la conscience, et qui se présente *en images, et non sous forme verbale*.

Le récit de l'état du proto-Soi qui se trouve changé par l'interaction avec un objet doit d'abord se produire sous sa forme non linguistique, si l'on veut qu'il soit jamais traduit par les mots qu'il faut. Dans la phrase « je vois une voiture arriver », le mot *vois* est mis pour un acte particulier de possession perceptive perpétré par mon organisme et impliquant mon Soi. Et le mot *vois* est là, judicieusement amarré au mot *je*, pour traduire la pièce sans paroles qui se déroule dans mon esprit.

Mais je dois dire que l'on pourrait remettre en cause ma façon de voir les choses de la manière suivante. Et si le jeu sans paroles de la conscience-noyau, le récit non verbal du savoir, se produisait au-dessous du niveau de la conscience, et si seule la traduction verbale apportait la preuve qu'elle se produit le moins du monde ? La conscience-noyau n'émergerait qu'au moment de la traduction verbale et pas avant, durant la phase non verbale où l'on raconte l'histoire. On reviendrait à la conception que je trouve moins plausible, mais en la modifiant légèrement : les mécanismes que j'ai exposés pour décrire les acteurs et événements de l'acte de connaître seraient bien toujours là, mais la possibilité que seul le récit non verbal nous donne accès au savoir se verrait niée.

Cette autre conception serait intéressante, mais je ne suis pas prêt à l'adopter. Il y a une raison majeure à cela : on a besoin de s'appuyer sur le langage et sur ses pouvoirs pour avoir la conscience. Pour commencer, bien qu'on ne puisse empêcher les traductions verbales, bien souvent, on n'y fait pas attention et on les effectue en prenant des libertés considérables — l'esprit créatif traduit des événements mentaux de toute une série de façons plutôt que de manière stéréotypée. En outre, l'esprit « doté d'un langage » créatif est enclin à s'adonner à la fiction. Peut-être la plus importante révélation qu'a permise la recherche sur les cerveaux humains commissurotomisés (*split-brains*) est-elle celle-ci : l'hémisphère cérébral gauche a tendance à fabriquer des récits verbaux qui ne s'accordent pas nécessairement avec la vérité[8].

Il me paraît peu probable que la conscience dépende des caprices de la traduction verbale et du niveau imprévisible de concentration de l'attention qu'on lui prête. Si la conscience dépend, pour exister, de traductions verbales, il y aurait des chances que l'on ait toutes sortes de conscience, les unes fiables, les autres pas ; divers niveaux, diverses intensités de conscience ; les unes efficientes, les autres pas ; et pire que tout, des pertes de conscience. Or ce n'est pas ce qui se passe chez les humains physiquement et mentalement sains. L'histoire primordiale du Soi et du connaître se raconte de manière cohérente. Votre degré d'*attention concentrée* sur un objet varie, mais votre niveau de conscience générale ne chute pas au-dessous du seuil critique, lorsque votre attention se détourne d'un objet et se concentre sur un autre — vous n'êtes pas frappé de stupeur et ce n'est pas comme si vous aviez une attaque ; vous êtes simplement conscient d'autres choses plutôt que conscient de rien du tout. On rencontre le seuil de la conscience au moment du réveil, après quoi la conscience reste en marche jusqu'à ce qu'on l'éteigne. Lorsque vous êtes à court de mots et de phrases, vous ne sombrez pas dans le sommeil ; vous écoutez et regardez, tout simplement

Je crois que le récit en images et non verbal de la conscience-noyau est vif, que ses détails non examinés nous ont échappé pendant longtemps, que le récit est à peine explicite, tellement à demi suggéré que son expression est presque comme l'émanation d'une croyance. Mais certains aspects du récit s'infiltrent dans nos esprits pour créer le début de l'esprit connaissant et les débuts du Soi. Ces aspects, saisis dans le sentiment de soi et de connaitre, sont les premiers à se situer au-dessus du niveau de la mer de la conscience et ils précèdent la traduction verbale correspondante.

Exiger de la conscience qu'elle dépende de la présence du langage, c'est ne laisser aucune place à la conscience-noyau, comme je l'ai souligné ici. La conscience, dans l'hypothèse de la dépendance à l'égard du langage, suit la maîtrise linguistique et ne peut dès lors se produire dans des organismes où cette maîtrise fait défaut. Lorsque Julian Jaynes présente sa thèse séduisante sur l'évolution de la conscience, il fait référence à la conscience postlinguistique, non à la conscience-noyau telle que je l'ai décrite. Quand des penseurs aussi divers que Daniel Dennett, Humberto Maturana et Francisco Varela parlent de la conscience, eux aussi pensent à la conscience comme à un phénomène postlinguistique. Ils parlent des régions supérieures de la conscience-étendue telle qu'elle se produit maintenant, à ce stade de l'évolution biologique[9]. Leurs propositions ne font pas problème pour moi, mais qu'il soit bien clair que, dans la proposition qui est la mienne, la conscience-étendue se trouve au sommet de la conscience-noyau fondamentale que nous et d'autres espèces possédons depuis longtemps et continuons de posséder.

Ce qu'il y a de naturel à raconter des histoires sans paroles

Raconter des histoires sans paroles est naturel. La représentation en images de séquences d'événements cérébraux, qui se produit dans des cerveaux plus simples que les nôtres, est le matériau dont sont faites les histoires. C'est peut-être bien parce que l'on s'est mis un jour à raconter une histoire où les mots n'étaient pas encore là que l'on a fini par créer des pièces de théâtre et finalement des livres, et qu'une bonne partie de l'humanité est actuellement rivée à des salles de cinéma et à des écrans de télévision. Les films sont la représentation externe la plus proche de l'histoire racontée dominante qui se déroule dans notre esprit. Ce qui se passe durant chaque prise, le cadrage différent du sujet que peut accomplir le mouvement de la caméra, ce qui se passe dans l'intervalle des prises effectuées par le montage et ce qui se passe dans le récit construit par une juxtaposition particulière de prises, tout cela est comparable, à certains égards, à ce qui se passe dans l'esprit, grâce aux rouages qui ont en charge la formation des images visuelles et auditives, et aux dispositifs tels que les multiples niveaux d'attention et de mémoire de travail.

Quoi qu'il en soit, il est merveilleux de penser que les tout premiers cerveaux qui ont construit l'histoire de la conscience répondaient à des questions qu'aucun être humain n'avait encore posées : quel est celui qui fabrique ces images qui viennent juste de se produire ? Qui possède ces images ? « *Qui est là ?* », comme dans le premier vers émouvant de *Hamlet*, pièce qui illustre si puissamment la stupéfaction des humains, lorsqu'ils se penchent sur les origines de leur condition [10]. Les réponses devaient venir d'abord par quoi j'entends que l'organisme avait à construire, initialement, le genre de connaissance qui ressemble à des réponses. L'organisme devait être capable de produire cette connaissance primordiale, qu'on n'avait pas sollicitée, afin qu'un processus de connaissance puisse se trouver fondé.

La construction de la connaissance tout entière, de la simple à la complexe, de celle qui se donne en images non verbales à celle qui prend une forme verbale littéraire, dépend de la capacité de cartographier ce qui arrive dans le temps, *à l'intérieur* de notre organisme, *autour* de notre organisme, *à* notre organisme, une chose en suivant une autre, en causant une autre, indéfiniment.

Raconter des histoires, au sens d'enregistrer ce qui arrive sous la forme de cartes cérébrales, voilà qui est probablement une obsession du cerveau et qui commence probablement tôt, à la fois en termes d'évolution et en termes de complexité des structures neuronales requises pour créer des récits. Raconter des histoires vient avant le langage, puisque c'est, en fait, une condition du langage, dont la base se trouve non seulement dans le cortex cérébral, mais dans tout le cerveau et dans l'hémisphère droit comme dans le gauche [11].

Les philosophes s'interrogent souvent sur le problème de l'intentionnalité, c'est-à-dire sur le fait que les contenus mentaux portent sur des choses hors de l'esprit. Il me semble que cette intentionnalité généralisée de l'esprit tire son origine dans le fonctionnement narratif du cerveau. Ce dernier a pour tâche de représenter les structures et les états de l'organisme ; tandis qu'il régule l'organisme conformément à sa fonction, le cerveau forge naturellement des histoires sans paroles sur ce qui arrive à un organisme pris dans un environnement donné.

Un dernier mot sur l'homoncule

À ce stade, un commentaire s'impose, sur l'infamante solution par l'homoncule au problème du Soi et sur les raisons de son échec. La solution par l'homuncule, qui s'est trouvée disqualifiée, consistait à postuler qu'une partie du cerveau, « la partie du sujet connaissanct », possédait la connaissance requise pour interpréter les images formées dans le cerveau. Les images étaient présentées au sujet connaissant, et le sujet connaissant savait quoi faire avec. Dans cette solution, le sujet connaissant était un conteneur spatialement défini, le fameux homoncule. Le terme évoquait l'image que bon nombre de gens se faisaient réellement de sa structure physique : un petit bonhomme ramené à une échelle proche de la taille d'un cerveau. Certains imaginaient même que l'homoncule ressemblait au dessin familier qui apparaît dans les diagrammes qu'on trouve dans les manuels, représentant les régions motrices et somato-sensorielles du cortex cérébral, celui où il y a une langue qui pendouille et des pieds qui sont complètement à l'envers.

Le problème que posait la solution par l'homoncule était le suivant : le petit bonhomme je sais-tout ferait bien, pour chacun d'entre nous, tout ce qu'il y a à faire pour connaître, mais il serait alors confronté à la difficulté d'où nous sommes partis. Qui ferait la part de connaître qui lui incombe *à lui* ? Eh bien, un autre petit bonhomme, bien entendu, seulement un peu plus petit. À son tour, le deuxième petit bonhomme aurait besoin d'un troisième petit bonhomme à l'intérieur de lui qui soit son sujet connaissant. La chaîne serait sans fin, et ce report de la difficulté, qu'on appelle une régression à l'infini, a effectivement disqualifié la solution par l'homoncule. Cette disqualification fut une bonne chose, dans la mesure où elle mit en évidence l'inadéquation d'un compte rendu en termes de « centre » cérébral traditionnel pour quelque chose d'aussi complexe que le connaître. Mais cela fit l'effet d'une douche froide sur le développement d'autres solutions possibles. Cela créa une peur de l'homoncule, pire que la peur de voler, et qui a fini par devenir la peur de spécifier un Soi connaissant, en termes cognitifs et neuro-anatomiques. En raccourci, l'acte de connaître et le Soi commencèrent par se trouver à l'intérieur du cerveau d'un petit bonhomme pour finalement ne se trouver nulle part.

Le fait que l'idée de l'homoncule n'ait pas réussi à apporter une solution à la manière dont nous connaissons a semé le doute sur la notion même de Soi. Ce fut malheureux. On devrait, en effet, être sceptique sur l'idée d'un sujet connaissant qui ressemblerait à un homoncule, qui serait doué d'une connaissance parfaite et qui serait situé dans une seule et unique partie circonscrite du cerveau. Cela n'a aucun sens, physiologiquement parlant. Toutes les données dont on dispose suggèrent que rien de tel n'existe. Mais l'échec du sujet connaissant du style de l'homoncule ne suggère pas qu'on doive ou puisse rejeter la notion de Soi en même temps que celle de l'homoncule. Que nous aimions ou non la notion, quelque chose comme le sentiment de soi existe bel et bien dans l'esprit humain normal, lorsque nous entreprenons de connaître des choses. Que cela nous plaise ou non, l'esprit humain est constamment séparé en deux, comme une maison divisée, entre la partie mise pour ce qui est connu et la partie mise pour celui qui connaît.

L'historie contenue dans les images de la conscience-noyau n'est pas racontée par quelque homoncule intelligent. Et l'histoire n'est pas non plus réellement racontée par *vous* en tant que vous êtes un Soi, parce que le *vous* ne naît qu'au moment où l'histoire est racontée, *à l'intérieur de l'histoire elle-même*. Vous existez comme être mental lorsque des histoires primordiales sont racontées, et seulement alors ; tant que sont racontées des histoires primordiales, et seulement alors. Vous êtes la musique tant que la musique dure.

Les cerveaux munis des dispositifs appropriés en plus des dispositifs sensoriels et moteurs bien connus peuvent former des images de l'organisme pris dans l'acte de former des images d'autres choses et réagissant à ces images. Ces dispositifs supplémentaires permettent l'acte de connaître dans un organisme précédemment muni de la capacité de représenter un proto-Soi stable, et de représenter toute une foule de choses susceptibles d'arriver au sein même de son corps propre et à lui.

Il n'y a absolument aucun homoncule dans tout cela. Il n'y a pas non plus la moindre régression, infinie ou autre. Dans la version de la conscience où le sujet connaissant se présente comme un homoncule, on demande à un agent connaissant spécial : expliquez-moi, je vous prie, ce qui se passe ; l'homoncule neuronal et mental connaissant doit en savoir plus que le cerveau-esprit qu'il sert. Mais, bien entendu, arrive alors l'homoncule connaissant suivant qui doit en savoir encore plus que le précédent, et ainsi de suite *ad infinitum* et *absurdum*. Dans la version que je propose, point n'est besoin d'interroger le moindre agent, le moindre sujet connaissant. Moment après moment, la réponse est présentée à l'organisme, telle qu'elle est représentée par le proto-Soi, placée devant lui sous forme d'un récit non verbal qui peut être traduit, ensuite, dans un langage. L'explication est présentée avant même qu'on en ait fait la demande.

Le proto-Soi est une référence plutôt qu'un entrepôt de connaissances ou qu'un sujet percevant intelligent. Il participe au processus du savoir, attendant patiemment qu'un cerveau plus généreux explique ce qui arrive, en répondant à des questions qui n'ont jamais été posées :

qui *fait* ? Qui *connaît* ? Dès que la réponse arrive, le sentiment de soi émerge, et pour nous à présent, créatures dotées d'un riche savoir et d'un soi-autobiographique, des millions d'années après les premiers cas d'histoires jamais racontées, c'est comme si la question était posée et que le Soi était un sujet connaissant qui connaît.

Rien à demander donc. Point n'est besoin d'interroger le Soi-central sur la situation, et le Soi-central n'interprète rien. Connaître est généreusement offert, et c'est gratuit.

Mise au point

Voici donc ce que j'ai proposé : la conscience-noyau dépend d'une image sans cesse engendrée de l'acte de connaître, s'exprimant d'abord comme un sentiment de savoir relatif aux images mentales de l'objet à connaître ; par ailleurs, le sentiment de savoir entraîne et va de pair avec une mise en valeur des images de l'objet.

Quant à ce que peut être à présent la biologie qui sous-tend la conscience-noyau, j'ai proposé une série de structures et d'opérations neuronales susceptibles de servir de support à l'émergence du sens que l'on a de soi et de connaître. La proposition, présentée sous la forme d'une hypothèse, est censée répondre à ce qui intervient, de manière indispensable, dans la définition du rôle biologique de la conscience et dans la description de son apparence mentale, de même qu'elle est censée se conformer aux faits connus de la neuro-anatomie et de la neurophysiologie. L'hypothèse établit que la conscience-noyau se produit lorsque le cerveau forme un compte rendu en images, non verbal, et de second ordre de la manière dont l'organisme est causalement affecté par le traitement d'un objet. Le compte rendu en images repose sur des configurations neuronales de second ordre, engendrées à partir de structures capables de recevoir des signaux provenant d'autres cartes, lesquelles représentent à la fois l'organisme (le proto-Soi) et l'objet[12].

L'assemblage de la configuration neuronale de second ordre qui décrit la relation objet-organisme module les configurations neuronales qui décrivent l'objet, et entraîne la mise en valeur de l'image de l'objet. Le sens compréhensif de soi dans l'acte de connaître un objet émerge à partir des contenus du compte rendu en images *et* de la mise en valeur de l'objet, vraisemblablement sous la forme d'une configuration à grande échelle qui combine les deux composantes de manière cohérente.

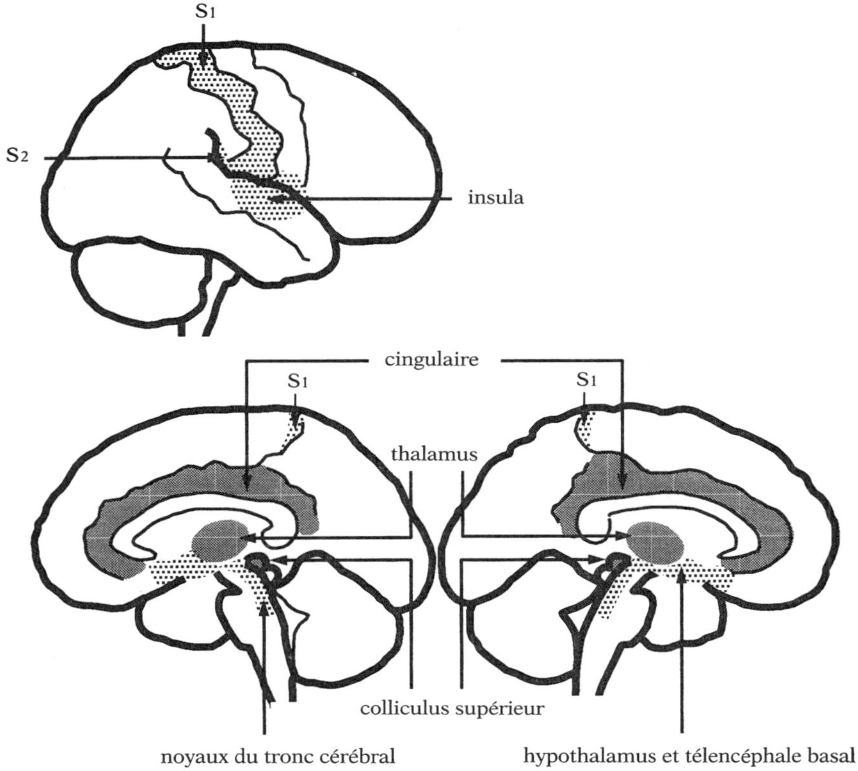

Schéma 6.3. Combinaison des principales structures associées au proto-Soi et aux cartographies de second ordre.
On remarquera que la plupart de ces structures se situent à proximité de la ligne médiane du cerveau.

Les structures neuro-anatomiques requises par l'hypothèse, recoupent celles qui servent de support au proto-Soi ; celles qui sont nécessaires pour traiter l'objet ; et celles qui sont nécessaires pour engendrer le compte rendu en images de la relation et pour produire ses conséquences.

La neuro-anatomie sous-jacente aux processus qui sous-tendent le proto-Soi et l'objet (présentée au chapitre 5) comprend les noyaux du tronc cérébral, l'hypothalamus et les cortex somato-sensoriels. La neuro-anatomie sous-jacente au compte rendu en images de la relation et de la mise en valeur de l'image-objet (présentée dans la section précédente) inclut les cortex cingulaires, le thalamus et les colliculi supérieurs. La mise en valeur de l'image qui a lieu ensuite s'effectue *via* une modulation issue du télencéphale basal-tronc cérébral, des noyaux acétylcholines et de monoamines ainsi que *via* une modulation thalamocorticale.

En conclusion, dans son fonctionnement normal et optimal, la conscience-noyau est le processus qui consiste à réaliser une configuration neuronale et mentale rassemblant, presque au même instant, la configuration de l'objet, la configuration de l'organisme et la configuration de la relation entre les deux. L'émergence de chacune de ces configurations et leur conjonction dans le temps dépendent de la contribution de sites cérébraux individuels travaillant en étroite collaboration ; dans la proposition que j'ai présentée dans ce chapitre, j'aborde un seul aspect du processus global, qui a trait à la construction des configurations nécessaires à la relation entre organisme et objet.

Au moment où émerge la grandiose configuration de la conscience-noyau, quelques régions cérébrales locales ont réussi à faire entrer en action une quantité assez considérable de tissu cérébral. Si vous trouvez que l'échelle de l'opération est impressionnante, considérez à présent que la grandiose configuration de la conscience-noyau n'est rien de moins que modeste comparée à la configuration encore plus grandiose de la conscience-étendue, vers laquelle je me tourne au chapitre suivant. Comme l'aurait souhaité William James, c'est presque le cerveau tout entier qui se trouve engagé dans l'état conscient.

Chapitre 7

La conscience-étendue

La conscience-étendue

Si la conscience-noyau reste le fondement de la conscience, la conscience-étendue en est sa manifestation la plus glorieuse. C'est à elle que nous pensons quand nous admirons les hauts faits de notre conscience, à elle encore — et non à la conscience-noyau — que nous pensons quand nous disons, de manière certes abusive, que la conscience est une qualité proprement humaine. Cet accès de fierté qui pourrait sembler proche de l'arrogance n'est pas totalement infondé : la conscience-étendue est bien une fonction mentale extraordinaire et, du moins sous sa forme la plus accomplie, propre à l'homme.

La conscience-étendue couvre un champ plus large que celui de la conscience-noyau, cantonnée à l'ici et au maintenant : elle s'étend vers le passé et vers l'avenir. Le présent immédiat y est encadré des deux côtés, par le passé, soit tout ce qui du passé peut contribuer à éclairer le présent, et par des anticipations du futur. À son apogée, la conscience-étendue peut embrasser toute la vie d'un individu, de son berceau jusqu'à ses perspectives futures, et la situer par rapport au monde qui l'entoure. À tout moment votre conscience-étendue peut faire de vous, si vous lui en laissez seulement le loisir, le personnage central d'un roman épique ; elle peut aussi, à condition de savoir la manier, vous mettre sur la voie de la création.

La conscience-étendue est tout ce qu'est la conscience-noyau, mais en mieux et sur une plus grande échelle. Elle s'accroît au fur et à mesure que l'espèce évolue mais aussi sur une vie au fil des expériences de l'individu. La conscience-noyau vous permet de savoir, l'espace d'un bref moment, que c'est bien vous qui voyez un oiseau voler ou qui éprouvez une sensation de douleur, mais la conscience-étendue replace ces expériences dans une perspective plus large et une durée plus longue. Il s'agit bien toujours du même Soi-central, mais désormais connecté au passé déjà vécu et aux perspectives d'avenir qui font partie intégrante de votre autobiographie. En plus de vous faire prendre conscience du fait que vous avez mal, elle vous permet de considérer des questions telles que la localisation de la douleur (au coude), sa cause (la pratique du tennis), la date du dernier épisode douloureux (il y a trois ans, ou quatre ?), qui d'autre en souffre (la tante Jeannette), le médecin qu'elle a consulté (c'était le Dr Dupont ou bien le Dr Durand ?) ainsi que le fait que vous ne pourrez pas jouer au tennis avec Jacques demain. La conscience-étendue vous donne accès à un large panorama de connaissances, et le Soi qui contemple cet immense point de vue est un concept véritablement digne de ce nom : il s'agit du Soi-autobiographique.

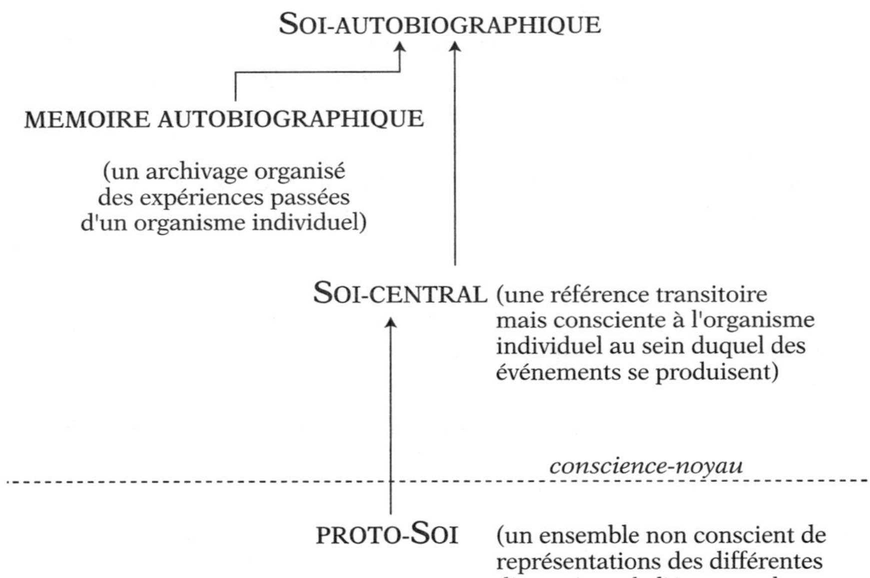

Figure 7.1. Différents types de Soi.
La flèche qui part du proto-Soi non conscient et va vers le Soi-central, conscient, représente la transformation induite par le mécanisme de conscience-noyau. La flèche qui mène vers la mémoire autobiographique désigne le processus de mémorisation d'instantiations récurrentes d'expériences du Soi-central. Les deux flèches qui mènent au Soi-autobiographique indiquent que ce dernier dépend à la fois des pulsations permanentes de la conscience-noyau et de la réactivation en permanence de souvenirs autobiographiques.

Le Soi-autobiographique se constitue à partir de la réactivation et de la présentation sous une forme cohérente d'ensembles choisis de souvenirs biographiques. Le sentiment de soi naît pour la conscience-noyau du sentiment subtil et évanescent de connaître, à chaque instant renouvelé. Dans la conscience-étendue en revanche, le sentiment de soi vient de la présentation cohérente et récurrente de certains de nos souvenirs personnels, *les objets de notre propre passé* qui donnent, heure après heure, leur substance à notre identité et à notre personnalité.

Voilà quel est le secret de la conscience-étendue : les souvenirs autobiographiques sont des *objets*, et le cerveau les traite comme tels. Il leur permet d'entrer en relation avec l'organisme sur le même mode que pour la conscience-noyau ; chacun de ces souvenirs peut donc susciter une pulsation de conscience-noyau, le sens que l'on a de se connaître soi-même. En d'autres mots, la conscience-étendue résulte de la convergence de deux aptitudes : la faculté d'apprendre et donc de garder trace d'innombrables expériences ayant initialement été appréhendées au travers de la conscience-noyau, et la faculté de réactiver ces archives de telle manière que ces dernières, comme objets, puissent engendrer « le sens que l'on a de se connaître soi-même », et donc être connues.

La principale nouveauté sur le plan physiologique, quand on passe du simple niveau de la conscience-noyau (doté d'un sens générique du Soi) aux niveaux plus complexes de la conscience-étendue, tient à la capacité de mémoriser des faits. L'astuce reste toujours la même : elle est simplement réitérée plusieurs fois. Il s'agit de multiplier des instances de ce simple « sens que l'on a de se connaître soi-même », appliqué *à la fois* à ce-qui-se-donne-à-connaître et à une entité complexe et en perpétuelle rénovation, ce quelque chose-à-quoi-la-connaissance-est-attribuée, c'est-à-dire le Soi-autobiographique. La touche finale est apportée par la mémoire de travail, dont le rôle est de maintenir en état d'activité sur une certaine durée les nombreux « objets » du moment (c'est-à-dire l'objet à connaître et les différents objets qui forment notre Soi-autobiographique). L'échelle de temps n'est plus cette fraction de seconde qui caractérise la conscience-noyau mais un intervalle qui se mesure en secondes et en minutes, c'est-à-dire l'échelle temporelle de notre vie quotidienne, facilement extensible en heures et en années.

Résumons : la conscience-étendue dépend de la mise en œuvre de deux « astuces ». La première consiste à accumuler au fil du temps les souvenirs de nombreuses instances d'une classe particulière d'objets : les « objets » propres à la biographie de l'organisme, à notre propre expérience de vie, tels qu'ils se sont déployés dans notre passé et ont été mis en lumière par la conscience-noyau. Une fois que les souvenirs autobiographiques sont formés, ils peuvent être mobilisés de nouveau chaque fois qu'un objet, n'importe lequel, est traité par la conscience. Chacun de ces souvenirs autobiographiques est alors traité par le cerveau comme un objet, devenant ainsi un inducteur de la conscience-noyau au même titre que l'objet distinct du Soi que la conscience traite. Bien qu'elle ait recours au même mécanisme fondamental que la conscience-noyau — l'élaboration de cartes décrivant les relations entre l'organisme et les objets —, la conscience-étendue ne l'applique pas seulement à un objet unique X, distinct du Soi, mais à tout un ensemble d'objets préalablement mémorisés qui ont trait à l'histoire de l'organisme, éclairés chaque fois de nouveau par la conscience-noyau, et dont le rappel incessant constitue le Soi-autobiographique.

La seconde astuce consiste à maintenir en activité, simultanément et pour une certaine durée, les nombreuses images qui définissent ensemble le Soi-autobiographique, ainsi que celles qui définissent l'objet. Ces composants récurrents du Soi-autobiographique et de l'objet baignent dans le sentiment de connaître qui naît alors au sein de la conscience-noyau.

La conscience-étendue est donc la capacité de connaître immédiatement tout un ensemble d'entités et d'événements. Autrement dit, la faculté de construire un point de vue individuel, un sentiment de possession et d'agentivité sur un ensemble de connaissances plus vaste que celui qui échoit à la conscience-noyau. La définition du Soi-autobiographique auquel cet ensemble élargi de connaissances est attribué comprend des informations biographiques uniques.

La formation d'un Soi-autobiographique ne s'observe que chez les organismes dotés d'une substantielle capacité de mémorisation et de raisonnement, mais pas nécessairement du langage. Les psychologues du développement, comme Jerome Kagan, ont ainsi suggéré que les êtres humains se constituent un « Soi » dès dix-huit mois, et peut-être même avant. Il me semble que ce qu'ils appellent le « Soi » est le Soi-autobiographique[1]. Je pense par ailleurs que des singes comme les chimpanzés bonobo possèdent un Soi-autobiographique, et je m'aventurerai presque jusqu'à dire que c'est aussi le cas pour certains chiens de ma connaissance. Ils possèdent un Soi-autobiographique, mais ne sont pas tout à fait des personnes. Bien sûr, grâce à nos plus amples aptitudes de mémorisation, nous sommes, vous et moi, en mesure de raisonner et dotés de cette faculté cruciale qu'est le langage. Au fil du temps (la longue durée de l'évolution de l'espèce et la durée plus courte d'une vie individuelle), nos Soi-autobiographiques nous ont permis de connaître des facettes de plus en plus complexes de l'environnement physique et social de l'organisme, ainsi que de sa place et de ses possibilités d'action au sein d'un univers lui-même complexe.

La conscience-étendue n'est pas l'intelligence. La première donne à l'organisme un accès immédiat au plus grand ensemble possible de connaissances tandis que l'intelligence consiste à pouvoir manipuler le savoir de manière à concevoir et implémenter de nouvelles réponses. La conscience-étendue est un outil de présentation des connaissances, chargé de les exposer de manière suffisamment claire et efficiente pour qu'elles puissent être traitées intelligemment. Elle est donc l'une des conditions préalables de l'intelligence : en effet, comment pourrait-on manier intelligemment de vastes ensembles de connaissances si on ne pouvait y avoir accès au travers de la conscience-étendue ?

La conscience-étendue ne se confond pas non plus avec la mémoire de travail, bien que cette dernière joue un rôle important au sein du processus de conscience-étendue. La conscience-étendue repose sur la possibilité de garder à l'esprit les nombreuses configurations neuronales qui décrivent le Soi-autobiographique, et ce sur une certaine durée ; la mémoire de travail, en revanche, est très exactement la capacité de maintenir des images à l'esprit pendant suffisamment de temps pour qu'on puisse les manipuler intelligemment. Si vous voulez vous en faire une idée, pensez à ce que requiert le fait de garder à l'esprit un numéro de téléphone à dix chiffres ou bien le détail d'un itinéraire sans les noter. Vous pouvez également la tester : vous devriez être capable de garder en mémoire un nombre à sept chiffres suffisamment longtemps pour pouvoir réciter trois ou quatre de ces chiffres à l'envers et sans vous tromper[2]. Il n'y a pas de conscience-étendue sans une mémoire de travail assez grande pour que l'on puisse garder à l'esprit de multiples représentations pendant un long moment. En revanche, le rôle de la mémoire de travail au niveau de la conscience-noyau semble tout à fait négligeable. La notion d'« espace de travail global » que propose le psychologue Bernard Baars décrit bien la contribution d'aptitudes telles que la mémoire de travail ou la concentration à la formation de la conscience-étendue[3].

La conscience-noyau fait partie des outils de base d'organismes complexes tels que les nôtres : sa mise en œuvre dépend du génome ainsi, dans une moindre mesure, que de l'environnement initial. Il se peut qu'elle puisse être modifiée par les acquis culturels, mais sans doute assez peu. La conscience-étendue dépend également du génome, mais les acquis culturels influent de manière significative sur son développement en chaque individu.

COMMENT ÉTABLIR LA PRÉSENCE D'UNE CONSCIENCE-ÉTENDUE ?

La conscience-étendue s'appuie sur la conscience-noyau pour son développement mais aussi à chaque instant. L'étude de patients souffrant de troubles neurologiques montre que la conscience-étendue disparaît en l'absence de conscience-noyau. Les patients souffrant de crises d'absence, d'automatismes épileptiques, de mutisme akinétique et d'état végétatif persistant ne possèdent ni l'une ni l'autre. Mais l'inverse n'est pas vrai : comme on le verra dans les pages qui suivent, il arrive que la conscience-étendue soit détériorée sans que la conscience-noyau soit atteinte.

Même s'il s'agit d'un plus vaste sujet, il est plus facile d'étudier scientifiquement la conscience-étendue que la conscience-noyau. Nous avons une assez bonne compréhension de sa nature sur le plan cognitif, ainsi que des traits comportementaux qui lui correspondent. Un organisme doté de conscience-étendue est capable de prêter attention à toutes sortes d'informations, présentes non seulement dans son environnement extérieur mais aussi en son for intérieur, dans son esprit. Prenons un exemple. Comme vous êtes doté d'une conscience-étendue, il est probable que vous prêtiez attention simultanément à plusieurs contenus mentaux différents : le texte imprimé, les idées qu'il évoque, les questions qu'il pose, mais aussi peut-être de la musique ou un bruit particulier dans la maison, ainsi que vous-même en tant que sujet connaissant. Ces informations ne sont pas toutes aussi saillantes ni toutes précisément définies, mais elles sont bien toutes là, en scène ; il se peut d'ailleurs qu'à un moment ou un autre, pendant quelques secondes ou quelques minutes, l'une d'entre elles ou même plusieurs passent sous les feux de la rampe.

Un organisme doté de conscience-étendue est capable de planifier des comportements complexes dans l'instant ainsi que sur de plus longues périodes — des heures ou des jours, des semaines ou des mois. L'observateur pourra en déduire que ces comportements complexes et pertinents ont été élaborés en tenant compte de l'histoire personnelle de l'individu et de son contexte actuel. Autrement dit, les actes d'une personne doivent faire sens non seulement dans l'immédiat, mais encore dans un contexte plus large.

Les travaux de Hans Kummer sur les babouins et de Marc Hauser sur les chimpanzés suggèrent la présence d'une conscience-étendue (au sens où je l'entends) chez des espèces non humaines. Le patient travail de terrain de Kummer et les ingénieuses expérimentations de Hauser mettent en évidence des types de comportements qui requièrent précisément les opérations cognitives décrites ci-dessus. Considérons par exemple le long et complexe processus de décision par lequel une troupe de babouins choisit le point d'eau qu'elle fréquentera un jour donné. La décision dépend d'une série de facteurs : la quantité d'eau estimée au point choisi, le risque lié à la présence éventuelle de prédateurs, la distance à parcourir, etc. Les informations recueillies incitent à penser que ces facteurs sont pris en compte et reliés aux besoins homéostatiques des individus présents dans la troupe[4].

Les connaissances mémorisées à travers les différents systèmes ou modes sensoriels ne peuvent se déployer en interne sans une conscience-étendue, pas plus que la manipulation de ces connaissances de manière à résoudre des problèmes ou à les rapporter. L'exercice normal de ces différentes aptitudes témoigne de la présence d'une conscience-étendue. On saura qu'un individu dont la conscience-noyau est intacte possède une conscience-étendue s'il montre qu'il dispose à long terme (et pas seulement ponctuellement) d'aptitudes telles que la reconnaissance des objets, le rappel de souvenirs, la mémoire de travail, le fait d'éprouver des émotions et des sentiments, ainsi que des facultés de raisonnement et de prise de décision.

Un individu dans un état neurologique normal n'est jamais totalement dénué de conscience-étendue, et pourtant nous concevons sans peine ce qu'éprouve probablement un individu doté de sa *seule* conscience-noyau. Il suffit d'imaginer ce qui passe dans la tête d'un enfant d'un an. Je soupçonne que différents objets se présentent à l'esprit, qu'ils sont attribués à un Soi-central et disparaissent aussi vite qu'ils sont venus. Ils se présentent sous une forme clairement définie chacun à son tour devant un « Soi » simple qui vient à les connaître ; les objets ne sont cependant pas reliés entre eux à plus grande échelle dans l'espace ou le temps, et on n'observe pas de mise en rapport de l'objet avec des expériences passées ou des anticipations du futur. Nous verrons plus loin que cette hypothèse est confirmée par l'analyse des troubles neurologiques. Comme souvent en ce qui concerne le fonctionnement de l'esprit, la neurologie nous apporte un point de vue irremplaçable sur la question.

Les troubles de la conscience-étendue

Si la perte de la conscience-noyau entraîne bien une perte de la conscience-étendue, l'inverse n'est pas vrai. Les patients dont la conscience-étendue est compromise d'une façon ou d'une autre continuent à disposer de leur conscience-noyau. Le caractère prioritaire de cette dernière est donc fermement établi.

L'AMNÉSIE GLOBALE TRANSITOIRE

Les exemples les plus étonnants de troubles de la conscience-étendue se présentent sous une forme aiguë et dramatique dans des cas d'amnésie globale transitoire. Il s'agit d'une affection bénigne dans la mesure où les patients retrouvent leur état normal. L'amnésie globale transitoire peut se manifester au début des épisodes migraineux, parfois en signe avant-coureur du mal de tête, parfois en s'y substituant. Elle se déclenche brutalement et peut durer plusieurs heures, sans jamais dépasser une journée : un individu parfaitement normal se retrouve alors soudainement privé de tous les souvenirs récents qui se sont ajoutés à sa mémoire autobiographique. L'esprit n'accède plus à ce qui a pu se produire dans les derniers instants, ou bien les minutes ou les heures précédentes. Il arrive parfois que l'individu ne puisse plus se souvenir de ce qui s'est passé dans les jours précédant le début de l'attaque.

Dans la mesure où notre mémoire immédiate inclut également le souvenir d'événements que nous sommes constamment en train d'anticiper (ce que j'appelle volontiers les souvenirs du futur), une personne atteinte d'amnésie globale transitoire n'a plus accès à aucun souvenir des prévisions et des projets qu'elle avait établis pour les minutes, les heures ou les jours à venir. L'amnésique global transitoire n'a souvent pas la moindre idée de ce que le futur lui réserve. Il est ainsi privé de son histoire personnelle, aussi bien passée que future, mais il reste conscient (grâce à la conscience-noyau) des événements et des objets du présent. Même si un patient ne parvient en effet pas à reconnaître une personne ou un objet donné, il ne demeure pas moins conscient (centralement) qu'il lui manque un certain type de connaissance. Cependant, bien que doté d'une conscience tout à fait claire des objets et des actions du présent, le patient n'arrive pas à donner un sens à la situation : en l'absence d'informations autobiographiques à jour, le présent est tout simplement incompréhensible. Cet état pathologique met donc en évidence les importantes limites de la conscience-noyau : le présent demeure une énigme si on ne peut connaître ni l'origine de la configuration actuelle des objets, ni le motif des actions entreprises. Voilà pourquoi les patients atteints d'amnésie globale transitoire ne cessent de répéter anxieusement les mêmes questions : où suis-je ? Qu'est-ce que je fais ici ? Comment suis-je venu ? Que faut-il que je fasse ? Ils ne demandent en général pas qui ils sont. Ils ont une connaissance basique de leur personnalité, même si ce sentiment de Soi est généralement appauvri. Les patients atteints d'automatisme épileptique fournissent de bons exemples d'une suspension de la conscience-noyau, et de tout ce qui en dépend (le Soi-central, le Soi-autobiographique, la conscience-étendue) ; ceux qui souffrent d'amnésie globale transitoire nous offrent un parfait exemple d'une suspension de la conscience-étendue et du Soi-autobiographique alors que le Soi-central et la conscience-noyau sont préservés.

Il y a quelques années, nous avons eu l'occasion d'étudier un patient atteint d'une des formes les plus bénignes d'amnésie globale transitoire que nous ayons jamais rencontrée, et j'aimerais vous exposer son cas. Il s'agissait d'une femme intelligente et cultivée ayant fait carrière avec succès comme rédactrice. Elle souffrait depuis longtemps de maux de tête migraineux et jouissait par ailleurs d'une excellente santé. Environ neuf mois avant d'être admise dans notre service, elle commença à souffrir d'épisodes migraineux de type classique, occasionnellement accompagnés de troubles de la vision dans l'un des hémisphères visuels et parfois de troubles du langage. Les accès devinrent plus fréquents, environ un par semaine. Deux semaines avant son admission, lors d'une visite de routine chez son médecin de famille, elle se plaignit de ses maux de tête et fut adressée à notre clinique. Le médecin lui avait recommandé de noter soigneusement la façon exacte dont le mal de tête se déclarait, son évolution ainsi que ce qui avait pu le déclencher. Elle s'appliqua donc à rapporter minutieusement ses épisodes migraineux au moment où ils se produisaient (il y en eut quatre) avant de faire l'expérience d'un « événement étrange » dont elle donna la description suivante, d'une écriture claire et lisible au moment même où elle en éprouvait les symptômes. Voilà le texte intégral de son rapport[5].

Jeudi 6 août, 11 h 05 : À ma table de travail. Soudain, un étrange événement. Impression d'être sur le point de m'évanouir ou de me sentir mal. La vue claire, mais tout mon être se concentre sur cet étrange épisode. Je m'adosse. Ferme les yeux. Me concentre sur le fait de *ne pas* être malade (envisage d'aller aux toilettes, me ravise, préfère rester assise). Ne perds jamais conscience de mon environnement, mais suis complètement centrée sur moi et ce sentiment bizarre (ne perds ni le sens d'où je suis, ni la perception des sons). Sentiment de chaleur une fois que c'est fini, demande à ma collègue de bureau s'il fait chaud dans la pièce (maintenant, cinq minutes plus tard, ne me souviens pas de ce que j'ai dit), elle dit que ça va (je crois). Maintenant je me sens bien. Il est 11 h 18. Mais ne suis pas très concentrée sur ce que je fais.

Regarde mon travail. Ne reconnais pas les pages du manuscrit sur lequel je travaille ! Le parcours d'avant en arrière, mais n'arrive pas à savoir ce que je fais exactement (je vois clairement quel est le but général, mais pas celui de la page sur laquelle je suis ou de ce que j'y faisais).

Regarde mon calendrier pour prendre note de cet « événement », j'y trouve que certains noms, des gens avec qui j'ai eu affaire ces derniers dix jours, me perturbent : je ne suis pas certaine de leur identité. La plupart des noms cependant me paraissent clairs.

11 h 23 : Relecture. Je me souviens d'avoir commencé à écrire ceci mais ne peux reconnaître les premières lignes ! Ai maintenant l'esprit plutôt clair, mais reste un peu confuse en ce qui concerne les implications, s'il y en a ?, de ce que je viens d'éprouver. Maintenant la tête claire et OK, peut-être un peu lourde. (Je m'attends à un mal de tête mais il n'est pas là.) Je n'ose pas regarder mon travail pour voir s'il a plus de sens qu'il y a dix minutes.

11 h 25 : Je relis ce que j'ai écrit au début de la première page : je ne reconnais pas les mots que j'ai utilisés ! Je me souviens d'avoir commencé à écrire ce texte, mais suis étonnée de voir que le début me paraît bizarre.

11 h 30 : La tête toujours claire. Pas de mal de tête. Vision bonne. Essaie maintenant de me souvenir de circonstances pertinentes pour les noter. Matinée ordinaire. Pris un café à 10 heures. Occupée à lire et corriger un manuscrit toute la matinée. Pas quitté ma table de travail depuis le café.

Chaque fois que je relis ce que j'ai écrit, je trouve des phrases qui me perturbent parce que je ne me souviens pas de les avoir écrites. Des mots ordinaires, mais qui me perturbent parce ce que je ne les reconnais pas. (Note : tout du long, je suis restée certaine de qui je suis, où je suis et de ce que je suis en train de faire.)

11 h 35 : J'allume la radio sur un programme de musique classique.

11 h 45 : Lorsque j'ai regardé mon calendrier la première fois afin de rédiger le rapport sur cet épisode, je me suis vue perturbée par un ou deux noms qui y étaient inscrits. En fait, c'est à cause de cela que j'ai commencé à écrire ce compte rendu. Maintenant, presque une demi-heure plus tard, ces noms me troublent toujours (!). Je les ai vérifiés dans l'annuaire de ma section, je peux dire qui ils sont et ce que j'ai fait avec eux, mais suis toujours ennuyée de voir qu'ils restent bizarres. La note « les deux rapports sur le contrôle de l'infection sont arrivés », datée du 3 août, me paraît toujours confuse. (Je ne me souviens pas de ce à quoi elle fait référence, et nous sommes seulement le 6 août.)

11 h 50 : Je pense me souvenir d'avoir fait les rapports, mais ne peux me concentrer sur leur contenu. « contrôle de l'infection » ?

11 h 55 : Me suis rappelé où regarder pour vérifier les noms (mais n'arrive pas à me concentrer sur les rapports que j'ai parcourus pour eux). Pars déjeuner.

12 h 05 : En sortant, suis allée aux toilettes puis me suis arrêtée ici pour relire ceci et me demander quelle en était la signification, en dehors du fait qu'il s'agit d'un épisode transitoire quelconque. Partie maintenant déjeuner. La tête un peu lourde de façon générale.

13 h 00 : Arrivée à la cantine sans problème. Incertaine de l'identité d'amis de longue date dans le hall. Mais réussi à faire la conversation. Une fois dans la file d'attente, un instant de panique, ne sachant plus comment faire pour s'inscrire. M'en suis souvenue ensuite. Ai quand même regardé ce que la personne devant moi écrivait sur la carte pour m'en assurer. Commencé à écrire mon numéro de Sécurité sociale, quelques angoisses en cours de route. L'ai noté, je crois, correctement. Mangé un repas équilibré, une salade au thon et un verre de lait, seule à ma table. J'ai traîné un peu, me demandant quelles seraient les conséquences de cet épisode et s'il fallait que je le rapporte tout de suite à quelqu'un ? Ou bien rentrer à la maison me reposer ? Ou l'ignorer ?

13 h 20 : Me suis fait un café, repris le travail. À ce stade, ai décidé de ne rien faire. Je me sentais assez calme, en possession de mes facultés, et à peu près sûre de ce que je faisais (seulement un peu effrayée). Versé le café. Allumé la radio sur un programme musical agréable, toujours ce sentiment d'insécurité, consciente de mes battements de cœur (prendre le pouls : 80).

14 h 05 : Ai travaillé continûment, pour l'essentiel révisé le travail de ce matin. Me sens plutôt normale.

16 h 15 : Me sens plutôt normale. Partie vers 4 heures faire un tour à la bibliothèque, et flâné. N'ai pas tenté de lire ce texte depuis 13 h 20, ni de tester ma mémoire sur les éléments qui m'ont semblé confus il y a quelques heures.

17 h 45 : Avant de rentrer chez moi, je jette un coup d'œil au calendrier et réalise que je me trompais tout à l'heure sur des annotations des jours précédents ! Tout devient clair maintenant, et je me souviens des rapports sur lesquels j'ai travaillé et des gens impliqués. Je me souviens aussi que, lorsque je regardais ces notes pendant l'après-midi, elles me semblaient différentes (!) chaque fois. Pas de problèmes de coordination physique.

7 août, 10 h 05 : Me suis réveillée en forme. Soirée OK, la tête un peu lourde, sentiment d'anxiété, parlé à X... qui pense qu'il s'agit d'un problème de sucre. Petit déjeuner : deux tranches de pain à la banane et aux noix, un gros morceau de fromage, un petit jus d'orange, du café décaféiné et une demi-cuillerée de sucre. Partie travailler. 9 heures : senti un début de mal de tête derrière les yeux (en sueur). 9 h 30 : la douleur se confirme. Pris du vrai café avec deux cuillères de sucre, et une cuillère supplémentaire directement. Maintenant, 10 heures, la tête presque claire mais encore un peu lourde.

Pris rendez-vous par téléphone pour discuter du travail. Parlé à plusieurs personnes de questions professionnelles (OK, mon élocution est peut-être un peu ralentie. Je cherche mes mots ? En voilà assez).

13 h 25 : Le mal de tête est revenu plus tard. Déjeuné à midi. Le mal de tête ne me quitte pas. Toujours globalement derrière les yeux, c'est le gauche cette fois, et la tempe gauche, il irradie vers l'arrière de la tête, à gauche en bas.

10 août, 16 h 30 : Le week-end s'est bien passé. Aujourd'hui aussi.

Ce récit hors du commun a vu le jour grâce à un heureux concours de circonstances : il s'agissait d'abord d'un épisode de faible intensité, et le patient était moins angoissé que cela n'est habituellement le cas. En second lieu, son médecin traitant lui avait prescrit de noter dans le détail les circonstances de ses maux de tête : elle était donc prête à rapporter minutieusement tout événement susceptible d'y être lié. Enfin il s'agissait d'une femme intelligente et cultivée dont la personnalité et même la formation professionnelle l'incitaient à exposer ce qu'elle éprouvait de manière cohérente, organisée et pertinente.

Le processus de conscience-noyau ne fut pas interrompu au cours de la crise, et lui permit donc d'organiser ses pensées et ses actes de manière cohérente. Si nous avions assisté à l'événement et si nous avions été en contact avec elle, je pense que nous aurions remarqué quelque chose de différent dans son attitude, qu'elle nous aurait semblé peut-être préoccupée ou vague, sans doute les deux à la fois. Mais nous aurions certainement observé un état d'éveil, une attention concentrée et durable, un comportement approprié aux circonstances et une émotion bien compréhensible. Aucune ressemblance en quoi que ce soit avec le comportement de zombie d'un épileptique lors d'un épisode d'automatisme. C'est là une remarque importante dans la mesure où on tend à confondre ces deux types de troubles en raison de leur intensité et de leur caractère transitoire : or l'automatisme épileptique et l'amnésie globale transitoire sont aussi différents que le jour et la nuit.

La pathologie (même sous cette forme extrêmement bénigne) de cette patiente se manifestait surtout par un appauvrissement momentané de son Soi-autobiographique. La biographie lointaine existait bien toujours, mais il manquait la période de temps immédiatement antérieure à l'épisode pathologique, et même les événements des jours précédents se voyaient relégués dans l'ombre. La moindre accessibilité des informations autobiographiques, qui perturbait déjà fortement les expériences personnelles récentes, allait de pair avec un affaiblissement de l'aptitude à rappeler des informations personnelles. La patiente faillit paniquer quand elle se vit pendant un court moment incapable de se souvenir de son propre nom.

La crise provoquée par l'amnésie globale transitoire peut durer une journée ; en revanche, elle est fréquemment télescopée en moins d'une heure dans des cas d'amnésie posttraumatique, à la suite d'importants traumatismes crâniens. On trouvera matière à réflexion dans le cas suivant, récent : le patient DT fit une chute de cheval, sur le dos, et perdit immédiatement conscience. Les personnes qui se précipitèrent à son secours estiment qu'il demeura inconscient pendant une dizaine de minutes. DT était déjà réveillé à l'arrivée des premiers secours : il semblait confus et agité, demandant sans cesse ce qu'il se passait. Ses souvenirs de l'accident commencent là, et il se rappelle clairement être passé par une série d'états. Au tout début, il regardait les visages penchés sur lui sans comprendre ni qui ils étaient ni pourquoi ils le regardaient. Il ne savait pas bien où il était non plus, ou encore ce qu'il faisait par terre. Puis lui revint un certain sentiment de soi, sans pour autant qu'il comprenne la situation. Quelques moments plus tard, peut-être après avoir remarqué qu'il portait des vêtements de jogging, il déclara vouloir courir et que telle avait été son intention avant d'avoir affaire au cheval capricieux responsable de toute cette commotion. Ce n'est que lorsqu'il fut dans l'ambulance en route pour l'hôpital qu'il retrouva son identité.

DT était passé par plusieurs états neurologiques différents en l'espace d'une heure. Ce fut d'abord un état proche du coma, ou bien semblable à une phase de sommeil profond (sans rêves) ou encore à une anesthésie générale : toutes les formes de conscience, d'attention et d'éveil se trouvaient suspendues. Puis la vigilance et une attention minimale revinrent mais sans conscience-noyau, un état qui rappelle certains stades du mutisme akinétique ou de l'automatisme épileptique. Il passa enfin par un stade proche d'une amnésie globale transitoire, où la conscience-noyau est revenue mais pas encore la conscience-étendue. Enfin il retrouva toutes ses facultés.

La conscience-étendue se voit également perturbée au cours de la progression de la maladie d'Alzheimer. Lorsque l'oblitération des événements du passé est suffisamment poussée pour que les souvenirs autobiographiques soient compromis, le Soi-autobiographique s'éteint progressivement, et la conscience-étendue s'effondre. Cela précède l'effondrement de la conscience-noyau que j'ai décrit dans le chapitre 3. Le cas du patient et ami dont j'ai parlé **page 00** fournit un épisode éclairant.

Le patient était tranquillement assis quand il aperçut sa femme qui se dirigeait vers lui. Rien dans son comportement n'indiquait qu'il la reconnaissait, mais il répondit à son sourire chaleureux par un autre sourire. Sachant qu'il ne saurait pas qui elle était, elle ne se contenta pas de dire « bonjour » d'une voix douce, mais ajouta : « Je suis ta femme. » Ce à quoi il répondit, pour la première fois depuis le début de sa maladie : « Et qui suis-je ? » C'était une question tout à fait sérieuse et concrète, sans aucune trace d'humour ou d'anxiété. De son ancien Soi-autobiographique subsistait encore, vivace, une forme de curiosité qui le poussait tout simplement à vouloir savoir.

La maladie avait évolué depuis un premier stade où il n'est plus possible d'apprendre de nouveaux faits ni de battre le rappel de souvenirs d'ordre général, à un stade ultérieur où l'individu n'a plus accès à sa biographie personnelle. Le Soi-autobiographique et la conscience-étendue qui en dépend avaient désormais définitivement disparu. Quelques mois plus tard, ce serait le tour de la conscience-noyau et du sens du Soi simple qu'elle recouvre.

L'ANOSOGNOSIE

L'anosognosie est un autre bon exemple d'une détérioration de la conscience-étendue sans que la conscience-noyau soit touchée. Le terme d'*anosognosie* vient de l'association de deux termes grecs, *nosos* (maladie) et *gnosis* (connaissance) : il dénote l'incapacité où le patient est de percevoir sa propre maladie. Peu importe qu'en toute rigueur il aurait fallu dire « nosoagnosie » plutôt qu'*anosognosie*, pour l'aligner sur les autres termes existants comme *prosopagnosie* ou *simultanagnosie*, l'appellation est restée.

On rencontre toutes sortes de pathologies curieuses en neurologie, mais l'anosognosie est l'une des plus étranges. Le cas classique d'anosognosie est celui d'un patient qui se trouve entièrement paralysé du côté gauche à la suite d'une attaque cérébrale : incapable de mouvoir son bras, sa main, son pied ou sa jambe, la moitié du visage paralysée, incapable de se tenir debout ou de marcher, il ne voit pourtant vraiment pas où est le problème. Quand on leur demande comment ils se sentent, ces patients répondent le plus sincèrement du monde que tout va bien. Cette pathologie spectaculaire fut décrite pour la première fois par Babinski au début du vingtième siècle[6].

Les férus d'explications psychologiques ont longtemps pensé que cette dénégation de la maladie était motivée par des raisons psychodynamiques, qu'il s'agissait d'une réaction adaptative à un événement dramatique auquel le patient doit faire face, réaction en partie colorée par son histoire personnelle. Mais ils se trompent. On montrera facilement qu'il n'en est rien en examinant le cas symétrique, celui d'un patient hémiplégique à droite et non à gauche. Or ces patients ne sont pas atteints d'anosognosie. Il arrive qu'ils soient gravement paralysés, et même aphasiques, mais ils restent parfaitement conscients de leur tragique situation. L'anosognosie survient exclusivement à l'occasion de lésions de l'hémisphère droit. On remarquera avec intérêt que certains patients hémiplégiques à gauche, dont la paralysie est causée par des lésions cérébrales d'un type différent de celles qui provoquent l'anosognosie, sont conscients de leur handicap. Autrement dit, l'anosognosie se produit systématiquement en corrélation avec une lésion d'une région bien précise du cerveau, et seulement celle-là. Le déni de la maladie résulte de la perte d'une fonction cognitive précise, elle-même fonction d'une organisation cérébrale particulière endommagée par l'affection neurologique.

L'anosognosie se manifeste généralement sous une forme standard. DJ, une de mes patientes, était entièrement paralysée du côté gauche. Lorsque je la questionnais sur son bras gauche, elle commençait par dire que tout allait bien, qu'il avait peut-être été endommagé à un moment mais qu'il ne l'était plus. Quand je lui demandais de bouger son bras gauche, elle le cherchait autour d'elle puis, après avoir regardé son membre inerte, demandait si je voulais « vraiment » faire bouger « ça ». Ce n'est qu'à ce moment, parce que j'avais insisté, qu'elle reconnaissait qu'« il ne faisait pas grand-chose par lui-même ». Invariablement alors elle le déplaçait à l'aide de sa main droite valide et constatait l'évidence : « Je peux le bouger avec ma main droite. »

Cette incapacité à sentir un handicap automatiquement, rapidement et de façon interne à travers le système sensoriel du corps, est véritablement étonnante ; l'incapacité où le patient se trouve d'apprendre l'existence d'une telle défaillance, même après y avoir été confronté plusieurs fois, l'est encore plus.

Il arrive que certains patients parviennent progressivement à se souvenir de leurs nombreuses expériences du handicap et, s'appuyant sur cette information venue de l'« extérieur », qu'ils déclarent avoir déjà éprouvé ce problème, autrefois (même s'ils sont toujours malades)[7].

Les anosognosiques présentent des lésions de l'hémisphère droit, dans une région comprenant le cortex de l'insula, les aires cyto-architectoniques 3, 1, 2 (dans la région pariétale) et l'aire S2 (également pariétale) située au fond de la vallée sylvienne. Les lésions affectent la matière blanche des régions concernées de l'hémisphère droit, perturbant les connexions entre ces aires ainsi que leurs liaisons avec le thalamus, les ganglions de la base et les cortex préfrontaux et moteurs. Une lésion qui ne toucherait que certaines parties de ce système aux multiples composants ne cause pas d'anosognosie. (Voir les schémas de l'Annexe, Section 2.)

Les aires du cerveau qui sont interreliées au sein de la région plus large de l'hémisphère droit affectée par l'anosognosie engendrent sans doute par leurs interactions coopératives la carte la plus complète et la plus synthétique de l'état actuel du corps dont le cerveau puisse disposer[8].

J'ai suggéré que l'anosognosie résulte avant tout d'une incapacité à se représenter les états actuels du corps de manière automatique à travers les canaux d'information appropriés (ceux du système somatosensoriel). Sous une forme ou sous une autre, c'est cette explication qui revient le plus souvent[9]. Même si l'explication traditionnelle montre clairement quelle est la principale source du problème, il nous faut aussi expliquer pourquoi, quelques minutes après que l'on leur a annoncé qu'ils étaient paralysés, les patients ne parviennent pas à se souvenir d'une information aussi importante. Ni pourquoi, après avoir constaté qu'ils étaient paralysés et vu qu'ils étaient incapables de mouvoir leurs membres gauches de la même manière que les droits, ils ne se souviennent pas non plus de ces informations d'ordre visuel quand on leur pose la question un peu plus tard.

Il nous faut une explication plus complexe que la simple absence de mise à jour somato-sensorielle pour comprendre comment quelqu'un peut continuer à croire quelque chose de faux après avoir été informé du contraire. Je propose l'hypothèse suivante : l'altération des cartes somato-sensorielles dans l'hémisphère droit frappe au cœur du plus haut niveau de représentation intégrée de l'organisme et, ce faisant, perturbe en partie le fondement biologique du proto-Soi. La représentation de l'état actuel de l'organisme à son plus haut niveau n'est plus exhaustive et cesse par conséquent d'être disponible pour la carte de second ordre de la relation organisme-objet, dont dépend la conscience. En revanche, il est toujours possible de forger des cartes de second ordre à partir de modifications de la représentation du proto-Soi à ses stades inférieurs, au niveau par exemple du tronc cérébral. La conscience-noyau demeure par conséquent intacte. Mais le Soi-central qui en émerge ne peut plus contribuer à la mémoire autobiographique sans doute parce que ce type de contribution requiert une instantiation du secteur correspondant au proto-Soi au niveau des cortex somato-sensoriels droits.

Cette proposition ne tient bien sûr que si nous admettons que les représentations corporelles se produisent à différents niveaux, du tronc cérébral aux cortex et que leurs contributions varient de niveau en niveau. Les contributions de type inférieur (au niveau du tronc cérébral) sont essentielles pour le maintien de la conscience-noyau : en effet, d'autres types de contributions sont invalidées en cas d'absence ou de défaillances des contributions du tronc cérébral. Il est probable que les contributions de type supérieur (au niveau du cortex) servent essentiellement à mémoriser les récentes modifications de l'état corporel et à mettre à jour la part de la mémoire autobiographique consacrée au corps.

Les lésions à l'origine de l'anosognosie ne détruisent pas toutes les représentations de l'organisme, seulement la série de représentations qui relie minutieusement le cadre musculo-squelettique à l'état actuel du milieu interne et des viscères. Le plus haut niveau d'intégration dans ce cas correspond à un ensemble de cartes somato-sensorielles situées dans l'insula ainsi que les aires S2 et S1 de l'hémisphère droit.

L'anosognosie n'affecte pas plusieurs représentations importantes de l'organisme : celles qui sont liées à la zone de l'hémisphère gauche qui fait pendant au complexe insula/aire S1/aire S2, celles qui se trouvent dans les noyaux du pont et du cerveau moyen (au niveau du tronc cérébral) et celles qui se situent au niveau de l'hypothalamus. La somme de ces représentations fournit un aperçu partiel, et non exhaustif, de l'état de l'organisme. Elles ne fournissent donc à la mémoire autobiographique qu'une partie des informations, et non un compte rendu détaillé et exhaustif.

L'anosognosie est un trouble hybride de la conscience. Les patients souffrent d'une défaillance de leur Soi-autobiographique, et leur conscience-étendue présente des anomalies. De plus, puisque les lésions affectent aussi les composants de plus haut niveau de la représentation du corps, le proto-Soi des patients est également partiellement détérioré.

L'ASOMATOGNOSIE

Nous l'avons vu, le proto-Soi repose sur plusieurs types de représentations de l'état de l'organisme, qui ont respectivement trait au milieu interne, aux viscères, à la stimulation motrice et au cadre musculo-squelettique. Je serais tenté de dire que ces représentations ne contribuent pas de manière égale à la mise en place du proto-Soi : je soupçonne que les représentations du milieu interne et celles des viscères jouent un rôle de tout premier plan. Le cas de LB, une patiente que j'ai étudié il y a quelques années en collaboration avec mon collègue Steven Anderson, a renforcé cette conviction. LB souffrait d'asomatognosie, ce qui signifie littéralement absence de reconnaissance du corps. Elle avait subi une légère attaque cérébrale ayant partiellement atteint les cortex somato-sensoriels droits, plus spécifiquement la deuxième aire sensorielle (S2). Les lésions n'étaient pas suffisantes pour causer des défaillances sensorielles ou motrices détectables, ni d'ailleurs de comportements émotionnels anormaux. Cependant, comme il arrive parfois à l'occasion de petites lésions vasculaires, LB devint sujette à des crises provenant de la région cicatricielle. Lors de certaines de ces crises, on observa un fait remarquable : la patiente se déclarait incapable de sentir son propre corps, c'est-à-dire qu'elle n'avait pas conscience des muscles de son torse et de ses membres. La première fois, elle s'en inquiéta. Elle avait l'esprit alerte, savait qu'elle était vivante, en train de penser, mais ne parvenait pas à sentir son corps au sens habituel du terme. Elle pouvait néanmoins sentir ses battements de cœur et décida d'effectuer quelques « tests » sur son propre corps, notamment en pinçant sa peau et ses muscles en divers endroits. Elle ne sentit rien au début, mais la sensation lui revient progressivement au bout de quelques minutes. Dix minutes plus tard, tout était revenu à la normale. Ses propres termes pour décrire l'épisode furent qu'il s'agissait d'un « sentiment étrange », « comme si je ne pouvais plus sentir mon corps ». Elle était certaine d'avoir gardé l'esprit clair et elle savait parfaitement qui elle était et où elle était, malgré la bizarrerie de l'événement.

Après son admission à l'hôpital, et alors que nous tentions de déterminer d'éventuelles anomalies à partir d'un électro-encéphalogramme, on lui demanda d'appeler quelqu'un si une nouvelle crise s'annonçait. Lorsque ce fut le cas, une infirmière se précipita à son chevet et y demeura pendant toute la durée de l'épisode ; nous pûmes l'interviewer peu après. L'infirmière déclara que la patiente était en mesure de s'orienter correctement dans l'espace ou par rapport à une autre personne durant la crise. LB affirma être restée « pleinement consciente » et put décrire la situation avec une étonnante précision. « Je n'avais pas perdu le sentiment d'exister, juste [perdu] mon corps. »

Ces épisodes me semblèrent résulter d'une inactivation temporaire d'une portion conséquente du cortex somato-sensoriel de l'hémisphère droit à la suite d'une attaque. Le centre de l'attaque se trouvait sans doute en bordure de la lésion affectant la région S2 ; l'attaque avait ensuite gagné, selon la procédure de Jackson, la région S1 située juste au-dessus au niveau du gyrus postrolandaire. Le plus haut niveau d'intégration des informations sur l'état actuel de l'organisme s'était ainsi trouvé temporairement suspendu. La patiente continuait néanmoins de recevoir des signaux sur l'état de son corps au niveau du tronc cérébral, de l'hypothalamus, dans certaines portions isolées de son insula droite et dans les cortex somato-sensoriels gauches. La transmission de ces signaux aux cortex cingulaires demeurait possible. La représentation synthétique des informations d'ordre musculo-squelettique avait disparu tandis que les signaux ayant trait au milieu interne, aux viscères et à l'activité vestibulaire n'étaient pas affectés. Je suppose que ce sont ces derniers qui ont permis à la patiente de garder le « sentiment d'exister ». Ils fournissaient cette part du proto-Soi qui permettait de continuer à produire une conscience-noyau.

On remarquera qu'en raison de la dominance des cortex somato-sensoriels droits (chargés d'intégrer l'information corporelle pour le corps tout entier, aussi bien à gauche qu'à droite) le handicap touche les deux moitiés du corps même si la lésion se situe uniquement dans l'hémisphère droit.

Les patients atteints d'anosognosie présentent des lésions bien plus importantes au niveau des cortex somato-sensoriels droits, ainsi qu'au niveau de leurs interconnexions sous-jacentes ou de leurs liaisons avec le cortex cingulaire, le thalamus et la région frontale. Tout comme LB, ils gardent une conscience-noyau et sont conscients de leur « être ». Mais la défaillance persistante du processus d'intégration des signaux corporels affecte durablement la remise à jour de leur mémoire autobiographique, perturbant inévitablement le bon fonctionnement de leur esprit.

La conscience-étendue est également compromise chez des patients atteints de graves défaillances de la mémoire de travail, dont les cas les plus spectaculaires sont provoqués par des lésions importantes du lobe frontal concernant la partie externe de deux hémisphères cérébraux. Le spectre des images que ces patients peuvent avoir à l'esprit, à un moment ou à un autre, est assez limité, et ils n'ont donc plus accès aux niveaux supérieurs de la conscience-étendue.

Nous trouvons également des exemples de détérioration de la conscience-étendue dans plusieurs affections psychiatriques, même si leur complexité empêche qu'on puisse l'expliquer autrement que par des hypothèses. On peut néanmoins raisonnablement affirmer que la manie et la dépression, sous leurs formes les plus aiguës, s'accompagnent d'une altération de la conscience-étendue. Pour le dire très simplement, il semble que le Soi-autobiographique connaisse une expansion considérable lors des épisodes maniaques, alors qu'il rétrécit dans les accès de dépression. Certains cas de schizophrénie, d'hallucinations auditives ou d'insertion dans les pensées peuvent être considérés, du moins en partie, comme des troubles de la conscience-étendue. Selon toute vraisemblance, ces patients présentent des anomalies de leur mémoire autobiographique et de leur Soi-autobiographique. On remarquera cependant que les « objets » de leur perception, au cours de telles manifestations, sont eux-mêmes anormaux, probablement comme leur proto-Soi et leur conscience-noyau.

Il se peut qu'une détérioration de la conscience-étendue ait contribué à la dissolution du Soi que l'on associe aux états de dépersonnalisation ou d'oubli de soi mystique ; c'est également vrai dans le cas, controversé, des personnalités multiples.

Dans notre discussion de la conscience-noyau, j'ai proposé une analogie entre les comportements observés (et la conscience qui les sous-tend) et une partition orchestrale où on trouverait plusieurs lignes mélodiques concomitantes attribuées chacune à un groupe d'instruments musicaux. Je me suis ainsi penché sur les « partitions comportementales » et « cognitives » tantôt d'individus dont la conscience-noyau est intacte, tantôt de patients présentant des troubles de la conscience-noyau. Je propose maintenant d'en faire de même pour la conscience-étendue.

Le patient dont la conscience-étendue a été altérée présente une « partition comportementale » très différente de celle d'un patient atteint de troubles de la conscience-noyau. L'éveil, l'attention minimale et les émotions d'arrière-plan sont intacts, ainsi que les comportements routiniers et certaines émotions spécifiques. Les comportements associés à des objectifs simples se déroulent normalement. Ce sont certains comportements très précis, reposant sur une bonne connaissance du passé et du futur, qui posent problème. Le patient est manifestement dans l'incapacité de les produire ou d'éprouver les émotions qui y sont habituellement associées.

La « partition cognitive » de ces patients forme un excellent contrepoint à l'observation extérieure. Ils ont conscience d'être éveillés, d'être vivants, d'un processus de production et de présentation d'images, et ils éprouvent des sensations. En revanche, ils n'ont plus accès à des significations de niveau supérieur. La représentation mentale du Soi-autobiographique est à tel point appauvrie que l'esprit ne sait ni d'où vient ce Soi ni où il va. Ils ont un certain sens d'être en vie, mais ne peuvent véritablement l'examiner.

Le transitoire et le permanent

Le type d'organisation de la conscience que je propose permet de résoudre le paradoxe suivant, exposé par William James : il me semble que je reste le même au fil du temps, et pourtant mon flux de conscience me présente un Soi continuellement changeant. La solution consiste à dire que ce Soi apparemment fluctuant et ce Soi permanent, bien qu'étroitement liés, ne sont pas un, mais deux. Le Soi fluctuant dont parle James est le sens que nous avons du Soi-central. Il ne change pas vraiment mais il a une présence transitoire, éphémère, continuellement modifiée et suscitée de nouveau à chaque instant. Le Soi qui semble permanent est le Soi-autobiographique, dans la mesure où il se base sur une accumulation de souvenirs de faits cruciaux pour la biographie d'un individu ; ces archives peuvent donc être partiellement réactivées, donnant ainsi un sens de continuité et de permanence à nos vies.

Cette organisation duelle dépend à la fois du mécanisme de la conscience-noyau et de la disponibilité des souvenirs. La conscience-noyau nous fournit un Soi-central, mais nous avons encore besoin d'une mémoire conventionnelle pour construire le Soi-autobiographique. L'explicitation du Soi-autobiographique — c'est-à-dire la présentation des contenus du Soi-autobiographique au sein de la conscience-étendue — requiert pour sa part à la fois une conscience-noyau active et une mémoire de travail active. Les créatures dont la faculté de mémorisation est limitée ne connaissent pas le paradoxe de James. Le monde qu'elles habitent est presque un monde innocent : certes, le flux apparemment continu de moments de conscience leur fournit sans doute un certain sens de leur individualité, mais elles ne connaissent ni le poids ni les richesses d'une mémoire de leur histoire personnelle, faite de souvenirs du passé ou d'anticipations du futur.

Si on suit ma proposition, la conscience-noyau est une pièce centrale. Ce caractère central ne signifie pas pour autant que la conscience-noyau dépend d'une seule structure. Nous avons déjà vu qu'elle nécessite de multiples structures neuronales. Cependant, la complexité du système, le grand nombre de ses composants et la concertation nécessaire à son fonctionnement ne doivent pas masquer le fait suivant : si on considère le cerveau dans son entier, le système de base sur lequel repose la conscience-noyau (c'est-à-dire la combinaison des régions associées au proto-Soi et des régions associées aux cartes de second ordre) se réduit à un ensemble bien précis de sites anatomiques au lieu d'être réparti uniformément sur tout le cerveau. Il y a de nombreuses aires cérébrales qui ne jouent aucun rôle dans la formation de la conscience-noyau.

La robustesse de la conscience-noyau lui vient de ce caractère central, tant sur le plan anatomique que fonctionnel, et du fait que *n'importe quel* contenu d'esprit, qu'il soit le fruit d'une interaction en cours ou bien d'un souvenir que l'on rappelle, peut activer la mise en route du système de conscience-noyau et engendrer par là même une pulsation de conscience-noyau transitoire. La conscience-noyau n'est pas organisée sur un mode sensoriel « visuel » ou « auditif », mais elle peut être *utilisée* par n'importe quel mode sensoriel, ainsi que par le système moteur, pour connaître un objet ou un mouvement, quels qu'ils soient.

Les contenus du Soi-autobiographique — les souvenirs organisés et réactivés des faits cruciaux de la biographie d'un individu — sont les premiers bénéficiaires de la conscience-noyau. Chaque fois qu'un objet X suscite une pulsation de conscience-noyau et que surgit le Soi-central relatif à cet objet X, une sélection de faits tirés du Soi-autobiographique implicite se voit activée sous forme de souvenirs explicites, engendrant à leur tour d'autres pulsations de conscience-noyau.

Notre conscience-noyau est stimulée à tout moment de notre vie d'êtres sentants par un ou plusieurs objets cibles *ainsi que par un ensemble de souvenirs autobiographiques associés qui ont été réactivés*. Sans ces souvenirs autobiographiques, nous n'aurions aucun sens du passé ou du futur, et nos personnes seraient dépourvues de continuité historique. Mais sans le récit de la conscience-noyau ou sans le Soi-central transitoire qui l'accompagne, nous n'aurions aucune connaissance du moment présent, des événements du passé ou des anticipations du futur que nous avons gardés en mémoire. La conscience-noyau est la pierre angulaire indispensable qui précède, sur le plan de l'évolution de l'espèce comme sur celui de l'individu, la formation de la conscience-étendue. Pourtant, en l'absence de cette dernière, la conscience-noyau n'aurait d'échos ni du passé ni du futur. L'imbrication des consciences centrale et étendue, comme du Soi-central et du Soi-autobiographique, est parfaite.

Le support neuro-anatomique du Soi-autobiographique

J'aurai recours, pour traiter du support neuro-anatomique du Soi-autobiographique, au même cadre théorique que dans mon étude des relations entre le cerveau et les images mentales. Ce cadre postule la présence de deux espaces : *un espace imagé*, l'espace au sein duquel se produisent explicitement tous les types d'images sensorielles et qui inclut également les contenus mentaux manifestes auxquels la conscience-noyau nous donne accès ; *un espace dispositionnel* au sein duquel une mémoire dispositionnelle archive des savoirs implicites qui permettront de construire des images réactivées, de produire des mouvements et de faciliter le traitement des images. Certaines dispositions gardent trace d'une image précédemment perçue, facilitant la construction d'une image similaire dans le souvenir. Elles facilitent également le traitement d'une image actuellement perçue en influant notamment sur le degré d'attention qui lui est accordé, et l'intensité avec laquelle elle est mise en valeur par la suite.

L'espace imagé et l'espace dispositionnel reposent chacun sur une assise neuronale. Les différents cortex sensoriels premiers correspondant aux différentes modalités sensorielles présentent des configurations neuronales qui forment sans doute la base des images mentales. Les cortex de niveau supérieur (évolutivement récents) et plusieurs noyaux sous-corticaux possèdent des dispositions à partir desquelles on peut construire aussi bien des images que des actions — allant au-delà du simple stockage ou de la présentation explicite des configurations présents au sein de ces images ou ces actions. (Voir schéma, dans l'Annexe, sur la localisation des cortex sensoriels premiers et des cortex de niveau supérieur.) De telles dispositions se situent selon moi au sein de groupes de neurones connus sous le nom de zones de convergence [10]. La séparation de la cognition entre un espace imagé et un espace dispositionnel correspond donc à une séparation du cerveau entre 1/ des cartes des configurations neuronales, activées au sein des cortex sensoriels premiers, des cortex dits limbiques et de certains noyaux sous-corticaux, et 2/ des zones de convergence situées dans les cortex supérieurs et certains noyaux sous-corticaux. (Voir la Section 3 de l'Annexe pour plus de détails.)

Le cerveau construit les souvenirs de manière extrêmement distribuée. Prenons par exemple le souvenir d'un marteau. Nulle part au sein du cerveau nous ne trouverons un endroit précis associé à une entrée pour le mot marteau suivie d'une définition claire de ce qu'est un marteau, comme dans un dictionnaire [11]. D'après les informations dont nous disposons à l'heure actuelle, il semblerait plutôt que le cerveau répartisse sur plusieurs fichiers différents aspects de nos interactions passées avec les marteaux : leur forme, leur maniement, la courbure de la main et le geste à effectuer pour manier un marteau, le résultat de l'action, le mot qui le désigne dans les langues que nous connaissons. Ces informations archivées sont inactives, implicites et dispositionnelles ; elles correspondent à plusieurs sites neuronaux distincts localisés dans les différents cortex supérieurs. Cette partition est imposée par la constitution même du cerveau et la nature physique de notre environnement. C'est une chose que d'évaluer visuellement la forme du marteau, une autre de le faire par le toucher ; le schème moteur mobilisé quand nous manions le marteau ne peut être stocké dans le même cortex que le schème visuel qui correspond au mouvement tel que nous le voyons, ou que les phonèmes qui constituent le mot marteau. La séparation sur le plan spatial des informations archivées ne pose pas de problèmes dans la mesure où ces informations, lorsqu'elles sont explicitées sous forme d'images, ne sont exposées que dans un nombre limité de sites, et qu'elles sont coordonnées dans le temps de manière que les raccords entre les différentes informations intégrées au sein de l'image soient imperceptibles.

Si je vous dis marteau et vous demande de me dire ce que ce mot signifie, vous allez m'en donner immédiatement une définition utile, à partir de laquelle on peut travailler. Cette définition suppose notamment le déploiement instantané de plusieurs configurations mentales explicites concernant les diverses facettes du marteau. Bien que les souvenirs correspondant aux différents aspects de nos interactions avec les marteaux soient gardés dans des zones distinctes du cerveau, sous une forme inactive, ces aires cérébrales sont connectées de telle sorte que les archives implicites et inactives puissent se transformer en images explicites, bien que sommaires, rapidement et presque simultanément. Le fait d'avoir accès à l'ensemble de ces images nous permet ensuite de produire une description verbale de l'entité concernée, sur laquelle se fondera la définition.

Je pense que nos souvenirs autobiographiques, ceux des entités et des événements qui composent notre autobiographie actuelle, mobilisent probablement le même cadre général que n'importe quel autre souvenir d'une entité ou d'un événement quelconque. La différence tient à ce que les souvenirs autobiographiques font référence à des faits établis, des invariants de notre propre histoire personnelle.

Je propose l'hypothèse suivante : le stockage des archives de nos expériences personnelles répondrait à la même configuration éclatée, distribuée sur plusieurs cortex d'ordre supérieur, qui correspondrait à l'immense variété de nos interactions quotidiennes. Les différents fichiers sont étroitement coordonnés au moyen de liaisons neuronales en sorte que leurs contenus puissent être réactivés et explicités conjointement, à la fois rapidement et efficacement.

Les éléments clefs de notre autobiographie — ceux qui doivent pouvoir être réactivés de façon fiable presque en permanence — ont trait à notre identité, à nos expériences récentes ainsi qu'aux expériences anticipées, notamment celles qui concernent un futur proche. Il me semble que ces éléments cruciaux proviennent d'un réseau réactivé en permanence et basé sur les zones de convergence situées dans les cortex temporaux, les cortex frontaux d'ordre supérieur ainsi que certains noyaux sous-corticaux tels que ceux des amygdales. L'activation coordonnée de ce réseau multisite est fixée par les noyaux thalamiques ; le maintien en mémoire sur une certaine durée des composants récurrents implique le recours aux cortex préfrontaux associés à la mémoire de travail. Autrement dit, le Soi-autobiographique est un processus d'activation coordonnée et de présentation des souvenirs personnels, basé sur un réseau multisite. Les images qui représentent explicitement ces souvenirs sont exposées dans plusieurs cortex évolutivement anciens avant d'être retenues sur une plus longue période par la mémoire de travail. Elles sont traitées comme n'importe quel autre objet et se font connaître du Soi-central par les pulsations de conscience-noyau qu'elles suscitent.

La conscience-étendue repose avant tout sur la présentation en continu du Soi-autobiographique. Elle apparaît quand la mémoire de travail retient *à la fois* et simultanément un objet donné et le Soi-autobiographique, c'est-à-dire quand un objet donné et les objets qui constituent l'autobiographie de l'individu activent de concert la conscience-noyau.

Le Soi-autobiographique, l'identité et la personnalité

J'ai indiqué plus haut que l'identité et la personnalité, les deux notions qui nous viennent immédiatement à l'esprit quand nous pensons au terme *Soi*, nécessitent la mémoire autobiographique et son actualisation dans le Soi-autobiographique. Les archives de la mémoire autobiographique contiennent les souvenirs constitutifs de l'identité ainsi que ceux qui permettent de définir la personnalité. Ce que nous entendons généralement par *personnalité* repose sur de nombreuses contributions. Parmi elles, l'une des principales concerne les « traits » de caractère dont l'ensemble forme le « tempérament » et que l'on peut déjà détecter à la naissance. Certains de ces traits sont transmis génétiquement et d'autres se forment lors des premiers contacts avec l'environnement. Les interactions uniques entre un organisme vivant en cours de croissance et son environnement particulier, aussi bien sur le plan physique, humain ou culturel, jouent également un rôle essentiel. Cette dernière contribution, en permanence sous l'ombre de la première, est archivée dans la mémoire autobiographique et sert de fondement au Soi-autobiographique et à la personnalité. L'existence d'une mémoire autobiographique permet aux organismes d'apporter des réponses émotionnelles aussi bien qu'intellectuelles généralement cohérentes à toutes sortes de situations, simples ou complexes, bénignes ou dangereuses, de la simple préférence à l'affirmation de principes éthiques fondamentaux.

Quand nous disons qu'une personne a été modelée par l'éducation reçue et la société environnante, nous faisons référence à l'association de plusieurs contributions : 1/ les « traits » de caractère et les « dispositions » génétiques, 2/ des « dispositions » acquises très tôt lors du processus de développement sous l'influence conjointe des gènes et de l'environnement, et 3/ des épisodes personnels uniques, vécus sous les auspices des deux précédents, sédimentés et continuellement reclassés au sein de la mémoire autobiographique. Nous pouvons imaginer que le pendant neuronal de ce processus complexe consiste à créer des archives dispositionnelles sur la base desquelles le cerveau a la possibilité d'évoquer, une fois confronté au stimulus adéquat, une série de réponses plus ou moins simultanées allant de l'émotion au fait intellectuel. Si on retient l'hypothèse des zones de convergence, on pourra imaginer que ces réponses sont contrôlées par des archives situées dans des aires bien précises du cerveau et chargées de répartir ces réponses sur plusieurs structures : les cortex sensoriels premiers pour l'exposition de diverses images sensorielles, les cortex limbique et moteur ainsi que les noyaux sous-corticaux pour l'exécution de toutes sortes d'actions, y compris les émotions.

Il faut compter non seulement avec la grande variété des zones de convergence (ou des sites dispositionnels), mais encore avec leur éloignement spatial : certaines se situent selon toute probabilité dans les cortex (réparties qui plus est entre les régions temporales et les régions frontales), tandis que d'autres se trouvent dans les noyaux sous-corticaux. J'imagine que, dans le cas des personnalités qui nous semblent les plus harmonieuses et les plus mûres — à en juger par leurs réactions standards —, le réseau de connexions entre les multiples sites de contrôle est tel que les réponses s'organisent selon différents niveaux de complexité, certaines n'impliquant l'activation que de quelques aires cérébrales, d'autres requérant une opération concertée sur une plus grande échelle, impliquant des sites à la fois au niveau des cortex et des noyaux sous-corticaux.

La notion simple d'identité découle précisément de cet arrangement. Des zones de convergence, correspondant à plusieurs sites dans les régions frontales et temporales, abritent des dispositions susceptibles d'activer, de manière cohérente et réitérée, les données fondamentales de nos identités personnelles et sociales qui étaient situées au niveau des cortex sensoriels premiers. Il peut s'agir aussi bien de notre réseau de parenté que du cercle des amis, de tous les lieux qui nous ont marqués ou encore de nos prénoms. Notre identité réside pour ainsi dire dans les cortex sensoriels. À tout moment de notre vie consciente, un ensemble cohérent d'archives identitaires est explicité, fournissant ainsi une toile de fond à notre esprit, susceptible d'être rapidement reléguée à l'arrière-plan si besoin est. Il arrive parfois que cet ensemble de fichiers réactivés s'élargisse de manière à inclure de plus grands pans de notre histoire personnelle ou de nos perspectives futures. Il n'en reste pas moins que ces fichiers, élargis ou non, sont actifs et disponibles à tout moment. Nous savons que leur inactivation est inhabituelle et attire l'attention, puisqu'elle résulte en une forme ou une autre d'amnésie globale transitoire.

Dans les premiers temps de ma recherche, la pensée du fardeau que pouvaient représenter la répétition incessante et la réactivation interne des mêmes configurations sensorielles chargées de présenter la même information me troublait. Ne s'agissait-il pas d'une charge trop lourde pour les neurones ? Je me rassurai en pensant aux tâches incroyables qui incombent à certains autres tissus biologiques. Après tout, les cellules musculaires du cœur ne sont-elles pas condamnées, une vie durant, à se contracter sans relâche ?

L'idée que chacun de nous se fait de soi, l'image de soi que nous nous construisons progressivement au physique comme au mental de notre position au sein de la société, repose sur la mémoire autobiographique qui se déploie sur des années d'expérience et se trouve constamment remodelée. Je pense que l'essentiel de cette construction opère en dehors de la conscience, de même que le remodelage (voir la section consacrée à l'inconscient, ci-après). Ces processus conscients et inconscients, quel que soit leur poids respectif, dépendent de nombreux facteurs : les traits de personnalité innés ou acquis, l'intelligence, les connaissances, l'environnement social et culturel. Notre Soi-autobiographique actuel, celui que nous avons à l'esprit en ce moment même, ne résulte pas seulement de nos biais innés et de nos expériences de vie ; il est l'aboutissement d'un travail sur les souvenirs que nous gardons de ces événements, travail effectué à la lumière de ces différents facteurs.

Les modifications du Soi-autobiographique au cours d'une vie ne dépendent pas seulement du remodelage conscient et inconscient du passé, mais aussi de la mise en place et du remodelage de nos perspectives d'avenir. L'un des facteurs clefs de l'évolution du Soi tient à mon avis à l'équilibre qui s'instaure entre ces deux déterminations, le passé vécu et l'anticipation du futur. La maturité personnelle signifie que nos anticipations du temps à venir prennent une part importante du Soi-autobiographique qui se dessine à chaque moment. Les scénarios que nous établissons sous forme de désirs, de souhaits, d'objectifs et d'obligations, et que nous gardons en mémoire, exercent à chaque instant leur influence sur nous. Il ne fait pas de doute qu'ils contribuent également à remodeler les expériences du passé, consciemment et inconsciemment, ainsi qu'à former la personne que nous pensons être, instant après instant.

Nos comportements et nos choix résultent pour une large part de cette « occasion de personnalité » concoctée par nos organismes à chaque instant. Il n'est donc guère étonnant que nous soyons versatiles et inconstants, que nous succombions à l'attrait de la vanité et de la trahison, que nous nous montrions malléables et volubiles : nous avons tous en nous le potentiel d'un Hamlet, d'un Iago ou d'un Falstaff. Si la situation s'y prête, ces personnages transparaissent parfois à travers nous — il faut l'espérer seulement pour un bref laps de temps. Il est d'ailleurs presque admirable que la plupart d'entre nous se contentent d'une seule personnalité, même s'il y a à cela d'excellentes raisons. En effet, l'histoire de notre développement tend à privilégier un mode de contrôle unifié, sans doute parce qu'un organisme unique a tout intérêt à disposer d'un seul Soi s'il veut assurer au mieux sa survie. Grâce à la richesse de notre imagination, le scénario de notre vie s'écrit en « versions multiples » — pour reprendre la métaphore proposée par Daniel Dennett[12]. Et pourtant, l'ombre portée du Soi-central profondément enraciné dans notre biologie, et du Soi-autobiographique qui se développe sous ses auspices, s'accorde constamment avec la sélection de « versions » qui convient le mieux à un Soi unique et unifié. De plus, ce mécanisme délicat de sélection évalue la probabilité que les scénarios retenus favorisent la continuité historique du Soi, son identité à travers le temps. Nous serons Hamlet l'espace d'une semaine ou Falstaff un soir, mais nous reviendrons toujours au point de départ. Un génie comme Shakespeare pourra utiliser les conflits internes du Soi pour modeler toute une série de personnages clefs du théâtre occidental ; un grand écrivain tel que Fernando Pessoa créera d'une seule plume quatre figures distinctes du poète. Mais c'est bien un seul et unique Shakespeare qui finira ses jours dans la tranquillité de Stratford, un seul et unique Pessoa qui cherchera l'oubli dans l'alcool et mourra dans un hôpital de Lisbonne. Autrement dit, le Soi unique, continu et unifié, est limité comme le fait remarquer Whitehead dans ses commentaires sur la conscience de soi, dans *Process and Reality*[13]. Les faiblesses humaines et les cas pathologiques troublants de personnalités multiples témoignent de l'existence de telles limites, mais n'infirment pas pour autant cette tendance à un Soi unique, et encore moins les avantages que cela représente pour la santé de l'esprit[14].

Le Soi-autobiographique et l'inconscient

Emprisonné injustement dans un donjon obscur, Florestan s'exclame : « Dieu, qu'il fait sombre ici ! » Le héros romantique de *Fidelio*, l'opéra de Beethoven, pourrait tout aussi bien faire référence aux ténèbres qui règnent sur les profondeurs de la mémoire humaine[15]. Nous ne savons pas quels sont les souvenirs que nous archivons et ceux que nous laissons de côté, ni comment nous les stockons, les classons et les organisons, ni comment nous faisons le lien entre des souvenirs dont la nature sensorielle, le sujet ou la teneur émotionnelle varient. Il est rare que nous exercions directement une forme de contrôle sur la « force » des souvenirs, ou la plus ou moins grande aisance avec laquelle nous pourrons les rappeler. Bien sûr nos intuitions, quant à la valeur émotionnelle, la solidité et la profondeur de nos souvenirs, ont leur intérêt, mais elles ne nous donnent pas une connaissance directe du mécanisme de la mémoire. Nous disposons d'un solide corpus d'études sur l'apprentissage et le processus de remémoration ainsi que sur les systèmes neuronaux nécessaires à l'archivage et au rappel des souvenirs[16]. Mais nous n'en avons pas une connaissance directe, consciente.

Il en va exactement de même pour les souvenirs qui constituent nos archives autobiographiques, et ce probablement d'autant plus que leur haute teneur émotionnelle peut inciter le cerveau à les traiter différemment. Nous avons conscience du contenu même des archives autobiographiques, mais nous ne savons pas comment elles sont stockées, dans quelle proportion, quelle est la solidité de leur ancrage, si elles se situent en profondeur ou en surface. Nous ne savons pas non plus comment ces contenus se voient reliés entre eux pour former des souvenirs, comment ils sont classés et réorganisés dans le puits de la mémoire, comment les liens entre différents souvenirs se définissent et se maintiennent à travers le temps sous cette forme inactive, implicite, dispositionnelle qui est celle de la connaissance en nous. Mais pourtant, même si ce n'est pas directement, nous avons une certaine connaissance des circuits où se logent les souvenirs. Ces derniers se situent pour la plupart dans les cortex de type supérieur, notamment au sein des régions temporales et frontales ; ils forment un réseau en étroite relation avec les régions limbiques corticales et sous-corticales ainsi qu'avec le thalamus. Il est probable que le donjon obscur de

Florestan sera bientôt partiellement éclairé, du moins en ce qui concerne la neurobiologie.

Certains ensembles de souvenirs autobiographiques sont certes réactivés simplement et en permanence : ils offrent à la conscience-étendue les traits caractéristiques de notre identité physique, mentale et démographique, des informations sur l'endroit où nous étions il y a quelques minutes, quelques heures ou la veille, ainsi que nos prévisions pour le futur immédiat (ce que nous devons faire dans les minutes ou les heures qui viennent, où nous allons ce soir ou demain). Les spectaculaires troubles neurologiques constatés lors des amnésies globales transitoires sont dus à une perturbation de cet aspect fondamental du Soi-autobiographique.

Il arrive cependant que certains contenus de la mémoire autobiographique restent enfouis pendant de longues périodes de temps, parfois pour toujours. On imagine alors sans peine que les souvenirs de certains événements biographiques ne soient jamais complètement reconstruits, qu'ils le soient en décalage avec l'original ou bien qu'ils ne remontent jamais en surface, puisque les souvenirs ne sont pas archivés tels quels et que la remémoration implique un processus complexe de reconstruction. Il se peut que ces souvenirs enfouis facilitent la remémoration d'autres souvenirs, lesquels parviennent à la conscience sous forme d'autres faits ou états émotionnels concrets. Ces derniers peuvent sembler inexplicables à la conscience-étendue du moment, en raison de l'absence apparente de lien avec les contenus de conscience alors manifestes. Ils peuvent paraître gratuits même si un réseau de connexions, reflétant soit la réalité d'un moment du passé soit le résultat de son remodelage par l'activité graduelle et inconsciente des magasins de la mémoire, existe effectivement en souterrain.

Intéressons-nous maintenant aux différentes acceptions, toutes légitimes, du mot « connexions » dans la phrase précédente. Ce terme désigne le lien historique éventuel entre les différents éléments et événements, la représentation mentale imagée des mêmes éléments et événements tels que nous les éprouvons, ainsi que la liaison neuronale entre les différents circuits du cerveau qui sont nécessaires pour archiver ces faits et les redéployer au sein de configurations neuronales explicites. Le monde de l'inconscient psychanalytique s'enracine donc au sein des systèmes neuronaux qui forment le support de la mémoire autobiographique ; on considère d'ailleurs généralement que la psychanalyse est une manière de retrouver un réseau de connexions psychologiques entrelacées au sein de la mémoire autobiographique.

Or ces dernières sont inévitablement en rapport avec le réseau de connexions neuronales dont je viens de parler.

L'inconscient, dans le sens étroit du mot que notre culture lui a conféré, n'est qu'une partie d'un vaste ensemble de processus et de contenus qui demeurent non conscients, c'est-à-dire absents de la conscience-noyau ou étendue. À vrai dire, la liste de ce que nous ne connaissons pas est stupéfiante. Elle inclut ainsi :

Toutes les images complètement formées dont nous ne nous préoccupons pas ;

Toutes les configurations neuronales qui ne deviennent jamais des images ;

Toutes les dispositions que nous avons acquises au fil de l'expérience, qui restent inactives et ne se transformeront peut-être jamais en un schème neuronal explicite ;

Le remodelage discret de ces dispositions et le travail de remise en réseau, qui ne sera jamais explicitement connu ;

Toute la sagesse et le savoir-faire caché que la nature a consignés dans des dispositions homéostatiques innées.

L'étendue de notre ignorance est décidément troublante.

Le Soi naturel et le Soi culturel

Il est généralement présomptueux de ranimer le débat entre nature et culture, et de chercher à déterminer si la forme que prend une fonction cognitive donnée chez un individu en particulier est le fruit de son génome (*via* certaines contraintes biologiques qui y sont liées) ou bien de son environnement (*via* les déterminations sociales). Mais curieusement, si nous examinons le phénomène de la conscience sous l'angle que je propose, ces distinctions semblent davantage possibles. Je serais ainsi prêt à avancer que presque toute la machinerie présente derrière la conscience-noyau et la formation du Soi-central est contrôlée en grande partie par les gènes. Si on excepte les cas de pathologies précoces des structures cérébrales, le génome est responsable de l'instauration des liaisons appropriées, tant neuronales qu'humorales, entre le corps et le cerveau, et de la mise en place des circuits nécessaires ; il permet également, avec l'aide de l'environnement, à l'ensemble de la machine de fonctionner de manière fiable pendant toute la durée de la vie.

Mais la formation d'un Soi-autobiographique est une tout autre affaire. Certes, le lien entre le Soi-central et les structures sur lesquelles repose le développement de la mémoire autobiographique est instauré sous le contrôle du génome. C'est également le cas des processus d'apprentissage ou de modelage des circuits corticaux et sous-corticaux grâce auxquels les zones de convergence et les dispositions se mettent en place. Autrement dit, la mémoire autobiographique se développe et mûrit à l'ombre d'une biologie héritée. Mais à l'inverse du Soi-central, de nombreuses facettes du développement et de la maturation de la mémoire autobiographique dépendent de l'environnement et sont même régulées par ce dernier. Le tout-petit, l'enfant ou l'adolescent est ainsi confronté à un schéma de punitions et de récompenses qui diffère selon les familles, les écoles ou les contraintes sociales. Le modelage des événements qui constituent l'histoire passée d'un individu et ses projections dans le futur s'effectue en grande partie sous l'influence de l'environnement. Les règles et les principes de conduite adoptés par une société et qui conditionnent la formation du Soi-autobiographique relèvent de l'acquis. Il en va de même pour le savoir à partir duquel les individus organisent leur autobiographie, et qui embrasse aussi bien les modèles de comportement individuel que les caractéristiques culturelles d'une société.

Quand nous parlons du Soi en nous référant à la dignité particulière d'un être humain, ou bien pour faire allusion aux lieux et aux personnes qui ont marqué notre vie et que nous décrivons comme nous appartenant, vivant en nous, nous parlons bien sûr du Soi-autobiographique. Il s'agit de l'état cérébral pour lequel l'histoire culturelle de l'humanité compte le plus.

Par-delà la conscience-étendue

La conscience-étendue est ce qui permet aux organismes humains de porter leurs aptitudes mentales à leur plus haute expression. J'entends par là la faculté de créer des objets utiles, celle de comprendre les pensées d'autrui, de percevoir l'esprit collectif, de souffrir plutôt que de simplement sentir la douleur et d'y réagir, d'accorder de la valeur à la vie, de déterminer de ce qui est bien et mal plutôt que de simplement percevoir du plaisir et de la douleur, de prendre en compte les intérêts d'autrui et de la communauté, de percevoir la beauté au lieu simplement d'éprouver du plaisir, de pressentir le désaccord des sentiments ou bien cette opposition entre des idées abstraites qui est à l'origine de notre sens de la vérité. De cette liste je retiendrai deux aptitudes remarquables : l'aptitude à s'élever au-dessus des diktats des dispositions neuronales liées à la survie de l'organisme (soit l'évaluation des avantages et des désavantages en terme de survie), et cette aptitude essentielle qui consiste à repérer des désaccords, ouvre la voie à la recherche de la vérité et conduit à inventer des normes et des idéaux censés réguler le comportement humain et l'analyse des faits. Non seulement je pense qu'il s'agit des plus beaux fleurons de la condition humaine, mais encore il me semble que nous touchons ici à la source de la *conscience morale*, cette fonction spécifiquement humaine. La conscience, qu'elle soit centrale ou étendue, ne constitue pas à mon sens l'apogée des qualités humaines : elle est nécessaire certes, mais pas suffisante.

L'articulation des précédences est des plus curieuses : le système inconscient de signaux neuronaux d'un organisme individuel engendre le *proto-Soi*, lequel permet le développement d'un *Soi-central* et d'une *conscience-noyau*, lesquelles à leur tour permettent la formation d'un *Soi-autobiographique*, puis de la *conscience-étendue*. En bout de chaîne, la *conscience-étendue* conduit à la *conscience morale*.

L'état respectif de nos connaissances en matière de conscience, de conscience-étendue ou centrale pourrait bien refléter l'ordre dans lequel les hommes ont pris connaissance de ces phénomènes et se sont interrogés à leur sujet. Les hommes en effet avaient identifié la conscience morale, et s'y étaient intéressés bien avant d'avoir posé le problème de la conscience-étendue, et encore moins de la conscience-noyau. Les dieux de l'Antiquité ne parlent pas aux héros homériques de processus conscients (*consciousness* en anglais) mais de conscience morale (*conscience*) : pensez au geste d'Athéna qui arrête la main du jeune Achille et l'empêche de tuer Agamemnon dans l'*Iliade*. Dix siècles av. J.-C., les épopées d'Homère supposent bien sûr l'existence d'une conscience-noyau mais sans y faire explicitement référence. Elles décrivent indirectement une conscience (*consciousness*) fragmentaire et empreinte de religion, mais se penchent essentiellement sur la conscience morale (*conscience*)[17]. Sept siècles av. J.-C., le grec Solon, recommandant à son lecteur de se connaître lui-même, fait sans doute référence aussi bien aux processus conscients qu'à la conscience morale (*conscience*)[18]. Les auteurs grecs à partir du ve siècle av. J.-C., les rédacteurs et les protagonistes de la *Genèse*, ceux du *Mahabharata* et ceux qui collectèrent le *Tao-tö king* firent preuve de la même sagesse. Mais aucun d'entre eux ne traite des processus conscients qui nous préoccupent aujourd'hui. Il ne s'agit pas seulement de l'absence chez Platon ou Aristote de terme décrivant la conscience telle que nous l'entendons (ni le terme *nous* ni celui de *psyche* ne sont des équivalents acceptables). L'idée même en est absente. (*Psyche* dénotait bien certains aspects de l'organisme qui me paraissent cruciaux pour la formation de ce que nous appelons conscience [souffle ; sang], ou bien étroitement liés [esprit ; âme], mais elle ne recouvre pas le même concept[19].) L'intérêt pour ce que nous appelons la conscience (*consciousness*) est récent — environ trois siècles et demi — et n'a été porté sur le devant de la scène qu'au vingtième siècle.

Les termes mêmes par lesquels nous désignons le « phénomène de la conscience » dans les différentes langues de la pensée occidentale suggèrent que l'intérêt pour le sujet et sa compréhension sont en relation inverse avec la complexité du vocabulaire utilisé. Par exemple, le terme correspondant à la conscience en anglais médiéval est *inwit*, une remarquable association entre l'idée d'intérieur (*in*) et celle d'esprit (*wit*). On trouve des occurrences du mot *conscience* (tiré du latin *con* et *scientia*, suggérant une collecte de savoirs) à partir du treizième siècle, alors que les termes *consciousness* et *conscious* n'apparaissent que dans la première moitié du dix-septième siècle, bien après la mort de Shakespeare (la première occurrence avérée de *consciousness* date de 1632). Shakespeare fait dire à Hamlet en 1600 : « C'est ainsi que la conscience fait de nous tous des couards », employant le terme dans son sens de *conscience* et non de *consciousness*. Bien que le Barde ait sans nul doute compris intuitivement et en profondeur la nature de la conscience-étendue et qu'il lui ait virtuellement donné un ancrage littéraire dans la culture occidentale, il ne pouvait pas la nommer comme telle. Il se peut même qu'il ait réalisé confusément la présence d'une conscience-noyau derrière la conscience-étendue, mais ce n'était pas là l'essentiel de son propos.

L'anglais et sa langue mère, l'allemand, disposent de termes distincts pour la conscience (*conscience ; Gewissen*) et les processus conscients (*consciousness ; Bewusstsein*). En revanche, les langues latines confondent les deux notions sous un seul terme. Si je tente de traduire l'adjectif *unconscious* en français (*inconscient*) ou en portugais (*inconsciente*), je peux aussi bien me référer à une personne dans le coma ou à un comportement inconscient. Dans la même situation, l'anglais nous propose *unconscious* et *unconscionable*, et l'allemand *unbewusst* et *gewissenlos*. Seul le contexte, en revanche, nous permet de trancher dans le cas des langues latines. On remarquera par ailleurs que la confusion engendrée par cette situation linguistique présente des aspects intéressants. Dans certaines langues latines, on peut également désigner les processus conscients grâce à un terme dénotant le savoir, le français *connaissance* et le portugais *conhecimento*. On remarquera, une fois de plus, que ce second terme fait référence aux « faits connus », sans doute le fait qu'il existe un Soi et qu'il lui est attribué un certain savoir. Quel que soit le mot employé pour désigner les processus conscients, nous ne sommes jamais bien loin de la notion de connaissance générale, à partir de variations sur *con* (avec) et *scientia* (les faits, scientifiques ou autres).

Quand le concept associé au terme de *consciousness* émergea, les peuples de langue latine choisirent d'adopter le terme de *conscience* plutôt que de former un nouveau vocable. Le phénomène culturel de tolérance du processus de superposition de significations différentes est très curieux et témoigne sans doute de l'évolution des préoccupations humaines en matière de langage : il vaut certainement la peine d'être étudié. Il semble bien que, d'une façon ou d'une autre, on ait accordé plus de poids à la proximité des termes de *conscience* et de *consciousness* qu'à leur différence. Les langues latines ne possèdent pas non plus d'équivalent au terme spécifique de *self*, contrairement à l'anglais ou à l'allemand (les pronoms réflexifs ne sont pas des substituts parfaits). On considère généralement que des termes tels que *je* ou *moi* suffisent à désigner une entité qui pourrait avoir un vocable attitré (une traduction directe de *self*).

On pourrait se dire qu'il eût été logique, puisque la conscience morale se situe au sommet de la pyramide de complexité que je viens d'évoquer, que l'on s'y intéresse en dernier. Or c'est précisément le contraire. Je prétends que nous en savons plus sur le fonctionnement de la conscience morale que sur celui de la conscience-étendue, de même que nous en savons plus sur la conscience-étendue que sur la conscience-noyau. Les travaux de Jean-Pierre Changeux sur la neurobiologie de l'éthique, ou bien de Robert Ornstein sur le rapport entre la conscience morale et la société, confirment mes dires. Les efforts déployés par Daniel Dennett, Bernard Baars et James Newman pour élucider les processus conscients impliqués dans le phénomène de la conscience-étendue vont dans le sens de ma dernière remarque [20]. Pour autant que je puisse l'affirmer, le cœur de ce mystère réside dans la conscience-noyau. Il se peut que les lacunes de notre connaissance de la conscience morale et de la conscience-étendue viennent de ce que nous n'avons pas encore résolu le problème de la conscience-noyau.

CHAPITRE 8

Neurologie et conscience

La proposition exposée dans les chapitres précédents constitue à mon sens le véritable point de départ d'un programme de recherche consacré aux assises neuronales de la conscience. Seule la mise à l'épreuve, sous plusieurs angles d'approche, de ces hypothèses dans les années qui viennent permettra en effet d'établir la valeur des idées que j'ai avancées. Entre-temps nous pouvons cependant les confronter à l'état actuel des connaissances en neuroscience, et c'est précisément ce que se propose ce chapitre.

Dans les chapitres 5, 6 et 7, j'ai présenté certaines hypothèses quant aux mécanismes de la conscience-noyau et de la conscience-étendue, et indiqué quelles étaient les structures anatomiques nécessaires au maintien du proto-Soi et de la carte de second ordre qu'ils requièrent.

Si les hypothèses que j'avance sont valides, les propositions suivantes devraient être vraies :

1. Des lésions bilatérales des cartes d'information somato-sensorielles (les assises neuronales du proto-Soi) sont susceptibles de perturber la conscience. Les dommages subis seront particulièrement graves si les lésions portent sur la partie supérieure du tronc cérébral et l'hypothalamus, où les structures du proto-Soi sont étroitement imbriquées, et moins sévères si les lésions affectent les structures situées plus haut (le cortex de l'insula, les aires S2 et S1 et les cortex associatifs pariétaux qui y sont liés) où les chaînes de traitement sont plus espacées.

2. Des lésions bilatérales des structures que l'on pense être impliquées dans la construction d'une mise en image de second ordre de la relation organisme-objet sont susceptibles d'invalider la conscience-

noyau soit partiellement, soit complètement. Il s'agit par exemple de certains noyaux du thalamus et des cortex cingulaires.

3. Des lésions bilatérales des cortex temporaux, incluant la région inféro-temporale (plus connue sous le nom de IT) ainsi que le pôle temporal (ou TP), ne devraient pas affecter la conscience-noyau. Dans ce cas en effet, les structures nécessaires à la représentation du proto-Soi, au traitement de la plupart des objets qui se présentent à la connaissance et à la mise en image restent toutes intactes. En revanche, des lésions des cortex temporaux affecteront l'activation des fichiers de la mémoire autobiographique et réduiront donc le champ de la conscience-étendue. Il en va de même pour des lésions bilatérales de certains cortex supérieurs situés dans les vastes régions préfrontales, où sont également archivés les fichiers à partir desquels le Soi-autobiographique peut être activé.

4. Des lésions bilatérales de l'hippocampe n'affecteront pas la conscience-noyau. Toutefois, dans la mesure où elles inhiberont l'apprentissage de nouvelles données, elles ralentiront la croissance de la mémoire autobiographique, affecteront son fonctionnement et altéreront par conséquent à l'avenir la qualité de la conscience-étendue.

5. Des lésions bilatérales des cortex sensoriels premiers chargés de traiter les informations sensorielles externes (la vision, l'ouïe) ne devraient pas affecter la conscience-noyau : seule la représentation des aspects d'un objet donné qui dépendent de ce cortex en particulier sera touchée. Le cas des cortex somato-sensoriels fait exception dans la mesure où ils fournissent une partie du support neuronal du proto-Soi. Les conséquences d'une lésion de ces derniers sont évoquées dans la section 1 ci-dessus.

6. Des lésions bilatérales des cortex préfrontaux, même graves, ne devraient pas affecter la conscience-noyau.

Dans les pages qui suivent, je m'appuierai sur l'état actuel des connaissances en neuropathologie, en neuro-anatomie, en neurophysiologie et en neuropsychologie pour examiner la validité de ces six propositions.

Première proposition : que savons-nous du rôle que jouent les structures du proto-Soi au sein de la conscience ?

La première proposition stipule que des lésions bilatérales des cartes d'information somato-sensorielles constituant le support neuronal du proto-Soi devraient affecter la conscience. Elle s'appuie sur différentes observations relevées dans des cas de coma, d'état végétatif persistant, de syndrome de « locked-in » et des lésions des ganglions de la base. Nous disposons d'une telle masse d'informations que je me restreindrai aux données concernant le coma et l'état végétatif persistant, dont je commencerai par donner une brève description[1].

C'EST COMME LE SOMMEIL

C'est comme le sommeil, ça ressemble au sommeil et, pourtant, ça n'est pas le sommeil. Le coma se présente toujours et partout de la même façon, et sa description clinique sera généralement la suivante : après s'être effondré brutalement, sans aucun signe avant-coureur, le patient, étendu par terre, respire avec difficulté. Il ne répond ni à sa femme ni aux ambulanciers au cours du trajet vers l'hôpital, pas plus qu'aux urgences ; il ne répond toujours pas aux stimulations des médecins quelques jours plus tard. S'il n'était pas relié à tout un dispositif complexe de sondes, de tuyaux et de moniteurs, et si on ne se trouvait pas dans l'enceinte d'une unité de soins high-tech spécialisée dans le traitement des pathologies cérébrovasculaires, vous pourriez penser qu'il est tout simplement endormi. Mais le fait est qu'il a subi une attaque cérébrale et qu'il se trouve dans le coma, un état extrêmement anormal dont aucune forme usuelle de stimulation ne parviendra à le tirer.

Vous aurez beau lui parler, lui chuchoter à l'oreille, toucher son visage ou serrer sa main, exécuter toutes les manipulations requises pour évaluer ce genre de situations, il ne se réveillera pas, ni spontanément ni sous l'effet d'une stimulation. Et pourtant son cœur bat, son sang circule, ses poumons tout comme ses reins et tous les autres organes ou systèmes nécessaires à la survie immédiate fonctionnent (avec le concours de l'équipe des soins intensifs). Le problème se situe au niveau du cerveau dont une partie, réduite mais cruciale, a été endommagée par l'attaque. On observe alors une suspension de l'état de veille, des émotions, de l'attention et des comportements volontaires, ce dont nous déduirons la suspension de la conscience. Non seulement le patient est incapable de manifester le moindre signe d'activité mentale consciente, mais il ne donne pas non plus les signes indirects de la présence d'une conscience. Il est bien vivant, mais son organisme a subi une modification radicale.

Lorsque nous nous endormons tous les soirs et que nous parvenons au stade 4, cet état de sommeil profond dénué de rêves et où l'organisme se régénère, nous expérimentons quelque chose de similaire à l'état de ce patient du point de vue de la conscience et du fonctionnement de l'esprit. Persuadés de nous réveiller à nouveau, nous ne craignons pas de mettre notre conscience et notre esprit en veilleuse pour quelques heures. La situation du patient comateux est en revanche bien différente : on ne peut le tirer de l'état de sommeil apparent où il a été plongé malgré lui, et il est peu probable qu'il redevienne conscient. Il est possible que son coma se prolonge et qu'il finisse par en mourir. Il est également possible que ce coma profond se transforme en un coma léger, et qu'il évolue vers un état permanent d'inconscience plus connu sous le nom d'état végétatif persistant.

Dans ce dernier cas, le patient présentera une alternance cyclique d'états apparents de veille et de sommeil, se succédant apparemment normalement. Deux types d'observations nous permettent de l'affirmer. La première concerne les variations de son électroencéphalogramme qui présentera ainsi pendant un certain nombre d'heures chaque jour les configurations caractéristiques des états de veille et de sommeil. Deuxièmement, il commencera à répondre aux stimuli en ouvrant les yeux. Rien toutefois ne nous permet malheureusement de dire qu'il est en train de recouvrer la conscience. Cela indique seulement le retour d'un état de veille. Comme nous l'avons vu plus haut, l'état de veille est nécessaire à la conscience (à l'exception bien sûr de l'activité onirique), mais il ne se confond en aucun cas avec elle. Il arrive également que le contrôle du patient végétatif sur des fonctions autonomes telles que la pression sanguine ou la respiration redevienne normal. Dans quelques très rares cas, on observera à l'occasion des mouvements coordonnés de la tête et des yeux, de rares paroles isolées et stéréotypées, un sourire ou une larme. Mais le comportement des patients végétatifs lors de leur état de veille apparent n'indique en rien, ni spontanément ni en réponse à une stimulation, qu'ils puissent être conscients. Ni l'émotion, ni l'attention ni les comportements volontaires ne reviennent chez les végétatifs. On pourra raisonnablement en déduire que la conscience n'est toujours pas à l'ordre du jour, déduction corroborée par les rares témoignages des patients qui ont fini par reprendre conscience[2].

La cause de cette tragédie est une lésion d'une toute petite partie du tronc cérébral. Le tronc cérébral relie la moelle épinière aux plus vastes régions des deux hémisphères cérébraux : il s'agit de cette structure en forme de tronc d'arbre qui relie la moelle épinière (une partie du système nerveux central, située au sein du canal de la colonne vertébrale qu'elle parcourt de haut en bas) au cerveau (la partie de ce même système nerveux central située à l'intérieur du crâne). (Voir le schéma 8.1.) Le tronc cérébral reçoit des signaux en provenance de toutes les parties

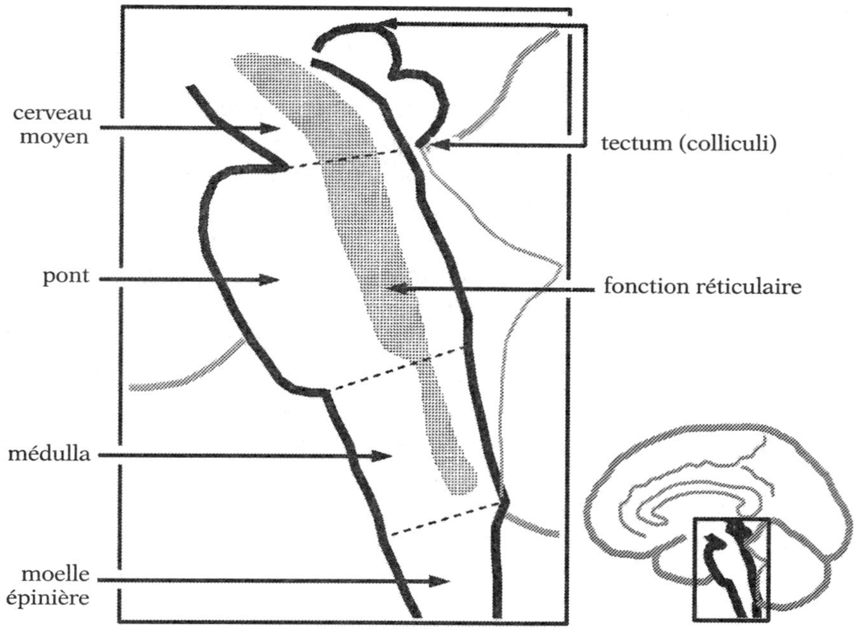

Schéma 8.1. Principales divisions anatomiques du tronc cérébral, en coupe sagittale à travers la ligne médiane du cerveau.
L'orientation anatomique est montrée dans le schéma enchâssé à droite du schéma principal.

du corps propre ; il sert également à véhiculer ces signaux vers des parties du cerveau situées plus haut, tout comme à véhiculer les signaux qui descendent en sens inverse du cerveau vers le corps propre. Il comprend également plusieurs noyaux et un réseau local de fibres nerveuses. On sait depuis longtemps que le contrôle des fonctions vitales (comme le cœur, les poumons et les intestins) et le contrôle des états de veille et de sommeil interviennent au niveau du tronc cérébral. La nature a donc comprimé en une portion très réduite du cerveau un grand nombre de voies de transmission essentielles, par lesquelles transitent des informations sur la situation chimique et neuronale du corps propre vers le système nerveux central, et *vice versa*. Ces voies de transmission sont parsemées d'innombrables centres de contrôle minuscules qui commandent un grand nombre d'opérations vitales.

Or leur répartition n'est en rien le fruit du hasard. Au contraire, comme presque toujours avec le cerveau, les voies de transmission comme les centres de contrôle sont disposés selon des configurations anatomiques cohérentes que l'on retrouve arrangées exactement de la même manière chez tous les humains et disposées selon un plan presque identique chez d'autres espèces animales[3]. Dans un cas de coma, c'est-à-dire à l'occasion de lésions localisées en dessous du thalamus, les zones détruites se situent entre la partie centrale et la partie supérieure du pont, en remontant jusqu'au cerveau moyen et à l'hypothalamus. Les lésions se trouvent d'ailleurs obligatoirement dans la partie postérieure, et non antérieure, du tronc cérébral[4].

Les lésions à l'origine des états comateux ou végétatifs persistants épargnent en règle générale un certain nombre de noyaux des nerfs crâniens ainsi que plusieurs systèmes ascendants et descendants ; elles détruisent en revanche toujours plusieurs familles de noyaux du tegmentum du tronc cérébral, dont certains noyaux réticulaires bien connus comme le nucleus cunéiforme et le nucleus pontis oralis que je désignerai ici sous le nom de *noyaux réticulaires classiques*. Les lésions affectent également les noyaux « non classiques » susceptibles d'être regroupés ou non, selon l'auteur, sous l'appellation quelque peu controversée de « formation réticulaire ». Il s'agit d'un ensemble de noyaux monoamine (locus cœruleus, aire tegmentale ventrale, substance noire, noyaux du raphé), de noyaux acétylcholine et de larges agrégats de noyaux comme le nucleus parabrachial et la substance grise périaqueducale. Il arrive que les colliculi soient également touchés ; en tout cas, leurs flux d'entrée et de sortie sont coupés. Soit leur fonctionnement est compromis, soit le produit de leur activité ne peut être acheminé jusqu'au tronc cérébral ou au télencéphale. (Voir schéma 8.1. La formation réticulaire est indiquée en grisé.)

Les situations de coma ou d'état végétatif persistant corroborent-elles notre première proposition ? Je pense que oui, même s'il faut ici préciser quelques points. On l'a vu, le type de lésions du tronc cérébral associées au coma affecte de nombreuses structures cérébrales, allant des noyaux réticulaires classiques (commandant l'état de veille) jusqu'aux noyaux non classiques (lesquels correspondent bien à la notion de proto-Soi que je propose). On pourrait dire que les troubles de conscience observés en cas de coma s'expliquent en partie par des lésions des noyaux réticulaires classiques. Mais cette explication est peu satisfaisante, même si nous tenons compte de l'étendue de nos lacunes neuropathologiques et neuro-anatomiques sur la question. Il est en effet peu probable que des familles de noyaux, certes distinctes mais contiguës, fonctionnent en parfaite indépendance. Cette explication ne tiendrait pas compte de la localisation anatomique et de l'environnement fonctionnel des noyaux réticulaires classiques et des noyaux monoamine/acétylcholine. Or ces noyaux sont anatomiquement et fonctionnellement étroitement liés à ceux qui régulent l'état actuel du corps et ceux qui le cartographient : tout ce qui affecte les uns influe sur les autres [5]. Je ne voudrais pas suggérer que les noyaux réticulaires classiques et les noyaux monoamine/acétylcholine n'agiraient pas comme on pense qu'ils le font, c'est-à-dire en activant et en régulant le thalamus et le cortex cérébral. Mais je pense qu'ils le font dans des conditions établies en grande partie par les structures du proto-Soi qui régissent le corps et en représentent l'état actuel au sein du tronc cérébral. Notre description du tronc cérébral sous l'angle de la conscience se doit d'inclure les structures de la régulation corporelle ; il nous faudra peut-être également élargir la caractérisation anatomique du proto-Soi pour y inclure les noyaux réticulaires classiques — une future piste de recherche sur laquelle nous ne pouvons pas statuer pour le moment.

La proposition n'est pas valide sur un deuxième point : en effet, certains patients comateux, lesquels ne manifestent absolument aucun signe de conscience, présentent un électro-encéphalogramme normal. Les fonctions des noyaux réticulaires classiques auraient donc pu être préservées d'une manière ou d'une autre (cela pourrait aussi tout simplement indiquer que les résultats des EEG doivent être interprétés avec prudence quand il s'agit de statuer sur la conscience, puisqu'on rencontre des patients conscients dont l'EEG est anormal) [6].

Le coma résulte parfois de lésions conjointes de la partie supérieure du cerveau moyen et de l'hypothalamus, ou bien du thalamus. Dans ces deux cas, la situation reste compatible avec notre première proposition. Des lésions de la partie supérieure du cerveau moyen et de l'hypothalamus détériorent une part importante des structures nécessaires à l'implémentation du proto-Soi. De plus, et ce n'est pas le moindre, elles bloquent les voies de transmission qui remontent au proto-Soi cortical et aux sites des cartes de second ordre. Les lésions du thalamus donnent lieu aux mêmes effets.

On remarquera que dans le cas de lésions du tronc cérébral qui n'affectent pas la conscience, comme dans le syndrome du « locked-in », les régions décrites ci-dessus restent intactes : presque toutes les structures que je viens d'énumérer se trouvent en dehors de la zone détruite en cas de « locked-in ». Cette pathologie étonnante mérite que l'on s'y attarde.

C'EST COMME LE COMA

Les lésions du tronc cérébral à l'origine du coma ne sont pas les seules à nous permettre de vérifier la validité de notre première proposition : c'est aussi le cas de certaines lésions qui ne provoquent pas de coma, surtout de celles qui affectent des zones immédiatement voisines des aires détruites en cas de coma. L'exemple le plus frappant est celui de lésions touchant une région du tronc cérébral située seulement à quelques millimètres de la région associée au coma, et qui provoquent une pathologie gravissime, le syndrome du « locked-in ». Ainsi que je l'ai indiqué dans le chapitre sur les émotions, les patients atteints de « locked-in » perdent l'usage volontaire de leurs membres mais demeurent conscients. Laissez-moi vous donner une idée de la situation.

Cette tragédie se déclare généralement brutalement, tout comme dans les cas de coma. Le patient va soudainement s'effondrer et rester à terre sans pouvoir bouger ni parler, comme dans un cas de coma ; il restera ainsi immobile et muet pendant le reste de sa vie. Son entourage pensera qu'il a eu une attaque et il se peut que dans les premiers temps, pour une période de quelques heures, quelques jours ou semaines, il soit plongé dans le coma. Mais tôt ou tard, au cours de son séjour à l'hôpital, on découvrira que le patient est bien éveillé, à défaut de se mouvoir. Quelqu'un soupçonnera qu'il puisse être conscient à la lumière de quelques maigres indices : le regard, l'impression qu'il a peut-être volontairement cligné des yeux. Le sort de ce patient aura changé du tout au tout en l'espace d'un instant, le temps d'un clignement de paupière. On découvrira ainsi à la suite d'examens plus approfondis qu'il lui reste la maîtrise d'un seul mouvement : lever ou abaisser les yeux, cligner des paupières. Le patient ne peut ni froncer les sourcils ni regarder de côté, ni remuer les lèvres ni tirer la langue, ni bouger aucun de ses membres, le cou, les bras ou les jambes. Cligner des paupières et bouger les yeux sur un axe vertical sont les seuls gestes volontaires qu'il peut encore effectuer. Mais grâce à cette activité résiduelle très limitée, on peut lui demander de lever les yeux, ce qu'il accomplit immédiatement ; de même, il peut baisser les yeux à la demande. Il est clair qu'il entend et comprend la signification de nos paroles. Il est conscient ; il n'est pas dans le coma. On désigne cette pathologie sous le nom de syndrome du « locked-in » (en français, « enfermement »), une description adéquate de la réclusion presque absolue à laquelle l'esprit du patient se voit condamné.

Ce faible reste de motricité permet d'établir un code de communication d'urgence : on demandera ainsi au patient de lever les yeux pour signifier oui et de les baisser pour dire non. Il pourra isoler une lettre de l'alphabet en clignant des yeux au moment où elle apparaît lorsqu'on lui en récite la liste, de manière à composer des mots et même des phrases, lettre par lettre, et donc à communiquer des pensées plus complexes. De tels codes permettent aux patients de répondre à des questions sur leur histoire ou leur situation actuelle, et d'établir un précieux dialogue avec les infirmières, les médecins et la famille. Si le coma est bien une tragédie, et si la tâche d'annoncer la nouvelle à la famille n'est guère facile, imaginez ce que peut représenter un cas de « locked-in », de soutenir le regard de quelqu'un qui, bien que conscient, voit ses facultés de communication réduites à un code des plus élémentaires. Il n'y a sans doute pas de maladie plus cruelle, et pourtant la neurologie nous présente toute une panoplie de cas plus difficiles les uns que les autres (la situation d'un patient souffrant d'un cas de sclérose latérale amyotrophique avancée, ou maladie de Lou Gehrig, n'est guère meilleure). Le seul réconfort face à de telles tragédies est de penser que l'absence générale de motricité réduit l'acuité de leurs réponses émotionnelles et semble leur procurer une certaine sérénité intérieure, en l'occurrence providentielle.

Les lésions à l'origine d'un « locked-in » sont tout à fait similaires à celles du coma, tant par leur taille que leur emplacement et leur mécanisme causal. Mais parce qu'elles ne se situent pas *exactement* au même endroit, le résultat est différent et le patient demeure conscient. Le syndrome du « locked-in » n'apparaît que si les lésions sont situées sur la partie antérieure et non postérieure du tronc cérébral. (Voir schéma 8.2.) Comme les voies de transmission qui véhiculent les signaux moteurs émis par l'ensemble du corps se trouvent dans la partie antérieure du tronc cérébral, les attaques à l'origine du « locked-in » annihilent en les détruisant toute possibilité de mouvement dans presque tous les groupes de muscles du corps. Il y a une heureuse exception : les voies de transmission commandant au clignement des paupières et aux mouvements verticaux des yeux se situent toutes deux dans la région postérieure du tronc cérébral. Voilà pourquoi elles sont épargnées par le « locked-in », ouvrant ainsi une possibilité de communication. Autrement, une aire cérébrale détruite en cas de coma est préservée en cas de « locked-in »[7].

Le contraste entre le coma et les cas de « locked-in » nous fournit de quoi corroborer l'hypothèse de la spécificité des structures impliquées dans la formation de la conscience. Il convient toutefois à ce

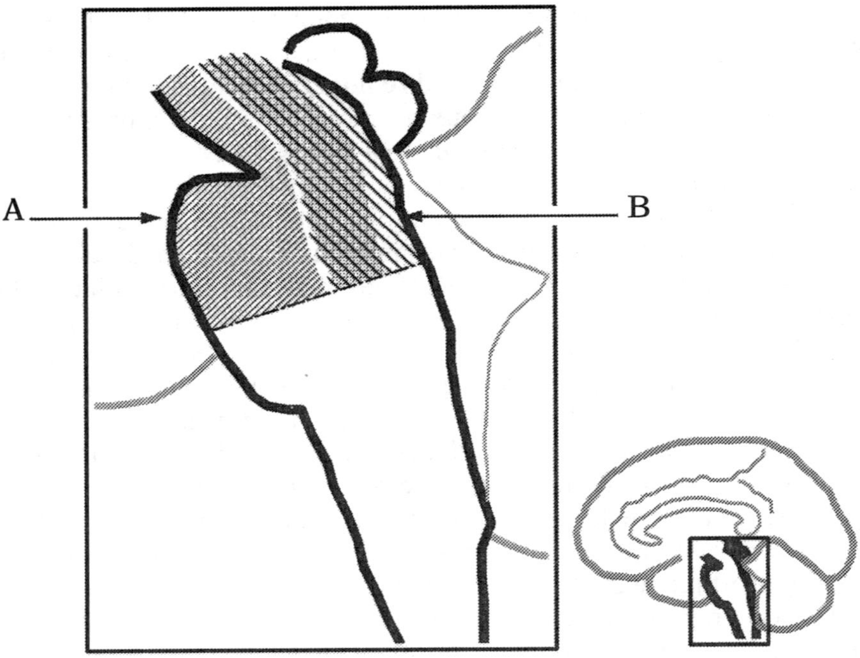

Schéma 8.2. Emplacement des lésions du tronc cérébral dans les cas de syndrome du « locked-in » (A) et dans les cas de coma (B).
L'orientation anatomique est semblable à celle du schéma 8.1. Les lésions à l'origine du syndrome de « locked-in » se trouvent dans la partie antérieure du tronc cérébral (devant), tandis que celles qui engendrent le coma se trouvent dans la partie postérieure du tronc cérébral (derrière).

stade d'élargir notre perspective et de prendre en compte tout ce que nous savons sur cette région du cerveau. Dans les pages qui suivent, je m'efforce de montrer qu'expliquer les états comateux ou végétatifs persistants à partir des seules lésions du système d'activation réticulaire ascendant revient à adopter une position réductrice, et ne rend pas justice à la complexité anatomique et fonctionnelle de cette région cérébrale.

QUELQUES RÉFLEXIONS SUR LE CORRÉLAT NEURONAL DU COMA ET DES ÉTATS VÉGÉTATIFS PERSISTANTS

Nous savons depuis longtemps, et de manière assez sûre, que la conscience ne se maintient pas sans un tronc cérébral intact. Les neurologues, notamment Fred Plum et Jerome Posner, ont réussi grâce à leurs travaux sur les patients comateux, végétatifs ou atteints de

« locked-in » à différencier la partie du tronc cérébral dont la destruction perturbait la conscience de celle qui ne le faisait pas. C'est en grande partie grâce à eux et à leurs efforts que nous avons pu identifier et même nommer ces deux derniers cas cliniques [8].

Un coma implique nécessairement la destruction d'une certaine partie du tronc cérébral contenant la région connue sous le nom de formation réticulaire. Elle est comparable à un axe excentré du tronc cérébral, qui va du niveau de la medulla oblongata — juste au-dessus de l'aboutissement de la moelle épinière — jusqu'en haut du cerveau moyen — juste en dessous du thalamus [9]. Mais la partie de la formation réticulaire qui nous intéresse le plus ici est celle qui se situe au-dessus de la partie centrale du pont, puisque ce n'est qu'à partir de là qu'une lésion entraîne le coma.

Certains auteurs hésitent à employer les termes de « formation réticulaire » ou de « noyaux réticulaires » en raison de la grande hétérogénéité à la fois anatomique et fonctionnelle de cette région, découverte à l'occasion de travaux sur la structure de ses composants [10]. Plusieurs autres appellations, comme « système limbique » par exemple, qui chapeautent plusieurs entités, posent le même problème. Mais il est néanmoins pratique, si on veut établir une continuité entre les anciens et les nouveaux modèles scientifiques, de continuer à utiliser des termes comme « limbique » ou « réticulaire », le temps de la transition, tout en les nuançant. Quoi qu'il en soit, on peut dire que la formation réticulaire n'est pas un « réticulum », c'est-à-dire un assemblage amorphe de neurones interconnectés dans un entrelacs informe ; il s'agit d'un ensemble de noyaux neuronaux identifiables, chacun doté d'une fonctionnalité spécifique et disposant de son propre réseau de liaisons de prédilection. On a ainsi identifié le nucleus parabrachial et montré qu'il jouait un rôle 1/ au cours de la nociception, 2/ dans la régulation de l'activité cardiaque, pulmonaire et intestinale, 3/ ainsi sans doute qu'au sein de la voie de transmission neuronale spécifiquement consacrée au goût. Cela ne veut pas dire pour autant que la notion de formation réticulaire s'est évaporée, mais plutôt que nous commençons à comprendre de quoi elle est faite sur le plan neuronal. Plusieurs des noyaux monoamine et acétylcholine mentionnés plus haut et qui font également partie de la formation réticulaire sont non seulement indispensables à l'attention et à la mémoire, mais jouent encore un rôle dans la régulation du sommeil [11]. Résumons : plusieurs noyaux réticulaires n'ont été identifiés que récemment, et certains parmi eux, comme les noyaux parabrachiaux, restent pratiquement inconnus en dehors du cercle des spécialistes qui tentent de

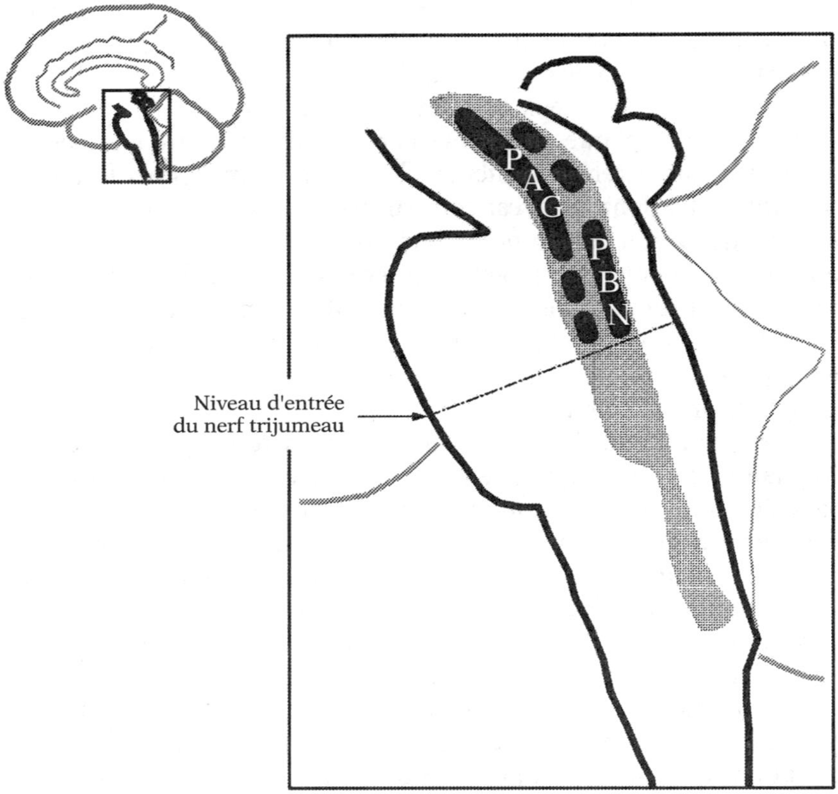

Schéma 8.3. Emplacement de certains des noyaux critiques du tronc cérébral, mentionnés dans la discussion.

L'orientation anatomique est la même que dans les schémas 8.1 et 8.2. La PAG (gray périacqueductal), le PBN (nucleus parabrachial), et la plupart des noyaux acétylcholine et monoamine se trouvent dans la partie supérieure du tronc cérébral, en arrière. Il s'agit de la même région globale dont la destruction provoque le coma.

comprendre leurs fonctions. Si je mentionne ces point encore obscurs, c'est pour en venir au principal : en effet les noyaux nouvellement découverts au sein de la formation réticulaire ont ceci de spécifique qu'ils influent sur la régulation homéostatique du milieu interne et des viscères. La recherche actuelle porte essentiellement sur la façon dont ils contribuent à réguler l'activité cardiaque, sur la façon dont ils interviennent au sein des processus de rétribution ou celle dont ils transmettent la douleur. Leur fonction principale, telle qu'elle est décrite aujourd'hui dans les publications scientifiques sur la question, consiste à réguler la vie, à gérer les états du corps. On a aussi étudié la relation entre certains de ces noyaux et le processus de sommeil, mais on s'est rarement penché sur le rôle qu'ils jouaient au sein de la conscience.

Nous sommes donc face à une scission plutôt inhabituelle dans l'histoire des recherches sur cette partie du cerveau. Une première piste de recherche, élaborée il y a presque un demi-siècle et malheureusement abandonnée depuis, voit dans cette région cérébrale une entité assez homogène qu'elle associe aux phénomènes de l'attention, de l'excitation, du sommeil et de la conscience. Les travaux qui se réclament de cette première école se réfèrent à une unité, la formation réticulaire, plutôt qu'à des noyaux particuliers (l'acronyme en vigueur est FRM, où le M désigne le mésencéphale ou cerveau moyen, selon les auteurs, et les initiales FR, la formation réticulaire ; le choix du terme n'est pas très heureux puisqu'il occulte la formation réticulaire de la partie supérieure du pont, pourtant partie prenante de cette unité fonctionnelle). La deuxième piste de recherche concentre son attention sur le rôle de certains noyaux individuels au sein de la régulation homéostatique. On pourrait penser à première vue que la distance entre ces deux pistes de recherche est à la mesure du fossé qui sépare leurs défenseurs respectifs, appartenant à des spécialités et des laboratoires distincts. Mais j'estime au contraire que nous avons tout intérêt à les réconcilier. Ces deux approches distinctes nous livrent en effet sans le vouloir le même message essentiel : les noyaux chargés de régir le processus de la vie et de représenter l'organisme, et les noyaux associés aux processus de veille et de sommeil, d'émotion, d'attention (et donc au bout du compte à la conscience) sont physiquement proches et même liés les uns aux autres. Il est d'ailleurs probable que certains de ces mêmes noyaux endossent en réalité plusieurs des fonctions évoquées.

LA FORMATION RÉTICULAIRE : AUTREFOIS ET AUJOURD'HUI

La conception traditionnelle de la formation réticulaire a été forgée par une série d'expériences remarquables réalisées à la fin des années 1940 et au début des années 1950 par Magoun, Moruzzi et leurs collègues. Ces expériences s'inscrivent à leur tour dans la continuité des études pionnières lancées par Bremer et Jasper dix ans auparavant [12]. La plupart d'entre elles furent faites sur des animaux, des chats en majorité, plus ou moins anesthésiés. Elles suivaient généralement le protocole suivant : 1/ on produit une lésion (par exemple un encéphale isolé, une préparation expérimentale qui consiste en une section horizontale de la moelle épinière au niveau de la médulla afin de la séparer du tronc cérébral ; ou un cerveau isolé, où la section se fait horizontalement à la jonction du pont et du mésencéphale) ; 2/ on stimule électriquement un site spécifique, comme un nerf ou un nucleus ; 3/ on mesure le résultat de la manipulation à partir des modifications de la configuration des ondes cérébrales sur l'électro-encéphalogramme. Les chercheurs ne s'intéressaient pas au comportement présenté par l'animal et ne l'ont parfois pas même décrit. Leur attention se concentrait sur l'amplitude et la fréquence des ondes de l'EEG.

Ces expériences conduisirent à penser que la formation réticulaire correspondait à un système d'activation, désigné à partir de là comme le « système d'activation réticulaire ascendant ».

Un tel système était chargé de maintenir le cortex cérébral dans un état d'éveil et d'alerte, que l'on pensait alors (tout comme aujourd'hui parfois encore) être synonyme de conscience. On considérait que la formation réticulaire influait profondément sur presque tous les secteurs du système nerveux situés au-dessus d'elle mais plus particulièrement sur le cortex cérébral, et que son périmètre d'action incluait l'intégralité des deux hémisphères cérébraux. On en décrivait généralement l'activité à travers des métaphores comme *la mise en éveil* ou l'*énergie*. Le système d'activation réticulaire était chargé d'éveiller et de mettre en marche le cortex cérébral afin que la perception, la pensée et l'action délibérée soient possibles — en somme de le rendre conscient. Des lésions de la formation réticulaire auraient plongé le cortex cérébral dans le sommeil, éteignant pour ainsi dire la perception et la pensée tout en empêchant l'exécution des actions planifiées. De telles métaphores sont souvent pertinentes, même si je ne pense pas qu'elles nous disent tout ce qu'il y a à savoir.

Parmi la poignée de scientifiques contemporains qui s'intéressent à la formation réticulaire et à son extension au sein du thalamus, on trouve des chercheurs comme Mircea Steriade et Rodolfo Llinás, qui travaillent sur le support neuronal de la conscience et de l'attention, et d'autres qui étudient le sommeil, comme Allan Hobson par exemple [13]. Leurs travaux ont confirmé les principales conclusions des expériences de Magoun et Moruzzi, et on peut aujourd'hui affirmer avec certitude que la formation réticulaire est généralement impliquée dans les processus de veille et de sommeil. De plus, nous savons que certains noyaux spécifiques au sein de la formation réticulaire influent sur la détermination des cycles de veille et de sommeil : il s'agit par exemple des neurones cholinergiques de la région pédonculopontine ainsi que des noyaux associés à la distribution de norépinéphrine (le locus cœruleus) et de sérotonine (le noyau du raphé) [14]. On remarquera certains détails intéressants dans la façon dont ces différents noyaux contribuent à instaurer puis à rompre un état de sommeil, ainsi que certaines caractéristiques propres à leur activation ou leur silence lors de la phase de sommeil où les rêves se produisent (le sommeil paradoxal, ou sommeil MOR dit de mouvement oculaire rapide). C'est ainsi que les neurones norépinéphrine et sérotonine restent silencieux alors que certains neurones acétylcholine sont en revanche très actifs. Leur activité est liée à l'apparition d'ondes PGO (ponto-géniculo-occipitales), présentes dans le sommeil paradoxal et similaires aux ondes EEG que l'on observe en état de veille[15].

Un point crucial des observations initiales a récemment été confirmé par les chercheurs : les organismes produisent au cours de la phase de sommeil profond des ondes EEG lentes et de grande amplitude (on dit qu'il s'agit d'un EEG « synchronisé ») alors qu'au cours de la phase d'éveil et d'attention ou bien du sommeil paradoxal ils produisent des ondes rapides et de faible amplitude (soit un EEG « désynchronisé »). Les travaux récents ont cependant corrigé cet ancien résultat : l'EEG prétendu désynchronisé cache en fait en son sein des secteurs synchronisés, associés à plusieurs aires locales du cortex cérébral, de petite taille et étroitement cordonnées. Autrement dit, comme le suggèrent par ailleurs Steriade et Singer, le terme d'« EGG désynchronisé » est mal venu puisque certaines aires cérébrales présentent une forte synchronisation de leur activité électrophysiologique au cours de cet état[16].

Les recherches contemporaines ont confirmé une découverte fondamentale, sans doute de loin la plus essentielle : la stimulation électrique de la formation réticulaire provoque cet EEG prétendu désynchronisé. Autrement dit, l'état de veille et son contraire, celui de sommeil, résultent de certaines configurations de signaux électriques en provenance de la formation réticulaire. On ne peut nier le rapport très étroit qui existe entre cette région particulière et la mise en place d'états (la veille et l'attention) essentiels à la conscience. Mais ni la région anatomique ni les états de veille et d'attention ne suffisent à expliquer totalement le phénomène de la conscience.

On a également montré que certains noyaux du thalamus, les noyaux intralaminaires pour être précis, lesquels reçoivent des signaux en provenance de la formation réticulaire, constituent une étape essentielle de la voie de transmission nerveuse à l'origine des états de veille ou de sommeil au sein du cortex cérébral. En fait, une stimulation du FRM produit le même effet sur ces noyaux que dans le cortex cérébral[17].

Rodolfo Llinás s'est servi de cette série de découvertes pour suggérer que la conscience, aussi bien dans l'état de veille que dans celui de sommeil paradoxal, est le produit d'une formation en boucle impliquant à la fois le cortex cérébral, le thalamus et la formation réticulaire du tronc cérébral. Une telle boucle suppose que le thalamus et la formation réticulaire possèdent des neurones susceptibles d'émettre spontanément des signaux électriques. Leur activité serait modulée par les neurones sensoriels qui transmettent des signaux du monde extérieur vers le cerveau, mais elle n'aurait pas besoin de tels signaux pour se déclencher. Les rouages d'un tel processus sont tout à fait curieux. Un apport d'acétylcholine au thalamus et au cortex modifierait le comportement des canaux à ions au sein des neurones cibles[18].

En bref, les grands noms de la recherche contemporaine sur la formation réticulaire sont arrivés à la conclusion suivante : au cours des phases conscientes, la formation réticulaire produit un barrage continu de signaux à destination du thalamus et du cortex cérébral, suscitant par là même la mise en place de certains schémas géométriques de cohérence corticale. Parallèlement, l'étude des mécanismes du sommeil a également montré que certaines structures au sein de la formation réticulaire sont impliquées dans le contrôle de cycles de veille et de sommeil. Dans la mesure où le sommeil est un état naturel d'inconscience, il est raisonnable de penser que les processus physiologiques qui régissent le sommeil et la conscience s'ancrent dans le même terrain cérébral.

Le panorama général qui se dégage de cet ensemble de découvertes concordantes est à la fois cohérent et précieux. Il correspond à un important pas en avant pour la neuroscience, et je ne pense pas que nous puissions comprendre la neurobiologie de la conscience sans y avoir recours. Mais je ne crois pas non plus qu'il s'agisse du meilleur modèle explicatif de la relation entre cette région du cerveau et le phénomène de la conscience, ni que la neurobiologie de la conscience puisse se satisfaire de ces résultats.

La conscience va en effet au-delà du simple état de veille et de l'attention : elle suppose que l'on ait un sens intérieur de soi dans l'acte même de connaissance. On ne répond donc pas complètement à la question de l'émergence de la conscience en postulant un mécanisme chargé d'éveiller et d'énergiser le cortex cérébral même si l'on précise qu'une fois éveillé son activité électrophysiologique se déploie selon des configurations spécifiques et cohérentes, à la fois localement et globalement. Il ne fait pas de doute que l'état de conscience requiert de telles configurations : elles fournissent à mon sens les supports neuronaux de cet état de veille et d'attention au cours duquel l'esprit forme et manipule les images et où sont organisées les réponses motrices. Mais la simple description de ces configurations électrophysiologiques ne répond pas vraiment à la question centrale de la conscience, celle du Soi et de la connaissance. Au mieux, ces configurations correspondent à l'extrême pointe du processus de conscience tel que je le conçois : à cette étape du processus où les cartes d'objet sont mises en valeur et où l'objet acquiert une saillance. Certes, il est possible que ces configurations électrophysiologiques forment également le support neuronal des processus de formation du Soi et de la connaissance. C'est une hypothèse à vérifier, et il nous faudra donc réaliser des expériences afin de déterminer quelle partie de cette configuration électrophysiologique pourrait correspondre au Soi et à la connaissance. D'un autre côté, il est aussi possible que ces mêmes configurations (c'est-à-dire un EEG globalement « désynchronisé » où une observation minutieuse révèle la présence d'aires localement synchronisées et d'une synchronisation périodique sur une plus grande échelle, non locale) ne soient pas directement liées au Soi ou à la connaissance mais plutôt à l'objet à connaître.

Les réserves que j'ai émises sur les vues traditionnelles m'amènent à revenir sur ce que j'ai seulement indiqué au début de cette section, à savoir la deuxième piste de recherche sur la formation réticulaire. La tradition veut que les noyaux réticulaires soient impliqués dans le contrôle de la veille et de l'attention. Mais la seconde piste nous dit autre chose : certains noyaux réticulaires (pas nécessairement ceux auxquels les études traditionnelles s'attachent, mais d'autres qui leur seraient contigus et étroitement liés) font partie de la machinerie innée au moyen de laquelle le cerveau régule les processus homéostatiques. Pour ce faire, ils fonctionneraient comme récepteurs des signaux qui représentent à chaque instant l'état actuel de l'organisme.

UNE ÉNIGME RESTÉE DANS L'OMBRE

On percevra mieux l'importance de cette deuxième piste de recherche si on prend en compte une énigme qui m'a longtemps troublé : pourquoi, puisque la formation réticulaire est une structure verticale d'une certaine longueur, couvrant l'ensemble du tronc cérébral du haut de la moelle épinière jusqu'au niveau du thalamus, seules les lésions d'une certaine section spécifique (au niveau de la partie supérieure du pont et au-dessus) suscitent la perte de la conscience quand des lésions du reste de la formation réticulaire n'affectent absolument pas la connaissance immédiate ? Il s'agit là de faits établis qu'il n'est plus nécessaire de corroborer par de nouvelles expériences mais qui sont demeurés dans l'ombre, sans vraiment faire l'objet de commentaires ni être expliqués. Pourquoi en effet la création ou la suspension de la conscience dépendrait-elle d'une seule section de la formation réticulaire ? Pourquoi retrouve-t-on toujours la même section, cas après cas ? Pourquoi le « système d'activation réticulaire ascendant » serait-il précisément associé à ce même secteur de la formation réticulaire (si on projette cette énigme sur les études expérimentales de la formation réticulaire) ? Laissez-moi tenter d'esquisser une réponse.

La ligne de partage entre la partie de la formation réticulaire dont une lésion perturbe la conscience et l'autre est assez nette. Vous pouvez vous en faire une idée si vous imaginez un plan qui sectionnerait le tronc cérébral perpendiculairement à son axe vertical. L'intersection se situe approximativement au niveau du point d'entrée du nerf trijumeau (ou cinquième nerf crânien) dans le tronc cérébral. Plum et Posner remarquent ainsi dans leur ouvrage sur le coma : « L'extension caudale des structures essentielles à l'excitation du cortex ne s'étend sans doute pas beaucoup plus bas que le point d'entrée du nerf trijumeau » (schéma 8.3.)

L'étude de cette intersection révèle plusieurs particularités anatomiques tout à fait intéressantes. En premier lieu, on remarque qu'un certain nombre de noyaux impliqués à un haut niveau de contrôle de l'homéostasie (y compris le contrôle des émotions) sont situés au-dessus de la ligne de partage. Il s'agit des noyaux de la substance grise périaqueducale (PAG) et des noyaux parabrachiaux (PBN). Par exemple le nucleus parabrachial (PBN), chargé de recevoir des informations sur le milieu interne et les viscères en provenance de tout le corps propre, se trouve juste au-dessus de la ligne de partage puisqu'il se déploie au-dessus de la zone médiane du pont. Le nucleus pontis oralis, où aboutissent des projections importantes du cortex cérébral et qui les distribue dans cette région, se trouve également juste au-dessus de la ligne de partage[19]. Il en va de même pour les noyaux monoamine, chargés de livrer la norépinéphrine et la dopamine, et pour les noyaux acétylcholine. Ils apparaissent précisément à ce niveau et s'étendent vers le haut tout du long de la région concernée. Les noyaux sérotonine sont également situés au-dessus de cette zone (bien que, contrairement aux noyaux associés aux trois autres transmetteurs, les noyaux sérotonine se rencontrent également plus bas ; les projections des noyaux situés plus bas sont plutôt destinées à la moelle épinière qu'au télencéphale).

Voyons maintenant en quoi la connexion avec les nerfs trigéminaux peut être pertinente. Les fibres trigéminales véhiculent des signaux sensoriels en provenance de plusieurs structures de la tête : la peau et les muscles du cuir chevelu et du visage, les muqueuses de la bouche, celles du nez, soit un ensemble complet de signaux venant du milieu interne, des viscères et l'appareil musculo-squelettique de la tête. Autrement dit, le nerf trijumeau donne au cerveau les dernières informations sur l'état de l'organisme qui lui manquaient, si l'on va du plus bas au plus haut, c'est-à-dire les informations sur le milieu interne, les viscères et l'appareil musculo-squelettique de la tête.

Plus bas sur le tronc cérébral, segment après segment en remontant à partir du bas de la moelle épinière, on trouve les points d'entrée de tous les autres nerfs véhiculant des signaux en provenance des autres parties du corps (les membres, la poitrine, l'abdomen, tout sauf la tête). Il est clair que les voies de transmission de l'information du corps au cerveau reposent sur de nombreux points d'entrée, répartis de la partie inférieure de la moelle épinière jusqu'au pont, et que l'information ne parviendra au cerveau dans sa totalité que si ces points d'entrée sont intacts.

L'anatomie nous donne un indice : les signaux corporels, qui signifient l'état courant de l'organisme, sont au complet *seulement après* que les signaux en provenance de la tête ont pénétré dans le tronc cérébral au niveau du nerf trijumeau. Les nerfs situés plus haut (le quatrième et le troisième) ne participent pas à la représentation intégrale du corps ; ils véhiculent les instructions motrices et autonomes émises par le tronc cérébral, et non les informations destinées à ce dernier. Les premier et second nerfs crâniens sont respectivement liés aux sens de la vision et de l'olfaction. Ils n'entrent pas dans le système nerveux central au niveau du tronc cérébral et ne transmettent pas d'informations sur les états internes du corps.

Une fois que les noyaux situés aussi bien au-dessus qu'un peu au-dessous du point d'accès ont eu accès aux informations véhiculées par les nerfs trigéminaux (en effet le nucleus trigéminal est disposé verticalement sur l'axe du tronc cérébral, au-dessus et au-dessous du point d'entrée), le cerveau dispose de toute la panoplie des signaux d'ordre neuronal sur l'état du corps. Il dispose également de certains signaux de nature chimique sur l'état du corps, arrivés par l'area postrema. Il ne lui manque plus que les signaux chimiques collectés par l'hypothalamus et les organes subfornicaux. On remarquera que le cerveau dispose également à ce niveau environ d'informations de nature auditive, vestibulaire et gustative. L'information de nature visuelle est pour sa part dirigée vers le tectum et redistribuée par projections vers les noyaux réticulaires situés au-dessus de la ligne de partage ; elle est donc également disponible à ce niveau.

On notera que l'une des plus solides corrélations que nous ayons pu établir à ce jour entre la structure du cerveau et l'état de conscience est donc en étroit rapport avec le dispositif d'entrée des signaux du corps dans le système nerveux central. Une fois que tous les signaux neuronaux et quelques signaux chimiques sur l'état du corps ont pénétré dans le système nerveux central, un certain nombre de noyaux du tronc cérébral, situés aux environs et *au-dessus* de la ligne de partage et associés à la fonction de régulation homéostatique, disposent d'un panorama « exhaustif » de l'état actuel du corps (précisément nécessaire au processus de régulation). Le point d'entrée du nerf trijumeau n'est qu'un indice : il nous indique où commence la zone cérébrale au-dessus de laquelle l'évolution a placé les mécanismes de régulation de la vie, lesquels ne peuvent fonctionner normalement sans informations sur l'ensemble de l'organisation. Je soupçonne que les noyaux réticulaires classiques sont eux aussi situés au-dessus de la ligne de partage et à proximité immédiate des noyaux associés à la régulation des fonctions vitales, parce que leur fonctionnement dépend des circonstances particulières du processus de régulation.

Lorsque des lésions interviennent vers ou au-dessus de la ligne de partage, les fondements du proto-Soi sont atteints ainsi que la planification des modifications du proto-Soi à partir des cartes de second ordre. Une fois privé de la base du proto-Soi, l'organisme n'est plus capable de représenter ce qui constitue le support essentiel de la connaissance (l'état interne actuel du corps) et les modifications qu'il subit quand l'organisme entreprend de traiter un objet (qu'il s'agisse d'un objet effectivement présent ou bien d'un souvenir). En de telles circonstances et indépendamment des lésions que cela entraîne au niveau des noyaux réticulaires classiques, tout l'édifice de la conscience s'écroule. Et bien sûr, si l'hypothèse selon laquelle les noyaux réticulaires classiques sont activés par les structures du proto-Soi se vérifie, on a abouti à une solution de compromis.

L'ANATOMIE DU PROTO-SOI DANS LA PERSPECTIVE DES EXPÉRIENCES CLASSIQUES

Les résultats des expérimentations classiques sur la formation réticulaire sont compatibles avec les hypothèses ici développées sur le fondement neuro-anatomique du proto-Soi. Elles ont en effet abouti à quatre découvertes dont la première est la suivante : on a ainsi montré que le tracé de l'EEG de chats en situation d'encéphale isolé (ayant subi une section au niveau de la jonction entre la moelle épinière et la medulla oblongata) demeurait inchangé. Voilà précisément le résultat que mon hypothèse permet de prédire, ce que corrobore encore l'absence de troubles de la conscience chez un patient dont le bulbe rachidien ou la moelle épinière sont touchés.

La deuxième découverte concerne les cas de cerveau isolé, quand on a sectionné le tronc cérébral du chat au niveau de la jonction entre le pont et le mésencéphale. Il s'ensuit un handicap majeur de la conscience : toute vigilance a disparu chez les animaux concernés, aussi bien en terme de comportement que de tracé de leur EEG. Ce deuxième résultat corrobore à son tour mon hypothèse, et s'accorde avec les observations faites sur des humains ayant subi des lésions accidentelles. Une perturbation à ce niveau empêche tout échange d'informations entre les structures vitales de la partie supérieure du pont (dont nous venons de traiter) et d'autres structures situées plus haut, soit au niveau du thalamus et du cortex cérébral[20].

Le troisième résultat expérimental est particulièrement intéressant : on sectionne la partie médiane du pont d'un chat en deux endroits, l'un juste au-dessus du point d'entrée des nerfs trigéminaux, l'autre environ quatre millimètres plus haut. L'étude réalisée par Batini, Moruzzi et leurs collègues[21] a donné deux résultats différents selon l'endroit de la section. Dans le cas de la section réalisée juste au-dessus du trigéminal, l'EEG indique un état de veille permanent tandis que, dans l'autre cas, si la coupure est un peu plus haut, la vigilance est gravement perturbée tant au niveau du comportement de l'animal que de son EEG (la situation n'est alors en rien différente de celle qu'on obtient lorsque le pont est séparé du mésencéphale, lors de la préparation du cerveau « isolé »).

Intéressons-nous d'abord au deuxième type de section, quatre millimètres au-dessus du point d'entrée du nerf trijumeau. Bien que moins destructrice que les lésions extensives de cette région qui entraînent le coma, une telle coupure a au moins trois effets. Elle détériore les noyaux acétylcholine qui se trouvent à ce niveau et perturbe les projections ascendantes qui en émanent ; elle perturbe aussi les projections descendantes du cortex et empêche donc les signaux en provenance du cortex d'entrer dans la région tegmentale de la partie supérieure du pont ; enfin elle atteint une partie du nucleus parabrachial. Or ces effets, séparément ou conjointement, sont de nature à perturber le cours normal de la conscience dans la mesure où ils interfèrent, par exemple, avec l'acheminement de signaux émanant de structures inférieures ou supérieures et destinés aux structures du proto-Soi. Les observations recueillies sur les chats concordent donc avec notre hypothèse.

Les effets du premier type de section, au niveau du point d'entrée du nerf trijumeau, sont encore plus intéressants. Bien que nous n'ayons aucun moyen de savoir quel est l'état de conscience du chat qui en résulte, leur EEG indique un état de veille permanent. On peut interpréter ce résultat comme suit : la coupure inhibe l'incitation au sommeil du nucleus tractus solitarius, situé en dessous de la section et que l'on sait avoir des effets hypnogéniques. De plus, elle n'a endommagé *aucune* des structures fondamentales du proto-Soi, laissant donc les signaux émanant du cortex et du thalamus pénétrer dans la région critique et modifier l'état du proto-Soi. Cela serait possible dans la mesure où l'animal continuerait à traiter les stimuli visuels, activant ainsi les régions thalamocorticales et tectales. Le dispositif d'accommodation visuelle et les mouvements verticaux des yeux demeureraient intacts, le cortex pourrait toujours rappeler les souvenirs du passé, et les informations sur tous ces processus parviendraient toujours à la partie intacte du tronc cérébral, au-dessus de la zone sectionnée. Enfin, les informations chimiques ayant trait à l'état général du corps seraient toujours directement transmises au système nerveux central *via* l'hypothalamus et les organes subfornicaux, et les réponses à ces signaux seraient toujours transmises en retour aux structures du proto-Soi qui se situent au-dessus de la section. Résumons : à la différence des patients comateux et des chats sur lesquels la section a été opérée soit un peu, soit significativement plus haut (au niveau de la jonction ponto-mésencéphalique), nos chats disposeraient toujours de l'intégralité des structures nécessaires à l'implémentation du proto-Soi, intactes, et garderaient encore quelques voies résiduelles chargées d'acheminer des informations sur l'état du corps vers ces mêmes structures. Voilà qui, combiné avec le tarissement de la source d'effets hypnogéniques venus de plus bas, pourrait expliquer la configuration de veille de l'EEG ainsi que l'état de vigilance et même d'attention soutenue. L'expérience ne permet pas cependant de savoir si oui ou non une conscience normale est encore possible, et il est peu probable qu'on puisse répondre à cette question chez les humains car aucune lésion naturelle ne sera assez précisément localisée pour produire un handicap aussi sélectif[22].

RÉCONCILIER LES FAITS ET LES INTERPRÉTATIONS

Bien qu'elles semblent traiter de fonctions bien distinctes et sans rapport les unes avec les autres, je soupçonne que les résultats auxquels aboutissent ces deux pistes de recherche sont plus profondément liés. Certes, ces deux approches cherchent à répondre à des questions différentes mais, si on suit mon hypothèse, on commence à apercevoir les liens qui les unissent. Voyez par exemple mon interprétation d'une découverte récente faite par Munk, Singer et leurs collègues[23]. Ces chercheurs ont pu produire chez des chats l'EEG « désynchronisé » associé à des formes de « synchronisation locale » caractéristique des états de veille et d'attention, en stimulant électriquement la formation réticulaire du cerveau moyen. Ils ont cependant précisé dans une note *qu'ils avaient en fait stimulé le nucleus parabrachial*, ce que révélait l'autopsie de leurs cobayes. (Il est en effet possible lors d'une autopsie de suivre la trace des électrodes de stimulation, lesquelles avaient été placées sur et autour du nucleus parabrachial.) C'est-à-dire que la stimulation électrique d'un noyau de la formation réticulaire jusqu'ici associé à la régulation autonome du cœur, des poumons et des intestins, ainsi qu'à certains états du corps comme la douleur, produisait un état électrique du cortex caractéristique des états de vigilance et d'attention, traditionnellement associés aux noyaux réticulaires classiques.

Les travaux réalisés dans le cadre de mon laboratoire sur la zone de l'émotion nous fournissent une autre passerelle expérimentale entre les deux approches. Au cours d'une série d'études réalisées en collaboration avec Antoine Bechara, Thomas Grabowski, Hanna Damasio et Joseph Parvizi, nous avons pu susciter expérimentalement diverses émotions chez des sujets humains sains, ne souffrant d'aucune maladie neurologique, et montrer à l'aide d'une tomographie à émission de positrons que certaines émotions s'accompagnaient d'une intense activité des structures du tronc cérébral appartenant à la partie supérieure de la formation réticulaire, tandis que d'autres non.

Cette activité est-elle la conséquence de l'état d'attention requis pour éprouver ces émotions ? Si oui, notre découverte serait intéressante mais ne constituerait pas une nouveauté, étant donné les résultats des études traditionnelles sur la formation réticulaire ainsi que les travaux antérieurs de Per Roland et de ses collègues (ils ont montré que la formation réticulaire était activée lorsque le sujet devait accomplir une tâche nécessitant son attention[24]). Mais les découvertes que nous avons faites ne s'expliquent pas entièrement par le phénomène d'attention. En premier lieu, pour utiliser ce type de contrôle il faut un degré similaire d'imagerie d'attention. Si ce que nous attribuons à l'émotion est véritablement un effet de l'attention, l'activation de la formation réticulaire observée aurait disparu avec le comportement de contrôle. Qui plus est, les effets variaient selon les émotions. La tristesse ou la colère provoquaient une activation maximale du tronc cérébral, au contraire d'une émotion comme la joie pour laquelle on n'observait qu'une faible activation. Or les sujets suivaient la même procédure pour toutes les émotions, et rien n'indique que la quantité d'attention requise variait selon les émotions. Il est probable que l'activation des parties supérieures de la formation réticulaire est liée au processus neuronal requis pour traiter certaines émotions spécifiques, et produire les sentiments associés.

Cette découverte s'ajoute aux autres résultats qui suggèrent un lien entre les structures de la formation réticulaire (habituellement associées au contrôle des cycles de veille et sommeil, et à l'attention) et les phénomènes de l'émotion ou des sentiments, ainsi qu'aux processus de représentation du milieu interne, de l'état des viscères et du contrôle autonome. De nombreux résultats confirment cette hypothèse, notamment en ce qui concerne la matière grise périaqueductale (PAG) : le répertoire des modifications corporelles définissant plusieurs émotions est contrôlé en réalité par la PAG[25]. Il n'est donc pas absurde d'établir un lien entre les structures de la prétendue formation réticulaire de la partie supérieure du pont et du cerveau moyen, et la notion de proto-Soi que j'ai proposée ci-dessus. C'est peut-être la principale raison de leur association avec des fonctions apparemment aussi variées mais néanmoins étroitement liées que l'émotion, l'attention ou en définitive la conscience.

Une autre étude de mon groupe de recherche, menée en collaboration avec Joseph Parvizi et Gary W. Van Hoesen, a abouti à une étonnante découverte[26]. Nous avions entrepris d'établir une carte détaillée des noyaux de la formation réticulaire chez des patients atteints d'Alzheimer ainsi que dans un groupe témoin d'âge similaire, ce qui aboutit à un résultat inédit et étonnant. La plupart des patients à un stade avancé d'Alzheimer présentaient d'importants dégâts au niveau du nucleus parabrachial, aussi bien à gauche qu'à droite du tronc cérébral. Ce même nucleus était détruit chez *tous* les patients dont la maladie s'était déclarée précocement (ce qui correspond à une forme grave de la maladie), et chez 80 % des patients où elle était survenue plus tard.

Comme la maladie d'Alzheimer à un stade avancé s'accompagne de perturbations importantes de la conscience (voir le chapitre 3), il est raisonnable de se demander si une lésion du parabrachial ne serait pas en rapport avec la détérioration de la conscience. Une telle détérioration ne peut s'expliquer par la participation bien connue du cortex entorhinal et des cortex temporaux adjacents[27]. Il n'est malheureusement pas possible à ce stade de vérifier cette hypothèse parce que la maladie d'Alzheimer est associée à un trop grand nombre de sites de pathologie focale pour qu'on puisse se satisfaire pleinement de relations établies entre certains handicaps spécifiques et certains sites de dégénérescence neuronale. Par exemple, les cortex cingulaires postérieurs et les cortex associatifs pariétaux médians sont eux aussi gravement affectés par la maladie d'Alzheimer, et ils pourraient être le lieu d'une cartographie de second ordre, comme nous l'avons vu plus haut[28].

Je conclurai en disant que la discussion a permis de dégager un fait essentiel : cette région cruciale du tronc cérébral est simultanément impliquée dans différents processus concernant l'état de veille, la régulation homéostatique, les émotions et les sentiments, l'attention et la conscience. À première vue, ces fonctions paraissent juxtaposées au hasard mais, à la réflexion et dans le cadre du modèle que je propose, leur disposition fait sens. La régulation homéostatique, qui comprend aussi les phénomènes émotionnels, a besoin de périodes de veille (pour collecter l'énergie), de périodes de sommeil (sans doute pour réapprovisionner les réserves chimiques requises par l'activité neuronale[29]), d'attention (pour gérer au mieux l'interaction avec l'environnement) et de conscience (de manière que les réponses de l'organisme individuel puissent être planifiées avec un certain degré de complexité). Toutes ces fonctions sont clairement en rapport avec le corps, et la proximité anatomique des noyaux qui les exécutent est manifeste.

Cette hypothèse concorde avec la conception classique du tronc cérébral comme comprenant un dispositif capable de provoquer certains états électrophysiologiques particuliers au sein du thalamus et du cortex. En fait, ma proposition intègre la conception classique tout en s'en démarquant sur plusieurs points : elle offre en effet une explication proprement biologique de l'origine et de la localisation anatomique de ce dispositif. L'activité de ce dernier (telle qu'elle est actuellement décrite) jouerait un rôle important au sein de l'état de conscience sans pour autant produire l'aspect subjectif par lequel on définit la conscience.

Deuxième proposition : quel est le rôle des structures de second ordre au sein de la conscience ?

Intéressons-nous maintenant à la deuxième proposition. Elle concerne les lésions des zones dont on suppose qu'elles participent à la configuration neuronale de second ordre spécifiquement associée à la conscience-noyau : le gyrus cingulaire, les noyaux thalamiques et les colliculi supérieurs. Souvenez-vous encore une fois ici de mes mises en garde contre la phrénologie. Je ne prétends en rien suggérer qu'aucune de ces régions puisse être responsable à elle seule de la configuration neuronale essentielle à l'émergence de la conscience. Cette configuration neuronale cruciale s'appuie très probablement sur des interactions entre plusieurs zones.

Les structures de second ordre se trouvent à mon avis dans les cortex cingulaires, qui représentent une large portion du cortex cérébral. Situés près de la ligne médiane, à raison d'un cortex cingulaire par hémisphère, ils sont divisés en de nombreuses régions cytoarchitectoniques. Dans sa partie antérieure, cette structure est dominée par les aires 24 et 25, immédiatement visibles vers la partie antérieure du corps calleux. Deux autres aires cytoarchitectoniques (les aires 33 et 32) sont à peine visibles malgré leur grande taille parce qu'elles sont nichées dans le sulci. La partie postérieure du cortex cérébral comprend l'aire 23, assez facilement repérable sur la grande couronne du gyrus, et les aires 31, 29 et 30, elles aussi de taille imposante, nichées dans le sulci et donc invisibles.

Le plus simple, si l'on veut résumer les différentes fonctions connues du cortex cingulaire, est de dire qu'il prend en charge un curieux mélange de fonctions sensorielles et motrices. Le cortex cingulaire est une structure essentiellement somato-sensorielle chargée de recevoir des informations issues de toutes les parties du système somato-sensoriel décrit au chapitre 5. En plus de nombreuses informations sur le milieu interne et les viscères, il reçoit aussi des signaux importants de la partie musculo-squelettique du corps. Mais le cortex cingulaire est aussi une structure motrice impliquée, directement ou indirectement, dans l'exécution d'une grande variété de mouvements complexes (comme les mouvements associés à la vocalisation, les mouvements simples ou coordonnés des membres, les contractions des viscères). Ce n'est pas tout. Il est également clair que le cingulaire joue un rôle dans les processus qui sous-tendent l'attention, l'émotion et la *conscience*. Cette juxtaposition inusitée de fonctions n'est pas sans rappeler un autre secteur du système nerveux central, soit la partie supérieure du tronc cérébral.

Nous en savons à la fois beaucoup et peu sur le cortex cingulaire. Bien que nous disposions de plusieurs études remarquables de neuro-anatomie, l'anatomie propre du cortex cingulaire et ses connexions avec d'autres régions restent à découvrir[30]. Nous en savons également peu sur la neurophysiologie du cortex cingulaire, notamment en ce qui concerne la partie postérieure. De telles lacunes s'expliquent entre autres par la rareté des lésions accidentelles bilatérales du cingulaire chez les humains, surtout dans sa partie postérieure où elles sont extrêmement peu fréquentes. Les annales ne rapportent en effet pas un seul cas de lésions bilatérales du cingulaire couvrant *toutes* les régions cytoarchitectoniques mentionnées ci-dessus.

Dans de telles conditions, nous devrons procéder avec prudence. Nous savons que les crises d'épilepsie qui se produisent au niveau du cortex cingulaire s'accompagnent d'une perte de conscience (ces absences sont plus longues que les pertes de conscience occasionnées par des crises standard n'affectant pas le cingulaire). Plusieurs études fonctionnelles de la mise en image neuronale ont également livré des résultats intéressants. Des situations de suspension ou de diminution de la conscience, par exemple lors des phases de sommeil à ondes lentes, ou bien d'hypnose, ou encore dans certains cas d'anesthésie, vont de pair avec *une réduction de l'activité* du cortex cingulaire. En revanche, lors de la phase de sommeil paradoxal et de multiples situations engageant l'attention, l'activité du cortex cingulaire *s'intensifie*[31].

Les travaux sur ces lésions et sur la mise en image fonctionnelle ont associé le cortex cingulaire aux phénomènes de l'émotion, de l'attention et du contrôle autonome[32]. Des lésions bilatérales antérieures du cingulaire provoquent une situation de mutisme akinétique. Comme nous l'avons vu dans le cas de L (chapitre 3), les patients ayant subi des lésions bilatérales du cingulaire restent éveillés mais souffrent de troubles de la conscience. La meilleure description de cette pathologie est celle d'une suspension des manifestations animées, internes ou externes : c'est pourquoi on parle de mutisme et d'akinétisme. En m'appuyant sur les études existantes et mes propres observations, je pense pouvoir affirmer en toute certitude que des lésions bilatérales antérieures du cingulaire perturbent à la fois la conscience-noyau et la conscience-étendue tout en préservant l'état de vigilance. On remarquera cependant que, si les patients atteints ne retrouvent jamais tout leur esprit, ils recouvrent néanmoins leur conscience-noyau en l'espace de quelques mois. Le fait que la partie postérieure des deux cingulaires ait été préservée explique peut-être cet effet. Il est possible que des lésions bilatérales postérieures produisent un handicap permanent, mais je n'ai étudié qu'un seul cas convaincant. Dans l'état actuel des choses, on peut raisonnablement supposer que des lésions bilatérales extensives du cingulaire sont susceptibles de fortement perturber la conscience, la détériorant peut-être même à tout jamais. Je serais également tenté de dire que la partie postérieure du cingulaire est la plus indispensable, bien que le fonctionnement normal de l'organisme requière sans doute l'activité concertée de ces deux larges régions, antérieures et postérieures.

Il me faut ajouter que les patients ayant subi des lésions dans la région qui se trouve juste derrière et autour du cingulaire postérieur présentent également des troubles de la conscience. Il s'agit d'une zone à la fois médiale et pariétale, une combinaison de territoires rétrospléniaux et cuneus, comprenant les aires cytoarchitectoniques 31, 7 et 19. Les lésions dans cette partie du cerveau entraînent de profonds troubles de conscience, moins marqués que dans les états de coma mais comparables aux handicaps que je viens de décrire dans le cas de lésions bilatérales du cingulaire.

Les patients ayant subi des lésions bilatérales médiales et pariétales sont éveillés, au sens usuel du terme : ils peuvent avoir les yeux ouverts et les muscles toniques ; ils sont capables de s'asseoir ou même de marcher sans assistance. Mais leur regard, s'il se porte sur vous ou sur un objet, ne trahira pas la moindre marque d'intentionnalité ; soit ils regardent dans le vide, soit ils fixent des objets sans motif apparent. Ils sont incapables de se prendre en charge, n'ayant aucune initiative et ne répondant à presque aucune requête de ceux qui les examinent. Il est rare que l'on réussisse à les faire entrer dans une conversation : les résultats sont au mieux erratiques. À force de persuasion, on peut les amener à regarder brièvement un objet mais on n'obtiendra rien de plus, aucune autre réaction productive. Ces patients ne réagissent pas différemment devant des amis ou des êtres aimés que devant les médecins et les infirmières. Le comportement de ces patients aurait très bien pu être une source d'inspiration pour la figure du zombie, même si ce ne fut pas le cas.

Les cas les plus courants de détérioration de la zone médiale pariétale sont dus à la maladie d'Alzheimer. Ce type de lésions se rencontre surtout dans les maladies dégénérescentes, et rarement à l'occasion d'une attaque. Le cas dont je me souviens le mieux présentait des lésions bilatérales pariétales produites par des métastases d'un cancer du côlon, réparties de manière plutôt symétrique. Cette pathologie n'est pas sans rappeler l'état d'automatisme absent que j'ai décrit au chapitre 3, à ceci près qu'elle est assortie d'un ralentissement de tous les mouvements et d'une absence d'intentionnalité. Il arrive que des traumatismes crâniens produisent des effets similaires. Le célèbre neurologue britannique, Macdonald Critchley, mentionne un cas de ce type dans l'ouvrage fondateur qu'il a consacré aux lobes pariétaux[33].

Les caractéristiques anatomiques du cortex cingulaire en font à la réflexion un excellent candidat pour le type de structure de second ordre que j'ai évoqué plus haut. Ses différentes sous-régions et la grande quantité d'influx somato-sensoriels qu'il reçoit permettent d'obtenir la perspective sans doute la plus exhaustive que l'on puisse avoir de l'ensemble de l'état corporel actuel d'un organisme à tout moment. Mais puisque les cortex cingulaires ont aussi accès aux signaux transmis par les principaux canaux sensoriels, il se peut que le cingulaire contribue à produire une configuration neuronale où serait cartographié, selon la bonne séquence causale, le lien entre l'apparence d'un objet et les modifications subies par le corps. En effet, les informations relatives à l'apparence d'un objet parviennent facilement au cingulaire *via* les projections thalamiques, ainsi que les projections directes des cortex supérieurs vers les régions inférotemporales, polaires temporales et latérales pariétales. Il se peut que le cingulaire joue en fait un rôle prépondérant au sein du « sentiment de connaissance », ce sentiment particulier et d'ordre supérieur qui définit la conscience-noyau.

Les configurations neuronales de second ordre pourraient également s'appuyer sur la structure formée par les colliculi supérieurs. En effet, les colliculi supérieurs sont des structures multistrates qui reçoivent un grand nombre d'influx sensoriels de diverses origines, les intègrent de manière complexe à travers leurs différentes strates et transmettent les résultats de ces opérations au thalamus, au cortex cérébral ainsi qu'à plusieurs noyaux du tronc cérébral[34]. C'est ainsi par exemple que les colliculi supérieurs reçoivent directement des informations visuelles de la rétine au niveau de la strate du haut, ainsi que des informations des cortex visuels, quelques strates plus bas. Ils reçoivent aussi des informations auditives des colliculi inférieurs situés juste en dessous d'eux, et un grand nombre d'informations somato-sensorielles (y compris des viscères) venues de différents noyaux du tronc cérébral.

Le travail d'intégration de ces données par les colliculi supérieurs vise à orienter les yeux, la tête et le cœur, ainsi que les oreilles (pour les créatures capables de les bouger), en direction de la source d'un stimulus visuel ou auditif de telle sorte que le traitement de l'objet soit optimisé. Une fois activés, les colliculi supérieurs cartographient le moment d'apparition et la position spatiale de l'objet ainsi que plusieurs aspects de l'état du corps. Il est possible que l'une de leurs sept strates cellulaires soit chargée de cartographier une configuration neuronale de second ordre décrivant la relation objet/organisme à partir des données disponibles. Le résultat ainsi obtenu influerait sur les noyaux réticulaires classiques (et donc sur le traitement de l'information au sein du cortex, à travers les noyaux intralaminaires du thalamus), ainsi que sur les noyaux monoamine et acétylcholine. Chez les espèces où le cortex est peu développé, on aurait ainsi affaire à une forme simple de conscience-noyau associée à l'exécution des comportements d'attention. Rien ne nous permet d'affirmer chez l'homme que les colliculi supérieurs puissent assumer le fondement de la conscience-noyau en l'absence des structures thalamiques et cingulaires, même si l'on suppose que les structures du proto-Soi au sein du tronc cérébral sont intactes[35].

Il y a enfin la question du thalamus, même s'il ne m'appartient pas ici d'en passer en revue la neuro-anatomie et la neurophysiologie. Tout comme le cortex ou le tronc cérébral, le thalamus mérite qu'on lui consacre un ouvrage à part entière et pas simplement quelques paragraphes. Je me contenterai donc de rappeler, afin d'étayer mes thèses, que le thalamus reçoit des « rapports » de première main sur l'ordre dans lequel plusieurs structures, représentant à la fois les personnages et les événements, sont impliquées dans le plausible scénario originel. Le thalamus pourrait signifier la relation entre l'objet et l'organisme sous forme implicite, et à partir de là, créer de nouvelles configurations neuronales explicites au sein des cortex cingulaires et des cortex somato-sensoriels. Certains noyaux thalamiques, comme le nucleus réticulaire et le pulvinar, joueraient un rôle crucial dans ce processus. L'intuition d'un rapport entre le thalamus et le phénomène de la conscience s'appuie à la fois sur des résultats expérimentaux fiables chez les animaux, sur les conséquences des lésions du thalamus et sur la forte probabilité qu'il soit à l'origine des décharges électriques anormales dans des cas de crises d'absence, où on observe d'importants troubles de la conscience. Mais les données dont nous disposons à l'heure actuelle sur le thalamus ne nous permettent pas d'étayer cette hypothèse avec précision, bien qu'elles concordent avec le schéma général. La seule chose que nous puissions affirmer est que des lésions bilatérales du thalamus perturbent la conscience[36].

J'ajouterai pour conclure quelques remarques sur des résultats curieux et potentiellement pertinents. Au cours de l'été 1998 nous eûmes, mes collègues et moi-même, l'occasion d'écouter une conférence non pas sur la conscience mais sur la neuro-mise en image chez les enfants. Nous eûmes tous le même sentiment d'être en terrain connu. Le conférencier avait présenté au cours de son exposé une série d'images de scanner TEP, prises peu de temps après la naissance et dans les premiers mois de vie. Au début, les seules structures cérébrales à présenter une activité neuro-imageante remarquable — pareilles à des îlots isolés dans une mer de silence — sont le tronc cérébral, l'hypothalamus, les cortex somato-sensoriels et le cingulaire. Or cet ensemble de structures activées correspond point pour point aux structures requises pour la formation du proto-Soi et des cartes de second ordre. Le fait que ces structures soient capables de fonctionner dès la naissance est un point important. Dans la mesure où les systèmes auditifs ou visuels sont aussi pleinement opérationnels, un tel résultat nous conduit à penser que ces structures jouissent d'une considérable avance fonctionnelle. Les scanners réalisés quelques mois plus tard révèlent qu'elles sont suivies par les amygdales et le lobe frontal ventro-médian. Le conférencier s'est peut-être demandé pourquoi nous fûmes alors plusieurs à échanger des regards de connivence[37].

Comment vérifier les autres propositions

Intéressons-nous maintenant aux dernières propositions concernant les zones du cerveau dont les lésions ne perturbent pas la conscience-noyau : l'hippocampe, les cortex de niveau supérieur des lobes frontaux et temporaux ainsi que les cortex sensoriels premiers consacrés à la vision et à l'ouïe.

Pour être bref, des lésions bilatérales de chacune de ces régions, prises séparément, épargnent la conscience-noyau. Le sentiment de soi et de la connaissance opère toujours de manière efficace quand il s'agit de cartographier correctement un objet susceptible de l'être. La situation est en effet la suivante : le proto-Soi et les cartes de second ordre reposent essentiellement sur un ensemble précis de structures paramédianes (le tronc cérébral, les noyaux hypothalamiques, thalamiques et ceux du télencéphale basal, ainsi que les cortex cingulaires centraux) alors que la cartographie des objets s'appuie surtout sur les cortex sensoriels plus périphériques distribués sur le manteau cortical. Les moitiés droite et gauche des structures « du Soi et de la connaissance », situées au centre et proches l'une de l'autre, sont généralement atteintes toutes les deux par une même pathologie ; en revanche, les moitiés droite et gauche des structures chargées de cartographier les objets sont plus éloignées et peuvent donc être affectées indépendamment l'une de l'autre.

Nous pouvons affirmer que des lésions bilatérales de l'hippocampe, du lobe temporal antérieur dans son entier, du lobe temporal latéral ou encore de la majeure partie des lobes médians et inférieurs temporaux *ne provoquent pas* de détérioration de la conscience-noyau. Les cas de HM et de David, évoqués au chapitre 4, le montrent sans équivoque. Même la combinaison de toutes ces lésions ne perturbe pas la conscience-noyau. Par ailleurs, le cas du patient S (chapitre 2) montre que des lésions bilatérales des amygdales ne perturbent pas non plus la conscience-noyau. Il va sans dire que des lésions unilatérales de toutes ces structures ne provoquent pas non plus de troubles de la conscience.

Le cortège de handicaps associés à ces lésions est en revanche célèbre : les facultés d'apprentissage, de mémorisation et de langage sont profondément altérées. Malgré leur handicap, les patients gardent un sens aigu de leur Soi et de leur environnement, leur conscience-noyau demeurant intacte. Ils sont parfaitement conscients et même souvent assez conscients de leurs défaillances. Ils savent qu'ils ne disposent plus que de souvenirs altérés et d'une parole brisée.

De même, les lésions bilatérales ou unilatérales des cortex auditifs, des cortex visuels et des cortex préfrontaux ne perturbent en rien la conscience-noyau. C'est-à-dire que la faculté de percevoir et de reconnaître les stimuli de nature visuelle ou auditive est atteinte, de même que la création d'images internes au sein de ces modalités sensorielles ; on observe aussi des défauts de mémoire sélectifs, associés au canal sensoriel affecté. Mais la conscience-noyau continue de fonctionner normalement, à l'exception de la modalité sensorielle compromise.

Les lésions bilatérales des cortex visuels évolutivement anciens sont généralement localisées dans un sous-secteur, altérant la vision dans tout ou partie du champ de vision. Elles provoquent également souvent ces étonnantes pathologies du traitement de l'information visuelle : il arrive ainsi que le patient perde la faculté de percevoir les couleurs sur tout ou partie de son champ de vision alors qu'il continue à percevoir le mouvement, la profondeur et les formes (une pathologie connue sous le nom d'achromatopsie). Ou il ne reconnaît plus des objets autrefois familiers bien qu'il continue à apprécier correctement leur structure physique (un cas d'agnosie, dont nous avons déjà parlé). Enfin, il peut perdre la faculté de percevoir son champ visuel de manière harmonieuse et attentive (le syndrome de Balint)[38]. Dans tous ces cas, la conscience-noyau demeure intacte : le patient reste capable de traiter normalement toute forme de cognition sauf les points précis sur lesquels le traitement de l'information visuelle est atteint. Le fait qu'ils aient un sens aigu de ce qu'ils ne peuvent plus faire est un indice de ce que le processus « général » de la conscience-noyau est préservé. On remarquera aussi que les patients continuent parfois à traiter de manière inconsciente des informations relatives aux stimuli qu'ils ne perçoivent ni ne reconnaissent plus. C'est le cas notamment lors du phénomène dit de vision « aveugle »[39]. Certains patients devenus entièrement aveugles, en raison de ce qu'on appelle souvent une cécité corticale, prétendent à raison ne voir aucun objet dans leur champ de vision mais sont capables de pointer correctement du doigt un objet donné dont on leur demande d'indiquer la localisation probable. Ceci indique qu'une certaine forme de traitement de l'information s'est maintenue, et qu'elle fonctionne assez bien pour que les structures en charge du mouvement soient capables de guider le bras et le doigt dans la direction appropriée, même si la conscience n'a pas accès à une partie de l'information sous-jacente à ce processus.

On observe quelque chose de similaire dans le cas du syndrome d'Anton, lorsque les lésions des cortex visuels sont particulièrement étendues. Les patients, eux aussi aveugles, nient leur handicap comme dans ces cas d'anosognosie précédemment décrits. Cette étrange prétention s'explique pourtant en partie. Les yeux des patients sont toujours capables de se tourner vers des objets ordinairement attrayants pour un organisme doté de vision et de se fixer sur eux. Les résultats du travail de ce mécanisme perceptuel désormais inutile ne sont d'aucun intérêt pour les cortex visuels eux-mêmes, mais néanmoins transmis à d'autres structures telles que les colliculi supérieurs et les cortex pariétaux. Le cerveau reste informé de l'existence d'une série d'ajustements perceptuels en cours, probablement peu différente de ce qui se passerait s'il était toujours en mesure de traiter l'information visuelle.

Lorsque le traitement de l'information visuelle est totalement occulté, le cerveau construit un scénario plausible pour rendre compte des ajustements perceptifs dont la conscience est avertie : celui-ci indique que le patient est en train de voir un objet. Il ne s'agit bien évidemment pas d'un scénario adéquat, mais cela ne veut pas dire non plus qu'il soit absurde. Comme on pourrait s'y attendre, cette croyance erronée s'est évanouie au bout de quelques heures dans tous les cas qu'il m'a été donné d'observer. Je suis certain que l'absence totale d'images visuelles (soit effectives, soit sous forme de souvenirs) au cours des premières heures de l'accident explique l'erreur du patient. En effet, l'absence marquée d'imagerie visuelle empêche la mise en place d'un contre-argument.

J'ai consacré de nombreuses études et un ouvrage, *L'Erreur de Descartes*, au cas des patients ayant subi des lésions bilatérales du lobe préfrontal ventro-médian. Je pense pouvoir affirmer que leur conscience-noyau est intacte bien qu'ils ne soient plus capables de prendre une décision à leur avantage ou de réagir émotionnellement à certaines questions. Même des lésions bilatérales des cortex préfrontaux dorso-latéraux (y compris quand elles touchent le pôle frontal) ne perturbent pas la conscience-noyau[40]. *Ces lésions altèrent la mémoire de travail et affectent par conséquent la conscience-étendue, mais ces perturbations ne touchent pas la conscience-noyau qui reste intacte.*

Les résultats « négatifs » présentés ci-dessus sont tout aussi précieux que les résultats « positifs » (la détermination des zones dont la lésion produit à coup sûr un handicap de la conscience) si nous voulons identifier les zones d'émergence de la conscience au sein du cerveau. Je voudrais notamment souligner le fait que ni les lésions bilatérales de l'hippocampe ni celles des cortex visuels ou auditifs ne perturbent la conscience-noyau.

Ces résultats négatifs ont une importance fondamentale pour les raisons qui suivent : l'hippocampe reçoit des informations en provenance de plusieurs modalités sensorielles, et ses circuits sont agencés de telle manière que ses signaux sont probablement à même de produire une carte de énième ordre du « tableau » dressé à chaque instant par les nombreux procédés de fabrication d'images du cerveau. On pourrait donc penser que l'hippocampe serait idéalement placé pour construire cette carte de second ordre sur laquelle se fonde la conscience-noyau. Mais les nombreuses études réalisées sur des patients présentant des lésions bilatérales de l'hippocampe indiquent que ce n'est pas le cas. Ces lésions entraînent systématiquement de profonds handicaps des facultés d'apprentissage et de mémorisation, mais jamais une défaillance de la conscience-noyau.

Pour conclure

L'investigation des données dont nous disposons nous permet de tirer quelques conclusions encore provisoires.

1. Des lésions des régions du cerveau, dont on suppose qu'elles sont associées soit au proto-Soi, soit aux cartes de second ordre des relations objet/organisme, perturbent la conscience-noyau ainsi que la conscience-étendue.

2. Ces régions possèdent des caractéristiques anatomiques bien distinctes : 1/ elles appartiennent aux structures évolutivement anciennes du cerveau ; 2/ elles se trouvent généralement à proximité de la ligne médiane ; 3/ aucune d'entre elles n'est localisée sur la surface externe du cortex cérébral ; 4/ toutes sont impliquées d'une manière ou d'une autre soit dans la régulation, soit dans la représentation du corps.

3. Le proto-Soi et les structures de second ordre sont des éléments clefs dont le dysfonctionnement provoque un handicap général de la conscience, quel que soit l'objet. Les structures sensorielles évolutivement anciennes participent au traitement de différents aspects des objets : une lésion à ce niveau, même étendue, n'affecte donc pas la conscience.

4. L'ensemble des régions dont les lésions ne perturbent pas la conscience-noyau représente une plus large proportion du système nerveux central que l'ensemble des régions dont la lésion affecte la conscience-noyau.

5. Ces mêmes régions (c'est-à-dire les cortex sensoriels premiers et les cortex de niveau supérieur) sont avant tout chargées : 1/ de signaler les objets et les événements susceptibles d'être connus en raison du travail de la conscience-noyau ; 2/ de garder trace de l'expérience qui en est faite ; 3/ de manipuler les archives ainsi constituées dans le raisonnement et la pensée créatrice.

6. Les cortex sensoriels premiers sont aussi impliqués dans la formation de la conscience, mais de manière différente. Le proto-Soi et les cartes de second ordre se basent en effet sur *un seul set* de structures tandis que chacune des modalités sensorielles correspond à un set différent de structures sensorielles. Il y en a donc *plusieurs*. Ces cortex sensoriels premiers sont chargés : 1/ d'initier le processus en influant sur les structures du proto-Soi ; 2/ d'envoyer des signaux aux

structures de second ordre ; 3/ de recevoir les influx modulateurs résultant des configurations neuronales de second ordre. C'est grâce aux influx modulateurs que les configurations neuronales associées à l'objet peuvent être rehaussées et les différents composants de l'objet intégrés en un tout.

Autrement dit, la conscience-noyau repose de manière critique sur l'activité d'un nombre restreint de structures cérébrales évolutivement anciennes, commençant dans le tronc cérébral et se terminant dans les cortex somato-sensoriels et cingulaires. Les interactions entre ces différentes structures 1/ forment la base de la mise en place du proto-Soi ; 2/ engendrent la configuration neuronale de second ordre qui décrit la relation entre l'organisme (le proto-Soi) et l'objet ; 3/ modulent l'activité des régions extérieures à cet ensemble et chargées du traitement de l'objet.

Le fait que je tente d'identifier avec précision ces sites potentiellement cruciaux ne veut pas dire que je pense que l'un d'entre eux soit *le seul fondement* de la conscience. Aucune des fonctions décrites ci-dessus n'est exécutée en un seul site ou centre neuronal : elles résultent plutôt de l'intégration transrégionale de l'activité neuronale. Le sens que l'on a de soi et la saillance de l'objet me semblent issus des différentes interactions entre cet ensemble de sites neuronaux et celui qui est directement impliqué dans la construction de l'objet.

La configuration neuronale sous-jacente à la conscience-noyau à propos d'un objet — soit le sens que l'on a de soi au moment où l'on connaît un objet donné — est donc une configuration neuronale à grande échelle qui repose sur l'activité de deux séries de structures étroitement liées : les structures dont l'activité transrégionale engendre le proto-Soi et les cartes de second ordre, et celles dont l'activité transrégionale produit la représentation de l'objet.

UN SURPRENANT CHEVAUCHEMENT DE FONCTIONS

Les structures associées au proto-Soi et aux cartes de second ordre présentent un surprenant chevauchement de fonctions biologiques. Chacune de ces structures est en effet impliquée dans la plupart des cinq fonctions suivantes : 1/ réguler l'homéostasie et transmettre les informations sur l'état et la structure du corps, notamment en traitant les signaux relatifs à la douleur, au plaisir et aux désirs ; 2/ participer aux processus de l'émotion et du sentiment ; 3/ participer aux processus d'attention ; 4/ participer aux cycles de veille et de sommeil ; 5/ participer au processus d'apprentissage.

Ce quintuple chevauchement est intégralement présent au niveau du tronc cérébral et des cortex cingulaires, et partiellement au niveau des autres structures. Voilà un fait établi qui pourtant n'a pas jusqu'ici retenu l'attention des chercheurs pour plusieurs raisons. La première tient peut-être à ce que nos connaissances en matière de tronc cérébral sont réparties sur deux branches de recherche distinctes, l'une s'attachant au problème de la régulation homéostatique et l'autre aux mécanismes du sommeil et de l'attention. Les questions ne se recoupaient pas et les chercheurs ne se rencontraient pas. L'indifférence longtemps manifestée par les neurosciences à l'égard des émotions constitue la seconde raison. En effet, cet oubli a empêché qu'on reconnaisse le rôle crucial que jouent les régions qui vont du tronc cérébral aux cortex somato-sensoriels au niveau du processus émotionnel.

En plus du quintet mentionné ci-dessus, ces régions participent donc vraisemblablement à une fonction supplémentaire : la construction de la conscience-noyau. Les chevauchements fonctionnels ainsi révélés peuvent sembler contre-intuitifs au premier abord, mais à la réflexion tout s'éclaire et s'explique. Les chevauchements sont sans doute le fruit de l'activité de « familles » distinctes (les noyaux) situées dans des sous-régions très proches les unes des autres. De plus, les différentes familles de noyaux, bien que distinctes sur le plan anatomique, sont étroitement liées les unes aux autres par des connexions anatomiques. Enfin, la contiguïté et l'imbrication anatomique qui donnent lieu à ces chevauchements fonctionnels ne sont en rien le fruit du hasard. Ce sont sans doute des indices d'un autre rôle fonctionnel, plus large, des régions concernées.

Cette hypothèse devient encore plus plausible si nous considérons la nature des chevauchements fonctionnels au niveau du tronc cérébral. La logique des chevauchements fonctionnels en matière d'émotion et d'attention serait la suivante. Pour bien diriger son attention il faut être capable d'émotion : en effet, cette dernière fournit automatiquement des informations sur les expériences passées de l'organisme avec tel ou tel objet. Elle permet donc de savoir si on doit accorder son attention à cet objet particulier ou bien la lui retirer. Les organismes simples initient un comportement de vigilance à partir d'une attention minimale et d'une faculté basique de production d'images. Ceci leur permet en premier lieu de traiter les objets ; ensuite une émotion peut apparaître, puis une mise en valeur de l'objet et le fait de fixer ou non son attention, en fonction de l'émotion. La même séquence d'événements s'applique aux organismes dotés de conscience, à ceci près que la seconde étape serait reformulée de la manière suivante : « Une émotion peut apparaître, et être connue de l'individu qui l'éprouve. »

Il est sans doute plus pratique, mais pas nécessairement simple ou ordonné, que les structures régulatrices de l'attention et les structures chargées de traiter les émotions soient proches les unes des autres. Il peut même arriver, pour certaines composantes de ces processus, que l'on ait affaire à la même structure, bien qu'opérant sur des modes légèrement différents. De plus, il est également plus pratique que ces structures soient à proximité de celles qui régulent et signalent l'état du corps. Le fait d'être doté d'émotions et d'attention est en effet intrinsèquement lié au maintien et à la gestion de la vie de l'organisme. Or ce dernier ne peut garantir sa survie et maintenir son équilibre homéostatique sans avoir accès à des informations sur l'état actuel de son corps propre.

La juxtaposition de l'émotion et de l'attention avec la conscience-noyau fait-elle sens ? Oui, en effet, si on accepte de considérer la conscience comme le moyen le plus subtil de réguler l'homéostasie et de maintenir la vie dont nous disposions. La nature est une astucieuse bricoleuse, et puisque la conscience est une solution tardive au problème de l'homéostasie, il tombe sous le sens que l'apparition progressive du mécanisme de la conscience se soit faite *au sein, depuis et à proximité* des mécanismes dont elle disposait déjà, c'est-à-dire des mécanismes de l'émotion, de l'attention et de la régulation des états du corps.

LA FORMATION RÉTICULAIRE ET LE THALAMUS DANS UN NOUVEAU CONTEXTE

Les conclusions ci-dessus n'infirment en rien le fait que certaines structures du tronc cérébral sont impliquées dans les processus de veille et d'attention, ou qu'elles modulent l'activité du cortex cérébral *via* les noyaux thalamiques intralaminaires, les projections corticales non thalamiques de monoamines et les projections thalamiques des noyaux acétylcholine. La question est de savoir si les structures voisines du tronc cérébral et peut-être même certaines des structures susdites ont *d'autres activités*, c'est-à-dire si elles gèrent les états du corps et en représentent la situation actuelle. De telles activités ne sont pas fortuites mais fondamentalement liées au travail d'activation dont on sait qu'il incombe au tronc cérébral : *elles sont peut-être la raison pour laquelle ce rôle d'activation s'est maintenu au cours de l'évolution, et pourquoi il s'ancre principalement dans cette région.*

Autrement dit, je ne conteste en rien les conceptions traditionnelles des rôles assignés au « système d'activation réticulaire ascendant » du tronc cérébral et leur extension au thalamus, tels qu'elles ont été présentées dans les travaux classiques de Magoun, Moruzzi et Jasper, ainsi que les études plus récentes de Llinás et Steriade. Au contraire, je ne doute pas que l'activité déployée au sein de ces régions contribue fortement à la constitution de contenus sélectifs, intégrés et unifiés pour la pensée consciente. Je doute simplement que leur contribution suffise à expliquer entièrement le phénomène de la conscience, et c'est pourquoi je me suis posé une série de questions un peu différentes, bien que proches de la conception classique : qu'est ce qui pousse ces régions à accomplir les tâches que nous les voyons réaliser ? À quoi tendent leurs efforts ? Dans quelle mesure le produit de leur activité permet-il de comprendre la conscience telle que je la conçois, sur le plan mental ?

UN RÉSULTAT CONTRE-INTUITIF ?

Ces dernières conclusions mettent en évidence un fait important : bien que la forme la plus simple de conscience-noyau nécessite une activité coordonnée des régions de chaque tiers ou quart du cerveau, la conscience repose essentiellement sur des régions évolutivement plus anciennes (et non des régions plus récentes), situées au cœur du cerveau plutôt qu'à sa surface. Curieusement, les processus de « second ordre » que je propose ici s'ancrent dans des structures neuronales anciennes intimement associées au processus de régulation de la vie, et non dans les structures neuronales modernes du néocortex associées à la perception fine, au langage et au raisonnement de type supérieur. Le « plus » apparent de la conscience repose donc sur du « moins », et le second ordre correspond en définitive à un ordre plus profond. La lumière de la conscience est donc à la fois soigneusement cachée et très ancienne.

C'est un fait établi, et non une hypothèse — quelle que soit la validité de mes thèses, il n'en demeure pas moins vrai que des lésions de ces régions perturbent la conscience, ce qui n'est pas le cas de lésions situées ailleurs. C'est là un résultat contre-intuitif. Nous pensons à juste titre que la conscience est un pas en avant biologique significatif, même quand nous l'attribuons à des créatures non humaines. Ce pas en avant est certainement important, mais il est aussi peut-être beaucoup plus vieux que nous le pensions. En revanche, sur le plan de l'évolution, l'extension de la conscience est un phénomène plus récent.

Nous le devons à la mémoire qui nous a permis dans un premier temps de constituer des archives autobiographiques, puis de nous donner accès à un plus large panorama de faits, avant de nous offrir la capacité de stockage de la mémoire de travail. Bien sûr, de telles extensions de la conscience, particulièrement développées chez les humains, s'appuient sur les parties évolutivement modernes du cerveau, c'est-à-dire sur le néocortex. Mais en définitive aucune de ces nouvelles et admirables caractéristiques de la conscience n'apparaît indépendamment du travail plus modeste de la conscience-noyau.

Quatrième partie

VOUÉS À CONNAÎTRE

CHAPITRE 9

Le sentir du sentiment

Sentir des sentiments

J'ai commencé ce livre en évoquant un obstacle : en effet, le sujet qui éprouve des émotions ne peut les connaître avant qu'il n'y ait de conscience. Il est temps désormais, après avoir exposé mes théories sur la nature de la conscience, de tenter d'expliquer comment il se fait que nous puissions connaître une émotion. Commençons par le commencement : nous savons que nous éprouvons une émotion quand nous avons à l'esprit le sentiment de soi sentant. Jusqu'à ce que ce sentiment de soi sentant apparaisse, aussi bien sur la longue durée de l'évolution qu'au cours du développement individuel, le sujet est capable de fournir un ensemble de réponses bien orchestrées (une émotion) et de former les représentations cérébrales qui en découlent (un sentiment). Mais nous ne savons pas que nous éprouvons une émotion avant de ressentir qu'elle se passe dans notre organisme.

Le fait de ressentir que l'émotion se passe dans l'organisme est lié aux représentations du proto-Soi et de ses modifications au niveau des structures de second ordre. Le sens que nous avons de « l'émotion comme objet » découle de la représentation que nous nous formons de la configuration d'activité des sites qui induisent l'émotion au niveau des structures chargées des représentations de second ordre. Gardant la même approche que pour les autres types d'objets, je propose les hypothèses suivantes : 1/ le proto-Soi inaugural fait l'objet d'une représentation de second ordre ; 2/ « l'objet » susceptible de modifier le proto-Soi (c'est-à-dire la configuration d'activité neuronale dans les sites induisant l'émotion) fait l'objet d'une représentation de second ordre ; 3/ les modifications subies en retour par le proto-Soi (implémentées par des mécanismes « en boucle corporelle » ou des mécanismes « comme si ») font également l'objet d'une représentation de second ordre.

Le processus par lequel nous venons à éprouver une émotion est simple : des images mentales se dégagent des configurations neuronales chargées de représenter les modifications du corps et du cerveau à l'origine d'une émotion. En revanche, le fait de savoir que nous ressentons cette émotion, de « ressentir » ce sentiment, n'est possible *qu'après* la mise en place des représentations de second ordre dont la conscience-noyau a besoin. Nous l'avons vu plus haut, il s'agit de représentations des relations entre l'organisme et l'objet (ici une émotion), et des représentations de l'effet causal de cet objet sur l'organisme.

Le processus que je décris ici n'est pas différent de celui par lequel un objet externe est traité, mais il est plus difficile à estimer dans le cas d'une émotion dans la mesure où elle se produit à l'intérieur et non à l'extérieur de l'organisme. Nous ne pourrons comprendre ce qui se passe qu'à la lumière des points déjà abordés dans les chapitres précédents consacrés à l'émotion (chapitre 2) et à l'organisme (chapitre 5). À savoir : 1/ qu'on recense plusieurs aires cérébrales dont l'activation conduit à cette série d'actions qui constituent l'émotion, et 2/ que leur configuration d'activité peut faire l'objet d'une représentation au sein des structures de second ordre. Les sites susceptibles d'induire une émotion comprennent les noyaux de l'hypothalamus, du tronc cérébral, du télencéphale basal, des amygdales et des cortex préfrontaux ventro-médians. Et les structures de second ordre en question correspondent au thalamus et aux cortex cingulaires.

Au premier abord, il peut paraître curieux que le sentiment d'éprouver une émotion, pourtant enraciné dans la représentation des états du corps, ne puisse être connu qu'après l'intégration *d'autres* représentations corporelles donnant lieu au proto-Soi. Il est certainement curieux que le seul moyen que nous ayons de connaître un sentiment soit un autre sentiment. Cela se comprend toutefois si nous prenons en compte le fait que le proto-Soi, le sentiment d'éprouver une émotion et de celui de connaître ses émotions sont apparus à différents moments de l'évolution, et que, aujourd'hui encore, ils apparaissent à différents stades du développement individuel. Le proto-Soi se forme avant les formes les plus simples du sentir, et tous deux précèdent l'apparition de ce sentiment de connaître qui constitue la conscience-noyau.

Ce qui sous-tend le sentiment d'une émotion

L'ensemble des configurations neuronales qui sous-tendent un sentiment provient de deux types de modifications biologiques, celles qui ont trait à l'état du corps et celles qui ont trait à la situation cognitive. Les premières sont essentiellement produites par deux mécanismes [1]. Le premier, ce que j'appelle la « boucle corporelle », repose à la fois sur des signaux humoraux (des messages chimiques convoyés par le sang) et des signaux neuronaux (des messages électrochimiques convoyés par les voies de transmission neuronale). Ces deux types de signaux contribuent à modifier le paysage corporel, dont les transformations seront représentées par la suite au sein des structures somato-sensitives du système nerveux central, en remontant à partir du tronc cérébral. Il arrive que la représentation du paysage corporel soit partiellement modifiée par un autre mécanisme, le mécanisme « comme si ». La représentation des modifications liées au corps est alors directement mise en place sous forme de cartes sensorielles du corps sous le contrôle d'autres sites neuronaux, comme les cortex préfrontaux. Tout se passe « comme si » l'état du corps avait véritablement été modifié, mais ce n'est pas le cas. Ce mécanisme du « comme si » court-circuite tout ou partie du corps propre : mon hypothèse est que cela permet à l'organisme d'économiser à la fois du temps et de l'énergie, ce qui est parfois utile. Les mécanismes du « comme si » n'influent pas seulement sur l'émotion et le sentir, mais aussi sur un certain type de processus cognitifs que l'on pourrait désigner comme relevant d'une « simulation interne » [2].

Les modifications de l'état cognitif interviennent quand le processus émotionnel conduit les noyaux du télencéphale basal, de l'hypothalamus et du tronc cérébral à sécréter certaines substances chimiques, et à les envoyer vers plusieurs autres aires du cerveau. Quand ces noyaux libèrent des neuro-modulateurs au sein du cortex cérébral, du thalamus et du télencéphale basal, ils provoquent plusieurs modifications substantielles des fonctions cérébrales. Les plus importantes correspondent 1/ à la mise en place de comportements spécifiques (tels que le lien social, l'éducation et les soins, le jeu et l'exploration) ; 2/ à une modification du traitement en cours des états du corps (les signaux émis par le corps peuvent ainsi être filtrés ou bien au contraire laissés passer, une partie d'entre eux peuvent se voir inhibés ou mis en valeur, et le plaisir ou déplaisir qu'ils suscitent altérés) ; 3/ à une transformation des modalités du traitement cognitif (par exemple, dans le cas des images auditives ou visuelles, le rythme de production des images peut s'accélérer ou ralentir, ou bien les images nettement définies devenir plus floues, tous ces changements faisant partie intégrante d'émotions aussi variées que la tristesse ou la joie).

Ces trois types de modification se retrouvent aussi bien chez les humains que chez plusieurs autres espèces non humaines. Il se peut cependant que la troisième (la modification des modalités du traitement cognitif) ne soit consciente que chez les humains dans la mesure où elle requiert un type supérieur de représentation des événements neuronaux. C'est-à-dire du type de métareprésentation des aspects du traitement cérébral que seuls les cortex préfrontaux avancés sont capables de fournir.

Autrement dit, les émotions sont définies par de multiples modifications du profil chimique du corps, ainsi que des modifications de l'état des viscères et du degré de contraction des différents muscles striés du visage, de la gorge, du tronc et des membres. Mais elles dépendent aussi des transformations subies par l'ensemble des structures neuronales à l'origine de tels changements et sont susceptibles de modifier en retour plusieurs circuits neuronaux du cerveau lui-même.

On peut définir les émotions tout simplement comme une modification transitoire de l'état de l'organisme dont les causes sont spécifiques. De même, on peut définir simplement le fait d'éprouver une émotion comme la représentation de cette modification transitoire de l'état de l'organisme sous forme de configurations neuronales et des images induites par ces dernières. Lorsque, quelques instants plus tard, ces images s'accompagnent du sentiment de soi que l'on a dans l'acte de connaître et qu'elles parviennent sur le devant de la scène, elles deviennent conscientes. On a alors véritablement affaire à un sentir de sentiment.

Les réponses émotionnelles n'ont rien de vague, d'insaisissable ou de général, pas plus que les représentations susceptibles de devenir des sentiments d'émotion. Le sentiment d'éprouver une émotion repose sur un ensemble très concret de configurations neuronales cartographiées par certaines structures bien définies.

DE L'ÉMOTION AU SENTIMENT CONSCIENT

On peut dire que la séquence complète d'événements menant de l'émotion au sentiment d'éprouver une émotion se déroule en cinq étapes, dont les trois premières ont été évoquées dans le chapitre sur l'émotion.

1. L'organisme est stimulé par un déclencheur d'émotion, comme lorsqu'un objet donné subit un traitement visuel, engendrant des représentations visuelles de l'objet. Il se peut que l'objet parvienne à la conscience et soit reconnu, ou non, car ni la conscience de l'objet ni sa reconnaissance ne sont nécessaires à la poursuite du cycle.

2. Les signaux relatifs au traitement de l'image de l'objet activent les aires neuronales prédéterminées à répondre au type de déclencheur associé à l'objet (il s'agit des aires d'induction de l'émotion).

3. Les aires d'induction de l'émotion déterminent à leur tour un certain nombre de réponses destinées au corps et à d'autres sites cérébraux ; elles libèrent toute la panoplie de réactions corporelles et cérébrales qui constituent l'émotion.

4. Des cartes neuronales de premier ordre, situées aussi bien dans les régions corticales que subcorticales, représentent des modifications de l'état du corps, et ceci indépendamment de leur mécanisme de production (« boucle corporelle », mécanisme du « comme si », ou les deux à la fois). Les sentiments font leur entrée sur scène.

5. La configuration d'activité neuronale au sein des aires d'induction de l'émotion est cartographiée au sein des structures neuronales de second ordre. Le proto-Soi évolue en fonction de ces événements, et ses modifications sont elles aussi cartographiées par les structures neuronales de second ordre. Un rapport sur les événements en cours, décrivant la relation qui unit « l'objet émotion » (l'activité des aires d'induction de l'émotion) et le proto-Soi, s'organise donc au niveau des structures de second ordre.

Mon point de vue sur les phénomènes de l'émotion, du sentir et de la connaissance n'est pas orthodoxe. En effet, je suppose que l'expression (l'émotion) précède le sentir : il n'y aurait pas d'instance centrale du sentir avant le déclenchement d'une émotion. Je suggère également que le fait d'éprouver un sentiment ne coïncide pas avec le fait de savoir qu'on l'éprouve, que la réflexion sur les sentiments se situe encore un cran au-dessus. Cette curieuse situation me rappelle la formule d'E. M. Forster : « Comment puis-je savoir ce que je pense avant de l'avoir dit ? »

Ces trois phénomènes — l'émotion, le sentir, la conscience — ont ceci de remarquable ; ils sont en étroit rapport avec le corps. L'organisme est au départ formé d'un corps propre et d'un cerveau. Il dispose de certaines formes de réponses cérébrales à certains stimuli spécifiques, et il est capable de représenter les états internes engendrés par ses réactions aux stimuli et au répertoire correspondant de réponses prédéterminées. À mesure que les représentations du corps gagnent en complexité et en coordination, elles en viennent à former une représentation intégrée de l'organisme, le proto-Soi. Il devient alors possible de former des représentations du proto-Soi et de ses modifications au cours de l'interaction avec l'environnement. Là seulement débute le processus de la conscience. L'organisme, qui a déjà montré qu'il était parfaitement capable de s'adapter à son environnement, découvre seulement alors qu'il est en mesure d'accomplir cette prouesse adaptative. Mais les processus en jeu — l'émotion, le sentir et la conscience — ne peuvent avoir lieu sans représentations de l'organisme. Ils reposent tous les trois fondamentalement sur un même socle, le corps.

À quoi servent les sentiments ?

On pourrait penser que les émotions suffiraient à réguler la vie de l'organisme et à en assurer la survie sans avoir recours au mécanisme du sentir. Il n'en est rien. Les sentiments représentent un atout particulièrement précieux pour l'orchestration de la survie. Certes, les émotions ont leur utilité propre, mais le processus du sentir permet d'alerter l'organisme et de le prévenir de l'existence du problème que l'émotion a déjà commencé à résoudre. Le sentir donne cette impulsion initiale qui conduit l'organisme à prendre en compte le produit de ses émotions (la souffrance commence avec le sentiment de souffrir, même si elle est avivée par le fait de savoir qu'on souffre ; il en va de même pour la joie). Le sentir sert également de tremplin pour l'étape suivante du développement : *le sentiment de savoir que nous éprouvons des sentiments*. À son tour ce savoir conduit à la mise en place d'un processus de planification où sont élaborées des réponses spécifiques, non stéréotypées, susceptibles soit d'accompagner une émotion, soit de garantir une extension dans la durée des avantages immédiats de l'émotion ressentie, ou encore les deux. Autrement dit, le fait de « sentir » des sentiments augmente la portée des émotions en facilitant la planification de nouvelles réponses adaptatives taillées sur mesure.

Or le fait d'éprouver un sentiment suppose un sujet connaissant. Si on veut comprendre pourquoi la conscience s'est maintenue à travers l'évolution, il ne serait pas absurde de supposer que c'est parce que les organismes dotés de conscience étaient capables de « sentir » leurs sentiments. C'est-à-dire que les mécanismes à l'origine de la conscience ont perduré parce que le fait de savoir qu'on éprouve une émotion présentait une utilité. Puisque la conscience perdurait comme trait biologique de l'organisme, elle en vint à étendre son domaine d'application des émotions aux nombreux stimuli qui les déclenchaient, puis, au fil du temps, à toute la gamme des événements sensoriels possibles.

À propos des sentiments d'arrière-plan

Le peu d'attention qui a été accordée aux neurosciences de l'émotion au cours de ce siècle s'est concentrée sur les émotions fondamentales étudiées par Darwin. La peur, la colère, la tristesse, le dégoût, la surprise et la joie se sont révélés être des émotions universelles, aussi bien en ce qui concerne leur expression sur le visage que la facilité avec laquelle on les identifie. (Je pense ici aux travaux d'Ekman et d'autres collègues.) Les recherches ont donc surtout porté sur les sentiments qui formaient une traduction consciente de cet ensemble spécifique d'émotions. Il n'y aurait là rien à redire si cela ne nous avait pas empêché de reconnaître que nous faisons en permanence l'expérience de sentiments émotionnels, qui ne se réduisent pas aux six sentiments universels associés aux six émotions fondamentales. Nous passons même heureusement (car quatre d'entre elles sont désagréables) une grande part de notre temps sans éprouver aucune de ces six émotions. Il en va de même pour les émotions dites secondaires ou émotions sociales — ce qui constitue là aussi une chance, car elles ne sont guère plus plaisantes. Mais nous faisons l'expérience de toutes sortes d'autres émotions, parfois de faible, parfois de forte intensité, et nous avons un certain sens du tonus physique général de notre organisme. J'ai baptisé cette faculté de ressentir les perturbations du corps en arrière-plan du nom de « sentiments d'arrière-plan ». J'ai en effet choisi d'utiliser ce terme, qui apparaît pour la première fois dans *L'Erreur de Descartes*, parce que ces sentiments ne se situent pas sur le devant de notre scène mentale. Il arrive que nous les percevions avec acuité et que nous soyons en mesure de leur prêter spécifiquement attention, mais il arrive aussi qu'elles passent inaperçues et que nous nous consacrions à d'autres contenus mentaux. D'une façon ou d'une autre, ces sentiments d'arrière-plan contribuent à définir notre état mental et à conférer à notre vie sa tonalité. Ils se forment à partir des émotions d'arrière-plan qu'un observateur extérieur pourra reconnaître à partir de multiples indices, bien qu'ils soient plutôt dirigés vers notre for intérieur que vers le monde extérieur. Ces indices sont les suivants : les postures adoptées par le corps, la rapidité et l'allure générale de nos mouvements jusqu'au ton de la voix et la prosodie de notre discours alors même que nous tentons de communiquer des idées qui n'ont que peu de rapport avec l'émotion d'arrière-plan. C'est pour cette raison qu'il me semble important d'élargir notre conception de l'origine des sentiments.

Parmi les principales perceptions d'états d'arrière-plan, on compte : la fatigue, l'énergie, l'exaltation, le bien-être, le malaise, la tension, le relâchement, le sentiment d'émerger, la pesanteur, la stabilité ou l'instabilité, l'équilibre ou la fragilité, l'harmonie ou la discorde. Elles sont en étroit rapport avec nos motivations et nos pulsions fondamentales : en effet, ces dernières s'expriment directement à travers les émotions d'arrière-plan, dont nous finissons par prendre conscience grâce aux perceptions d'arrière-plan. Elles sont également étroitement liées à nos humeurs. En effet, les humeurs se construisent à la fois à partir des perceptions d'arrière-plan, installées dans la durée et modulées, ainsi que des perceptions des émotions primaires, elles aussi installées dans la durée et modulées (comme la tristesse dans le cas d'une dépression). Elles sont enfin dans un rapport tout aussi étroit avec la conscience, à tel point qu'il est difficile de distinguer entre les perceptions d'états d'arrière-plan et la conscience-noyau.

Il est sans doute juste de dire que les perceptions d'arrière-plan fournissent un index fiable des paramètres instantanés de l'état interne de l'organisme. Il s'agit essentiellement 1/ de la forme temporelle et spatiale prise par les opérations de la musculature lisse au sein des vaisseaux sanguins et de divers autres organes ; 2/ du profil chimique du milieu proche de toutes ces fibres musculaires ; 3/ de la présence ou de l'absence de profil chimique désignant soit une menace pour l'intégrité des tissus vivants, soit les conditions d'une homéostasie optimale[3].

On voit ainsi que même un phénomène aussi simple que les perceptions d'arrière-plan repose sur plusieurs niveaux de représentation. Certaines perceptions d'arrière-plan, liées au milieu interne et aux viscères, dépendent de signaux apparaissant dès la substance gélatineuse, la zone intermédiaire de chaque segment de la moelle épinière et la partie caudale du noyau du nerf trigéminal. D'autres perceptions d'arrière-plan ont trait aux opérations cycliques des muscles striés associés à la fonction cardiaque, ainsi qu'à l'alternance de contractions et de dilatations des muscles lisses, lesquelles requièrent la présence de représentations au sein de certains noyaux spécifiques du tronc cérébral, comme le nucleus tractus solitarius et le nucleus parabrachial.

La notion de perception d'arrière-plan que je propose se rapproche de celle des affects de vitalité que Daniel Stern, le psychologue du développement, a définie dans ses travaux sur les nourrissons. Toutes deux sont les héritières des intuitions d'une philosophe américaine, remarquable mais peu connue, qui fut l'élève d'Alfred North Whitehead : Susanne Langer[4].

Le rapport nécessaire au corps

Quel que soit le mécanisme à l'origine des émotions, le corps est leur théâtre principal, soit directement, soit par le biais de sa représentation au sein des structures somato-sensorielles du cerveau. Vous avez peut-être cependant entendu dire que cette idée n'était pas correcte ; qu'elle correspondait pour l'essentiel à une théorie défendue par William James, désormais obsolète. Or mes propositions ne se réduisent pas à la théorie jamesienne, et, de toute façon, les attaques contre cette théorie, qui durent depuis un siècle, ne tiennent pas, même si la conception de l'émotion prônée par James n'est pas complète ou sans défaut.

Ma définition des mécanismes chargés de faire naître l'émotion et de produire le support des sentiments reste compatible avec les propositions originales de James sur ce thème, mais elle va plus loin et inclut plusieurs nouveautés par rapport au texte de James[5]. Toutefois, aucun des éléments que j'ai pu ajouter ne sape ou ne contrevient à l'idée générale selon laquelle les sentiments reflètent en grande partie les modifications des états du corps, c'est-à-dire au point d'orgue des travaux de James sur la question. Mais ils confèrent au phénomène une nouvelle dimension. Même dans les situations les plus communes, les réponses émotionnelles s'adressent *à la fois* au corps et au cerveau. Ce dernier est à l'origine de modifications cruciales du processus neuronal, lequel forme une part importante de ce que nous percevons comme sentiments. Le corps n'est donc plus l'unique théâtre des émotions, ni par conséquent la seule source de sentiments, comme le voulait James. De plus, il se peut que la source corporelle des sentiments soit pour ainsi dire virtuelle : il arrive que nous ayons affaire à une représentation du corps « comme si » et non du corps « tel qu'il est ». Il me reste à ajouter que je n'ai pas conçu ces nouveaux développements et ces mécanismes émotionnels pour circonvenir les critiques adressées à la théorie de James, bien que certaines de mes propositions permettent précisément de le faire. Au contraire, j'ai avancé ces propositions avant de comprendre l'objet de ces attaques.

On pourrait dire qu'il est inutile de répondre aux détracteurs de William James puisque sa thèse principale semble si plausible, mais ce serait une erreur et pour plusieurs raisons. En effet, son exposé présente des lacunes — c'est compréhensible —, et il convient de le développer dans le contexte scientifique actuel. De plus, certains détails exposés dans les sections qu'il a pu achever prêtent à controverse. James s'appuyait, par exemple, exclusivement sur les représentations issues des viscères, n'envisageait que rapidement la possibilité que les muscles squelettiques soient à l'origine d'une forme de représentation des sentiments et ne mentionnait pas le milieu interne. L'état actuel de la recherche suggère que la plupart des sentiments mobilisent toutes les sources disponibles (aussi bien les changements au niveau du squelette ou des viscères que ceux du milieu interne). Enfin, certaines erreurs de jugement inhérentes aux attaques portées contre James continuent à avoir droit de cité et constituent un obstacle à une meilleure connaissance de l'émotion et du sentiment.

L'ÉMOTION ET LE SENTIR APRÈS UNE SECTION TRANSVERSALE DE LA MOELLE ÉPINIÈRE

L'idée fausse selon laquelle des patients dont les traumatismes auraient entraîné une section transversale de la moelle épinière ne seraient plus capables de ressentir des émotions ou des sentiments conduit souvent à penser que les informations corporelles n'ont pas d'incidence sur les sentiments. Il semblerait pourtant que ces blessés ressentent des émotions et des sentiments, disent les critiques. Or la moelle épinière ne véhicule qu'une partie des informations corporelles pertinentes pour les sentiments. En effet, ces informations transitent pour l'essentiel par voie nerveuse, notamment à travers le nerf vague, entrant et sortant du cerveau au niveau du tronc cérébral, c'est-à-dire bien au-dessus de la partie la plus haute de la moelle épinière qui puisse être touchée par un accident. Le déploiement des émotions lui aussi ne dépend que partiellement de la moelle épinière : il repose dans une large proportion sur les nerfs crâniens situés au niveau du tronc cérébral (susceptibles d'agir sur le visage et les viscères), ainsi que sur plusieurs autres noyaux du tronc cérébral (susceptibles d'influer directement sur les parties du cerveau qui les surplombent).

Deuxième point : une proportion significative des informations corporelles ne transite pas par la voie neuronale mais emprunte celle de la circulation sanguine qui la conduit au système nerveux central, soit encore une fois au niveau du tronc cérébral (dans l'area postrema par exemple) ou plus haut encore.

Troisième point : toutes les études réalisées sur des patients ayant subi des lésions de la moelle épinière (aussi bien celles qui entendaient montrer qu'on observait des troubles du sentir ou celles qui se proposaient de découvrir le contraire) ont mis en évidence une altération plus ou moins poussée des sentiments. Cette découverte n'est guère surprenante puisque la moelle épinière est une voie de transmission *partielle* des informations corporelles pertinentes [6]. Ces études ont aussi révélé un fait indiscutable : plus la section se situe haut sur la moelle épinière, plus les troubles du sentiment sont importants. C'est une découverte de poids car elle signifie que plus la section sera haute, moins le cerveau recevra d'informations sur le corps. Or les segments les plus haut placés devraient correspondre à moins de sentiment, et les sections les plus basses à plus de sentiment. Nous serions bien en peine d'expliquer ce phénomène si une lésion de la moelle épinière n'avait pas pour effet d'inhiber en fait certaines informations corporelles. (On pourrait argumenter, mais sans grande crédibilité, que les lésions de la moelle situées le plus haut s'accompagnent d'un plus grand handicap psychologique, parce qu'elles affectent plus gravement les mouvements, et donc d'une plus grande altération du sentir.)

Quatrième point : il arrive rarement que la moelle épinière soit entièrement sectionnée. Il reste toujours quelques voies de transmission de secours vers le système nerveux central.

Cinquième point : le corps se réduit manifestement pour certains critiques à la partie de l'organisme qui se trouve en dessous du cou, à l'exclusion de la tête qu'ils semblent avoir oubliée. Mais le visage et le crâne ainsi que la cavité buccale, la langue, le pharynx et le larynx (qui forment ensemble la partie supérieure des systèmes respiratoires et digestifs, comme l'essentiel du système vocal) envoient un nombre important d'informations au cerveau. Ces dernières pénètrent dans le cerveau au niveau du tronc cérébral, là encore au-dessus de toute lésion possible de la moelle épinière. Puisque la plupart des émotions se manifestent surtout par des mouvements de la musculature du visage et du cou, ainsi que des transformations autonomes de la peau du visage et du scalp, la moelle épinière n'est d'aucune utilité au processus de représentation cérébrale de ces différentes modifications. Le processus de représentation cérébrale reste disponible et peut servir à former des sentiments même chez les patients dont la moelle épinière a subi les lésions les plus *sévères*.

Pour conclure, il semble que la moelle épinière, dans des circonstances normales, serve aussi bien à mettre en œuvre une *partie* de certaines émotions qu'à véhiculer jusqu'au cerveau des informations concernant une *partie* de ce processus de déploiement des émotions. Par conséquent, même une section complète de la moelle épinière ne parvient pas à perturber les flux bidirectionnels d'information nécessaires à la mise en œuvre des émotions et des sentiments. La présence même de troubles en cas de lésion de la moelle épinière montre que les informations corporelles influent sur l'émotion et le sentir. Il serait difficile de soutenir le contraire. Mais personne ne devrait s'attendre à ce que son accident prive Christopher Reeve de toute forme d'émotion ou de sentiment. Le fait qu'il continue à éprouver des émotions et à sentir des sentiments ne remet nullement en cause le rôle primordial du corps dans ces processus.

CE QUE MONTRE LA SECTION DU NERF VAGUE ET DE LA MOELLE ÉPINIÈRE

Les résultats d'une section du nerf vague, ou bien du nerf vague et de la moelle épinière, ont également fait l'objet d'interprétations erronées, du moins depuis les critiques formulées contre la théorie jamesienne en 1927 par W. Cannon à la lumière de ses propres expériences sur les chats et des travaux de C. S. Sherrington sur les chiens[7]. Les thèses de Cannon sont révélatrices de la confusion qui règne quand on ne distingue pas entre ce qui est externe, comme une émotion, et ce qui est interne, comme un sentiment. Pourquoi un chien ou un chat dont le nerf vague et la moelle épinière ont été sectionnés ne seraient plus en mesure d'exprimer la moindre émotion, comme le prétend Cannon ? C'est le contraire qui est logique. Le fait de sectionner le nerf vague *et* la moelle épinière n'atteint nullement les voies de transmission empruntées par les réactions qui vont modifier l'expression de la face de l'animal, comme la colère, la peur ou la coopération pacifique avec celui qui l'examine. En effet, ces réponses émotionnelles trouvent leur origine dans le tronc cérébral et sont véhiculées par les nerfs crâniens, demeurés intacts dans les expériences de Sherrington comme dans celles de Cannon. La section combinée du nerf vague et de la moelle épinière n'a pas altéré les expressions faciales de ces animaux, comme on pouvait s'y attendre. Même paralysés à partir du cou, et donc incapables de se mouvoir, les chiens auxquels on présentait des chats montraient toujours des signes de colère. (On remarquera que si on avait stimulé électriquement les aires cérébrales appropriées, les chiens auraient présenté l'expression dite de « colère feinte » [*sham rage*], c'est-à-dire la manifestation gratuite des expressions faciales caractéristiques de la colère.)

Mais qu'en est-il des sentiments éprouvés par ces animaux ? Il est bien sûr difficile de le savoir avec certitude, mais, si on se base sur mes propositions, il est probable que leurs sentiments auront été partiellement perturbés : les animaux auront bien reçu les signaux correspondant aux expressions faciales qu'ils présentaient, ainsi que l'ensemble des signaux émis par les noyaux du tronc cérébral (c'est-à-dire d'un support possible du sentiment), mais ils n'auront plus accès aux informations en provenance des viscères du tronc, lesquelles reposent sur les signaux transmis par le nerf vague et la moelle épinière. C'est à ce stade que Cannon a oublié toute prudence et qu'il s'est demandé s'il était possible d'avoir de telles réactions émotionnelles en l'absence de sentiments. L'émotion manifeste lui sembla être un indice sûr de la présence de sentiments. Son erreur repose entièrement sur l'incapacité à distinguer, par principe, entre l'émotion et le sentiment. Il ne sut pas non plus reconnaître le caractère séquentiel, unidirectionnel, de l'enchaînement qui conduit du déclencheur, de l'émotion automate, à la représentation des modifications de l'état émotionnel, le sentir.

CE QUE NOUS APPREND LE SYNDROME DU « LOCKED-IN »

L'une des preuves les plus étonnantes, bien qu'indirecte, du rôle crucial que jouent les informations corporelles dans la production des sentiments est donnée par le syndrome du « locked-in ». Comme nous l'avons vu au chapitre 8, cette pathologie correspond à des lésions de certaines zones du tronc cérébral comme le pont ou le cerveau moyen dans leur partie ventrale, antérieure, plutôt que dans leur partie dorsale, postérieure. Les voies de transmission motrices chargées de véhiculer l'information vers les muscles squelettiques sont détruites. Seul subsiste, parfois de manière incomplète, la voie de transmission associée au mouvement des yeux sur l'axe vertical. Les lésions à l'origine du « locked-in » sont situées directement à l'avant des zones dont la destruction entraîne un coma ou un état végétatif persistant, mais la conscience des patients atteints de « locked-in » demeure intacte. Ils sont parfaitement éveillés, alertes et conscients de leur activité mentale. Incapables, toutefois, de mouvoir aucun muscle du visage, du tronc ou des membres, ils ne peuvent habituellement communiquer avec autrui que par le biais de mouvements verticaux des yeux, parfois d'un seul œil, par des clignements volontaires. En effet, ils peuvent apprendre à se servir d'une technique pour communiquer : elle consiste à cligner des yeux à la mention d'une lettre de l'alphabet pour composer des mots, des phrases ou même des livres, ainsi lentement dictés à un assistant attentif.

Or on a négligé jusqu'à présent un aspect remarquable de cette tragédie : bien que les patients soient pleinement conscients d'être passés d'un état de liberté à celui d'un emprisonnement mécanique presque absolu, ils semblent n'éprouver ni l'angoisse ni les tourments que l'horreur de leur situation pourrait amener. Certes, ils éprouvent toutes sortes de sentiments, de la tristesse à la joie, pour étonnant que cela puisse paraître. Mais si l'on en croit les récits aujourd'hui publiés, ils connaissent un étrange sentiment de sérénité qu'ils n'avaient jusqu'alors jamais éprouvé. Ils sont pourtant pleinement conscients de la tragédie qui les affecte ; il arrive qu'ils expriment un sentiment intellectuel de tristesse ou de frustration devant leur enfermement virtuel, mais ils ne déclarent pas éprouver le sentiment de terreur que l'on aurait imaginé en de telles circonstances. La frayeur intense que tant de personnes par ailleurs parfaitement mobiles et en pleine santé éprouvent quand elles sont immobilisées dans un scanner à résonance magnétique, sans parler d'un ascenseur bondé, ne semble pas les affecter[8].

Je propose d'expliquer ce fait étonnant de la manière suivante : à l'exception des mouvements verticaux des yeux et du clignement des paupières, les lésions cérébrales d'un « locked-in » empêchent tout mouvement, soit volontaire, soit sous forme de réaction émotionnelle, de toute partie du corps. Ni le visage ni le corps n'expriment une intention délibérée ou une émotion automatique (à l'exception partielle des larmes que l'on observe parfois sans pour autant que les manifestations motrices associées aux pleurs soient présentes). Étant donné les circonstances, les processus mentaux normalement à l'origine de l'émotion ne parviennent plus à la susciter au travers de la « boucle corporelle » mentionnée plus haut. Le cerveau ne dispose plus de la scène émotionnelle que le corps lui fournissait. Il peut néanmoins toujours activer les sites d'induction de l'émotion situés dans le télencéphale basal, l'hypothalamus et le tronc cérébral ; il est toujours capable de produire certaines des modifications cérébrales internes qui sont à la base des sentiments. De plus, dans la mesure où la plupart des systèmes de signalisation du corps vers le cerveau fonctionnent toujours librement et clairement, le cerveau peut recevoir des informations d'ordre neuronal et chimique en provenance directe des aspects de l'organisme susceptibles de correspondre aux émotions d'arrière-plan. Il s'agit de certains paramètres basiques de la régulation du milieu interne, dissociés pour l'essentiel de l'état mental du patient en raison des lésions du tronc cérébral (seules les voies sanguines d'acheminement de l'information chimique continuent à fonctionner dans les deux directions). Mon idée est que certains des états du milieu interne donnent lieu à une impression de calme et d'harmonie. Cette hypothèse est étayée par le fait que les patients prennent acte d'une situation potentiellement pénible ou douloureuse : ainsi, ils déclarent sentir un raidissement et des crampes lorsqu'on les a laissés immobiles trop longtemps. Curieusement cependant, la souffrance qui découle habituellement de la douleur semble émoussée, sans doute parce que la souffrance résulte de l'émotion et que cette dernière n'est plus produite par le corps mais doit se contenter des mécanismes « comme-si ».

Cette hypothèse est encore étayée par le cas de patients qui reçoivent une injection de curare dans le cadre d'une intervention chirurgicale. Le curare inhibe l'activité des muscles squelettiques en agissant sur les récepteurs nicotiniques d'acétylcholine. Si l'action du curare se fait sentir avant la perte de conscience due à l'anesthésie proprement dite, les patients sont conscients d'être paralysés. Tout comme les patients atteints de « locked-in », ils sont en mesure d'entendre les conversations de ceux qui les entourent. Si on se fonde sur ce qu'ils rapportent à la suite de telles opérations, les patients paralysés au curare sont moins calmes que les patients atteints de « locked-in », et leur état mental est plus proche de ce que l'on pourrait imaginer dans ce genre de situation. Cette différence s'explique peut-être de la manière suivante. Le curare inhibe les récepteurs nicotiniques de l'acétylcholine, c'est-à-dire du transmetteur grâce auquel les impulsions nerveuses peuvent provoquer une contraction des fibres musculaires. Or, comme les muscles squelettiques du visage, du tronc et des membres sont de type strié et possèdent des récepteurs nicotiniques, le curare a pour effet d'inhiber les impulsions neurochimiques à tous ces points de jonction neuromusculaires, entraînant ainsi la paralysie. Toutefois, les impulsions nerveuses responsables de la réaction des muscles lisses dans le cadre du contrôle autonome des émotions utilisent des récepteurs muscariniques dont l'activité *n'est pas inhibée* par le curare. Dans ces circonstances, il est possible qu'une partie des réponses émotionnelles, celle qui repose sur une information purement autonome, puisse être mise en œuvre au niveau du corps et représentée en retour au niveau des structures neuronales.

Ces résultats suggèrent dans l'ensemble que le mécanisme de l'émotion et du sentiment fondé sur la « boucle corporelle » joue un plus grand rôle dans l'expérience effective des sentiments que le mécanisme « comme si » que je proposais en guise d'alternative et de complément au premier.

S'AIDER DE L'ÉMOTION

Le rôle du corps au sein des émotions est encore étayé par une série récente d'expérimentations sur le processus d'apprentissage. James McGaugh et ses collègues ont ainsi démontré, aussi bien chez le rat que chez l'homme, qu'il est d'autant plus facile de se rappeler de faits nouveaux que leur apprentissage s'est accompagné d'un certain degré d'émotion. Les découvertes auxquelles les chercheurs avaient alors abouti sont maintenant tout à fait confirmées[9]. Si par exemple on vous raconte deux histoires de même longueur et présentant le même nombre de faits, ne différant que parce que l'une d'entre elles a une forte teneur émotionnelle, vous aurez un souvenir bien plus détaillé de cette dernière. Vous serez sans doute heureux de savoir que les rats réagissent de la même manière dans une situation similaire (ils doivent apprendre à reconnaître certains indices dans une procédure standard d'apprentissage) : eux aussi apprennent mieux s'ils éprouvent la dose appropriée d'émotions au moment idoine. Mais si on sectionne le nerf vague de ces rats, leur performance n'est plus améliorée par l'émotion ressentie. Pourquoi ? La section du nerf vague empêche le cerveau de recevoir un grand nombre d'informations viscérales cruciales. Les informations viscérales jouent sans doute un rôle essentiel dans la formation du type d'émotion qui facilite l'apprentissage.

CHAPITRE 10

À quoi sert la conscience ?

L'absence de conscience et ses limites

Ceux qui s'intéressent au problème de la conscience sont de plus en plus nombreux à penser qu'elle constitue un précieux atout et qu'elle s'est maintenue au cours de l'évolution en raison de cette utilité. En revanche, les opinions divergent quand il s'agit de définir précisément la contribution de la conscience.

Au début de cet ouvrage, j'ai souligné le caractère inconscient des émotions et montré à quel point les émotions et les sentiments pouvaient être efficaces même quand l'organisme en ignorait l'existence. On peut donc raisonnablement se demander quel avantage ce dernier tire du fait de savoir qu'il éprouve une émotion ou un sentiment. Que lui apporte la conscience ? En quoi est-elle bénéfique ? Aurions-nous connu autant de succès, comme créatures vivantes, si nous n'avions pas eu connaissance de nos sentiments ?

J'ai déjà commencé à répondre à ces questions dans le chapitre précédent, mais, pour aller plus loin, il faut désormais examiner le champ d'action et les limites du traitement inconscient de l'information. Il suffira de rappeler que les pensées qui nous occupent présentement l'esprit et nos souvenirs sont l'aboutissement d'un long processus dont nous n'avons pas conscience. On sait depuis longtemps que l'esprit humain est sous l'influence de facteurs mystérieux, désignés sous l'Antiquité par la figure des dieux ou du destin. Ces puissances d'abord conçues comme lointaines furent restituées au début du vingtième siècle dans les profondeurs souterraines de notre esprit : selon le modèle généralement attribué à Sigmund Freud, le travail souterrain de l'esprit, surtout un certain nombre d'expériences faites par l'individu au début de sa vie. Dans une autre version, celle de Jung, l'inconscient aurait été modelé depuis longtemps par l'évolution. Mais nous n'avons pas besoin de choisir entre les vues de Freud et celles de Jung pour reconnaître l'existence de processus inconscients et en apprécier l'influence sur le comportement humain. Les preuves de l'existence de l'inconscient n'ont cessé de s'accumuler durant ce siècle, y compris à travers des travaux qui ne se réclament ni de Freud ni de Jung.

La psychologie sociale a ainsi fortement contribué à montrer l'importance des influences non conscientes sur l'esprit et le comportement humain. Il y a trop d'exemples révélateurs pour que je les cite tous, mais on pourra se faire une idée de ces phénomènes fascinants en consultant les compilations rédigées par J. Kilstrom et A. Reber[1].

La psychologie cognitive et la linguistique nous en fournissent encore des preuves indiscutables[2]. C'est ainsi que des enfants de trois ans sont étonnamment à l'aise dans le maniement des règles de construction linguistique propres à leur langue maternelle sans pour autant qu'ils soient conscients de ce « savoir » — pas plus que leurs parents. Les petits anglophones de trois ans sont capables de former les pluriels de *dog*, *cat* et *bee* sans se tromper, c'est-à-dire en distinguant entre le son *z* et le son *s* (*dogz*, *cats* et *beez*). S'ils savent adjoindre la bonne terminaison à chaque mot, ils opèrent leur sélection sans avoir recours à une formulation consciente de leur savoir grammatical. La sélection se fait inconsciemment. En effet, le savoir grammatical n'est pas exprimé consciemment dans la plupart des cas où il est mis à contribution de manière tout à fait correcte et pertinente[3].

La neuropsychologie elle aussi nous donne de nombreux exemples révélateurs du fonctionnement de l'inconscient. Les connaissances acquises par conditionnement restent ainsi hors du champ de la conscience et ne sont exprimées qu'indirectement : les patients qui ne sont plus en mesure de reconnaître consciemment les visages repèrent les visages familiers inconsciemment ; les patients légalement aveugles, ayant subi un type particulier de lésions cérébrales, restent capables de pointer du doigt avec une certaine précision vers une source de lumière qu'ils ne peuvent pourtant pas voir consciemment[4]. Cette situation est bien illustrée par la combinaison d'un retour des aptitudes sensori-motrices et de la non-conscience d'un savoir pourtant attesté par le mouvement.

Le terme d'*aptitude sensori-motrice* fait référence aux compétences acquises quand on apprend à nager, à faire de la bicyclette, à danser ou à jouer d'un instrument de musique. L'apprentissage de ces compétences suppose que le geste soit réitéré de manière que le sujet parvienne progressivement à perfectionner la façon dont il l'accomplit. On n'apprend pas à jouer du violon en une séance, même si l'on est un nouveau virtuose : sans cesse sur le métier, il faut remettre son ouvrage. En revanche, il vous suffira d'une rencontre pour apprendre à reconnaître mon visage et mon nom.

En laboratoire on évalue surtout le processus d'apprentissage des compétences à partir de certaines tâches précises, particulièrement bien adaptées à ce type d'exercice : la reproduction en miroir ou la poursuite rotor. Il s'agit dans ce dernier cas de maintenir la pointe d'un stylet en contact avec un point minuscule marqué au bord d'un disque pendant que celui-ci tourne à grande vitesse. Pour réaliser une bonne performance, c'est-à-dire pour rester en phase avec le mouvement circulaire du disque, il faut du temps et s'y reprendre à plusieurs fois. La réussite de l'exercice repose sur une coordination très précise de la vitesse du disque en rotation avec celle du bras en mouvement. Un ordinateur qui évalue automatiquement le temps de contact effectif entre le stylet et le point marqué à la surface du disque mesure le degré de réussite de la performance.

Les individus en bonne santé parviennent à d'excellents résultats en quelques sessions d'entraînement seulement : l'analyse de leurs performances à travers les données recueillies au cours de ces séances révèle une courbe d'apprentissage. D'une session à l'autre on observe toujours une diminution du nombre d'erreurs, ainsi que du temps nécessaire à l'accomplissement de la tâche. Un individu normal apprend donc plusieurs choses en même temps : il apprend à connaître les lieux et les personnes chargées de conduire les expérimentations, le dispositif expérimental lui-même et les instructions concernant la tâche qu'il doit effectuer, mais il apprend aussi à effectuer de mieux en mieux cette tâche. C'est bien en forgeant que l'on devient forgeron, jusqu'à ce qu'on ait atteint les limites.

Si nous réitérons la même expérience en changeant de sujets, travaillant désormais avec des patients atteints d'une forme grave d'amnésie et par conséquent incapables d'apprendre à reconnaître un visage, un lieu, un mot ou une situation nouvelle (comme David), on constate qu'ils sont parfaitement capables d'apprendre à effectuer la tâche requise, contrairement à ce qu'on aurait pu penser. Non seulement ils l'apprennent à la perfection, mais leur performance ne diffère en rien de celle de sujets normaux. Cela dit, les patients amnésiques comme David et les sujets normaux diffèrent sur un point important, qui a trait à l'environnement de la tâche accomplie plutôt qu'à la tâche elle-même. Les amnésiques sont incapables d'apprendre quoi que ce soit sur le lieu, les personnes, le dispositif expérimental ou les instructions associées à l'expérience. La seule chose qu'ils apprennent est à exécuter la tâche, et on doit leur expliquer gentiment la procédure à suivre chaque fois qu'ils sont confrontés à nouveau au dispositif expérimental. Qu'ils soient capables de l'exécuter, en améliorant leur performance chaque fois (dans la mesure où ils font moins d'erreurs et où ils vont plus vite), indique clairement qu'on n'a pas besoin pour mobiliser une compétence de prendre conscience de l'ensemble des faits que la tâche implique. David ne se souvient pas de ce qu'il pensait des difficultés rencontrées lors des premières sessions, ni de comment il avait envisagé de corriger ses défauts et de perfectionner ses gestes. Il se contente d'exécuter la tâche en question avec habileté. Tout se passe comme si c'était la première fois qu'il était confronté à cette situation en tant que personne consciente. Et pourtant, à l'exception du savoir conscient qu'il pourrait avoir des instructions concernant la tâche et des techniques requises, son cerveau est tout à fait prêt à mobiliser la compétence acquise.

Ces patients présentent encore un trait remarquable que nous avons pu démontrer : la compétence acquise reste disponible longtemps après avoir été apprise. Par exemple, David était capable d'exécuter la tâche en question aussi bien que les sujets du groupe témoin, deux ans après l'avoir apprise. Le savoir en question a donc manifestement été consolidé.

On pourrait objecter que ces compétences inconscientes, bien qu'intéressantes, ne sont d'aucune utilité aux patients, et qu'elles ne sont pas pertinentes dans le cas d'un individu normal. Après tout, nous avons généralement conscience des circonstances dans lesquelles nous avons appris à maîtriser une tâche et des événements qui y furent associés. Mais le fait que nous puissions mobiliser nos aptitudes sensorimotrices sans faire appel à la conscience est un atout précieux quand il s'agit de réaliser un certain nombre de tâches, plus ou moins importantes, de la vie quotidienne. Une grande part de nos comportements relève ainsi de l'automatisme, ce qui nous permet d'économiser du temps et de l'attention (des biens rares) afin de les allouer à la conception et à l'exécution d'autres tâches, ainsi qu'à la recherche de solutions pour les nouveaux problèmes.

L'exécution de tâches motrices complexes, requérant un certain degré d'expertise, est également facilitée par cet automatisme. Les techniques utilisées par un musicien de talent ou un athlète de haut niveau peuvent être mobilisées en partie inconsciemment, leur permettant ainsi de se concentrer sur la mise en œuvre et le contrôle de leur technique, en sorte que la performance réalisée corresponde à ce qu'on voulait qu'elle fût.

Lorsqu'on montre à un patient atteint d'agnosie faciale (Emily par exemple, évoquée au chapitre 5), dans un ordre aléatoire, les visages de personnes qu'il n'a jamais rencontrées et les visages de parents et d'amis proches, tout en enregistrant le degré de conductivité de sa peau au moyen d'un polygraphe, on observe un étonnant phénomène de dissociation. Il ne parvient consciemment à reconnaître aucun de ces visages : les amis, les parents ou les parfaits inconnus sont tout aussi vides de sens, et rien ne lui vient à l'esprit qui pourrait lui permettre de découvrir leur identité. Pourtant, presque chaque fois qu'on lui présente le visage d'une personne familière, on enregistre une réponse spécifique au niveau de la conductivité de la peau, contrairement à ce qui se passe pour les visages inconnus. On remarquera d'une part que le patient n'a pas conscience de réagir différemment, et d'autre part que l'intensité de la réponse est proportionnelle au degré d'intimité du patient avec la personne évoquée.

Il n'y a qu'une interprétation possible. Même s'il se montre incapable de présenter ce savoir sous une forme imagée de manière à susciter une reconnaissance consciente de la personne, le cerveau du patient est toujours en mesure de produire une réponse spécifique, hors des circuits de la conscience, qui indique une connaissance passée de ce stimulus précis. Une telle découverte est révélatrice de la puissance du traitement inconscient de l'information, nous apprend qu'il est possible de trouver une réponse spécifique même en deçà des processus conscients.

Les recherches menées au sein de mon laboratoire conjointement avec Antoine Bechara et Hanna Damasio nous fournissent sans doute le meilleur exemple d'un traitement de l'information à un haut niveau bien qu'inconscient. Il s'agissait de travailler à partir d'une tâche impliquant une prise de décision, et les expériences ont montré qu'un certain nombre de décisions, auxquelles on peut aboutir en définitive à partir de l'état actuel des connaissances et des règles de la logique, sont grandement facilitées par des facteurs inconscients antérieurs au plein exercice de la raison et de la logique. Ces expériences ont également montré que les émotions contribuaient fortement à l'acheminement des signaux inconscients. L'exercice consiste en un jeu de cartes où la valeur des mains distribuées varie, de bonne à mauvaise, sans que le joueur puisse le savoir. Il apprend progressivement à reconnaître les bonnes et les mauvaises mains au fur et à mesure des pioches. En effet, certaines cartes piochées dans certains jeux correspondent à des gains ou des pertes financières. Nous avions commencé à utiliser ce jeu pour évaluer la prise de décision chez les patients atteints de lésions du lobe frontal, et nous nous en sommes également servi plus récemment pour évaluer les processus d'émotion et de conscience aussi bien chez des patients dont le cerveau avait été endommagé que chez des individus sains, dénués de toute pathologie neurologique.

Les joueurs normaux commencent à manifester une certaine préférence pour les bonnes mains et à éviter les mauvaises avant même de s'être fait un tableau mental conscient de la situation, et avant de formuler consciemment une stratégie qui leur permette de gérer la situation. À ce stade cependant, leur cerveau provoque déjà systématiquement une variation du degré de conductivité de la peau immédiatement avant de piocher une carte dans la mauvaise main. On n'observe aucune réaction de ce type quand la personne choisit de piocher dans les bonnes mains. Ces réactions indiquent l'existence d'une préférence inconsciente manifestement en rapport avec la valeur — bonne ou mauvaise — des différentes mains. Reste à savoir comment le cerveau « peut connaître » la valeur des mains sans passer par la conscience. Le cerveau connaît, au sens restreint du terme, les associations et les déductions suivantes : les récompenses suscitent un état lié au bien-être, tandis que les punitions suscitent un état lié au malaise, et il faut donc éviter tout objet régulièrement associé à une punition. Dans ces circonstances, l'expérience passée n'a pas besoin d'être mobilisée consciemment : il suffit que les faits du passé soient mis en rapport avec la situation présente au moyen des configurations neurales appropriées en sorte qu'ils puissent exercer une influence préétablie de manière souterraine[5]. Mais les humains peuvent aller plus loin parce qu'ils sont dotés de conscience. Non seulement ils peuvent prendre connaissance de ces biais souterrains, mais ils peuvent aussi parvenir à des conclusions pertinentes en utilisant un raisonnement conscient, et les mobiliser pour éviter de prendre des décisions fâcheuses.

On observe un appauvrissement dramatique de l'appareil de décision chez les patients qui perdent ce système de préférences souterraines — c'est-à-dire des patients dont le cortex préfrontal ventro-médian ou les amygdales ont été endommagés. Le système inconscient semble donc étroitement lié au système de raisonnement conscient, au point qu'une lésion du premier perturbe le second. En revanche, chez un individu sain, dénué de toute pathologie neurologique et en possession de l'intégralité des deux systèmes, conscient et inconscient, il est manifeste que la composante consciente de son comportement élargit le champ d'action et augmente l'efficacité du système inconscient. La conscience permet au joueur de savoir si la stratégie qu'il a choisie est pertinente et de la corriger le cas échéant. De plus, elle lui permet de se représenter le contexte général du jeu, de décider de continuer ou non à jouer, ou encore de s'interroger sur les avantages que le joueur ou l'observateur peuvent retirer de cette situation.

Les avantages de la conscience

À quoi sert donc la conscience si la régulation des fonctions vitales peut se faire aussi bien en son absence, si les aptitudes acquises peuvent être automatisées et si on peut exprimer des préférences sans passer par un Soi connaissant ? La réponse la plus simple est que la conscience permet d'étendre le champ d'action de l'esprit et d'améliorer en ce faisant la vie de l'organisme dont les facultés mentales ont ainsi été renforcées.

La conscience est un atout précieux dans la mesure où elle nous fournit un nouveau moyen d'atteindre l'équilibre homéostatique. Attention, cela ne veut pas dire qu'elle est plus efficace, quand il s'agit d'équilibrer le milieu interne, que la machinerie entièrement inconsciente dont nous disposons depuis longtemps au sein du tronc cérébral et de l'hypothalamus. Il me semble plutôt qu'elle nous fournit un moyen inédit de résoudre différents problèmes qui restent liés aux problèmes résolus par les processus préexistants de régulation homéostatique. Autrement dit, les processus en jeu au niveau du tronc cérébral et de l'hypothalamus sont capables de cordonner, de manière inconsciente et parfaitement efficace, le fonctionnement du cœur, des poumons, des reins, du système endocrine et du système immunologique de telle sorte que les paramètres vitaux soient maintenus au sein de la fourchette pertinente ; les processus conscients pour leur part sont chargés de permettre à un organisme individuel de faire face à des évolutions imprévues de son environnement, en sorte que les conditions fondamentales de la survie continuent à être remplies.

Ces conclusions sont compatibles avec l'hiatus qui sépare les sollicitations de l'environnement et la capacité de réponse des organismes à travers des processus automatiques et stéréotypés. Les créatures non conscientes sont capables de réguler leur homéostasie interne, de respirer, de trouver de l'eau et de transformer l'énergie requise par la survie dans le type d'environnement auquel elles sont le mieux adaptées. Mais les créatures dotées de conscience disposent de certains atouts supplémentaires : elles peuvent faire le lien entre le monde de la régulation automatique (le monde de l'homéostasie basique en liaison étroite avec le proto-Soi) et celui de l'imagination (le monde où des images des différentes modalités peuvent être combinées de manière à produire de nouvelles images de situations encore inédites). Le monde des créations imaginaires — le monde de la planification, des scénarios et de la prévision des conséquences d'un acte — est lié au monde du proto-Soi. Le sentiment de soi établit un rapport entre la faculté de prévoir et les processus automatiques préexistants.

La conscience n'est pas le seul moyen de formuler des réponses pertinentes aux sollicitations de l'environnement et de parvenir par conséquent à l'homéostasie. C'est seulement le moyen le plus récent et le plus subtil de le faire. Elle remplit la tâche qui lui a été impartie en permettant de formuler des réponses inédites aux sollicitations d'un environnement auquel l'organisme n'est pas adapté, du moins en ce qui concerne les réponses automatiques.

Je dirais que la conscience, telle qu'on l'entend aujourd'hui, contraint l'imagination à porter avant tout sur l'individu, l'organisme individuel, le Soi au sens le plus large du terme. J'ajouterais que la conscience tire son efficacité de son rapport étroit au proto-Soi inconscient. Cette relation garantit une attention suffisante et adéquate aux différents aspects de la vie de l'individu en créant une forme de *préoccupation*. Le secret de son efficacité réside dans le rapport effectif qu'elle établit entre la machinerie biologique de la régulation de la vie et la machinerie biologique de la pensée. Ce rapport permet à son tour l'apparition d'une préoccupation individuelle omniprésente à travers toutes les formes d'activité mentale, susceptible de rassembler tous les processus de résolution des problèmes et d'inspirer des solutions à ces derniers. La valeur de la conscience tient donc au fait qu'elle recentre le savoir sur la vie de l'organisme individuel.

On peut se faire une idée de la place essentielle de la conscience en examinant les conséquences de ses perturbations même les plus minimes. Lorsque le Soi mental est suspendu, les avantages liés à la possession d'une conscience disparaissent rapidement : la régulation de la vie individuelle dans un environnement complexe devient impossible. Les individus sont toujours en mesure de maintenir dans l'immédiat les fonctions corporelles de base, sur le plan aussi bien personnel que social. Mais le lien avec l'environnement dont ils dépendent est rompu, et ils ne sont donc plus capables d'assurer leur survie à long terme. En fait, s'ils étaient laissés à eux-mêmes, ils mourraient au bout de quelques heures parce que les principales fonctions vitales ne seraient pas remplies. Ce fait et d'autres exemples du même type suggèrent que l'état de conscience tel qu'on l'envisage ici — un état doté d'un sentiment de soi — est indispensable à la survie.

L'imagerie propre au « sens que l'on a de soi dans l'acte de connaître » présente un certain nombre d'avantages pour l'organisme dans la mesure où elle oriente l'ensemble de l'appareil du comportement et de la cognition dans le sens d'une préservation de soi, comme Spinoza l'aurait souhaité, puis en définitive vers une coopération avec autrui, comme nous devons le souhaiter.

Pourrons-nous jamais entrer dans la conscience d'autrui ?

On me demande fréquemment si nous pourrons avoir accès aux expériences mentales d'autrui lorsque nous serons parvenus à une meilleure connaissance des phénomènes conscients. J'ai toujours répondu par la négative, et cette réponse n'a pas changé. Cela peut paraître surprenant au premier abord, étant donné la rapidité des progrès de la neurobiologie. Il me semble cependant qu'aucune connaissance, si précise soit-elle, des mécanismes biologiques sous-tendant les images mentales ne permettra à celui qui dispose de ce savoir de faire lui-même l'expérience d'aucune image mentale présente dans l'esprit de l'organisme qui l'a créée.

Supposons que dans un futur relativement proche un nouveau scanner très perfectionné vous permette de scanner à un degré inédit de profondeur mon cerveau au moment où je suis en train de contempler la baie de San Francisco. Nous sommes bien tous là : vous, moi, cet étonnant scanner et la baie de San Francisco. Le scanner serait capable d'explorer non seulement le niveau d'activité actuellement disponible (c'est-à-dire les systèmes que l'on dit à grande échelle), mais d'autres niveaux situés bien plus profond. Supposons que vous puissiez scanner les rétines, les noyaux géniculaires latéraux et l'intégralité des cortex visuels, séparément et à différents moments, tandis que je bâtis l'image visuelle du spectacle qui m'est présenté. Supposons de plus que le scanner nous permette d'explorer les différentes strates de cellules qui composent les cortex cérébraux et les noyaux subcorticaux ; supposons que la résolution spatiale soit tellement bonne que vous puissiez voir clairement les configurations d'activité neurale correspondant aux éléments du panorama extérieur que nous pouvons, vous et moi, observer. Supposons enfin, afin de pousser encore plus loin ce scénario de science-fiction sans pour autant dépasser les limites du plausible, que votre scanner vous fournisse une description des phénomènes physiques et chimiques afférents aux configurations d'activité neurale que vous pouvez détecter au sein de mes différents ensembles neuraux.

À l'aide des données ainsi obtenues et des capacités d'analyse non moins développées d'ordinateurs chargés d'interpréter ces multiples données, il se peut que vous obteniez un remarquable ensemble de *corrélats* des contenus de l'image mentale que j'ai formée. Mais vous n'aurez en rien obtenu quelque chose qui se rapproche de mon *expérience* de cette image. Tout débat portant sur la neurobiologie de la conscience et de l'esprit se doit de clarifier ce point. Nous pouvons vous et moi être confrontés au même paysage, mais l'expérience que nous en ferons chacun reflétera notre propre perspective personnelle. Chacun de nous aura un sentiment distinct de ce qu'il possède en propre et du champ d'action qui lui est ouvert. Lorsque vous regardez l'ensemble des configurations d'activité cérébrale propres à ma contemplation de la baie de San Francisco, vous faites personnellement l'expérience de ces données neurales, mais vous n'avez pas accès à mon expérience de la baie de San Francisco. Vous faites l'expérience de quelque chose qui est très proche de ma contemplation de la baie, mais qui porte sur autre chose. Vous *ne voyez pas* ce que je vois quand vous examinez *mon* activité cérébrale ; *vous voyez une partie de mon activité cérébrale au moment où je vois ce que je vois.*

Ma propre expérience du paysage me vient facilement, directement, sans efforts et sans avoir recours à la technologie. Je n'ai pas besoin de savoir quoi que ce soit sur le comportement des neurones et des molécules des différentes parties de mon cerveau pour faire l'expérience de la baie de San Francisco. Même lorsque je me remémore toutes les connaissances de neurophysiologie pertinentes à la formation des images mentales visuelles de paysages, cela n'affecte en rien ni la formation actuelle de ces images ni l'expérience que j'en fais. S'il est agréable de savoir comment le cerveau fonctionne, ce n'est absolument pas nécessaire pour faire l'expérience de quoi que ce soit. Il serait certes plus agréable d'en savoir plus, mais pas parce que cela nous aiderait à faire l'expérience du monde.

La situation est donc claire : nous allons connaître de mieux en mieux la physiologie propre au traitement des images mentales, ce qui nous permettra de comprendre de mieux en mieux les mécanismes qui sous-tendent l'esprit et la conscience. Et c'est parfaitement compatible avec le fait que nous n'avons pas besoin de ce savoir pour faire l'expérience de ces images.

C'est alors que se pose un autre problème. Il arrive souvent que l'on interprète le décalage entre la connaissance de la biologie sous-jacente au traitement de l'image et l'expérience proprement dite de ces images comme la marque d'une impossibilité de connaître le fonctionnement biologique en question. Bien évidemment, les deux propositions n'ont rien à voir l'une avec l'autre. Nous avons déjà vu que la connaissance des mécanismes biologiques sous-jacents à la constitution et à l'expérience des images, et le fait d'en faire l'expérience étaient deux choses bien distinctes. Quel que soit le degré de profondeur et de précision que nous puissions atteindre, aucune compréhension de la neurophysiologie sous-jacente à la constitution et à l'expérience des images mentales ne nous amènera à faire nous-mêmes l'expérience de ces images, bien que l'accroissement de nos connaissances puisse nous donner une explication plus satisfaisante du processus qui nous amène à faire cette expérience.

La fable proposée à ce sujet par le philosophe Frank Jackson est depuis devenue assez célèbre dans les cercles de philosophie et se voit souvent citée dans les débats sur la question[6]. Elle a pour principal protagoniste Marie, une neuroscientifique chevronnée ayant grandi dans un environnement entièrement clos en blanc et noir, sans jamais voir de couleurs bien qu'elle sache tout ce qu'il y a à savoir sur la neurophysiologie de la vision en couleurs. Un jour, elle quitte son cocon incolore pour entrer dans le monde réel et voit pour la première fois des couleurs, ce qui constitue pour elle une expérience à la fois inédite et surprenante. L'histoire entend montrer que la très bonne connaissance que Marie a de la neurophysiologie des couleurs ne lui a jamais permis de faire l'expérience proprement dite de la couleur. Jusque-là tout va bien, et je souscris à cette thèse, comme on pouvait s'y attendre au vu de ce que j'ai expliqué précédemment. Mais l'histoire entend prouver une deuxième idée, que je ne peux pas accepter. Le fait que Marie n'ait jamais véritablement fait l'expérience de la couleur malgré son excellente connaissance des mécanismes biologiques sous-jacents est interprété comme la preuve de ce qu'il est impossible d'expliquer l'expérience mentale à partir des savoirs en neurophysiologie.

Le fossé qui sépare la connaissance de l'expérience ne pourrait être franchi par la science.

Je ne suis pas d'accord avec cette idée, et pour plusieurs raisons. La première, la plus importante, tient à la différence qu'il y a entre le fait d'expliquer les mécanismes sous-jacents à une expérience et le fait d'éprouver cette même expérience, comme le montre la petite histoire que j'ai développée au début de cette section. Cette différence de nature ne veut pas dire que les connaissances de neurophysiologie ne permettent pas d'expliquer le phénomène auquel nous nous intéressons. Cela ne devrait pas et ne peut pas être le cas. La seconde raison de mon désaccord découle de mon argumentation précédente. L'expérience que nous faisons d'un stimulus donné (y compris de la couleur) ne repose pas seulement sur la constitution d'une image mentale mais aussi sur le sens que l'on a de soi dans l'acte de connaître. La fable ne remplit pas son objectif tout simplement parce qu'elle se contente d'évoquer la façon dont se constitue une image de couleur plutôt que d'aborder le processus neurophysiologique sous-jacent à l'expérience de la couleur[7].

Il se pourrait bien sûr que Marie prenne connaissance des mécanismes neuraux sur lesquels repose la conscience. Elle pourrait avoir lu ce livre et saurait donc — une fois arrivée à ce point — comment expliquer les mécanismes généraux sur lesquels repose l'expérience mentale, mais cela ne lui permettrait toujours pas de faire l'expérience de la couleur. Le fait de donner une *explication* scientifique du processus qui nous amène à penser ou faire l'expérience de quelque chose n'a rien à voir avec le fait de penser ou d'éprouver *directement* cette chose.

La méfiance de certains scientifiques envers les observations subjectives est sans doute l'héritière du débat qui a longtemps opposé les béhavioristes (persuadés que seuls les comportements pouvaient être objectivement étudiés à la différence des expériences mentales) et les cognitivistes (persuadés que le fait de se limiter à l'étude du comportement ne rendait pas justice à la complexité humaine). L'esprit et la conscience sont avant tout des phénomènes privés, même s'ils offrent de nombreux signes de leur existence à un observateur extérieur. L'esprit conscient et les traits qui le constituent sont des entités bien réelles (et non des illusions), qu'il convient d'étudier comme les expériences personnelles, privées, subjectives qu'ils sont.

Dire que les expériences subjectives sont hors du champ de la science est une absurdité. Les entités subjectives, au même titre que les entités objectives, doivent être observées avec rigueur par un nombre suffisant d'observateurs selon le même dispositif expérimental ; il faut également vérifier la cohérence des résultats observés par les différents chercheurs, et qu'ils se prêtent à une forme de mesure. Il se peut de plus que les connaissances obtenues à partir des observations subjectives (c'est-à-dire des pratiques introspectives) inspirent des protocoles d'expérimentation objective et — ce qui n'est pas moins important — que le savoir scientifique disponible puisse permettre d'expliquer les expériences subjectives. Il est faux de penser qu'on puisse effectivement comprendre la nature des expériences subjectives en étudiant leurs corrélats comportementaux. Même si l'esprit et le comportement sont tous deux des phénomènes biologiques, l'esprit reste l'esprit, et le comportement du comportement. Ils sont certes corrélés entre eux, et les progrès de la science nous montrent chaque jour à quel point les liens sont étroits, mais ils n'en demeurent pas moins distincts, dotés de traits spécifiques. C'est pourquoi il est peu probable que je parvienne jamais à connaître vos pensées, à moins que vous ne m'en fassiez part. Et vous ne saurez rien des miennes non plus. Du moins jusqu'à ce que je vous en fasse part.

À quelle place se situe la conscience dans le schéma général ?

La multiplicité des significations qui entourent le terme de « conscience » est telle qu'on ne peut l'utiliser sans donner de précisions ; c'est aussi sans doute l'une des raisons de la haute estime où nous tenons ce phénomène. En effet, on n'a pas hésité à attribuer à la conscience les traits de l'esprit humain que nous tenons pour les plus raffinés et qui seraient propres à l'homme, comme la faculté de distinguer entre le bien et le mal, notre appréciation des besoins et des désirs de nos frères humains ou encore la connaissance de la place que nous occupons dans l'univers. Il est alors devenu impossible de la remettre en question. Selon moi cependant, la conscience est bien ce qui permet à l'esprit d'exercer et d'étendre ces traits que nous admirons tant, mais elle n'en est pas la substance. La conscience n'est *pas* la conscience morale : elle *ne se confond* ni avec l'amour ni avec l'honneur ou la miséricorde, la générosité ou l'altruisme, ou encore la poésie, la science, les inventions des mathématiques ou de la technique. De même, ni les turpitudes morales, ni l'angoisse existentielle, ni le manque de créativité ne reflètent une défaillance de la conscience. Ce

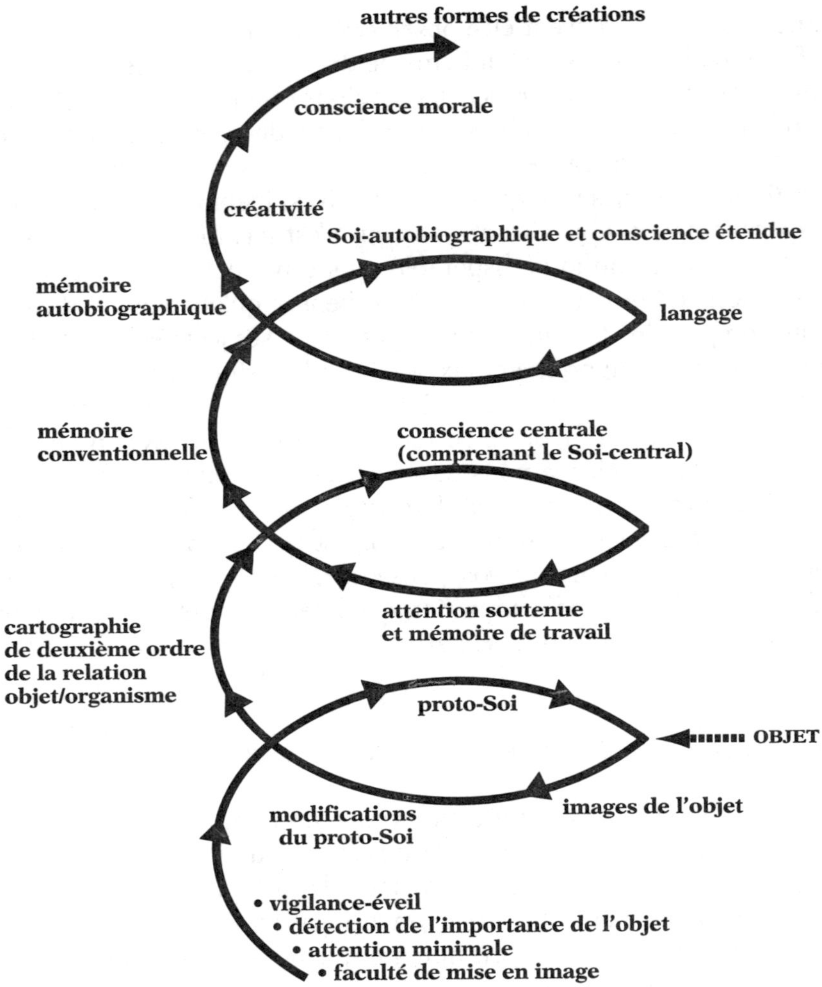

Schéma 10.1 De l'éveil à la conscience.

n'est pas la conscience (*consciousness*) des criminels qui est atteinte, mais sans doute plutôt leur sens moral (*conscience*).

L'esprit humain ne pourrait accomplir les prouesses que nous constatons sans la conscience, pas plus qu'il ne pourrait le faire sans la vie, et donc par conséquent sans le système digestif et l'équilibre chimique du milieu interne. Mais cela ne veut pas dire que la conscience soit la cause directe de telles prouesses, qui résultent bien plutôt directement de l'action du système nerveux. Ce dernier, capable de conscience, est aussi doté d'une vaste capacité de mémorisation, de catégorisation des souvenirs, d'une aptitude inédite qui consiste à coder l'ensemble du savoir au moyen du langage, ainsi qu'une faculté accrue de représentation mentale du savoir dont il dispose et qu'il peut manipuler intelligemment. Chacune de ces aptitudes peut être reliée à son tour à une multitude de composants mentaux et neuraux.

La conscience-noyau ne se situe sans doute pas très haut dans l'échelle des opérations qui nous constituent en tant qu'humains. Elle appartient aux fondations d'un édifice complexe ; elle n'est pas l'une des tourelles qui le couronnent. Elle a certes précédence sur plusieurs autres traits fondamentaux dont elle reste néanmoins très proche, comme l'action, l'émotion et la représentation sensorielle, que nous avons en commun avec plusieurs autres espèces animales.

Ces traits fondamentaux seront probablement peu différents chez les hommes et chez les animaux : je ne vois pas en quoi l'émotion serait « améliorée » chez les humains. La différence tient à ce que nous avons conscience du rôle que jouent les émotions dans notre vie, grâce à notre meilleure compréhension de ce qui fait la substance de nos vies. Ce sont le langage, la mémoire et l'intelligence qui font la différence, non l'émotion, et il en va sans doute de même pour la conscience. La conscience-étendue apparaît chez des esprits dotés de conscience-noyau, mais seulement s'ils peuvent s'appuyer sur les facultés supérieures de la mémoire, du langage et de l'intelligence, et lorsque les organismes en question sont confrontés à un type d'environnement social adéquat. Autrement, la conscience est une porte ouverte sur la civilisation mais elle ne se confond pas avec elle.

En faisant descendre la conscience de son piédestal, je n'avilis pas l'esprit humain. Les sommets atteints par l'esprit humain ne sont pas seulement imputables aux phénomènes biologiques que recouvre le terme de conscience, mais à bien d'autres phénomènes qu'il nous appartient de décrire, de nommer et d'expliquer scientifiquement. Je serais néanmoins prêt à admettre que la conscience est ce qui a motivé notre expulsion du jardin d'Éden. Elle ne possède sans doute pas encore la pleine saveur du fruit de la connaissance, mais elle est ce qui a enclenché innocemment le processus, des millions d'années et d'espèces animales avant que l'homme ne commence à se forger ses propres idées.

CHAPITRE 11

En pleine lumière

Par la lumière et par le sentiment

L'idée la plus surprenante de cet ouvrage est peut-être le fait que la conscience prend naissance dans un sentiment, bien sûr tout à fait particulier mais qui n'en demeure pas moins un sentiment. Je me souviens très bien de ce qui m'a conduit à formuler une telle idée. Les raisons de cette assertion me semblent aujourd'hui encore tout à fait valides : je *ressens* la conscience comme un sentiment, et si c'est le cas, alors il est bien possible qu'elle en soit un. Il est clair que je ne la ressens pas comme une image nettement définie relevant d'aucune des modalités sensorielles dirigées vers l'extérieur. Ce n'est ni une configuration visuelle ni une configuration auditive, ni olfactive ni encore gustative. Nous ne voyons ni n'entendons la conscience ; elle n'a pas plus d'odeur que de goût. Je la ressens comme une configuration qui se formerait à partir des signes non verbaux chargés de rapporter les états du corps. C'est sans doute pour cette raison que l'organisme a une connaissance à la fois forte et évanescente, inimitable et vague des racines profondes de la conscience — la conscience-noyau et le sentiment de soi très simple qu'elle recouvre.

Malebranche, le philosophe français du dix-septième siècle, aurait certainement approuvé cette idée, parce qu'il a écrit il y a près de trois cents ans : « C'est par la lumière et par une idée claire que l'esprit voit les essences des choses, les nombres et l'étendue. C'est par une idée confuse ou sentiment qu'il juge de l'existence des créatures et qu'il connaît la sienne propre [1]. »

L'idée que la conscience serait un sentiment de connaissance s'accorde avec les résultats que nous avons pu obtenir sur les structures cérébrales qui lui sont les plus étroitement liées. Les structures en question (depuis celles qui sous-tendent le proto-Soi jusqu'à celles qui fondent les cartographies du second ordre) sont toutes chargées de traiter diverses informations en provenance du corps, du milieu interne comme de l'appareil musculo-squelettique. Or ces structures fonctionnent toutes avec le vocabulaire non verbal du sentir. Il serait donc plausible que les configurations neuronales suscitées par l'activation de ces structures forment la base des images mentales que nous appelons sentiments. Le secret de fabrication de la conscience pourrait donc bien être le suivant : le déroulement d'une relation entre n'importe quel objet et l'organisme se fait sentiment de sentiment.

L'enracinement de la conscience dans le sentir nous permet d'expliquer le sentiment de soi, c'est-à-dire le second des problèmes afférents à la question de la conscience que j'avais évoqués dans le chapitre introductif — la façon dont le propriétaire du film complètement cérébral apparaît dans sa propre production. Mais cette proposition ne règle pas le premier problème — la façon dont le film cérébral est produit, en remontant toute l'échelle qualitative. Certains neurobiologistes, cognitivistes et philosophes proposent des modèles chargés d'éclaircir cette question. La proposition de Gerald Edelman est la tentative la plus exhaustive d'utilisation des connaissances actuelles sur la conscience. Pour comprendre le processus par lequel le film cérébral est engendré, il mobilise un cadre d'explication biologique tout à fait séduisant. Il va encore plus loin dans ses travaux récents et spécifie les conditions physiologiques nécessaires à la formation de scènes intégrées au sein de la conscience. Parmi les autres travaux intéressants sur cette question, citons l'hypothèse d'un espace de travail global de Bernard Baars et le modèle des versions multiples proposé par Daniel Dennett.

Placer l'origine de la conscience dans le sentiment nous conduit à nous interroger sur la nature intime du sentir. De quoi les sentiments sont-ils faits ? De quoi sont-ils la perception ? Jusqu'où pouvons-nous les explorer ? Il n'est pas encore possible à l'heure actuelle de répondre pleinement à toutes ces questions qui délimitent la portée de notre connaissance scientifique.

Quelles que soient les réponses auxquelles nous aboutirons, l'idée que la conscience humaine repose sur des sentiments nous permet d'aborder le problème de la création d'artefacts conscients. Est-il en effet possible, avec l'aide d'une technologie de pointe et des connaissances neurobiologiques, de fabriquer une machine dotée de conscience ? Ma réponse comportera deux volets, l'un positif, l'autre négatif, ce qui n'est guère surprenant si on considère la nature de la question. Non, il est peu probable que nous puissions jamais fabriquer une machine dotée de quoi que ce soit qui ressemble à la conscience humaine, telle que nous la concevons, c'est-à-dire comme un for intérieur. Oui, nous sommes en mesure de fabriquer des machines dotées des mécanismes formels de la conscience ici exposés, et on pourrait effectivement dire que ces machines possèdent une forme de conscience.

Les comportements de ces machines, tels qu'ils se présentent à un observateur extérieur, reproduiront à l'identique des comportements conscients. Ils pourront correspondre à une version consciente du test de Turing. Néanmoins, pour toutes les raisons invoquées par John Searle et Colin McGinn à propos des comportements, de l'esprit et du test de Turing, le fait de passer ce test avec succès ne donne que peu d'indications sur l'« esprit » de la machine. Supposons, ce qui est plus à propos, que les états internes de la machine reproduisent certains des schémas neuronaux et mentaux qui me semblent être au fondement de la conscience. Il y aurait alors moyen de susciter un savoir de second ordre. Toutefois, ce dernier ne pourrait, en l'absence du vocabulaire non verbal du sentiment, être exprimé de la même manière que chez les êtres humains (et sans doute chez un grand nombre d'autres espèces vivantes). L'obstacle principal est en effet le sentir : la conscience humaine pourrait bien exiger la présence de sentiments. On peut reproduire l'apparence de l'émotion, mais pas dupliquer en silicone le sentir d'un sentiment. On ne peut reproduire les sentiments sans reproduire la chair même, sans reproduire l'action du cerveau sur cette chair, ou la façon dont le cerveau ressent la chair une fois qu'il a agi sur elle.

En pleine lumière

J'ai déclaré, au début de cet ouvrage, que la naissance et le moment où l'on s'avance en pleine lumière sont de bonnes métaphores pour la conscience. Passé la première naissance à soi, pendant les deux tiers de chacune de nos journées et sans interruption aucune, nous pénétrons dans le cercle de lumière de l'esprit et nous venons à nous connaître. Comme, par ailleurs, les personnes que nous sommes se sont formées à partir des souvenirs de myriades de naissances à soi, nous sommes même capables de nous imaginer traversant la scène sous la lumière.

Tout commence de manière très modeste, dans la relation établie entre le sens le plus élémentaire de notre être vivant et un objet simple, situé en deçà ou au-delà de la limite de notre corps. La lumière devient ensuite plus intense, et à mesure qu'elle s'intensifie, l'univers s'éclaire de proche en proche. Un plus grand nombre de souvenirs se donnent à voir clairement, d'abord isolément puis tous ensemble. Il en est de même pour les projections dans le futur et les objets qui nous entourent. Chaque jour, nos connaissances s'accroissent et s'affinent simultanément, à la lumière grandissante de la conscience.

De ses humbles débuts à sa grandeur actuelle, la conscience consiste en une révélation, toujours partielle, de l'existence. Elle devient aussi, à un certain stade de son développement et avec l'aide de la mémoire, du raisonnement et du langage, un moyen de modifier l'existence.

Toutes les formes de création humaine s'ancrent dans ce moment de transition où nous commençons à manipuler l'existence à la lumière de la connaissance partielle que nous en avons. En effet, nous ne pouvons concevoir la différence entre le bien et le mal, et inventer des règles normatives de comportement qu'à partir du moment où nous disposons d'une certaine connaissance de notre propre nature et de celle d'autrui. La créativité en elle-même, c'est-à-dire la faculté de proposer de nouvelles idées et de nouveaux artefacts, requiert plus que la conscience ne pourra jamais lui fournir : une abondante information factuelle, le souvenir précis des gestes acquis, une ample mémoire de travail, un raisonnement élaboré, le langage. Mais la conscience est présente à chaque étape créatrice, non seulement parce que son éclairage est indispensable, mais parce que la nature de ses révélations permet de guider, avec plus ou moins de force et selon différentes modalités, le travail de création. Toutes nos inventions — les règles de l'éthique ou de la loi, la musique, la littérature, la science ou la technologie — sont soit directement issues, soit inspirées de ce que notre conscience nous révèle sur l'existence. Qui plus est, ces inventions influent à leur tour, plus ou moins et selon différentes modalités, sur l'existence qui nous a été révélée et la modifient, en bien ou en mal. Le cercle d'influence qui lie l'existence, la conscience et la créativité se referme.

La conscience est la seule source du drame de la condition humaine. Bien sûr, elle nous donne les moyens de créer une vie meilleure, pour nous et pour les autres, mais le prix à payer pour cette existence meilleure est élevé : il y a le risque, le danger, la souffrance ; mais aussi la *connaissance* du risque, du danger, de la souffrance et, pire encore, la *connaissance* de l'absence ou du caractère inatteignable du plaisir, une fois qu'on sait ce qu'est le plaisir.

La conscience est donc à l'origine du drame de la condition humaine parce qu'elle repose sur un marché que nul d'entre nous n'a jamais conclu, et où il fallut échanger la possibilité d'une existence meilleure contre l'innocence où nous étions de cette existence. Le sentiment que nous avons de ce qui se passe est la réponse à une question que nous n'avons jamais posée et l'enjeu d'un marché faustien que nous n'aurions jamais pu passer. La nature l'a fait pour nous.

Cela ne signifie pas pour autant qu'il s'agisse d'une tragédie. Nous disposons en effet, jusqu'à un certain point, de plusieurs manières certes imparfaites d'orienter, individuellement et collectivement, notre créativité et, ce faisant, d'améliorer l'existence humaine plutôt que de l'empirer. Ce n'est pas une tâche facile, et nous ne disposons pas de mode d'emploi : nos progrès seront parfois minces, et la perspective d'un échec toujours présente. Pourtant, si nous parvenons à bien orienter notre potentiel créateur, même modestement, nous permettrons encore une fois à la conscience de remplir son rôle de régulateur homéostatique de la vie. Mieux savoir permet de mieux vivre. J'ai même l'espoir qu'une meilleure compréhension de la biologie humaine nous aidera à faire les choix nécessaires. Quoi qu'il en soit, l'amélioration des conditions de vie est l'affaire de la civilisation, principal fruit de la conscience. C'est le but qu'elle s'est efforcée d'atteindre depuis au moins trois mille ans, fût-ce avec des succès mitigés. Et c'est déjà bon signe.

ANNEXE

Remarques sur l'esprit et le cerveau

Proposition de glossaire

Des termes tels que *images*, *configurations neuronales*, *représentations* et *cartes* sont difficiles d'emploi parce qu'ils sont obscurs et revêtent plusieurs significations, mais ils restent indispensables dès que l'on aborde les questions auxquelles cet ouvrage est consacré. Ces quelques remarques sont destinées à clarifier le sens que je donne à certains de ces mots.

QU'EST-CE QU'UNE IMAGE ET QU'EST-CE QU'UNE CONFIGURATION NEURONALE ?

Quand j'emploie le terme d'*image*, j'entends toujours par là une image *mentale*. Image est synonyme de *configuration mentale*. Je n'utilise pas le terme d'image pour faire référence à la configuration d'activités neuronales que les méthodes actuelles des neurosciences permettent de repérer au sein des cortex sensoriels une fois ces derniers activés (par exemple les configurations des cortex auditifs qui correspondent à un percept auditif, ou bien les configurations des cortex visuels qui correspondent à un percept visuel). Lorsque je veux faire référence à l'aspect proprement neuronal de ce processus, j'utilise plutôt les termes de *configuration neuronale* ou de *carte*.

Les images peuvent être conscientes ou inconscientes (voir pages suivantes). On ne peut avoir accès aux images sous leur forme consciente qu'à partir du point de vue de la première personne (mes images, vos images) ; au contraire, les configurations neuronales ne sont accessibles que *du point de vue d'une tierce personne* (ses images). Si j'avais l'occasion, grâce à une technologie de pointe, de contempler mes propres configurations neuronales, ce serait toujours du point de vue de la troisième personne.

LES IMAGES NE SONT PAS SEULEMENT VISUELLES

Par images j'entends les configurations mentales dont la structure est bâtie à partir d'éléments relevant de chacune des modalités sensorielles, visuelles, auditives, olfactives, gustatives et somato-sensorielles. La modalité somato-sensorielle (le mot est forgé sur le grec *soma* qui désigne le corps) recouvre plusieurs types de sensations : le toucher, l'activité musculaire, la température, la douleur, les sensations viscérales et vestibulaires. Le terme d'image ne désigne donc pas seulement les images « visuelles », pas plus que des entités statiques. Il fait également référence aux images sonores que la musique ou le vent suscitent, ou encore aux images somato-sensorielles qu'Einstein mobilisait pour résoudre des casse-tête. (Dans son récit plein d'intuition, il les décrit comme des images « musculaires [1] ».) Quelle que soit la modalité sensorielle mobilisée, les images « dépeignent » divers processus et entités, aussi bien abstraits que concrets. Elles « dépeignent » aussi les propriétés physiques des entités ainsi que les relations spatiales et temporelles entre ces entités et leurs actions (il peut s'agir d'un compte rendu partiel, ou non). Autrement dit, ce que nous appelons l'esprit quand nous nous approprions consciemment les images mentales est un flux continu d'images dont un grand nombre s'avèrent logiquement corrélées. Le flux progresse dans le temps, à un rythme plus ou moins rapide, ordonné ou chaotique ; il arrive qu'il progresse sur plusieurs séquences à la fois. Ces séquences sont parfois concurrentes, parfois convergentes ou divergentes, parfois superposées, et on pourrait bien qualifier de pensée un tel flux d'images.

CONSTRUIRE DES IMAGES

Nous construisons des images quand nous entrons en relation avec des objets (comme des personnes, des lieux ou bien des rages de dents) selon un mouvement qui va de l'extérieur à l'intérieur du cerveau, ou bien encore quand nous reconstruisons des objets de mémoire, selon un mouvement inverse de l'intérieur vers l'extérieur. La production d'images est incessante durant les périodes de veille et se poursuit même pendant une partie de notre sommeil, quand nous rêvons. Ces images sont en quelque sorte la monnaie de notre esprit. Les mots que j'emploie pour évoquer ces idées passent d'abord, même brièvement et partiellement, par un stade où ils se confondent avec les images auditives, visuelles ou somato-sensorielles des phonèmes et des morphèmes, avant que je ne les produise concrètement en toutes lettres sur la page. De même, les mots imprimés sur la page que vous regardez seront d'abord traités comme des images verbales avant d'activer d'autres images, non verbales cette fois, permettant l'exposition mentale des « concepts » correspondant aux termes employés. Dans cette perspective, tous les symboles auxquels vous pouvez penser sont des images. L'activité mentale est très probablement essentiellement fondée sur les images. Même les sentiments qui constituent la toile de fond de chaque instant de la vie mentale sont des images, au sens employé plus haut, c'est-à-dire des images somato-sensorielles rapportant divers aspects de l'état du corps. Les sentiments obsessivement répétés qui forment le sentiment de soi dans l'acte de connaître n'y font pas exception.

Les images peuvent être conscientes ou inconscientes, mais en revanche toutes les images produites par le cerveau n'accèdent pas à la conscience. Elles sont tout simplement trop nombreuses, et la compétition trop intense pour accéder à la fenêtre relativement étroite de l'esprit qui donne sur la conscience — c'est-à-dire le moment où l'image s'accompagne du sentiment que nous venons à la connaître et où par conséquent nous la traitons comme il se doit. Autrement dit et métaphoriquement parlant, il existe bien un monde souterrain, réparti sur de nombreux niveaux, en deçà de la part consciente de l'esprit. On y trouve à un niveau les images non traitées que je viens de mentionner, à un autre les configurations neuronales et les relations entre configurations neuronales qui sous-tendent toutes les images (qu'elles parviennent à la conscience ou non). À un autre niveau encore, on trouve la machinerie neuronale chargée d'archiver en mémoire les configurations neuronales, soit le type de machinerie neuronale qui incarne les dispositions implicites innées et acquises.

REPRÉSENTATIONS

Il reste encore à clarifier plusieurs autres termes, dont celui de *représentation*, un terme problématique mais pratiquement inévitable sur ce type de sujet. Je l'emploie soit comme synonyme d'image mentale, soit comme synonyme de configuration neuronale. Mon image mentale d'un visage donné est une représentation, de même que les configurations neuronales naissant au cours du traitement perceptuel et moteur du visage en question au sein de différentes régions visuelles, somato-sensorielles et motrices du cerveau. Cet emploi du terme de représentation est à la fois conventionnel et transparent : il veut alors dire « configuration reliée de manière stable et cohérente à quelque chose », que ce soit une image mentale ou un ensemble cohérent d'activités neuronales au sein d'une région cérébrale spécifique. Ce n'est pas tant l'ambiguïté du terme qui pose problème, puisque tout le monde peut deviner ce qu'il signifie, mais son association avec l'idée selon laquelle l'image mentale ou la configuration neuronale *représenterait* au sein du cerveau et de l'esprit, d'une manière ou d'une autre et avec un certain degré de fidélité, l'objet auquel la représentation fait référence, comme si la structure de l'objet était reproduite dans la représentation. Ce n'est pas ce que je veux dire quand j'utilise ce terme. Je n'ai aucune idée du degré de fidélité avec lequel les images mentales ou les configurations neuronales se réfèrent à un objet. De plus, et quel que soit le degré de fidélité, les configurations neuronales et les images mentales correspondantes sont au moins autant des créations du cerveau qu'elles sont le produit de la réalité extérieure qui les suscite. Lorsque nous regardons un objet extérieur à nous-mêmes, nous construisons des images comparables dans nos cerveaux respectifs. Nous le savons parce que nous sommes en mesure de décrire l'objet en des termes très proches, jusque dans les plus petits détails. Mais cela ne veut pas dire que l'image que nous voyons est la copie de l'objet extérieur, quel qu'il puisse être. Nous n'avons aucun moyen de savoir absolument comment il est. L'image que nous voyons est basée sur les modifications de l'organisme (y compris au sein de ce que nous appelons le cerveau) qui se produisent quand la structure physique de l'objet interagit avec le corps. Les dispositifs de signalisation distribués sur toute la structure du corps (sur la peau, dans les muscles, dans la rétine, etc.) contribuent à former les configurations neuronales qui cartographient *l'interaction* de l'organisme avec l'objet. Les configurations neuronales sont construites en fonction des règles propres au cerveau, et se réalisent de manière transitoire dans les nombreuses régions sensorielles et motrices du cerveau chargées de traiter les signaux en provenance de sites corporels particuliers, comme la peau, les muscles ou la rétine. La construction de ces configurations neuronales ou cartes repose sur la sélection temporaire de neurones et de circuits impliqués par l'interaction. Autrement dit, les éléments de construction se trouvent dans le cerveau, attendant d'être choisis et assemblés. La part de la configuration qui reste en mémoire se forme selon les mêmes principes.

Les images que nous voyons mentalement ne sont donc pas des fac-similés de l'objet donné mais plutôt des images des interactions qui se nouent entre chacun d'entre nous et un objet auquel notre organisme est exposé, interactions construites sous forme de configuration neuronale déterminée par les caractéristiques propres de l'organisme. L'objet est bien réel, les interactions également et les images aussi réelles que l'on puisse être. Pourtant la structure et les propriétés visibles au sein de l'image à laquelle nous finissons par avoir accès sont des constructions mentales suscitées par la rencontre avec l'objet. Le trajet qui va de l'objet à la rétine et de la rétine au cerveau ne véhicule aucun portrait de l'objet. On observe plutôt une série de correspondances entre les caractéristiques physiques de l'objet et les modes de réaction de l'organisme, en fonction de quoi se bâtit une image d'origine interne. C'est parce que nous sommes entre nous suffisamment proches biologiquement parlant pour construire une image semblable d'un même objet que nous pouvons accepter sans protester l'idée conventionnelle selon laquelle nous avons l'image exactement ressemblante de cet objet. Ce qui n'est pas le cas.

La dernière raison de se défier du terme de représentation est la facilité avec laquelle il nous permet de glisser vers la métaphore du cerveau-ordinateur. Cette métaphore est inadéquate dans la mesure où l'organisation interne du cerveau et son activité n'ont rien en commun avec l'acception la plus courante de ce qu'est un ordinateur, même si le cerveau est effectivement capable de computer.

LES CARTES

Les mêmes réserves valent aussi pour le terme de *carte*, presque aussi inévitable et irrésistible que celui de *représentation* quand il s'agit de la neurobiologie de l'esprit. Lorsque les particules de lumière qui s'appellent les photons frappent la rétine selon une configuration bien précise qui correspond à un objet donné, les cellules nerveuses activées par la configuration en question (disons un cercle ou une croix) forment une « carte » neuronale transitoire. Aux niveaux suivants du système nerveux (par exemple les cortex visuels) se forment également des cartes en rapport avec cette première instance de cartographie[2]. Il est vrai que, tout comme dans le cas du terme de représentation, il est légitime de parler de configuration comme d'une correspondance entre la carte et ce qui est cartographié. Mais la correspondance ne se fait pas point par point, et la carte n'a donc pas besoin d'être fidèle. Le cerveau est un système créatif qui ne se contente pas de refléter l'environnement autour de lui (comme le ferait un procédé artificiel de traitement de l'information) : chaque cerveau construit des cartes du même environnement en fonction de ses propres paramètres et de sa structure interne, créant ainsi un monde unique pour l'ensemble des cerveaux conçus sur le même modèle.

ZONES D'OMBRE ET LACUNES AU SUJET DE LA FORMATION DES IMAGES

Il y a peu de doutes sur l'origine des images. Elles sont le produit de l'activité cérébrale, elle-même partie intégrante d'organismes vivants en interaction avec des environnements physiques, biologiques et sociaux. Les images naissent donc de configurations neuronales, ou cartes neuronales, qui se forment au sein de populations entières de cellules nerveuses, les neurones, lesquelles constituent des circuits ou réseaux. En revanche, il demeure une zone d'ombre quant à *la façon dont* les images sont produites à partir des configurations neuronales. Le processus qui *conduit* d'une configuration neuronale à une image reste un mystère que la neurobiologie n'a pas encore résolu.

Un grand nombre de chercheurs en neurosciences partagent le même but et le même espoir : fournir enfin une explication compréhensive du processus qui conduit le type de configuration neuronale que nous sommes aujourd'hui en mesure de décrire grâce aux outils de la neurobiologie (de la molécule au système) à devenir l'image multidimensionnelle, spatialement et temporellement cohérente, dont nous faisons l'expérience au moment présent. Un jour peut-être nous serons capables de fournir une explication satisfaisante du parcours qui conduit de la configuration neuronale à l'image, sans en oublier aucune étape, mais ce n'est pas le cas aujourd'hui. Lorsque je dis que les images *dépendent* et *sont issues* des configurations ou cartes neuronales, plutôt que de dire qu'elles *sont* ces configurations ou ces cartes, je ne suis pas coupable de dualisme, fût-ce par inadvertance. (Rappelons que le dualisme consiste à séparer d'une part la configuration neuronale et de l'autre le cogitum immatériel.) Je dis simplement que nous ne sommes pas encore en mesure de caractériser tous les phénomènes biologiques qui se produisent entre 1/ notre connaissance actuelle d'une configuration neuronale, à différents niveaux et 2/ notre expérience de l'image née de l'activité observée au sein de la carte neuronale. Entre les événements neuronaux au niveau de la molécule, de la cellule et du système nerveux que nous sommes capables d'appréhender, et l'image mentale dont nous cherchons à connaître le mode d'apparition reste une lacune, un vide à combler par des phénomènes physiques encore inconnus mais vraisemblablement identifiables.

L'étendue de cette lacune et la probabilité de la combler à l'avenir sont bien sûr sujettes à débats. Mais je voudrais que ma position sur la question soit claire : je considère que le type d'entité biologique que j'appelle image est engendré par les configurations neuronales.

Cette lacune est l'une des raisons pour lesquelles je me suis efforcé tout au long de cet ouvrage de distinguer entre ce qui relevait de l'esprit et ce qui relevait du cerveau. Il s'agit tout simplement d'une forme d'hygiène intellectuelle et cela n'implique en rien que j'adhère à un quelconque dualisme. Le fait de recourir à deux niveaux de description ne signifie pas que je suggère l'existence de deux substances distinctes, l'une mentale, l'autre biologique. Je reconnais seulement que l'esprit, en sa qualité de processus biologique de haut niveau, requiert et mérite son propre niveau de description, non seulement en raison du caractère privé de sa manifestation, et parce que cette manifestation est précisément ce que nous cherchons à expliquer. De plus, le fait de donner une description spécifique des événements neuronaux fait partie intégrante de notre tentative de comprendre leur contribution à la formation de l'esprit.

DE NOUVEAUX TERMES

J'ai introduit plusieurs nouveaux termes dans cet ouvrage : *conscience-noyau*, *conscience-étendue* (définis tous deux dans le chapitre 1), *proto-Soi* et *structure de second ordre* (abordés dans les chapitres 5 et 6).

Il convient de mentionner encore l'emploi peu conventionnel que je fais des termes *émotion* et *sentiment*, que j'explique au début du chapitre 2. Le terme d'*objet* est également utilisé en un sens abstrait, assez large : il recouvre aussi bien des personnes, des lieux, des outils qu'une douleur spécifique ou une émotion.

Quelques points d'entrée dans l'anatomie du système nerveux

Le système nerveux est constitué de tissus nerveux ou neuronaux, eux-mêmes formés de cellules comme tout tissu vivant. Les cellules neuronales sont connues sous le nom de *neurones*, et bien qu'elles reposent sur un autre type de cellules, les cellules gliales, tout indique que les neurones sont la pièce maîtresse du cerveau, l'unité cruciale à l'origine des mouvements et de l'activité mentale.

Les neurones sont formés de trois éléments principaux : un *corps cellulaire*, la matrice énergétique de la cellule dotée d'un noyau et d'organelles comme les mitochondries, un *axone* (des fibres chargées de véhiculer les influx de sortie) et des *dendrites* (fibres chargées de véhiculer les influx d'entrée). Les neurones sont reliés entre eux de manière à former des circuits où l'on trouve l'équivalent de câbles conducteurs (les fibres de l'axone) et de connecteurs, mieux connus sous le nom de *synapses* (généralement la zone de contact entre un axone et les dendrites d'un autre neurone) (schéma A.1).

Le cerveau humain comprend des milliards de neurones, répartis

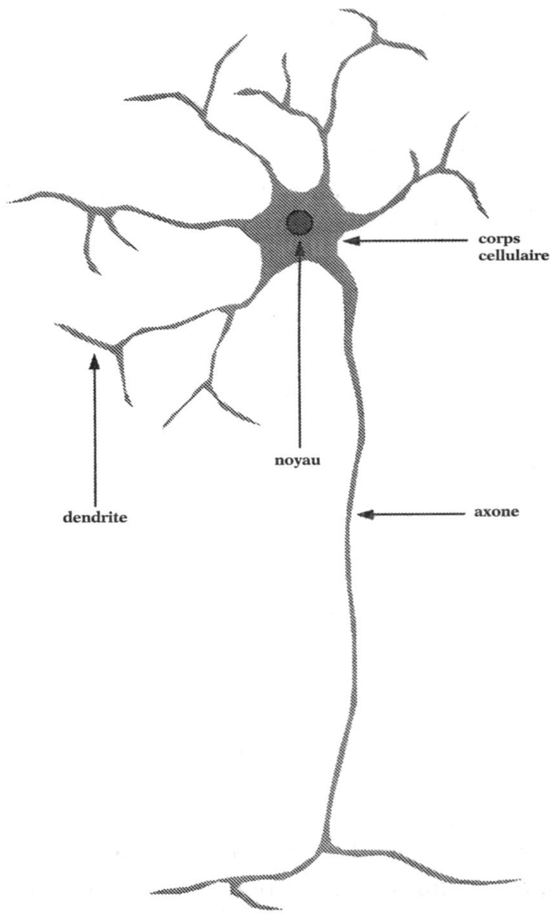

Schéma A.1. Un neurone et ses principaux composants anatomiques.

localement en circuits. Ces derniers correspondent soit aux *régions corticales*, s'ils sont arrangés en strates parallèles, comme un gâteau, soit aux *noyaux*, s'ils sont regroupés de manière informe, comme des baies dans un saladier. Ces deux types de circuits, les régions corticales et les noyaux, sont connectés par les « projections » d'axones pour former des *systèmes*, puis, à un plus grand niveau de complexité, des *systèmes de systèmes*. Quand les projections d'axones sont suffisamment grandes pour être repérables à l'œil nu, elles forment des « voies de transmission ». Tous les neurones et les circuits locaux sont à l'échelle microscopique, tandis que les régions corticales, la plupart des noyaux et les systèmes relèvent du macroscopique.

Le système nerveux se divise généralement sur le plan de la description anatomique en une partie centrale et une partie périphérique. Le composant principal du *système nerveux central* est l'encéphale, formé des deux *hémisphères cérébraux*, droit et gauche, réunis par le corps calleux (un épais conglomérat de fibres nerveuses qui relient les deux hémisphères dans les deux directions). Il comprend également plusieurs noyaux profonds comme 1/ *les ganglions de la base*, 2/ *le télencéphale de la base* et 3/ le *diencéphale* réunissant le *thalamus* et *l'hypothalamus*. *L'encéphale* est relié à la *moelle épinière* par le *tronc cérébral*, derrière lequel on trouve le *cerebellum* (voir schéma A.2).

Le système nerveux central est relié à chaque point du corps par les nerfs, des paquets d'axones émanant du corps cellulaire des neurones. Cet ensemble de nerfs chargés de connecter le système nerveux central — le cerveau, tout court — à la périphérie et réciproquement forme le *système nerveux périphérique*. Le cerveau et le corps sont donc reliés par les influx électriques que transmettent les nerfs, dans les deux sens, ainsi que par des substances chimiques, comme les hormones, véhiculées par le sang.

Une coupe du système nerveux central, quel que soit le plan de section, révèle la présence de deux secteurs facilement identifiables, l'un de couleur claire et l'autre plus sombre, plus connus sous le nom de *matière blanche* et *matière grise* bien que leur véritable couleur se rapproche plus du brun et du beige. La couleur plus foncée de la matière grise vient de la densité du très grand nombre de corps cellulaires neuronaux, tandis que la matière blanche correspond aux fibres nerveuses qui en émanent. La couche de myéline qui isole les fibres nerveuses donne à cette dernière son apparence caractéristique, plus claire.

La matière grise se présente sous deux formes. La partie stratifiée comprend le *cortex cérébral* qui enveloppe les deux hémisphères cérébraux et le *cortex cérébelleux*, qui enveloppe le cerebellum. La partie

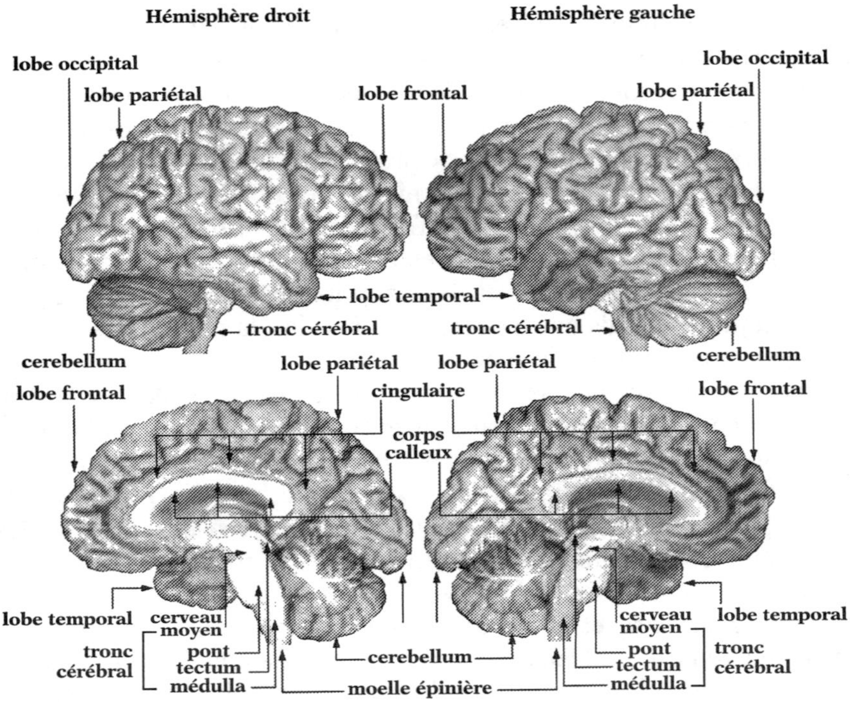

Schéma A.2. Les principales divisions du système nerveux central, *et ses composants essentiels, présentés sous forme d'une reconstruction en 3D d'un cerveau humain vivant. Ces reconstructions s'appuient sur des données obtenues par résonance magnétique et sur la technique dite* brainvox. *On remarquera les positions respectives des quatre lobes principaux, du diencéphale (qui comprend le thalamus et l'hypothalamus) et du tronc cérébral. On remarquera également la position du corps calleux (qui relie les deux hémisphères par-dessus la ligne médiane) ainsi que du cortex cingulaire de chacun des deux hémisphères. La configuration des gyri et des sulci est semblable à droite et à gauche, mais pas exactement identique : on observe des asymétries importantes, apparemment associées à des différences de fonction.*

non stratifiée est formée de noyaux parmi lesquels on citera les *ganglions de la base* (situés au cœur de chaque hémisphère et comprenant trois noyaux de grande taille, le caudate, le putamen et le pallidum), les *amygdales*, un seul bloc de taille importante situé au sein de chaque lobe temporal, et plusieurs agrégats de plus petits noyaux constituant le *thalamus*, *l'hypothalamus* et les parties grises du *tronc cérébral* (schéma A.3).

On peut concevoir le cortex cérébral comme une sorte de manteau qui recouvrirait l'ensemble de l'encéphale, c'est-à-dire la surface des deux hémisphères, jusque dans ses fissures et ses sulci (les crevasses

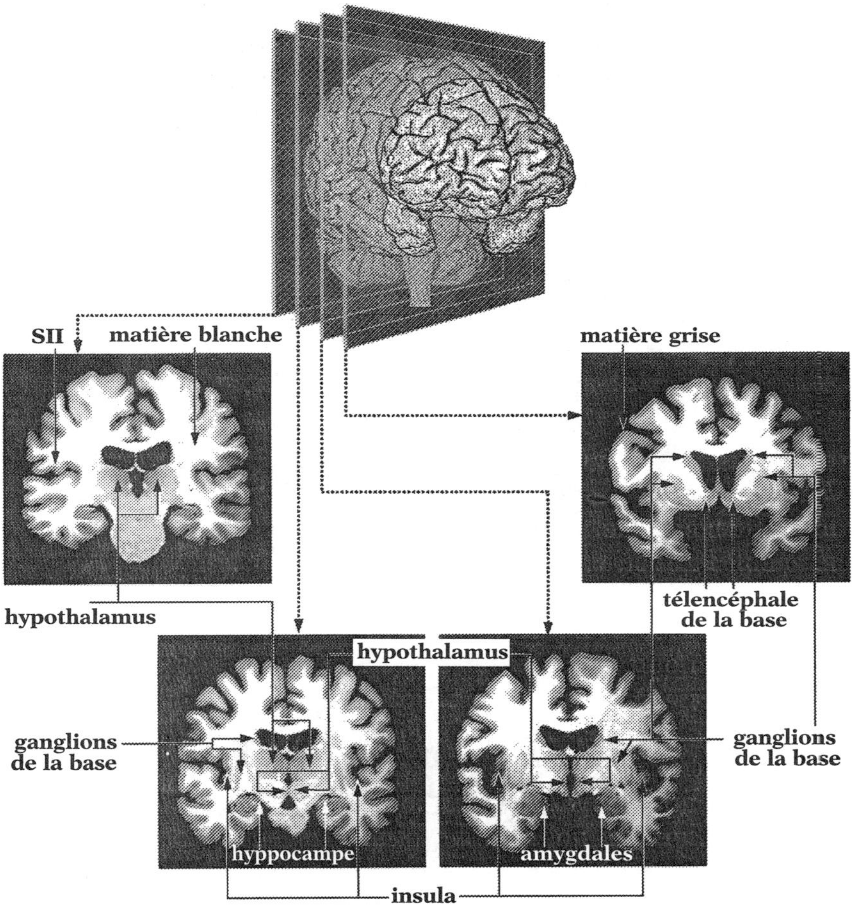

Schéma A.3. Matière grise du cortex cérébral et des noyaux profonds.
La matière grise est faite, on l'a vu, d'une masse compacte de corps cellulaires de neurones. La matière blanche, par contraste, contient les axones issus des corps cellulaires et s'étendant vers d'autres régions afin d'établir des connexions et de transmettre les signaux. Les coupes supplémentaires nous donnent un aperçu de l'emplacement relatif de plusieurs structures profondes qui ne sont pas visibles à la surface du cerveau : les ganglions de la base, le télencéphale de la base, les amygdales, le thalamus et l'hypothalamus. Remarquez l'emplacement de l'insula, une région du cortex qui fait partie du système somato-sensoriel et se trouve entièrement enfouie dans la scissure sylvienne.

du cerveau qui lui confèrent son aspect caractéristique). Ce manteau stratifié d'une épaisseur de 3 millimètres est formé de couches parallèles entre elles et à la surface du cerveau. La partie évolutivement récente du cortex cérébral est plus connue sous le nom de néocortex.

En raison de l'importance du cortex cérébral, on a coutume de désigner comme sous-corticales toutes les autres structures de matière grise (les différents noyaux mentionnés ci-dessus et le cortex cérébelleux). Le cortex cérébral se divise en lobes : frontaux, temporaux, pariétaux et occipitaux (voir schéma A.4).

On identifie généralement les différentes régions des lobes corti-

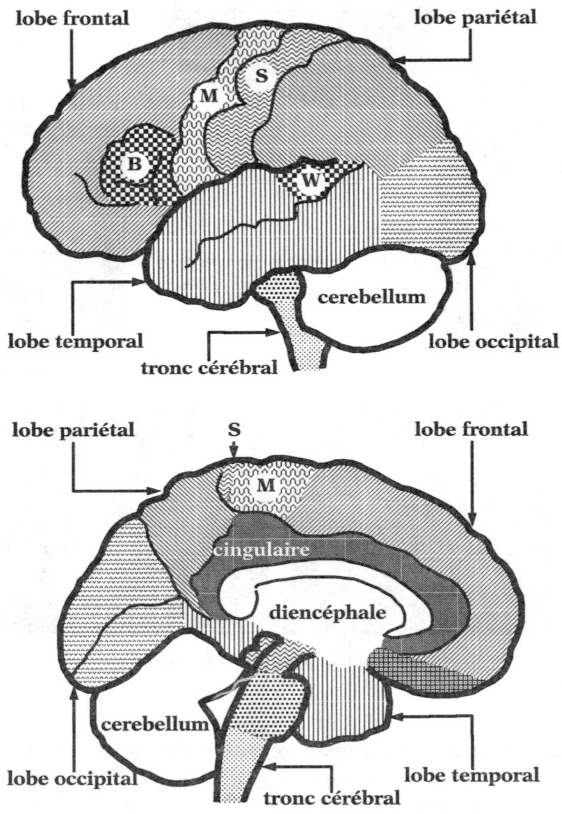

Schéma A.4. Les principales régions anatomiques des hémisphères cérébraux : *les lobes frontaux, temporaux, pariétaux et occipitaux ; les aires de Broca (B) et de Wernicke (W) ; les aires motrices (M) et somato-sensorielles (S). Bien que les aires de Broca et de Wernicke soient les plus connues des régions du cerveau associées au cerveau, plusieurs autres régions sont impliquées dans le traitement du langage. Il en va de même pour les aires motrices et somato-sentitives qui ne sont que la partie émergée de l'iceberg. On trouve en effet, dans d'autres parties du cortex cérébral et sous ce dernier, plusieurs régions corticales et plusieurs noyaux associés à la fonction motrice : le cortex cingulaire, les ganglions de la base, le thalamus, les noyaux du tronc cérébral. Cela vaut également pour la fonction somato-sensorielle (noyaux du tronc cérébral, thalamus, insula, cortex cingulaire).*

caux par des numéros qui correspondent chacun à une architecture cellulaire spécifique (on parle de cytoarchitectonique). Ce mode de désignation numérique date des travaux de Brodmann et demeure un bon outil de travail près d'un siècle plus tard, même si les nombres en question n'ont rien à voir ni avec la taille de l'aire désignée ni avec son importance, et s'il convient soit de les apprendre par cœur, soit de les vérifier sur une carte du cerveau (schéma A.5).

Lorsque les neurones sont activés (quand ils « déchargent », dans

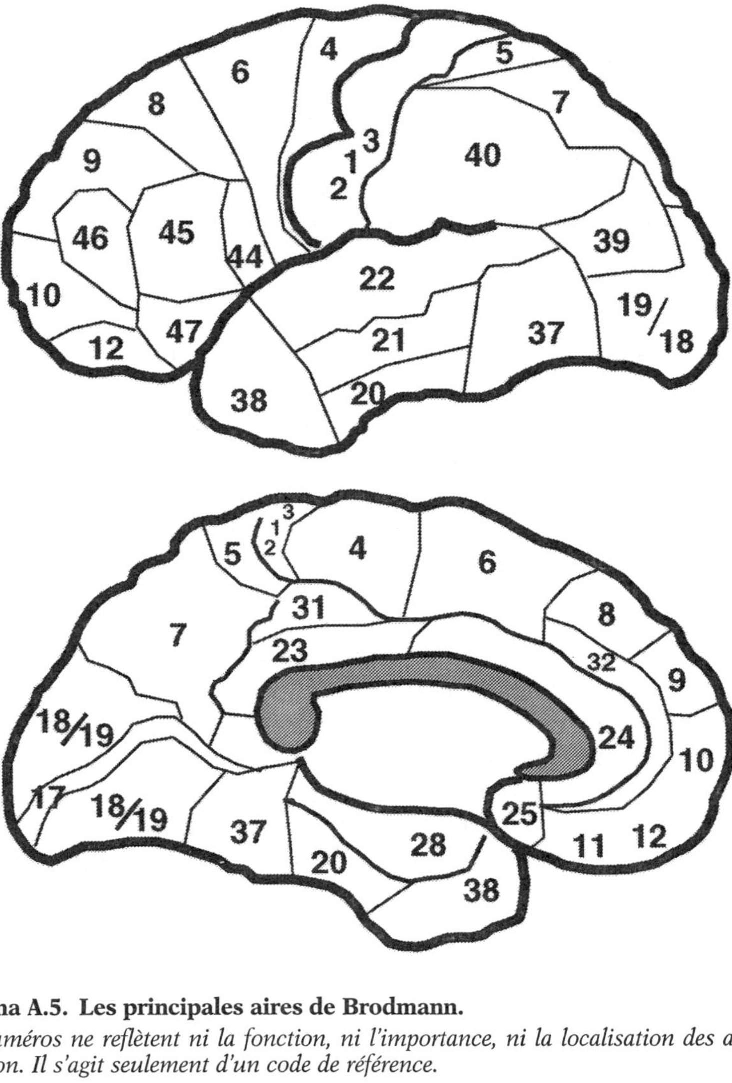

Schéma A.5. Les principales aires de Brodmann.
Les numéros ne reflètent ni la fonction, ni l'importance, ni la localisation des aires en question. Il s'agit seulement d'un code de référence.

le jargon des neurosciences), un courant électrique émis par le corps cellulaire se propage le long de l'axone. Lorsque le courant atteint une synapse, il déclenche l'émission de substances chimiques, les neurotransmetteurs (le glutamate par exemple). Dans le cas d'un neurone excitatoire, l'interaction coopérative de nombreux autres neurones aux synapses adjacentes, qui émettent ou non leurs propres transmetteurs, détermine si oui ou non le prochain neurone va être activé, c'est-à-dire s'il va produire son propre potentiel d'action, puis relâcher son propre neurotransmetteur, et ainsi de suite.

Les synapses peuvent être fortes ou faibles. La force de la synapse influe sur la poursuite du cheminement de l'influx électrique vers le prochain neurone, et la plus ou moins grande facilité de transmission. C'est ainsi que, dans le cas d'un neurone excitatoire, une synapse forte facilite le cheminement de l'influx tandis qu'une synapse faible l'inhibe ou le bloque. Chaque neurone forme en moyenne près de mille synapses. Si on considère qu'il y a plus de dix milliards de neurones et plus de mille milliards de synapses, on s'apercevra que chaque neurone est en communication avec quelques autres neurones mais jamais avec l'ensemble des neurones. La plupart des neurones ne communiquent qu'avec les neurones de leur entourage proche, dans des circuits plus ou moins locaux des régions corticales et des noyaux ; d'autres, même si leurs axones se poursuivent sur plusieurs centimètres, n'entrent en contact qu'avec un petit nombre d'autres neurones. Le pouvoir d'action des neurones dépend de leur contexte immédiat en termes d'assemblages neuronaux ; celui des systèmes dépend de l'influence exercée par certains assemblages sur d'autres au sein d'un ensemble d'assemblages interreliés ; enfin, la contribution de chaque assemblage au fonctionnement d'un système dépend de la place qu'il occupe au sein de ce dernier. La variété des fonctions associées aux différentes aires cérébrales dépend donc de la place occupée par des assemblages de neurones au sein de systèmes à grande échelle. Autrement dit, le cerveau est un système de systèmes. Chaque système se compose d'un entrelacs subtil de régions corticales et de noyaux sous-corticaux, certes de petite taille mais néanmoins macroscopiques, eux-mêmes formés de circuits locaux microscopiques, faits de neurones connectés entre eux par des synapses.

Les différents systèmes cérébraux sur lesquels repose l'esprit

Pour comprendre la relation entre les images mentales et le cerveau, j'ai longtemps eu recours à un cadre explicatif dérivé des résultats expérimentaux et cliniques de la neuropsychologie, de la neuro-anatomie et de la neurophysiologie, lequel distinguait entre un *espace imagé* et un *espace dispositionnel.* L'espace imagé est l'espace où apparaissent explicitement des images relevant de tous types sensoriels, dont certaines correspondent aux contenus mentaux manifestes (accessibles à la conscience) tandis que d'autres demeurent inconscientes. L'espace dispositionnel est celui dans lequel les dispositions contiennent le savoir de base et les mécanismes grâce auxquels les images sont reconstruites à partir de souvenirs, les mouvements des membres sont initiés et le traitement des images se voit facilité. Contrairement aux contenus de l'espace imagé qui sont explicites, les contenus de l'espace dispositionnel restent implicites. Nous sommes en mesure de connaître les contenus des images une fois notre conscience-noyau activée, mais nous ne pourrons jamais connaître directement les contenus des dispositions, lesquels restent *toujours* inconscients et se présentent sous forme latente. Les dispositions cependant sont à l'origine de toutes sortes d'effets. Elles suscitent des actions de tous types et de plusieurs niveaux de complexité, comme l'émission d'une hormone au sein du flux sanguin, la contraction des muscles des viscères ou bien des muscles d'un membre ou encore de l'appareil vocal. Les dispositions gardent des archives d'une image qui fut effectivement perçue dans le passé et participent au travail de reconstruction d'une image similaire dans la mémoire. Les dispositions jouent encore un rôle dans le traitement d'une image en cours de perception, en influant par exemple sur le degré d'attention qui lui est accordé. Jamais nous ne prenons conscience du savoir nécessaire à l'accomplissement de n'importe laquelle de ces tâches, ni des étapes intermédiaires du processus. Nous n'avons conscience que des résultats, par exemple d'un état de bien-être, d'une accélération des battements cardiaques, d'un geste de la main, du souvenir fragmentaire d'un son, du panorama complet que nous associons au paysage que nous sommes en train de percevoir.

Notre mémoire tout entière, qu'elle soit innée (le fruit de l'évolution) ou acquise (le résultat de l'expérience), tout ce dont nous nous souvenons des choses et de leurs propriétés, des personnes ou des lieux, des événements et des relations, des aptitudes et des régulations biologiques, tous nos souvenirs existent sous forme de disposition latente (synonyme d'implicite, de caché, d'inconscient), attendant de se muer en une image ou une action explicite. Remarquez que les dispositions ne sont pas des mots mais des traces abstraites de potentialités. Les mots ou les signes, susceptibles de désigner n'importe quelle entité, événement ou relation, tout comme les règles par lesquelles nous assemblons ces mots et ces signes, existent aussi sous forme de dispositions, se réalisant en images et en action (dans un discours ou une communication par signes). Je comparerais ainsi volontiers les dispositions à la ville mythique de Brigadoon qui attend de prendre vie l'espace d'un bref instant.

Nous commençons à pouvoir distinguer entre les parties du système nerveux central associées à l'espace imagé et celles qui sont associées à l'espace dispositionnel. Les aires du cortex cérébral situées dans et autour des points d'entrée des signaux sensoriels — soit les *cortex sensoriels premiers* associés aux différentes modalités perceptives — sont le support de configurations neuronales explicites, au même titre que certaines zones des aires limbiques comme le cingulaire et d'autres structures non corticales comme le tectum. Ces configurations neuronales de cartes se transforment continûment sous l'action d'influx internes et externes : il est probable qu'elles forment la base des images, dont la dynamique instable correspond aux nombreuses modifications des configurations neuronales dans le temps (schéma A.6).

En revanche, les *cortex de niveau supérieur* — cet océan cérébral entourant les petits îlots que forment les cortex sensoriels premiers et les cortex moteurs —, certaines zones des cortex limbiques et de nombreux noyaux subcorticaux, des amygdales au tronc cérébral, contiennent des dispositions, c'est-à-dire des archives implicites de savoir (voir schéma). Lorsque les circuits des dispositions sont activés, ils envoient des signaux aux autres circuits et suscitent la formation d'images ou d'action quelque part ailleurs dans le cerveau.

Cette ébauche d'explication suppose que l'on mentionne également d'autres régions du cerveau manifestement chargées de corréler les signaux émis par les différentes aires cérébrales, ainsi que de contrôler leur mode d'apparition au sein de certaines zones. Il s'agit du thalamus, des ganglions de la base, de l'hippocampe et du cerebellum. La complexité des tâches qui leur incombent est telle qu'il faudrait un ouvrage entier pour commencer à traiter la question,

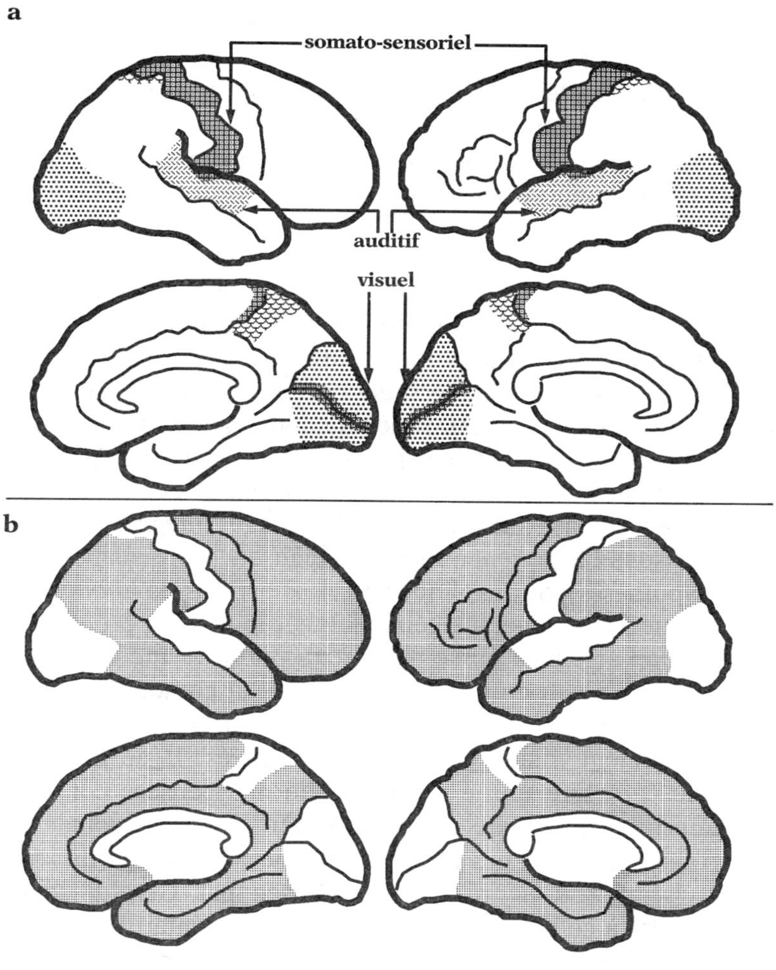

Schéma A.6. a. Les principaux cortex sensoriels premiers (somato-sensoriels, auditifs, visuels).

Le terme « premier » ne signifie pas qu'ils soient apparus en premier dans l'évolution mais qu'ils précèdent en termes d'ordre d'entrée des signaux au sein du cortex cérébral. Prenons un exemple : la lumière active les neurones au sein des rétines, puis dans les noyaux géniculaires, puis dans les aires 17, 18 et 19, collectivement réunies sous l'appellation de « cortex visuels premiers ». On désigne également l'aire 17 comme le « cortex visuel premier » ou V_1, et les aires 18 et 19 comme les « cortex associatifs visuels », qui incluent les sous-régions V_2, V_3, V_4, V_5. Le même arrangement général s'applique aux cortex auditifs et somato-sensoriels, respectivement situés dans les lobes temporaux et pariétaux.

b. Les cortex d'ordre supérieur et les cortex limbiques *(zone hachurée). Le reste des cortex cérébraux comprend les cortex d'ordre supérieur qui entourent largement les cortex précoces et plusieurs cortex dits limbiques comme les cortex cingulaires.*

même en tenant compte de nos lacunes. Je me contenterai donc de dire que les fonctions associées au thalamus (la mise en corrélation des signaux, le contrôle de l'activité cérébrale dans diverses régions et le relais des signaux) sont cruciales pour la conscience. La contribution des autres structures à la conscience est en revanche encore peu claire (dans le cas des ganglions de la base et du cerebellum) ou bien négligeable (dans le cas de l'hippocampe).

J'ai proposé l'hypothèse que les dispositions reposent sur des groupes de neurones dits zones de convergence. À la distinction entre espace imagé et espace dispositionnel correspond donc une distinction entre (1) des cartes de configurations neuronales explicites (activées au sein des cortex sensoriels premiers, des cortex limbiques et de certains noyaux subcorticaux) et (2) les zones de convergence situés dans les cortex de niveau supérieur et certains noyaux subcorticaux.

On ne sait pas exactement comment il se fait que cette répartition anatomique sert de base à la formation des images intégrées et unifiées dont nous faisons l'expérience mentale, bien que nous disposions de plusieurs hypothèses pour expliquer certains aspects de la question. Il s'agit de ce que nous appelons généralement le *binding problem* — le problème de la liaison. Si on se place d'un point de vue global, il est probable que la liaison en question nécessite la conjonction dans le temps de l'activation neuronale de plusieurs aires du cerveau, distinctes spatialement mais néanmoins interreliées. Il ne fait pas de doute que le caractère unifié et intégré de nos pensées conscientes suppose une intense activité de signalisation locale et globale de la part de groupes de neurones répartis sur une multiplicité de régions cérébrales. La notion de ré-entrée proposée par Gerald Edelman entend répondre à ce problème. Parmi les autres tentatives de définir un mécanisme susceptible de donner une cohérence spatiale et temporelle à l'activité nécessairement fragmentaire du cerveau, on citera l'idée d'une « vague de liaison » transcorticale, émise par Rodolfo Llinás, et ma propre hypothèse d'une rétro-activation temporelle[3]. Les travaux de Wolf Singer portent sur les mécanismes requis par la cohérence au niveau microscopique[4], tandis que Francis Crick propose une théorie extensive de la question au niveau de la cellule et des microcircuits[5]. Enfin, Jean-Pierre Changeux et Gerald Edelman ont tous deux proposé des cadres généraux de sélection pour le fonctionnement de tels mécanismes[6], et les travaux de Michael Merzenich démontrent que le cerveau a la flexibilité nécessaire pour opérer de cette façon.

Notes

Chapitre premier : S'avancer en pleine lumière

1. La conscience est depuis longtemps un sujet important en philosophie, mais jusqu'à une date récente, seuls quelques neuroscientifiques y avaient travaillé. Durant une courte période vers le milieu du vingtième siècle, notamment dans les années 1940 et 1950, les neurosciences ont prêté une attention considérable à l'étude de la conscience. Les travaux expérimentaux de G. Magoun, H. W. Moruzzi et H. Jasper ainsi que les observations cliniques et expérimentales de W. Penfield sont parmi les contributions les plus éminentes d'une époque qui s'est terminée trop tôt. Benjamin Libet est une autre exception parmi ces travaux pionniers. Ce que l'on désigne habituellement comme le domaine des études de la conscience fut créé au cours de la dernière décennie par une poignée de philosophes et de savants, indépendamment, involontairement et de façon inattendue. Il faut particulièrement en remercier les philosophes Daniel Dennett, Paul et Patricia Churchland, Thomas Nagle, Colin McGinn et John Searle, ainsi que les neuroscientifiques Gerald Edelman et Francis Crick.

2. J'ai esquissé le problème au chapitre 10 « Le cerveau à l'Esprit-Corps » de *Descartes's Error : Emotion, Reason, and The Human Brain* (New York : Putnam 1994, et Avon Hearst, 1995 [paperback]), *L'Erreur de Descartes : la raison des émotions*, trad. fr. par Marcel Blanc, Paris, Odile Jacob, 1995.

3. Pour un compte rendu pertinent, voir J. Levine, « Materialism and Qualia : The Explanatory Gap », *Pacific Philosophical Quarterly* 64 (1983) : 354-61.

4. Voir Daniel Dennett (*Consciousness Explained*, Boston : Little Brown, 1991, trad. franç. par Pascal Engel, *La Conscience expliquée*, Paris, Odile Jacob, 1994) où on trouvera une discussion compréhensive des explications de l'homoncule pour le sentiment de soi.

5. Ne pas distinguer les deux problèmes de la conscience exposés dans ces pages conduit à des situations équivoques. Par exemple, j'interprète les efforts remarquables du physicien et mathématicien Roger Penrose comme relevant de l'élucidation de la base physique du problème de l'esprit, bien qu'on les décrive invariablement comme relevant de la conscience dans son ensemble. On pourrait en dire autant des travaux du physicien Henry Stapp. Aucun de ces travaux ne se concentre sur la partie du problème de la conscience sur laquelle j'insiste dans ce livre, mais plutôt sur le problème plus général et non moins important de la base biologique du processus de l'esprit. Voir R. Penrose, *The Shadows of the Mind* (New York : Oxford University Press, 1994), trad. fr. par Christian Jeanmougin, *Les Ombres de l'esprit*, Paris, Interéditions, 1995 ; et H. Stapp, *Mind, Matter, and Quantum Mechanics* (Munich : Springer Verlag, 1993).

6. Étant donné l'ampleur du défi, il ne devrait pas être surprenant que, dans la tentative de traiter la question de la conscience, les philosophes comme les neurobiologistes se heurtent à de nombreuses barrières et ne risquent guère de trouver une solution compréhensive de sitôt. Par exemple, le terme de conscience, uni de manière polygamique à bien trop de significations, a souvent entravé tout accord sur la définition du problème ; la nature privée du phénomène en a dissuadé plus d'un de simplement aborder le sujet et en a convaincu d'autres qu'il n'est possible de l'aborder que d'une manière purement extérieure, et que maudit soit tout ce qui est privé ; l'idée que, d'une manière ou d'une autre, la conscience se situe à l'extrême pointe des aptitudes humaines a souvent donné lieu à une crainte paralysante et à la croyance que la conscience est hors de portée de nos recherches scientifiques ; l'impatience et le désir de passer outre aux obstacles ci-dessus ont conduit certains à conclure que non seulement la conscience est d'accès impossible, mais qu'elle est déjà parfaitement élucidée ; pour finir, il y a ceux qui pensent que le problème n'existe pas du tout, ou que ce n'est rien d'autre que le problème de l'esprit : la conscience peut être élucidée ou non, selon que le problème de l'esprit l'est ou ne l'est pas. Face à cela, ma position est que le problème de la conscience existe et n'a pas encore été résolu ; qu'on peut le décomposer en plusieurs parties, que l'on peut parvenir à un consensus en considérant ces parties ; et qu'en dépit de sa nature privée la conscience peut se prêter à une approche scientifique.

7. Le terme *esprit*, tel que je l'utilise dans ce livre, recouvre les opérations conscientes comme inconscientes. Il désigne un *processus*, et non une chose. Ce que nous connaissons comme étant l'esprit, à l'aide de la conscience, est un flux de configurations mentales qui, pour bon nombre d'entre elles, se trouvent être logiquement reliées. Le flux avance dans le temps, rapidement ou lentement, de façon ordonnée ou par sauts, et, à l'occasion, il suit non pas une seule séquence, mais plusieurs. Les séquences sont tantôt concomitantes, tantôt convergentes et divergentes, tantôt superposées.

Le terme que j'utilise fréquemment comme abréviation de configurations mentales est celui d'*images*. Comme on l'a noté, les images sont des configurations mentales, sous quelque modalité sensorielle que ce soit, et pas simplement visuelle. Ce sont des images « sonores » ou des images « tactiles », et ainsi de suite.

8. Il n'y a pas unanimité sur la relation entre esprit et cerveau, relativement à la conscience, en particulier. Il n'est pas possible de citer tous les auteurs qui ont publié des textes récents et importants sur cette question générale, mais je recommande un certain nombre de livres ou de recueils dus à des philosophes de l'esprit qui se sont penchés avec attention sur ces problèmes. Leurs positions et la mienne ne coïncident pas toujours, mais j'ai apprécié la lecture de tous ceux qui suivent : John Searle, *The Rediscovery of Mind* (Boston, Mass. : MIT Press, 1992, trad. franç. par Claudine Tiercelin, *La Redécouverte de l'esprit*, Paris, Gallimard, 1995) ; D. Chalmers, *The Conscious Mind* (New York : Oxford University Press, 1996) ; Daniel Dennett, cité plus haut ; T. Nagel, *The View from Nowhere* (New York : Oxford University Press, 1974, trad. franç. par Sonia Kronlund, *Le Point de vue de nulle part*, Combas, Éditions de l'Éclat, 1993) ; C. McGinn, *The Problem of Consciousness* (New York : Oxford University Press, 1991) ; Owen Flannagan, *Consciousness Reconsidered* (Boston, Mass. : MIT Press, 1992) ; N. Block, O. Flannagan, et G. Guzeldere, *The Nature of Consciouness, Philosophical Debates* (Boston, Mass. : MIT Press) ; T. Metzinger, *Conscious Experience* (Paderborn, Allemagne : Imprint Academic/Schoeningh, 1995) ; Fernando Gil, *Modos de Evidência* (Imprensa Nacional, 1998) ; Jerry A. Fodor, *The Modularity of Mind* (Boston, Mass. : MIT Press, 1983, trad. franç. par Abel Gerschenfeld, *La Modularité de l'esprit*, Paris, Minuit, 1983).

9. H. Damasio et A. Damasio, *Lesion Analysis in Neuropsychology* (New York : Oxford University Press, 1989).

10. La séparation de la conscience en au moins deux niveaux de phénomènes est bien étayée par les analyses cognitives et comportementales, et validée par les observations neurologiques que je présente ici. La séparation s'impose lorsque l'on en vient à proposer des mécanismes biologiques capables de produire la conscience. Aucun mécanisme unique n'est susceptible de fournir et la conscience centrale et la conscience-étendue. Ce problème a également été identifié dans une autre analyse biologique de la conscience, celle de Gerald Edelman. La dichotomie qu'il propose sépare elle aussi le « simple » du « complexe », même si ses catégories ne correspondent pas aux miennes. Gerald Edelman divise la conscience en conscience primaire et conscience d'ordre supérieur, mais sa conscience primaire est plus simple que ma conscience centrale et n'entraîne pas l'émergence d'un Soi. La conscience d'ordre supérieur d'Edelman n'est pas non plus la même que ma conscience-étendue, parce qu'elle requiert le langage et est strictement humaine.

D'autres auteurs ont proposé des classifications dichotomiques de la conscience. Par exemple, Ned Block divise la conscience en conscience-accès ou conscience-A, et conscience phénoménale, ou conscience-P. Aucun de ces concepts n'est en rapport avec les notions de conscience-noyau et de conscience-étendue. Voir G. Edelman, *The Remembered Present*, New York : BasicBooks, 1989 ; N. Block *et al.*, 1997, cité plus haut.

11. On est parvenu récemment à un consensus sur le fait que la subjectivité est « le problème difficile » de la conscience, même si les discussions sur la subjectivité ne considèrent pas habituellement qu'elle nécessite un sujet — un sentiment de soi — et que le moyen par lequel nous avons un sens de nous-mêmes, qu'il soit ou non illusoire, doit être un aspect important de l'élucidation de la conscience. Le terme « problème difficile » fut introduit auprès du grand public par D. Chalmers (1996, précédemment cité), et c'est la désignation la plus récente du vieux problème des qualia. Pour une formulation antérieure du problème, voir J. Levine, cité plus haut. Pour une discussion récente de ce problème, voir J. Searle, *The Mystery of Consciousness* (New York : New York Review of Books, 1997, trad. franç. par C. Tiercelin, *Le Mystère de la conscience*, Odile Jacob, Paris, 1999).

12. Pour une analyse de la manière dont le système visuel effectue de telles représentations d'objets, voir David Hubel, *Eye, Brain and Vision* (San Francisco : W. H. Freeman, 1987), et Semir Zeki, *A Vision of the Brain* (Cambridge : Blackwell, 1993).

13. B. Spinoza, *Éthique*, partie IV, Proposition 22 (1677).

Chapitre 2 : L'émotion et le sentiment

1. L. von Bertalanffy, *Modern Theories of Developement : An Introduction to Theoretical Biology* (New York : Harper, 1962, publié à l'origine en allemand en 1933) ; K. Goldstein, *La Structure de l'organisme* (Paris, Gallimard, 1951 publié à l'origine en allemand en 1934) ; P. Weiss, « Cellular dynamics », *Review of Modern Physics* 31 (1919) : 11-20.

2. Voir Gerald Edelman, *Le Présent remémoré* (cité plus haut) ; Jean-Pierre Changeux, *L'Homme neuronal* (Paris, Fayard, 1983) et Antonio Damasio (*L'Erreur de Descartes*). Autres exceptions notables : Ted Bullock est l'auteur d'un texte biologique écrit dans une perspective évolutionniste, *Introduction to Nervous Systems* (San Francisco : W. H. Freeman and Company, 1997) ; Paul MacLean a parlé d'un cerveau à trois étages, dont chacun des trois étages appartient à une époque de l'évolution (« The triune brain, emotion, and scientific bias », dans *The Neurosciences : The Second Study Program*, ed. F. O. Schmitt, New York : Rock-

feller University Press, 1970) ; quant à Patricia Churchland, elle a inauguré la neurophilosophie en invoquant la valeur qu'il y a à prendre l'évolution en considération (dans *Neurophilosophy : Toward a Unified Science of the Mind-Brain*, Cambridge, Mass. : MIT Press, Bradford Books, 1986, trad. franç sous la direction de Maryse Siksou, *Neurophilosophie*, Paris, PUF, 1999).

3. On peut trouver certains exemples de ce changement dans les travaux de Jean-Didier Vincent et d'Alain Prochiantz en France, de Joseph LeDoux, Michael Davis, James McGaugh, Jerome Kagan, Richard Davidson, Jaak Panksepp, Ralph Adolphs et Antoine Bechara en Amérique du Nord ; et de Raymond Dolan en Grande-Bretagne, pour ne citer que certains des plus visibles.

4. A. Damasio, *L'Erreur de Descartes* (cité plus haut) ; A. Damasio, « The somatic marker hypothesis and the possible functions of the prefrontal cortex », *Transactions of the Royal Society of London*, Biological Sciences series 351 (1996) : 1413-20 ; A. Bechara, A. Damasio, H. Damasio et S. Anderson, « Insensitivity to future consequences following damage to human prefrontal cortex », *Cognition* 50 (1994) ; A. Bechara, D. Tranel, H. Damasio et A. Damasio, « Failure to respond autonomically to anticipated future outcomes following damage to prefrontal cortex », *Cerebral Cortex* 6 (1996) : 215-25 ; A. Bechara, H. Damasio, D. Tranel et A. Damasio, « Deciding advantageously before knowing the advantageous strategy », *Science* 275 (1997) : 1293-94.

5. Pour une discussion portant sur la cognition de la rationalité, voir N. S. Sutherland, *Irrationality : The enemy Within* (Londres : Constable, 1992) ; pour ses aspects cognitifs et biologiques, voir Patricia S. Churchland, « Feeling Reasons », *in* Paul M. Churchland et Patricia Churchland, *On the Contrary*, précédemment cité.

6. D'autres langues qui ont transmis l'héritage de la philosophie et de la psychologie occidentales ont eu pendant longtemps à leur disposition les termes français distincts *émotion* et *sentiment*. Par exemple : en latin : *exmovere* et *sentire* ; en anglais : *emotion* et *feeling* ; en allemand : *Emotionen* et *Gefühl* ; en portugais : *emoçao* et *sentimento* ; en italien : *emozione* et *sentimento* ; et ainsi de suite. Les deux termes furent probablement forgés dans ces différentes langues parce que de nombreux observateurs lucides, en considérant les deux ensembles de phénomènes à distinguer, ont bien senti leur séparation et ont vu la valeur qu'il pouvait y avoir à les désigner par des termes différents. Faire référence à tout le processus par le seul et unique terme d'*émotion*, comme il est aujourd'hui de pratique courante, témoigne d'un pur et simple manque de précaution. On ne devrait pas oublier non plus que, dans son sens plus général, le mot *sentiment* désigne des perceptions qui ont trait au corps — sentiments de malaise ou de bien-être, sentiments de douleur, le sentiment d'avoir touché quelque chose — plutôt qu'une appréciation de ce qui est vu ou entendu. Ceux qui ont sagement forgé le terme de *sentiment* avaient sans doute l'impression correcte que sentir une émotion avait beaucoup à voir avec le corps, et ils étaient sur la bonne piste.

7. D. Tranel et A. Damasio, « The covert learning of affective valence does not require structures in hippocampal system or amygdala », *Journal of Cognitive Neuroscience* 5 (1993) : 79-88.

8. Certaines études menées chez des individus en bonne santé tendent aussi à prouver que, sans lésions cérébrales, on peut apprendre de façon non consciente et très rapidement des préférences. Voir P. Lewicki, T. Hill et M. Czyzewska, « Nonconscious acquisition of information », *American Psychologist* 47 (1992) : 796-801, pour une expérience bien spécifique. Pour des comptes rendus sur ce domaine d'études, voir J. Khilstrom, « The Cognitive Unconscious », *Science* 237 (1987) : 285-94 ; A. S. Reber, *Implicit Learning and Tacit Knowledge : An Essay on the Cognitive Unconscious* (New York : Oxford University Press, 1993).

9. Décider ce qui constitue une émotion n'est pas une tâche facile, et dès que l'on passe en revue toute la série des phénomènes possibles, on se demande bien s'il est possible de formuler quelque définition sensée de l'émotion, et s'il reste un

seul terme utile pour définir tous ces états. D'autres se sont bagarrés avec le même problème et ont conclu qu'il était impossible à résoudre. Voir Leslie Brothers, *Friday's Footprint : How Society Shapes the Human Mind* (New York : Oxford University Press, 1997) et Paul Griffiths, *What Emotions Really Are* (Chicago : University of Chicago Press, 1997). Mais à ce stade, je préfère garder la nomenclature traditionnelle, clarifier l'usage du terme et attendre que de nouvelles preuves viennent dicter une nouvelle classification, mon espoir étant qu'en maintenant une certaine continuité nous faciliterons la communication à ce stade transitoire. Je parlerai des trois niveaux de l'émotion — arrière-plan, primaire et secondaire. C'est suffisamment révolutionnaire pour le moment, étant donné que les émotions d'arrière-plan ne font pas partie du tableau habituel des émotions. Je ferai référence aux pulsions et aux motivations, et à la douleur et au plaisir comme à des déclencheurs ou à des constituants des émotions, mais pas à des émotions, au sens propre. Il ne fait aucun doute que tous ces dispositifs sont destinés à réguler la vie, mais on peut soutenir que les émotions sont plus complexes que les pulsions et les motivations, que la douleur et le plaisir.

10. Les émotions ont divers profils temporels. Certaines émotions ont tendance à faire intervenir un schéma de type « éclat ». Elles passent par un démarrage relativement rapide, un pic d'intensité, et un déclin rapide. La colère, la peur, la surprise et le dégoût sont des cas de ce genre. D'autres émotions ont plutôt un schéma de type « ondulatoire », certaines formes de tristesse et toutes les émotions d'arrière-plan en sont autant d'exemples privilégiés. De toute évidence, de nombreuses variations de profil sont possibles selon les circonstances et les individus. Lorsque des états émotionnels ont tendance à devenir relativement fréquents ou même continus sur de longues périodes de temps, il est préférable de les désigner sous le nom d'*humeurs* plutôt que sous celui d'émotions. Je crois qu'il faut distinguer les humeurs des émotions d'arrière-plan, une émotion d'arrière-plan peut être soutenue, sur une certaine durée, pour créer une humeur. Si les gens pensent que vous êtes d'« humeur morose », c'est parce que vous avez manifesté une tonalité majoritairement émotionnelle qui est peut-être en rapport avec la tristesse ou l'anxiété de façon constante, pendant une bonne partie du temps, ou peut-être que vous avez changé, de façon inattendue et fréquemment, votre tonalité émotionnelle. Il y a cinquante ans, on vous aurait dit « névrosé », mais personne n'est plus névrosé. Les humeurs peuvent être pathologiques, et nous parlons alors de désordres de l'humeur. La dépression et la manie en sont des exemples standard. Vous êtes déprimé, lorsque l'émotion de tristesse se traîne en longueur, des jours, des semaines et des mois durant, lorsque les pensées mélancoliques, les pleurs, la perte d'appétit, de repos, et l'énergie ne sont pas une seule et unique poussée ou une douce vague, mais un mode d'être continu, physiquement et mentalement. La même chose vaut pour la manie. C'est une chose de bondir de joie au bon moment, ou d'être enthousiaste sur les perspectives que l'on a dans sa vie, c'en est une autre de continuer à être joyeux et exubérant des jours de suite, que ce soit ou non à juste titre. Pour de fortes descriptions de l'expérience des désordres de l'humeur, voir Kay Redfield Jamieson, *An Unquiet Mind* (New York : Knopf, 1995) ; William Styron, *Darkness Visible : A Memoir of Madness* (Random House, 1990) ; et Stuart Sutherland, *Breakdown* (Londres : Weidenfeld et Nicolson, 1987).

Du fait que les humeurs sont des émotions qui traînent en longueur s'accompagnant des sentiments corrélatifs, les humeurs véhiculent à travers le temps toute la série de réponses caractéristiques des émotions : changements endocriniens, changements du système nerveux autonome, changements musculo-squelettiques et changements dans le mode de traitement des images. Lorsque toute cette série de réactions se déploie avec insistance de manière inappropriée sur de longues périodes de temps, le coût pour l'individu ainsi affecté est prohibitif. On emploie souvent le terme d'*affect* comme synonyme d'« humeur » ou d'« émotion », bien qu'il soit plus général et puisse désigner l'ensemble des sujets dont nous discutons ici : émotions, humeurs, sentiments. L'affect est la chose que vous manifestez (vous donnez dans le sentiment) ou dont vous faites l'expérience (vous ressentez) vers un objet ou une situation, n'importe quel jour de votre vie, que vous soyez d'humeur morose ou non.

11. La différence cruciale entre les émotions d'« arrière-plan » et les émotions « conventionnelles » repose ainsi sur : (1) la source de l'inducteur immédiat, qui est habituellement externe, ou représente l'extérieur dans le cas des émotions « conventionnelles », et est interne dans le cas des émotions d'arrière-plan ; et (2) le centre des réponses, dont les cibles privilégient les systèmes musculo-squelettique et viscéral dans les émotions « conventionnelles », mais privilégient le milieu interne dans les émotions d'« arrière-plan ». L'évolution tout entière des émotions a dû commencer avec des émotions d'arrière-plan. Lorsque nous comparons les émotions d'arrière-plan aux « six grandes » et aux fameuses émotions « sociales », nous notons un degré de plus en plus grand de spécificité des inducteurs, de spécificité des réponses et de spécificité des réponses cibles, une différenciation progressive des contrôles, de global à local.

12. P. Ekman, « Facial expressions of emotions : new findings, new questions », *Psychological Science* 3 (1992) : 34-8.

13. Les termes « social » et « secondaire » ne doivent pas laisser entendre que ces émotions sont uniquement engendrées par l'éducation au sein d'une culture. Dans un intéressant essai sur les émotions, Paul Griffiths (cité ci-dessus) note, de façon correcte, que les émotions secondaires ne sont pas le résultat de la seule culture ; cela m'a fait prendre conscience du fait que je n'ai pas suffisamment insisté sur cette idée dans *L'Erreur de Descartes*. Il est incontestable que le rôle joué par la société dans la formation des émotions secondaires est plus grand que dans le cas des émotions primaires. En outre, il est clair que plusieurs émotions « secondaires » commencent à apparaître plus tard dans le développement humain, probablement seulement après qu'un concept de soi commence à mûrir — la honte et la culpabilité sont des exemples de ce dernier développement ; les nouveau-nés n'ont pas honte ni ne se sentent coupables, alors que les enfants de deux ans, si. Mais cela ne veut pas dire que les émotions secondaires ne soient pas biologiquement programmées, en partie ou majoritairement.

14. R. Bandler et M. T. Shipley, « Columnar organization in the rat midbrain periaqueductal gray : modules for emotional expression », *Trends in Neurosciences* 17 (1994) : 379-89 ; M. M. Behbehani, « Functional characteristics of the midbrain periaqueductal gray », *Progress in Neurobiology* 46 (1995) : 575 ; J. F. Bernard et R. Bandler, « Parallel circuits for emotional coping behaviour : new pieces in the puzzle », *Journal of Comparative Neurology* 401 (1998) : 429-46.

15. A. Damasio, T. Grabowski, H. Damasio, A. Bechara, L. L. Ponto et R. Hichwa, « Neural correlates of the experience of emotion », *Society for Neuroscience Abstracts* 24 (1998) : 258. Notre découverte de l'activation du tronc cérébral dans les émotions négatives est nouvelle, comme l'est aussi la découverte de l'activation hypothalamique dans la tristesse. Notre découverte de l'activation dans le cortex préfrontal ventro-médian confirme les découvertes antérieures de M. E. Raochle, J. V. Pardo et P. J. Pardo ; E. M. Reiman, R. Lane et de leurs collègues ; et de Helen Mayberg.

16. Voir Joseph LeDoux, *The Emotional Brain : The Mysterious Underpinnings of Emotional Life* (New York : Simon and Schuster, 1996) pour un compte rendu de la recherche animale sur le sujet de la peur.

17. M. Mishkin, « Memory in monkeys severely impaired by combined but not separate removal of amygdala and hippocampus », *Nature* 273 (1978) : 297-98 ; Larry Squire, *Memory and Brain* (New York : Oxford University Press, 1987) ; F. K. D. Nahm, H. Damasio, D. Tranel et A. Damasio, « Cross-modal associations and the human amygdala », *Neurosychologia* 31 (1993) : 727-44 ; Leslie Brothers, *Friday's Footprint* (cité plus haut).

18. A. Bechara, D. Tranel, H. Damasio, R. Adolphs, C. Rockland et A. R.

Damasio, « A double dissociation of conditioning and declarative knowledge relative to the amygdala and hippocampus in humans », *Science* 269 (1995) : 1115-18.

19. R. Adolphs, D. Tranel et A. R. Damasio, « Impaired recognition of emotion in facial expressions following bilateral damage to the human amygdala », *Nature* 372 (1994) : 669-72. R. Adolphs, H. Damasio, D. Tranel et A. R. Damasio, « Cortical systems for the recognition of emotion in facial expressions », *Journal of Neuoscience* 16 (1996) : 7678-87.

20. R. Adolphs et A. R. Damasio, « The human amygdala in social judgement », *Nature* 393 (1998) : 470-74.

21. Curieusement, lorsque les mécanimes cérébraux sous-tendant l'émotion sont compromis, la capacité à attribuer l'émotion à la simple puce est détérioriée. C'est ce que viennent de montrer Andrea Heberlein et Ralph Adolphs dans notre laboratoire. Des patients souffrant d'une lésion dans les sites d'induction émotionnelle décrivent les formes et les mouvements des puces d'une manière exacte et conforme aux faits. Mais, spontanément, ils ne parviennent pas à assigner d'émotions aux puces ou aux relations qu'elles ont entre elles. Le niveau intellectuel manifeste de la scène est perçu sans faute, mais le sous-titre émotionnel n'est pas détecté. A. S. Heberlein, R. Adolphs, D. Tranel, D. Kemmerer, S. Anderson et A. Damasio, « Impaired attribution of social meanings to abstract dynamic visual patterns following damage to the amygdala », *Society for Neuroscience Abstracts* 24 (1998) : 1176.

22. Eric R. Kandel, Jerome Schwartz et Thomas Jessell, eds., *Principles of Neural Science*, 3e éd. (Norwalk, Conn. : Appleton and Lange, 1991).

23. J'ai précédemment décrit cet épisode dans *L'Erreur de Descartes* et je vais brièvement le résumer ici.

24. P. Rainville, G. H. Duncan, D. D. Price, B. Carrier ; et M. C. Bushnelle et D. D. Price, « Cerebral mechanisms of hypnotic induction and suggestion », *Journal of Cognitive Neuroscience* 11 (1999) : 110-25 ; P. Rainville, B. Carrier, R. K. Hohbauer, M. C. Bushnell et G. H. Duncan, « Dissociation of pain sensory and affective dimensions using hypnotic modulation », *Pain* (sous presse).

25. Voir A. K. Johnsons et R. L. Thunhorst, « The neuroendocrinology of thirst and salt appetite : visceral sensory signals and mechanisms of central integration », *Frontiers in Neuroendocrinology* 18 (1997) : 292-353, pour un compte rendu des mécanismes complexes qui interviennent dans des comportements tels que la soif.

Chapitre 3 : La conscience-noyau

1. John Searle a présenté une défense lucide de cette position dans son livre *La Redécouverte de l'esprit* (cité plus haut). Daniel Dennett a donné des arguments similaires dans *La Conscience expliquée* (cité plus haut).

2. Les descriptions du coma et de l'état végétatif présentées sont dans le chapitre 8 et sont bien couvertes dans les manuels de neurologie. Une référence standard est le texte de Fred Plum et Jerome B. Posner, un volume classique dans lequel ils passent en revue leur expérience unique dans la neurologie du coma. Voir F. Plum et J. B. Posner, *The Diagnosis of Stupor and Coma* (Philadephia : F. A. Davis Company, 1980).

3. Jean-Dominique Bauby, *Le Scaphandre et le Papillon* (Paris : Robert Laffont, 1997) ; J. Mozersky, *Locked-In : A Young Woman's Battle with Stroke* (Toronto : The Golden Dog Press, 1996).

4. La description des états épileptiques et du mutisme akinétique se trouve dans plusieurs articles et manuels de neurologie, et sont des références accessi-

bles. Wilder Penfield et Herbert Jasper, *Epilepsy and The Functional Anatomy of the Human Brain* (Boston : Little, Brown, 1954) ; J. Kiffin Penry, R. Porter et F. Dreifuss, « Simultaneous recording of absence seizures with video tape and electroencephalography, a study of 374 seizures in 48 patients », *Brain* 98 (1975) : 427-40 ; F. Plum et J. Posner, *The Diagnosis of Stupor and Coma* (coté plus haut) ; A. Damasio et G. W. Van Hoesen, « Emotional disturbances associated with focal lesions of the limbic frontal lobe », *in The Neuropsychology of Human Emotion : Recent Advances*, ed. Kenneth Heilman and Paul Satz (New York : The Guilford Press, 1983) 85-110. Les inférences que je tire de ces cas, en ce qui concerne la conscience, reposent sur mes propres observations de patients ainsi affectés.

5. Je discute ces données au chapitre 5, dans le contexte où il s'agit d'exposer la représentation des objets.

6. Mes commentaires sur l'épilepsie et l'émotion relèvent de la situation des crises d'absence. Lorsque des automatismes se présentent dans le cadre de ce que l'on appelle les crises du lobe temporal, les émotions peuvent apparaître avant ou durant l'épisode. Les détériorations parallèles de l'émotion ne sont pas associées à l'abolition de la conscience-noyau. Par exemple, les patients qui ont des lésions au lobe frontal ventro-médian qui sont décrits dans *L'Erreur de Descartes* ne perdent que les émotions secondaires. Ils perdent leur capacité à réagir avec embarras dans une situation sociale ou à réagir avec peur en relation à une possible perte financière dans un futur lointain, mais la plupart de leurs émotions d'arrière-plan et des émotions primaires restent en place. De même, comme nous l'avons vu dans la discussion du patient S., la lésion de l'amygdale détériore une certaine émotivité primaire et secondaire liée à la peur, mais pas d'autres émotions primaires et secondaires, et elle ne compromet pas du tout les émotions d'arrière-plan.

Chapitre 4 : L'allusion à demi suggérée

1. C'est un point qui mérite qu'on y prête un peu plus attention. J'ai rencontré peu d'exceptions à l'observation selon laquelle la conscience-noyau détériorée va de pair avec l'émotion détériorée, mais il serait important d'étudier de façon systématique les exceptions. D'après mon expérience, elles consistent en grande partie en épisodes de rage ou de rire « feints » (*sham*), c'est-à-dire en comportements non motivés qui suggèrent la libération de routines automatisées. Ceux-ci apparaissent parfois dans l'état végétatif persistant ou dans l'épilepsie du lobe temporal.

2. Les travaux de Francis Crick illustrent cette position. Dans la mesure où une élucidation compréhensive de la conscience exige que l'on comprenne le processus de formation d'images, l'approche de Crick est enrichissante — assurément il nous faut comprendre comment le cerveau parvient à former des images, et son hypothèse offre plusieurs opportunités à tester. Mais Crick croit qu'« il y a bien des formes de conscience, telles que celles qui sont associées au fait de voir, de penser, à l'émotion, à la douleur et ainsi de suite », et que « la conscience de soi — c'est-à-dire l'aspect autoréférentiel de la conscience — est probablement un cas particulier de la conscience. Selon notre conception, il vaut mieux s'en tenir à un aspect pour l'instant ». (F. Crick, *The Astonishing Hypothesis*, cité plus haut). Ce qui me préoccupe, c'est que l'élimination de l'autoréférence puisse créer une barrière pour la solution compréhensive du problème de la conscience.

3. Dans un compte rendu critique important, Güven Güzeldere recense une poignée de philosophes contemporains : David Armstrong, Paul Churchland, Daniel Dennett, David Rosenthal, Peter Carruthers et William Lycan. Voir

G. Güzeldere, « La conscience est-elle la perception de ce qui se passe dans l'esprit ? », *in The Conscious Brain*, ed. T. Metzinger (Francfort : Paderborn, 1995).

4. La conscience est sélective parce qu'elle ne couvre pas tous les objets dans l'esprit. Pour le dire simplement, certains objets peuvent devenir plus conscients que d'autres. Dans le fatras d'images d'objets qui pourraient être rendus conscients, tous ne le sont pas. La vérité est que tout objet n'est pas égal parce que certains objets sont plus précieux que d'autres pour un organisme soucieux de se maintenir en vie.

La conscience est une propriété continue de l'esprit parce que, dans les esprits normaux et éveillés, des choses à connaître sont continuellement représentées. C'est là une conséquence de la condition des organismes éveillés complexes : ils sont dans un commerce perceptif avec le monde extérieur ou occupés à produire de façon interne des images remémorées, ou, plus communément, les deux à la fois. Que la machinerie qui engendre la conscience agisse ainsi de façon discrète plutôt que continue est une question différente. Je crois que la machinerie produit effectivement de nombreuses unités singulières de conscience-noyau l'une après l'autre à partir de plusieurs générateurs de conscience. L'intervalle entre les unités est si petit et la quantité d'unités parallèles si grande que nous enregistrons seulement un ronronnement confus et continu.

La conscience a trait à des objets autres qu'elle-même. Il y a un objet, d'un côté, et il y a la conscience de l'objet, de l'autre, qui en est séparable bien qu'il soit manifestement relié à elle. La conscience est « autre » que les objets sur lesquels elle porte, une séparation cruciale qui est souvent ignorée dans les analyses modernes de la conscience.

La conscience est personnelle en ce qu'elle apparaît dans un organisme donné et porte sur des événements survenant dans cet organisme. Les propriétés de la conscience que j'ai évoquées plus haut fournissent une description des composantes de cette dernière et prééminente propriété : l'aspect personnel de la conscience. *La perspective individuelle* aide à définir la nature personnelle de la conscience jamesienne. *La propriété individuelle* complète la définition du personnel et c'est aussi ce que fait *l'agentivité individuelle*. Voir William James, *The Principles of Psychology*, vol. 1 (New York : Dover Publications, 1950).

5. B. Libet, « Timing of cerebral processes relative to concomitant conscious experience in man », *in Advances in Physiological Sciences*, ed. G. Adam, I. Meszaros et E. I. Nanyai (Elmsford New York : Pergamon Press, 1981).

6. Le neuropsychologue Marc Jeannerod a montré que le processus consistant à effectuer une activité motrice masque le processus mental qui constitue la préparation des mouvements. (Voir M. Jeannerod, « The representing brains : neural correlates of motor intention and imagery », *Behavioural Brain Sciences* 17 (1994) : 187-202.) Le neurophysiologiste Alain Berthoz a étudié la physiologie sous-jacente en détail. Voir A. Berthoz, *Les Sens du mouvement* (Paris, Odile Jacob, 1997).

Chapitre 5 : L'organisme et l'objet

1. *L'Erreur de Descartes*, chapitre 10 et introduction.

2. Claude Bernard, *Introduction à l'étude de la médecine expérimentale* (Paris, J. B. Baillière et fils, 1865) ; Walter B. Cannon, *The Wisdom of the Body* (New York : W. W. Norton and Co, 1932).

3. Steven Rose, *Lifelines : Biology beyond Determinism* (New York : Oxford University Press, 1998).

4. En cherchant des précédents à l'idée générale selon laquelle le corps est, d'une manière ou d'une autre, une base pour le Soi, je l'ai rencontrée chez Kant,

Nietzsche, Freud et Merleau-Ponty, bien que pas sous la forme où je l'articule, avec l'arrangement tripartite du proto-Soi, du Soi-central, et du Soi-autobiographique, et pas non plus avec l'accent mis sur la stabilité homéodynamique. La distinction d'Edelman entre le Soi et le non-Soi repose aussi sur une distinction entre corps et non-corps, bien que, dans son cadre de référence à lui, le Soi renvoie à l'individualité biologique, et ne se rattache pas de la même manière au Soi conscient ainsi que je propose de le faire. Les philosophes Mark Johnson et George Lakoff établissent un lien étroit entre la cognition et la représentation du corps, et c'est ce que fait aussi Nicholas Humphrey. Israel Rosenfield lie lui aussi le corps et le Soi, mais indirectement, à travers la mémoire, le sentiment de soi tel qu'il l'entend penchant vers le genre de Soi que j'appelle autobiographique.

5. F. Nietzsche, dans le prologue de *Ainsi parlait Zarathoustra*. Certaines traductions renvoient à « fantôme » pour « revenant », et à « dissonnance » pour « discordance ».

6. Il est surprenant de constater à quel point on ignore souvent cet aspect de la biologie. Pour les exceptions, je recommande Humberto Maturana et Francisco Varela, deux biologistes qui ont forgé un terme approprié pour décrire le processus de reconstruction des cellules vivantes : *autopoïèse*. Voir E. H. Maturana et F. Varela, *The Tree of Knowledge : The Biological Roots of Human Knowledge*, rev. ed. (Boston : Shambhala, 1992). En général, ces notions ont une contrepartie dans la philosophie d'Alfred North Whitehead. Voir A. N. Whitehead, *Process and Reality* (New York : Free Press, 1969, c. 1929). Sur un registre connexe, Pierre Rainville a attiré mon attention sur la notion de « neuromatrice » développée par Ronald Melzack en liaison avec ses études sur la douleur et les membres fantômes. Melzack suggère que nous sommes nés avec un réseau neuronal génétiquement contrôlé, modifiable par l'expérience, qui sert de support à notre sentiment du corps. Cela expliquerait pourquoi de nombreux enfants, nés sans membres, font l'expérience de « fantômes » des bras et mains qu'ils n'ont jamais eus. Cela permettrait aussi d'expliquer certains des phénomènes du membre fantôme récemment étudiés par V. S. Ramachandran.

7. Pour un compte rendu des mécanismes qui nous permettent de faire des ajustements perceptuomoteurs, voir les travaux d'Alain Berthoz cités ci-dessus.

8. Le fait que des « sens » soient naturellement combinés évoque la notion de synesthésie. La synesthésie est un phénomène rare. Chez les quelques individus qui l'ont, elle tend à s'estomper ou à disparaître après l'enfance. Elle consiste à percevoir un stimulus dans une modalité sensorielle donnée, par exemple un son, et dans ce que le stimulus provoque une expérience qui lui est liée, par exemple une couleur ou une odeur. La différenciation de nos dipositifs sensoriels non synesthésiques nous empêche habituellement d'appréhender des signaux sensoriels sous une forme mêlée ; ceux qui ont le tour d'esprit créatif de la synesthésie réelle appréhendent le fusionnement des sens, directement. Les synesthètes ont tendance à développer des mélanges logiques entre certaines sensations, par exemple une note de musique et un nombre. Plusieurs compositeurs brillants et des prodiges musicaux ont été des synesthètes, et certains penseurs du dix-neuvième siècle avaient l'intuition troublante que la synesthésie pourrait bien être une clef permettant d'accéder à la compréhension de la conscience. Ils n'étaient pas si loin du compte, ajouterais-je. Le neuropsychologue russe A. R. Luria a proposé une riche démonstration de la synesthésie dans sa description du mnémoniste Solom S., cas adapté pour la scène par Peter Brook et Marie-Hélène Estienne dans leur pièce *Je suis un phénomène*, et mis en scène de façon émouvante par Brook au théâtre des Bouffes-du-Nord. Richard Cytowic a écrit un compte rendu estimable sur la synesthésie ; voir *The Man Who Tasted Shapes* (New York : Putnam 1993).

9. A. Craig, « An ascending general homeostatic afferent pathway originating in lamina I », dans *Progress in Brain Research*, vol. 107 (1996) : 228-42 ; Z. Han,

E. T. Zhang et A. D. Craig, « Nociceptive and thermoreceptive lamina I neurons are anatomically distinct », *Nature Neuroscience* 1 (1998) : 218-225.

10. W. D. Willis et R. E. Coggeshall, *Sensory Mechanisms of the Spinal Cord*, 2e éd. (New York : Plenum Press, 1991). Voir aussi Craig 1996, cité ci-dessus, pour une discussion profonde sur l'intégration des sens du « corps » aux différents niveaux du système nerveux, depuis la moelle épinière jusqu'au cortex cérébral.

11. En abordant le problème à partir d'une perspective très différente, le philosophe Fernando Gil a avancé le concept d'une entité-précurseur pareillement non consciente et l'a baptisée du même nom. Nous n'avions jamais parlé du problème, et nous avons découvert la compatibilité de nos conceptions le même jour et au même endroit, en écoutant nos exposés respectifs. Ce fut le début d'une belle amitié, comme dirait le Rick de M. Bogart.

Le terme de Soi est largement employé dans des disciplines telles que l'immunologie et la psychologie, et les significations varient considérablement bien que la notion d'individu unique soit commune à tous ces usages. La littérature psychologique contient des discussions très suggestives sur la notion de Soi, par exemple la discussion d'Ulric Neisser sur les cinq Soi (bien qu'aucun d'eux ne corresponde aux niveaux que je décris, et bien que, à la différence des miens, ils soient tous fondés sur une information externe plutôt qu'interne). Dans la littérature neurobiologique, le « concept de Soi » de Edelman correspond aux étages supérieurs de mon Soi-autobiographique. Voir U. Neisser, « Five Kinds of self-knowledge », *Philosophical Psychology* 1 (1988) : 35-59 ; G. Edelman, *Le Passé remémoré* (précédemment cité, voir chapitre 1).

12. Voir la discussion sur le concept de la formation réticulée au chapitre 8.

13. J. Panksepp, *Journal of Consciousness Studies* 5, 1988 : 566-582. Dans un développement connexe, à l'automne 1998, Douglas Watt a envoyé un essai sur Internet dans lequel il liait l'émotion à la conscience. Des efforts comme ceux de Panksepp et de Watt sont à la fois rares et bienvenus.

14. G. Tononi, O. Sporns et G. Edelman proposent un modèle plausible du genre d'interactions requises par un tel processus au sein des premiers cortex sensoriels ; voir « Reentry and the problem of integrating multiple cortical areas : simulation of dynamic integration in the visual system », *Cerebral Cortex* 2 (1992) : 310-35.

Dans un article récent, G. Tononi et G. Edelman étendent de façon substantielle ce modèle, de manière à lui faire recouvrir l'intégration corticale à grande échelle ; voir « Neuroscience, consciousness and complexity », *Science* 282 (1998) : 1846-51.

15. A. Damasio, « Time-locked multiregional retroactivation », 1989 ; A. Damasio, « The brain binds entities and events », 1989 (précédemment cité).

16. A. Damasio, D. Tranel et H. Damasio, « Face agnosia and the neural substrates of memory », *Annual Review of Neuroscience* 13 (1990) : 89-109.

17. D. Tranel, A. Damasio et H. Damasio, « Intact recognition of facial expression, gender, and age in patients with impaired recognition of face identity », *Neurology* 38 (1988) : 690-96.

18. A. Damasio, H. Damasio et G. Van Hoesen, « Prosopagnosia : anatomic basis and behavioral mechanisms », *Neurology* 32 (1982) : 331-41.

19. N. Kanwisher, J. McDermott et M. M. J. Chun, « The fusiform face area : a module in human extrastriate cortex specialized for face perceptions », *Journal of Neuroscience* 17 (1997) : 4302-11.

20. D. K. Meno, A. M. Owen, E. J. Williams, P. S. Minhas, C. M. Allen, S. J. Boniface, J. D. Pickard, I. V. Kendall, S. P. M. J. Downer, J. C. Clark, T. A. Carpenter et N. Antoun, « Cortical processing in persistent vegetative state », *Lancet* 352 (1998) : 800. Cette découverte intéressante ne doit pas être entendue comme signifiant que tous les patients qui sont dans un état végétatif persistant manifesteront de telles configurations d'activation. En raison de l'étendue et de la distribution de leurs lésions, certains patients en seront incapables.

Chapitre 6 : La formation de la conscience-noyau

1. Un exemple permettra d'élucider cette idée. Considérons une situation dans laquelle un objet est réellement présent face à un organisme et est apppréhendé à travers la vision. Je traiterai plus loin de la situation dans laquelles des objets sont présents sous forme de souvenirs, bien que l'essence du processus ne soit pas différente.

Les événements décisifs qui affleurent dans notre organisme, lorsque nous sommes confrontés à un objet, sont de deux espèces principales. En premier lieu, il y a les changements qui interviennent dans l'état de l'organisme et qui sont provoqués par les ajustements requis par le processus perceptuo-moteur, par exemple les mouvements oculaires, les mouvements de la tête et du corps, les mouvements de main, les changements vestibulaires, et ainsi de suite. En second lieu, il y a les changements provoqués par l'impact de l'objet sur l'état du milieu interne et les viscères. Parmi lesquels le genre de réponses qui finissent par engendrer des émotions et qui commencent à changer, et l'organisme et sa représentation, avant même que n'apparaissent les états émotionnels réels. Il faut se souvenir ici que notre expérience antérieure, aussi bien avec un objet spécifique qu'avec le même genre d'objet, transforme n'importe quel objet quasiment en un inducteur de réaction émotionnelle, faible ou forte, bonne, mauvaise, ou entre les deux. Il nous faut aussi nous souvenir que l'émotion, comme je l'ai noté auparavant, a un statut véritablement ambivalent relativement à la conscience. Les réponses réelles dont les conséquences, prises ensemble, produisent finalement une émotion font partie du mécanisme qui entraîne la conscience-noyau ; mais une fraction plus tard, les collections de réponses qui constituent une émotion particulière peuvent également être traitées comme un objet à connaître. Lorsque l'objet « émotionnel » est rendu conscient, il devient un sentiment d'émotion.

Du point de vue du cerveau, les événements décisifs décrits ci-dessus sont signalés dans les régions spécifiques appropriées au signalement de l'objet et du proto-Soi, comme la discussion précédente l'a montré. Toutefois, le compte rendu non verbal que je propose comme étant la composante cruciale de la conscience repose sur d'*autres* structures cérébrales et décrit comment les événements que je viens d'énumérer sont *causés* par la représentation sensorielle continue de la présence de l'objet, et par la réaction *obligée* de l'organisme à celle-ci, en termes mécaniques et en termes de valeur émotionnelle. Le compte rendu non verbal établit la relation entre objet, d'un côté, et organisme, tel qu'il est représenté par le proto-Soi, de l'autre. Elle raconte une histoire claire — une histoire primordiale —, et le secret de l'intrigue est que l'organisme a été changé par l'objet.

2. Les termes « description », « causé » et « relation » dans ces phrases signifient précisément ce qu'elles ont l'air de signifier. Par description, j'entends des signaux neuronaux cartographiés ; *causé* et *relation* relèvent de la succession temporelle proche entre l'occurrence des images de l'objet et l'occurrence des images concomitantes. Je ne veux pas dire que le cerveau est prééquipé pour détecter la causalité. Il se peut que la causalité et la relation logique apparaissent de manière naturelle dans les processus réalisés par un cerveau doté d'une anatomie particulière. Dans la même veine, le cerveau n'a pas besoin d'un sens antérieur d'« objectité », même si le plan des systèmes perceptifs du cerveau et la signification différente que revêtent divers objets pour le bien-être de l'organisme aident à extirper les objets du fatras de stimuli frappant l'appareil sensori-moteur de l'organisme.

3. Vous vous demandez peut-être si le compte rendu non verbal que je viens de décrire est une fiction, et si le connaître et le Soi sont des illusions. C'est là

une question intéressante qui a plus d'une réponse, mais ma réponse est qu'ils ne sont pas fictionnels. Après tout, nous finissons bien par vérifier de manière indépendante, *a posteriori*, dans notre être et dans d'autres êtres, que les genres de personnages qui se trouvent dans le récit primordial, par exemple les organismes individuels vivants, les objets et les relations dépeintes dans le récit, sont en fait des occurrences logiques, systématiques et répandues. En ce sens, ils ne sont pas fictionnels, parce qu'ils respectent un standard de vérité relatif. D'un autre côté, il est difficile d'imaginer qu'ils dépeignent la moindre vérité absolue. À l'échelle de l'univers, ce qu'accomplit la conscience est modeste et ce qu'elle nous laisse voir, limité.

4. A. Damasio, et H. Damasio, « Cortical Systems for retrieval of concrete knowledge : the convergence zone framework, *in Large-Scale Neuronal Theories of the Brain*, eds. Christof Koch et Joel L. Davis (Cambridge, Mass. : MIT Press, 1994) : 61-74 ; A. Damasio, « Concepts in the brain », *Mind and Language* 4 (1989) : 24-28.

5. Jerome Kagan, *The Second Year : The Emergence of Self-Awareness* (Cambridge, Mass. : Harvard University Press, 1981) ; M. Lewis, « Self-conscious emotions, » *American Scientist* 83 (1995) : 68-78.

6. Pour compléter la documentation sur le processus de rappel, voir *L'Erreur de Descartes* (chapitre 9) et Daniel Schachter, *Searching for Memory : The Brain, the Mind, and the Past* (New York : BasicBooks, 1996). Ma notion de rappel s'appuie sur Frédéric Bartlett qui a introduit l'idée que nous ne nous rappelons pas les fac-similés d'objets perçus, mais reconstruisons plutôt, du mieux possible, une approximation de la perception d'origine. Frederic C. Bartlett, *Remembering : A Study in Experimental and Social Psychology* (Cambridge, Angleterre : The University Press, 1954).

7. John Ashbery, « Self-portrait in a convex mirror », *in Selected Poems* (New York : Penguin, 1986).

8. R. W. Sperry, M. S. Gazzaniga et J. E. Bogen, « Interhemispheric relationships : the neocortical commissures ; syndromes of their disconnection », *in Handbook of Clinical Neurology*, eds. P. J. Vinken et G. W. Bruy, vol. 4 (Amsterdam : Norht Holland, 1969) : 273-90.

9. Julian Jaynes, *The Origin of Consciousness in the Breakdown of the Bicameral Mind* (Boston : Houghton Mifflin, 1976) ; D. Dennett, *La Conscience expliquée* (cité plus haut) ; H. Maturana et F. Varela, *The Tree of Knowledge* (cité plus haut).

10. Le vers paraît motivé par un événement qui n'est pas exceptionnel — un garde, seul dans la nuit, demande : « Qui est là ? » lorsqu'il entend des bruits de pas. Pourtant il n'y a pas âme « qui vive » et il y a peu de chances que Shakespeare ne l'ait pas employé délibérément pour annoncer l'enquête profonde qui va se dérouler dans sa pièce. Il y a quelques années de cela, Peter Brook a mis en lumière l'importance de cette question inaugurale dans une pièce qu'il a écrite et mise en scène, inspirée d'*Hamlet* et intitulée *Qui est là ?*

11. D'autres ont commenté, directement ou indirectement, l'existence d'une tendance inhérente à l'esprit humain à raconter des histoires. Daniel Dennett, lorsqu'il décrit son modèle des versions multiples de la conscience, a explicitement recours à l'histoire non verbale racontée, pour en faire la base de ce que j'appelle la *conscience-étendue*. Michael Gazzaniga a atttiré l'attention sur les tendances linguistiques de fabuliste de l'hémisphère cérébral gauche humain chez des patients commissurotomisés et a postulé un « interprète » cortical qui prendrait appui sur le langage ; et Mark Turner a suggéré que les récits littéraires sont les homologues de processus cognitifs supérieurs. Voir D. Dennett, *La Conscience expliquée* (cité plus haut) ; M. Gazzaniga, *The Mind's Past* (Berkeley : University of California Press, 1998) ; et M. Turner, *The Literary Mind* (New York : Oxford University Press, 1996).

12. Une notion qui fait penser à ma carte de second ordre a été discutée par Wolf Singer (1998) et par Gerd Sommerhoff (1996). Dans les deux cas, ils voient

bien le besoin que l'on a de former des métareprésentations d'activités cérébrales continues, mais le site neuronal des représentations est tout à fait différent du mien dans le cas de Singer (qui propose de le localiser dans des structures corticales plus récentes telles que les cortex préfrontaux) et n'est pas spécifié dans le cas de Sommerhoff. Dans les deux cas, le résultat des métareprésentations serait une sorte d'espace de travail global plutôt qu'un sentiment de soi tel que je le spécifie. W. Singer, « Consciousness and the structure of neuronal representations », *Phil Trans R Soc Lond B* 353 (1998) : 1829-184. G. Sommerhoff, « Consciousness Explained as an Internal Integrating System », *J Conscious Studies* 3 (1996) : 139-57.

Chapitre 7 : La conscience-étendue

1. Jerome Kagan, *The Second Year* (cf. supra) ; M. Lewis, *Self-conscious Emotions* (cf. supra).

2. Voir P. Goldman-Rakic, « Circuitry of primate prefrontal cortex and regulation of behavior by representational memory », *in Handbook of Physiology : The Nervous System*, ed. F. Plum et V. Mountcastle (Bethesda, Md. : American Physiological Society, 1987), vol. 5, 353-417 ; A. Baddeley, « Working memory », *Science* 255 (1992) : 566-69 ; Edward Smith et John Jonides pour des informations sur la mémoire de travail en général (E. E. Smith, J. Jonides et R. A. Koeppe, « Dissociating verbal and spatial working memory using PET », *Cerebral Cortex* 6 (1996) : 11-20 ; E. E. Smith, J. Jonides, R. A. Koeppe, E. Awh, E. H. Schumacher et S. Minoshima, « Spatial versus object working memory : PET investigations », *Journal of Cognitive Neuroscience* 7 (1995) : 337-56 ; Stanislas Dehaene et Jean-Pierre Changeux pour leur suggestion d'un lien entre la mémoire de travail et la conscience (au Congrès Gulbenkian sur la conscience, 1998).

3. Bernard Baars, *A Cognitive Theory of Consciousness* (Cambridge University Press, 1988). Voir aussi J. Newman, « Putting the puzzle together, Part II : Towards a general theory of the neuronal correlates of consciousness », *Journal of Consciousness Studies* 4 : 2 (1997) : 100-21.

4. Hans Kummer, *In Quest of the Sacred Baboon : A Scientist's Approach* (Princeton, N. J. : Princeton University Press, 1995) ; Marc D. Hauser, *The Evolution of Communication* (Cambridge, Mass. : MIT Press, 1996).

5. A. Damasio, N. R. Graff-Radford et H. Damasio, « Transient partial amnesia », *Archives of Neurology* 40 (1983) : 656-57.

6. J. Babinski, « Contribution à l'étude des troubles mentaux dans l'hémiplégie organique cérébrale (anosognosie) », *Revue neurologique* 27 (1914) : 84-47

7. L'indifférence des patients anosognosiques vis-à-vis de leurs membres malades n'a d'égale que leur manque d'intérêt pour leur situation générale. Ils ne semblent pas affectés quand on leur apprend qu'ils viennent de subir un grave infarctus et seront probablement confrontés à de sérieux problèmes de santé. Au contraire, lorsque vous annoncez les mêmes mauvaises nouvelles aux patients atteints de lésions équivalentes dans l'hémisphère gauche, leur réaction est parfaitement normale. Mon collègue Steven Anderson a démontré par une étude systématique des patients anosognosiques que cette maladie dépasse le simple cadre de la paralysie et affecte l'état de santé général du patient. Dans la mesure où leur autobiographie ne peut être mise à jour, les anosognosiques ne peuvent former une théorie adéquate ni de leur présent, ni de leurs perspectives futures, ni de ce que les autres pensent d'eux. Ils ne se rendent pas non plus compte que leur théorisation est inappropriée. Quand l'image de son Soi-autobiographique est à ce point détériorée, il n'est plus possible de réaliser que les actions et les pensées de ce Soi ne sont plus normales. Voir S. Anderson et D. Tranel, « Aware-

ness of disease states following cerebral infarction, dementia, and head trauma : standardized assessment », *The Clinical Neuropsychologist* 3 (1989) : 327-39.

8. On est en droit de se demander pourquoi une telle carte est associée à l'hémisphère droit et non répartie sur les deux, dans la mesure où le corps se divise en deux moitiés presque parfaitement symétriques. La réponse : il semble que les fonctions soient attribuées de manière asymétrique aux deux hémisphères cérébraux, aussi bien chez l'homme que dans d'autres espèces animales. La raison en est sans doute qu'il vaut mieux un seul centre de contrôle que deux quand il s'agit de sélectionner une action ou une pensée. (Si les deux parties disposaient du même pouvoir de décision sur un mouvement, on s'exposerait à un conflit : la moitié droite interférerait avec la gauche, et il serait plus difficile de coordonner les mouvements de plusieurs membres distincts.) Le fait de placer les structures pertinentes dans un seul hémisphère, soit de créer une dominance, possède des avantages fonctionnels.

L'exemple de dominance le plus connu concerne le langage. (Chez plus de 95 % des gens, y compris les gauchers, le langage dépend de structures situées dans l'hémisphère gauche.) Un autre exemple concerne le sens que l'on a de son corps, qui dépend de l'hémisphère droit. On l'a déjà vu, il ne s'agit pas là d'une seule carte continue mais plutôt d'un ensemble de cartes distinctes et coordinées. La représentation de l'espace extrapersonnel, la représentation de l'état corporel à un niveau plus élevé et la représentation des émotions impliquent toutes une dominance de l'hémisphère droit.

9. Kenneth Heilman a récemment émis une hypothèse intéressante qui vient compléter les vues traditionnelles sur la question : les patients seraient dépourvus également de la volonté de se mouvoir et se trouveraient donc dans l'impossibilité de vérifier aisément leurs défaillances. *Philosophical Transactions of the Royal Society* (Biological Science Series) 353 : 1998.

10. A. Damasio, « Time-locked multiregional retroactivation : a systems level proposal for the neuronal substrates of recall and recognition », *Cognition* 33 (1989) : 25-62 ; A. Damasio, « The brain binds entities and events by multiregional activation from convergence zones », (cité plus haut) ; A. Damasio et H. Damasio, « Cortical systems for retrieval of concrete knowledge : the convergence zone framework », *in Large-Scale Neuronal Theories of the Brain* (cité plus haut).

11. H. Damasio, T. J. Grabowski, D. Tranel, R. Hichwa et A. Damasio, « A neuronal basis for lexical retrieval », *Nature* 380 (1996) : 499-505 ; D. Tranel, H. Damasio et A. Damasio, « A neuronal basis for the retrieval of conceptual knowledge », *Neuropsychologia* 35 (1997) : 1319-27 ; D. Tranel, C. Logan, R. Frank et A. Damasio, « Explaining category-related effects in the retrieval of conceptual and lexical knowledge for concrete entities : operationalization and analysis of factors », *Neuropsychologia* 35 (1997) : 1329-39.

12. Daniel Dennett, *Consciousness Explained* (cité plus haut).

13. Alfred North Whitehead, *Process and Reality : Part III* (New York : The Free Press, 1978).

14. Le cadre explicatif que je propose pour le Soi-autobiographique nous incite à penser le cas des personnalités multiples sous un angle neurobiologique. Les patients atteints de cette maladie à la fois étrange et controversée semblent passer d'une identité à l'autre, d'un ensemble de traits de caractère à un autre ; il arrive qu'il ne s'agisse pas de deux mais de plusieurs identités. La transition n'est pas aussi abrupte que ne le montrent le livre et le film intitulés *The Three Faces of Eve* ; il semble par ailleurs que le milieu thérapeutique où est plongé le patient et la façon d'envisager la maladie influent significativement sur le mode de présentation clinique du cas. Il n'en demeure pas moins que l'expérience étrange que vivent ces patients va bien plus loin que les réajustements de personnalité dont nous sommes coutumiers. (Voir Ian Hacking, *Rewriting the Soul : Multiple Personalities and the Sciences of Memory* [Princeton, N. J. : Princeton University Press, 1995].) Il se peut que ces individus disposent, en vertu de certaines circonstances

de leur histoire personnelle, de plus d'un site de contrôle principal (par quoi j'entends un seul ensemble de points convergents associés à la formation de l'identité et de la personnalité, ou encore un seul ensemble de zones de convergences/dispositions connectées entre elles chargées de produire l'identité et la personnalité d'un organisme unique). Je pense que ces divers sites principaux de contrôle sont localisés dans les cortex temporaux et frontaux, et que c'est le fait de passer d'un site à un autre qui permet le passage d'une identité/personnalité à une autre. Il faudrait que la transition soit coordinée par le thalamus, tout comme dans le cas normal d'une personnalité unique. On peut raisonnablement dire que ces patients disposent dans une certaine mesure de plus d'une « mémoire autobiographique », et qu'ils se sont construit plus d'une identité et d'une manière de réagir aux stimuli, en fonction de leurs différentes histoires passées et perspectives futures. Il est clair cependant qu'ils ne disposent que d'un seul mécanisme de conscience-noyau et d'un seul Soi-central. Chacun des différents Soi-autobiographiques a recours à la même source centrale. Voilà un fait curieux. Il nous rappelle que la production d'un Soi-central est étroitement liée au proto-Soi, lequel à son tour dépend étroitement de la représentation d'un seul corps pour un seul cerveau. Dans la mesure où l'état actuel du corps donne lieu à un seul ensemble de représentations, il faudrait une distorsion majeure et pathologique du processus pour engendrer plusieurs proto-Soi et plusieurs Soi-centraux. Cette distorsion ne serait sans doute pas compatible avec la survie de l'organisme. En revanche, la production du Soi-autobiographique se fait à un plus haut niveau anatomique et fonctionnel, bien sûr en connexion avec le Soi-central mais en partie indépendamment de ce dernier, et donc moins fortement influencée par les traits biologiques marquants d'un organisme unique.

La distinction entre l'organisation fortement contrainte du Soi-central, inévitablement déterminé par l'organisation biologique de l'organisme, et l'organisation de la mémoire autobiographique, disposant de plus de jeu vis-à-vis des déterminations biologiques, montre à quel point le Soi-central et le Soi-autobiographique se situent différemment sur la question de l'inné et de l'acquis. On remarquera d'ailleurs que, même si les personnalités multiples se développent sans doute sur un terrain biologique favorable, la forme qu'elles prennent et leur développement sont fortement influencés par les facteurs culturels.

15. « *Gott, welch dunkel hier !* » Ludwig von Beethoven, *Fidelio*, Acte II, scène 1.

16. D. Schacter, 1996, *ibid.* ; A Damasio, D. Tranel et H. Damasio, « Face agnosia and the neuronal substrates of memory », *Annual Review of Neuroscience* 13 (1990) : 89-109.

17. E. R. Dobbs, *The Greeks and the Irrational* (Berkeley : University of California Press, 1951).

18. J. Jaynes, *Origins of Consciousness* (cité plus haut).

19. Kathleen Wilkes a écrit un essai tout à fait intéressant sur le terme *consciousness*, dans lequel on trouvera de quoi compléter mon analyse des différences linguistiques, notamment quand elle traite de la façon dont le concept est abordé en chinois et en hongrois. Voir K. V. Wilkes, « Yishi,duh, um and consciousness », *in Consciousness in Contemporary Science*, ed. A. J. Marcel et E. Bisiach (Oxford : Clarendon Press, 1992).

20. Jean-Pierre Changeux, *Fondements naturels de l'éthique* (Paris, Odile Jacob, 1993) ; J.-P. Changeux, *Une même éthique pour tous ?* (Paris, Odile Jacob, 1997) ; J.-P. Changeux et Paul Ricœur, *Ce qui nous fait penser : la nature et la règle* (Paris, Odile Jacob, 1998) ; D. Dennett, *Consciousness Explained* (cité plus haut) ; B. Baars, *Cognitive Theory of Consciousness* (cité plus haut) ; J. Newman, *Putting the Puzzle Together* (cité plus haut).

Chapitre 8 : Neurologie et conscience

1. F. Plum et J. Posner, *The Diagnosis of Stupor and Coma* (cité plus haut).

2. Les conclusions des neurologues dans les cas de coma ou d'état végétatif persistant (à savoir une détérioration en profondeur de la conscience et une suspension de l'activité mentale sur tous les points) rejoignent celles des simples observateurs et se retrouvent dans la culture populaire. On en trouvera un bon exemple dans le film *Reversal of Fortune*. Le scénario de Nicholas Kazan retrace les événements qui ont conduit Sunny von Bulow au coma puis à un état végétatif. Le plan initial montre le corps parfaitement immobile de Sunny (jouée par Glenn Close) pendant que la voix off de cette dernière déclare qu'elle n'est plus ni consciente ni capable d'agir ! « Mon cerveau est mort, mon corps se porte mieux que jamais », dit-elle. La force de la scène tient à ce que le public saisit immédiatement l'absurdité de la situation et son humour macabre. L'idée de faire parler un personnage dans le coma n'est guère éloignée de cette autre idée, encore plus absurde, consistant à faire raconter à un défunt la séquence d'événements qui ont précédé sa mort. C'est d'ailleurs, entre parenthèses, ce que Billy Wilder fait faire au personnage de Joe Gillis dans le magnifique *Sunset Boulevard*. Au tout début du film, le cadavre de Gillis (joué par William Holden) flotte tranquillement, le visage dans l'eau, au milieu de la piscine de Gloria Swanson, et commence à raconter en voix off au public comment il en vint à être abattu d'un coup de feu. L'efficacité de ces procédés dramatiques et la vivacité du souvenir qu'on en garde montrent à quel point le grand public a intégré les notions centrales de ce qu'est ou n'est pas la conscience.

3. Ann B. Butler et William Hodos, « The reticular formation », *in Comparative Vertebrate Neuroanatomy : Evolution and Adaptation* (New York : Wiley-Liss, Inc., 1996) : 164-79.

4. Le coma ou l'état végétatif persistant résultent également parfois de graves lésions bilatérales du thalamus ou encore de lésions extensives du cortex cérébral.

De telles pathologies sont généralement provoquées par des lésions structurelles du cerveau plutôt que par des modifications métaboliques. Parmi les causes les plus courantes, on compte les maladies vasculaires cérébrales, entraînant une attaque, et les traumatismes crâniens dont les effets sont semblables à ceux d'une attaque dans la mesure où le tissu cérébral se trouve endommagé, soit directement par une blessure mécanique des zones concernées, soit à la suite d'une lésion des vaisseaux sanguins. Ce ne sont toutefois pas les seules causes de ces pathologies, et je rappelle plus bas quelques interrelations intéressantes entre l'état comateux et l'état végétatif persistant.

La localisation des lésions structurelles provoquant un coma (après une attaque ou un traumatisme crânien) correspond aux sites mentionnés plus-haut : la partie supérieure du tegmentum du tronc cérébral, soit au niveau du pont, soit au niveau du cerveau moyen, aussi souvent que l'hypothalamus. Mais le coma peut aussi être provoqué par une lésion de noyaux bien précis du thalamus, à savoir les noyaux intralaminaires. Ces derniers se situent sur la voie d'acheminement ascendant qui part du tronc cérébral pour irriguer l'ensemble des cortex cérébraux. On remarquera que, dans tous ces cas de lésions structurelles, il faut que *les deux parties gauches et droites* de la structure en question soient atteintes. Une lésion unilatérale de ces aires n'altère pas la conscience.

Le coma résulte parfois aussi d'une overdose de drogue (les barbituriques et les opiacés, comme la morphine) ou bien de graves anomalies du métabolisme, comme lors d'une défaillance du foie ou des reins.

Les comas provoqués par des lésions structurelles se soldent soit par la mort du patient, soit par l'évolution du coma vers un état végétatif persistant. La plupart des patients en état végétatif persistant ont d'abord été dans le coma. Pour le dire crûment, le fait que ces patients retrouvent un cycle veille/sommeil et le contrôle de fonctions autonomes, comme la circulation sanguine, correspond à une amélioration de leur situation, mais ils n'ont malheureusement pas retrouvé leur conscience.

L'état végétatif persistant peut apparaître indépendamment du coma. C'est le cas lors d'une nécrose laminaire quand des lésions importantes du cortex cérébral dans les deux hémisphères droit et gauche détruit de manière sélective certaines couches du cortex tout en en épargnant d'autres. Les lésions affectent surtout la couche 3 du cortex, mais atteignent aussi parfois les couches 5 et 6. Cette pathologie est souvent due à un apport en oxygène insuffisant (qu'on nomme anoxie). Une anoxie prolongée peut provoquer une importante nécrose laminaire et par conséquent conduire à un état végétatif persistant.

On observe également des états végétatifs chez des patients à la suite de traumatismes crâniens latéraux ayant cisaillé les axones qui parcourent la matière blanche au centre de chaque hémisphère cérébral. Cette pathologie est connue sous le nom d'axonopathie.

On remarquera donc avec intérêt qu'on observe une perte absolue et permanente de conscience même quand le tronc cérébral reste intact, mais seulement en cas de détérioration d'aires importantes des deux cortex cérébraux. C'est là une découverte cruciale. Elle nous permet de savoir que la conscience se joue, pour ainsi dire, dans les cortex cérébraux même si elle prend appui sur des phénomènes situés au sein du tronc cérébral, de l'hypothalamus, du thalamus et des cortex somato-sensoriels et cingulaires. Si on ôte le cortex cérébral des deux hémisphères, l'organisme peut survivre mais on n'aura plus aucune manifestation d'un comportement intelligent (spontané ou provoqué) ni de signes indiquant une activité interne de représentation des connaissances ou du Soi. On remarquera également que des dégâts importants sur un seul côté du cortex cérébral (si on procède, par exemple, à l'ablation de tout l'hémisphère droit ou de tout l'hémisphère gauche*) ne provoquent pas* le coma ou un état végétatif persistant. Pas plus que l'ablation bilatérale des cortex préfrontaux, temporaux ou encore occipitaux. Il en va autrement pour les cortex pariétaux, comme nous le verrons dans les sections suivantes.

5. On trouvera un exemple des interactions possibles entre ces noyaux dans G. Aston-Jones, M. Ennis, V. A Pieribone, W. T Nickell et M. T. Shipley, « The brain nucleus locus coeruleus : restricted afferent control of a broad efferent network », *Science* 234 (1986) : 734-7 ; B. E. Van Bockstaele et G. Aston-Jones, « Integration in the ventral medulla and coordination of sympathetic, pain, and arousal functions », *Clinical and Experimental Hypertension* 17 (1995) : 153-65.

6. Carlo Loeb et John Stirling Meyer, *Strokes Due to Vertebro-Basilar Diseases : Infarction, Vascular Insufficiency and Hemorrhage of the Brain Stem and Cerebellum*, Springfield, Il. : Charles C. Thomas, 1965) : 188 ; R. Fincham, T. Yamada, D. Schottelius, S. Hayreh et A. Damasio, « Electroencephalographic absence status with minimal behavior change », *Archives of Neurology* 36 (1979) : 176-78.

7. Le syndrome du « locked-in » est généralement causé par des lésions structurelles sur la partie antérieure du pont et du cerveau moyen, ce que l'on a vu plus haut, mais il est parfois aussi provoqué par une polyneuropathie avancée. Il s'agit d'une paralysie générale due à un grave dysfonctionnement nerveux au niveau de la transmission des signaux commandant la contraction des muscles. Enfin, certaines drogues produisent des effets similaires à ceux du « locked-in ». Le curare, par exemple, bloque les récepteurs nicotiniques de l'acétylcholine, dont les fibres nerveuses ont besoin pour susciter une contraction musculaire, provoquant ainsi une paralysie générale des muscles striés (soit des mouvements volontaires). En revanche, le curare ne bloque pas les transmissions neuromusculaires des récepteurs muscariniques, lesquels commandent la contraction des

muscles lisses. On observera donc, même chez un individu entièrement sous l'emprise du curare, la présence de mouvements non volontaires, comme la modification du diamètre des vaisseaux sanguins sous le coup de l'émotion, ou bien de l'état interne de certains viscères dans le cadre de la régulation homéostatique ordinaire du corps.

8. F. Plum et J. Posner, *The Diagnosis of Stupor and Coma*, cité plus haut.

9. A. B. Scheibel et M. E. Scheibel, « Structural substrates for integrative patterns in the brainstem reticular core », *in Reticular Formation of the Brain*, ed. H. Jasper, L. D. Proctor, R. S. Knighton, D. C. Noshy et R. T. Costello (Boston : Little, Brown, 1958) : 31-55.

10. Alf Brodal, *The Reticular Formation of the Brain Stem : Anatomical Aspects and Functional Correlations* (Edinbourg : The William Ramsay Henderson Trust, 1959) ; J. Olszewski, « Cytoarchitecture of the human reticular formation », *in Brain Mechanisms and Consciousness*, ed. J.-F. Delafresnaye *et al.* (Springfield, Il. : Charles C. Thomas, 1954) : 54-80 ; W. Blessing, « Inadequate frameworks for understanding bodily homeostasis », *Trends in Neurosciences*, 20 (1997) : 235-39.

11. J. Allan Hobson, *The Chemistry of Conscious States : How the Brain Changes Its Mind* (New York, BasicBooks, 1994).

12. G. Moruzzi et H. W. Magoun, « Brain stem reticular formation and activation of the EEG », *Electroencephalography and Clinical Neurophysiology* 1 (1949) : 455-73 ; F. Bremer, « Cerveau "isolé" et physiologie du sommeil », *C. R. Soc. Biol.* 118 (1935) : 1235-41.

13. R. Llinás et D. Paré, « Of dreaming and wakefulness », *Neuroscience* 44 (1991) : 521-35 ; M. Steriade, « New vistas on the morphology, chemical transmitters, and physiological actions of the ascending brainstem reticular system », *Archives italiennes de biologie* 126 (1988) : 225-38 ; M. Steriade, « Basic mechanisms of sleep generation », *Neurology* 42 (1992) : 9-17 ; M. Steriade, « Central core modulation of spontaneous oscillations and sensory transmission in thalamocortical systems », *Current Opinion in Neurobiology* 3 (1993) : 619-25 ; M. Steriade, « Brain activation, then (1949) and now : coherent fast rhythms in corticothalamic networks », *Archives italiennes de biologie* 134 (1995) : 5-20 ; M. H. J. Munk, P. R. Roelfsema, P. König, A. K. Engel et W. Singer, « Role of reticular activation in the modulation of intracortical synchronization », *Science* 272 (1996) : 271-74 ; J. A. Hobson, *The Chemistry of Consciousness* (cf. supra) ; R. Llinás et U. Ribary, « Coherent 40-Hz oscillation characterizes dream state in humans », *Proceedings of the National Academy of Sciences of the United States* 90 (1993) : 2078-81.

14. L'anatomie des noyaux acétylcholine est exposée dans l'article de M. Mesulam, C. Geula, M. Bothwell et L. Hersh, « Human reticular formation : cholinergic neurons of the pedunculopontine and laterodorsal tegmental nuclei and some cytochemical comparisons to forebrain cholinergic neurons », *The Journal of Comparative Neurology* 283 (1989) : 611-33. On trouvera des comptes rendus généraux sur les systèmes monoamine dans F. E. Bloom, « What is the role of general activating systems in cortical function ? », *in Neurobiology of Neocortex*, ed. P. Rakic and W. Singer (New York : John Wiley & Sons Limited, 1997) : 407-21 ; R. Y. Moore, « The reticular formation : monoamine neuron sysstems », *in The Reticular Formation Revisited : Specifying Function for a Nonspecific System*, ed. J. A. Hobson and M. A. B. Brazier (New York : Raven Press, 1980) : 67-81.

15. Un compte rendu détaillé de ces intéressantes découvertes est ici exclu, mais je peux néanmoins signaler quelques ouvrages à ceux qui souhaiteraient approfondir la question. Voir A. J. Hobson, *The Chemistry of Consciousness* (cf. supra) ; M. Steriade, « Basic Mechanisms of Sleep Generation » (cf. supra).

16. M. H. J. Munk, *et al.*, « Role of reticular activation », 1996 ; M. Steriade, « Arousal : revisiting the reticular activating system », *Science* 272 (1996) : 225-26.

17. M. Steriade et M. Deschenes, « The thalamus as a neuronal oscillator », *Brain Research* 320 (1984) : 1-63. Voir également J. E. Bogen dont le compte rendu est pertinent, « On the neurophysiology of consciousness : 1. An overview », *Consciousness and Cognition* 4 (1995) : 52-62.

18-19. D. A. McCormick et M. von Krosigk, « Corticothalamic activation modulates thalamic firing through glutamate "metabotropic" receptors », *Proceedings of the National Academy of Sciences of the United States* 89 (1990) : 2774-8.

R. Llinás et D. Paré, « Of dreaming and wakefulness », cf. supra.

20. A. Brodal, *The Reticular Formation of the Brain Stem*, cf. supra.

21. F. Bremer, *Cerveau « isolé » et physiologie du sommeil*, cf. supra.

22. C. Batini, G. Moruzzi, M. Palestini, G. Rossi et A. Zanchetti, « Persistant pattern of wakefulness in the pretrigeminal midpontine preparation », *Science* 128 (1958) : 30-32.

23. Sprague et ses collègues ont réalisé, il y a presque quarante ans, une autre série d'expériences sur les chats en rapport avec notre première prédiction. (J. M. Sprague, M. Levitt, K. Robson, C. N. Liu, E. Stellar et W. W. Chambers, « A neuroanatomical and behavioral analysis of the syndromes resulting from midbrain lemniscal and reticular lesions in the cat », *Archives italiennes de biologie* 101 [1963] : 225-95.) Les chercheurs ont ainsi lésé les voies ascendantes d'acheminement des informations sensorielles d'un côté ou de l'autre de la partie supérieure du tronc cérébral, et dans certains cas des deux côtés. Les cas de lésions unilatérales sont intéressants par eux-mêmes, mais je me contenterai de commenter les lésions bilatérales. Ces dernières empêchent les informations somato-sensorielles sur l'état du corps de parvenir à la partie supérieure du cerveau moyen, à l'hypothalamus, au thalamus et au cortex cérébral. Elles interromperont également l'acheminement des informations de nature auditive ou motrice. En revanche, les noyaux réticulaires des parties inférieures et médianes du tronc cérébral continueront à recevoir les signaux somato-sensoriels bien qu'il soit probable que certains au moins des signaux émis par le cortex cérébral et destinés aux noyaux réticulaires aient été bloqués par les lésions. Le résultat observé est une modification en profondeur du comportement, marquée par la disparition des émotions, l'indifférence aux stimuli olfactifs (dont le point d'entrée se situe plus haut, directement au niveau du cortex cérébral) ainsi que des comportements stéréotypés et sans but, sans rapport avec les stimuli de l'environnement et les besoins de l'animal. Sprague et ses collègues ont décrit de manière évocatrice la situation en disant que les animaux ressemblaient à des automates : ils étaient bien éveillés mais ne manifestaient aucune émotion, et leur comportement était sans rapport avec la situation. Les chats restèrent ainsi pendant près de deux ans et demi avant d'être sacrifiés pour réaliser une étude *post mortem*.

Les suggestions et les questions soulevées par une telle étude sont fascinantes. Il semblerait en effet que les noyaux réticulaires, s'ils sont intacts, sont capables de produire l'état de veille et permettent certains comportements, mais qu'ils ne garantissent pas le type de comportement, à la fois pertinent et adaptable, associé à la conscience et à l'action planifiée. L'expérience suggère aussi que, pour éprouver des émotions et sans doute aussi pour être conscient, il est nécessaire de disposer d'un flux continuel d'informations sur l'état actuel du corps. Il convient de nuancer ce dernier point : il se peut que des lésions des voies d'accès menant du cortex aux noyaux réticulaires aient eu lieu, contribuant au handicap observé, mais il n'est pas raisonnable de supposer qu'une perturbation du flux d'informations en provenance du cortex puisse seule expliquer de tels résultats. Je ferai enfin remarquer la ressemblance entre certains comportements observés chez ces chats et le cas de patients affligés de troubles partiels de la conscience, décrits plus haut, c'est-à-dire d'automatisme épileptique. Ils sont bien éveillés, mais leurs comportements sont stéréotypés, ne s'intègrent pas dans le cadre d'une action planifiée sensée et en rapport avec le contexte. Rien n'indique la présence d'une conscience-noyau ou d'un Soi-central.

Je devrais ajouter, pour ceux qui s'intéressent à l'histoire de la neuroscience, que cette série d'expériences a conduit Sprague à explorer le rôle que joue le colliculus supérieur au sein de la vision. Il avait en effet remarqué que les lésions avaient également touché les colliculi supérieurs sans qu'il l'eût voulu : tous les chats présentaient à la fois les anomalies décrites ci-dessus ainsi qu'une indifférence aux stimuli visuels. Chez le seul chat dont les colliculi étaient demeurés intacts, on observait bien les anomalies susdites mais pas d'indifférence visuelle. Voir J.-M. Sprague, *in The History of Neuroscience in Autobiography*, ed. L. R. Squire (Washington, D. C. : Society for Neuroscience, 1996).

24. M. H. J. Munk, P. R. Roelfsema, P. König, A. K. Engel et W. Singer, « Role of reticular activation in the modulation of intracortical synchronization », *Science* 272 (1996) : 271-74.

25. S. Kinomura, J. Larsson, B. Gulyás et P. E. Roland, « Activation by attention of the human reticular formation and thalamic intralaminar nuclei », *Science* 271 (1996) : 512-15.

26. R. Bandler et M. T. Shipley, « Columnar organization in the midbrain periaqueductal gray », 1994 ; M. M. Behbehani, « Functional characteristics of the midbrain periaqueductal gray », 1995 ; J.-F. Bernard and R. Bandler, « Parallel circuits for emotional coping behavior », 1998.

27. J. Parvizi, G. W. Van Hoesen et A. Damasio, « Severe pathological changes of the parabrachial nucleus in Alzheimer's disease », *NeuroReport* 9 (1998) : 4151-54, 1998.

28. G. W. Van Hoesen et A. Damasio, « Neuronal correlates of cognitive impairment in Alzheimer's disease », in *Handbook of Physiology*, volume V, « Higher Functions of the Nervous System », eds V. Mountcastle et F. Plum (Bethesda, Md. : American Physiological Society, 1987) : 871-98 ; T. Grabowski et A. Damasio, « Definition, clinical features, and neuroanatomical basis of dementia », *in The Neuropathology of Dementia*, eds. M. M. Esiri et J. H. Morris (New York : Cambridge University Press, 1997) : 1-20.

29. Au fur et à mesure que nous aurons cartographié les modifications entraînées par Alzheimer à différents stade de la maladie, nous pourrons établir des liens plus précis entre les sites neuronaux et des défaillances du comportement cognitif. Ce travail est fondamental parce qu'il constitue notre unique moyen de trouver une réponse à ces problèmes. Il est fort probable que la pathologie du nucleus parabrachial lors d'un Alzheimer soit à l'origine d'une partie au moins du handicap, sinon de sa totalité. Elle sera certainement en rapport avec le dysfonctionnement de la régulation autonome observé chez ces patients et pourra être une des causes possibles de leur propension inusitée aux affections respiratoires ou gastro-entériques.

30. Il semblerait que, lorsque les stocks de glycogène au sein des cellules gliales diminuent en raison des émissions récurrentes de neurotransmetteurs, les cellules gliales distribuent de l'adénosine et provoquent donc l'endormissement. Cet état de sommeil (non paradoxal) permet à son tour la reconstitution des stocks de glycogène au sein des cellules gliales. Voir J. Benington et H. C. Heller, « Restoration of brain energy metabolism as the function of sleep », *Progress in Neurobiology* 45 (1995) : 347-60.

31. Voir la présentation de B. Vogt, L. Vogt, E. Nimchinsky et P. Hof, « Primate cingulate cortex chemoarchitecture and its disruption in Alzheimer's disease », *in Handbook of Chemical Neuroanatomy*, vol. 13, *The Primate Nervous System, Part I*, eds. F. E. Bloom, A. Bjorklund, T. Hokfelt (New York : Elsevier Science B. V., 1997).

32. O. Devinsky, M. J. Morrell et B. A. Vogt, « Contributions of anterior cingulate cortex to behavior », *Brain* 118 (1995) : 279-306 ; P. Maquet, J.-M. Peters, J. Aerts, G. Delfiore, C. Degueldre, A. Luxen et G. Frank, « Functional neuroanatomy of human rapid-eye movement sleep and dreaming », *Nature* 383 (1996) : 163-66 ; P. Maquet, J.-M. Peters, J. Aerts, G. Delfiore, C. Degueldre, A. Luxen et G. Frank,

« Functional neuroanatomy of human slow wave sleep », *The Journal of Neuroscience* 17 (1997) : 2807-12 ; T. Paus, R. J. Zatorre, N. Hofle, Z. Caramanos, J. Gotman, M. Petrides et A. C. Evans, « Time-related changes in neuronal systems underlying attention and arousal during the performance of an auditory vigilance task », *Journal of Cognitive Neuroscience* 9 (1997) : 392-408 ; P. Rainville, B. Carrier, R. Hofbauer, M. Bushnell et G. Duncan, « Dissociation of pain sensory and affective dimensions using hypnotic modulation », *Pain* (à paraître) ; P. Fiset, T. Paus, T. Daloze, G. Plourde, N. Hofle, N. Hajj-Ali et A. Evans, « Effect of propofol-induced anesthesia on regional cerebral blood-flow : a positron emission tomography (PET) study », *Society for Neuroscience* 22 (1996) : 909 ; A. R. Braun, T. J. Balkin, N. J. Wesensten, F. Gwadry, R. E. Carson, M. Varga, P. Baldwin, G. Belenky et P. Herscovitch, « Dissociated pattern of activity in visual cortices and their projections during rapid eye movement sleep », *Science* 279 (1998) : 91-95.

33. Voir A. Damasio et G. W. Van Hoesen, « Emotional disturbances », *in Neuropsychology of Human Emotion*, 1983 ; M. I. Posner et S. E. Petersen, « The attention system of the human brain », *Annual Review of Neuroscience* 13 (1990) : 25-2.

34. MacDonald Critchley, *The Parietal Lobes*, E. Arnold, Londres, 1953.

35. Barry E. Stein et M. Alex Meredith, *The Merging of the Senses*, MIT Press, Cambridge, Mass., 1993.

36. Frappé par la richesse des interconnexions au sein des colliculi supérieurs, Bernard Strehler a suggéré que ces derniers pourraient être, littéralement, le siège de la conscience. C'est une position plutôt extrême, à laquelle je ne souscris pas. L'hypothèse que j'avance est bien sûr tout à fait différente, mais son compte rendu des fonctions colliculaires était riche d'intuitions. B. Strehler, « Where is the self ? A neuroanatomical theory of consciousness », *Synapse* 7 (1994) : 44-91.

37. E. G. Jones, « Viewpoint : the core and matrix of thalamic organisation », *Neuroscience* 85 (1998) : 331-45. Les travaux d'E. G. Jones sur les primates nous ont également appris que les neurones présents dans plusieurs noyaux thalamiques projetant de manière diffuse (y compris les noyaux intralaminaires, mais pas seulement) et qui reçoivent des influx provenant du tegmentum du tronc cérébral ont une signature chimique spécifique : la calbindine. En revanche, les neurones des noyaux spécifiquement chargés de relayer l'information, recevant leurs données des tracts lemniscaux et dont les projections sont topographiquement ordonnées, se caractérisent par un autre marqueur chimique : la parvalbumine.

38. H. T. Chugani, « Metabolic imaging : a window on brain development and plasticity », *Neuroscientist* 5 (1999) : 29-40.

39. A. Damasio, « Disorders of complex visual processing », *in Principles of Behavioral Neurology*, ed. M. M. Mesulam, Contemporary Neurology Series (Philadelpia : F. A. Davis, 1985) : 259-88.

40. Lawrence Weiskrantz, *Consciousness Lost and Found : A Neuropsychological Exploration* (New York : Oxford University Press, 1997).

41. A. Damasio, *L'Erreur de Descartes* ; R. M. Brickner, « An interpretation of frontal lobe function based upon the study of a case of partial bilateral frontal lobectomy », *Research Publications of the Association for Research in Nervous and Mental Disease* 13 (1934) : 259-351 ; Richard M. Brickner, *The Intellectual Functions of the Frontal Lobes : A Study Based upon Observation of a Man after Partial Bilateral Frontal Lobectomy* (New York : Macmillan, 1936) ; Joaquin Fuster, *The Prefrontal cortex : Anatomy, Physiology, and Neuropsychology of the Frontal Lobe*, 2e éd. (New York, Raven Press, 1989). Remarquez que je n'inclus pas les cortex prémoteurs des aires 6 et 24 dans les cortex préfrontaux en raison de leurs différences fonctionnelles et architectoniques. Les lésions naturelles bilatérales des cortex prémoteurs sont rares, et il est donc difficile d'en faire une étude expérimentale.

Chapitre 9 : Le sentir du sentiment

1. J'ai décrit pour la première fois ces mécanismes dans *L'Erreur de Descartes*, où ils font l'objet d'une discussion approfondie.
2. Vittorio Gallese et Alvin Goodman, « Mirror neurons and the simulation theory of mind-reading », *Trends in Cognitive Sciences* 2 (1998) 12 : 493-501.
3. Le lecteur trouvera un compte rendu de tous ces aspects essentiels de la perception d'arrière-plan dans les travaux de Jaak Panksepp sur les peptides associés aux émotions : J. Panksepp, E. Nelson et M. Bekkedal, « Brain systems for the mediation of social separation-distress and social-reward : evolutionary antecedents and neuropeptide intermediaries », *Annals of the New York Academy of Sciences* 807 (1997) : 78-100 ; E. E. Nelson et J. Panksepp, « Brain substrates of infant-mother attachment : contributions of opioids, oxytocin and norepinephrine », *Neuroscience and Bio-behavioral Reviews* 22 (1998) : 437-452.
4. Je remercie les lecteurs de *L'Erreur de Descartes* qui ont attiré mon attention sur l'œuvre de Susanne Langer (*Philosophy in a New Key : A Study in the Symbolism of Reasons, Rite and Art*, Harvard University Press, Cambridge, Mass., 1942), et sur celle de Daniel Stern *(The Interpersonal World of the Infant : A View from Psychoanalysis and Developmental Psychology*, BasicBooks, New York, 1985).
5. William James, *Les Principes de psychologie*, cf. supra.
6. G. W. Hohmann, « Some effects of spinal cord lesions on experienced emotional feelings », *Psychophysiology* 3 (1966) : 143-156 ; P. Montoya et R. Schandry, « Emotional experience and heartbeat perception in patients with spinal cord injury and control subjects », *Journal of Psychophysiology* 8 (1994) : 289-296.
7. W. B. Cannon, « The James-Lange theory of emotions : a critical examination and an alternative theory », *American Journal of Psychology* 39 (1927) : 106-124.
8. Jean-Dominique Bauby, *Le Scaphandre et le Papillon* (cf. supra) ; Judy Mozersky, *Locked-in* (cf. supra).
9. J. L. McGaugh, « Involvement of hormonal and neuromodulatory systems in the regulation of memory storage », *Annual Review of Neuroscience* 12 (1989) : 225-287 ; J. L. McGaugh, « Significance and remembrance : the role of neuromodulatory systems », *Psychological Science* 1 (1990) : 15-25.

Chapitre 10 : À quoi sert la conscience ?

1. J. F. Kihlstrom, « The cognitive unconscious », 1987 ; A. S. Reber, *Implicit Learning and Tacit Knowledge* (cf. supra).
2. Voir Victoria Fromkin et Charles Rodman, *An Introduction to Language*, 6e éd. (New York : Harcourt Brace, 1997).
3. Sur la question de l'arrière-plan évolutionnaire de cette compréhension inconsciente des règles de grammaire, on pourra consulter l'ouvrage de Steven Pinker, *The Language Instinct* (New York : Morrow, 1994 ; *L'Instinct du language*, Odile Jacob, 1999). Sur le caractère inconscient des grammaires artificielles, voir Reber, *Implicit Learning* (cf. supra).
4. A. Bechara, D. Tranel, H. Damasio, R. Adolphs, C. Rockland et A. Damasio, « A double dissociation of conditioning and declarative knowledge relative to the amygdala and hippocampus in humans », *Science* 269 (1995) : 1115-18 ; S. Corkin, « Tactually guided maze learning in man : effects of unilateral cortical excisions and bilateral hippocampal lesions », *Neuropsychologia* 3 (1965) : 339-

51 ; D. Tranel et A. Damasio, « Knowledge without awareness : Na autonomic index of facial recognition by prosopagnosics », *Science* 228 (1985) : 1453-54 ; A. Damasio, D. Tranel et H. Damasio, « Face agnosia and the neural substrates of memory », *Annual Review of Neuroscience* 13 (1990) : 89-109 ; L. Weiskrantz, *Consciousness Lost and Found* (cf. supra).

5. A. Bechara, H. Damasio, D. Tranel et A. Damasio, « Deciding advantageously before knowing the advantageous strategy », *Science* 275 (1997) : 1293-95 ; R. Adolphs, H. Damasio, D. Tranel et A. Damasio, « Cortical systems for the recognition of emotion in facial expressions », *Journal of Neuroscience* 16 (1996) : 7678-87 ; A. Bechara, A. Damasio, H. Damasio et S. W. Anderson, « Insensitivity of future consequences following damage to human prefrontal cortex », *Cognition* 50 (1994) : 7-15.

6. F. Jackson, « Epiphenomenal qualia », *Philosophical Quaterly* 32 (1982) : 127-136.

7. Patricia Churchland a écrit un texte délicieux sur l'expérience de pensée de Mary dans « The Hornswoggle problem », *Journal of Consciousness Studies* 3 (1996) : 402-8.

Chapitre 11 : En pleine lumière

1. Nicolas de Malebranche, *De la recherche de la vérité*, 1674, p. 914. Tous mes remerciements à Fernando Gil pour avoir attiré mon attention sur cet auteur.

Annexes : Remarques sur l'esprit et le cerveau

1. A. Einstein, cité *in* J. Hadamard, *The Psychology of Invention in the Mathematical Field* (Princeton, NJ : Princeton University Press, 1945).

2. D. Hubel, *Eye, Brain and Vision* (San Francisco : W. H. Freeman, 1987). Pour plus d'informations sur les systèmes de sélection en biologie, voir Jean-Pierre Changeux, *L'Homme neuronal : la biologie de l'esprit* (Paris, Hachette, 1984) et Gerald Edelman, *Neuronal Darwinism* (cf. supra).

3. A. Damasio, « Time-locked multiregional retro-activation : a systems level proposal for the neuronal substrates of recall and recognition », *Cognition* 33 (1989) : 25-62 ; A. Damasio, « The brain binds entities and events by multiregional activation from convergence zones », *Neuronal Computation* 1 (1989) : 123-32 ; A. Damasio, 1994-1995, cité plus haut ; G. Edelman, *Neuronal Darwinism : The Theory of Neuronal Group Selection* (New York : BasicBooks, 1987) ; R. Llinás et D. Paré, « Commentary of dreaming and wakefulness », *Neuroscience* 44 (1991) ; 521-353.

4. W. Singer, C. Gray, A. Engel, P. Köenig, A. Artola et S. Brocher, « Formation of cortical cell assemblies », *Symposia on Quantitative Biology* 55 : 929-52.

5. F. Crick, *The Astonishing Hypothesis : The Scientific Search for the Sou*l, Charles Scribner's Sons, 1994 ; F. Crick et C. Koch, « Constraints on cortical and thalamic projections : the no-strong-loops hypothesis », *Nature* 391 (1998) : 245-250.

6. Jean-Pierre Changeux, 1984, cf. supra ; G. Edelman, 1987, cf. supra.

Remerciements

Mes premiers remerciements vont à Seamus Heaney pour sa contribution involontaire au titre original de ce livre, *The Feeling of What Happens*. La fin de son poème *Song* évoque le moment « où l'oiseau chante tout près de la musique de ce qui se passe » (*when the bird sings very close to the music of what happens*). « Le sentiment de ce qui se passe » fut mon adaptation spontanée et peut-être inévitable à ce dont il est spécifiquement question dans cet ouvrage.

Durant la préparation de ce manuscrit, j'ai eu le bonheur de passer de nombreuses heures à discuter de mes idées avec des collègues aussi savants que patients. Parmi lesquels une mention particulière va à Hanna Damasio, dont les pensées et suggestions sont une source d'inspiration constante ; à Josef Parzivi, dont les compétences de spécialiste sur le tronc cérébral ont contribué à façonner mes idées sur cette région du cerveau et rendu mes démêlés avec ses complexités beaucoup moins solitaires qu'ils ne l'auraient été sans son enthousiasme ; à Ralph Adolphs, pour son ouverture d'esprit et sa façon de ne jamais accepter sans discuter la moindre explication ; à Charles Rockland, qui n'accepte quasiment jamais la moindre explication mais qui est un critique des plus créatifs ; à Patricia Churchland, dont les exhortations à la limpidité sont un défi bienvenu. J'ai également bénéficié des conseils de plusieurs collègues qui ont lu le texte et fait des suggestions. Parmi eux, Victoria Fromkin, Paul Churchland, Fernando Gil, Jerome Kagan, Fred Plum, Pierre Rainville, Kathleen Rockland, Daniel Tranel, Stefan Heck, Antoine Bechara, Samuel Dunnam, Ursula Bellugi, et Edward Klima. Leurs commentaires m'ont été extrêmement utiles, et je les remercie pour leur sagesse et leur gentillesse.

Je dois également beaucoup à l'amitié que m'ont manifestée, une fois le manuscrit achevé, plusieurs collègues en procédant à une lecture approfondie et à un commentaire généreux du texte : Gerald Edelman, Giulio Tononi, Jean-Pierre Changeux, Francis Crick, Thomas Metzinger et David Hubel — le lecteur dont chacun rêve, qui ne laisse passer aucune virgule, et aucune idée sans l'examiner. Je suis naturellement seul responsable des erreurs et bizarreries qui demeurent.

Je remercie mes collègues du département de neurologie de l'Université d'Iowa, et tout spécialement les membres de la division de neuroscience cognitive, pour ce qu'ils m'ont enseigné au fil des années et pour l'esprit avec lequel ils m'ont aidé à créer un environnement unique pour la recherche sur le cerveau et l'esprit. Je tiens aussi à remercier les patients qui ont été étudiés dans notre unité de neuroscience cognitive, pour m'avoir aidé à mieux comprendre les troubles neurologiques dont ils souffraient.

Mon assistant, Neal Purdum, a coordonné la préparation du manuscrit ; Betty Redecker, qui a la dure tâche de déchiffrer tout ce que j'écris depuis seize ans, et Donna Wenell ont toutes deux dactylographié le manuscrit avec professionnalisme et dévouement. Denise Krutzfeldt et Jon Spradling m'ont aidé dans les recherches bibliographiques avec leur efficacité habituelle.

J'exprime toute ma gratitude, pour le soutien et l'aide qu'ils m'ont apportés, à deux amis, Jane Isay et Michael Carlisle ; sans leurs conseils et leur enthousiasme, il n'aurait pas été possible de mener ce projet à terme.

Enfin, je tiens à remercier Odile Jacob et Bernard Gotlieb pour leur amitié et la confiance qu'ils ont placée dans mon travail. Mes remerciements vont aussi aux traducteurs et à toute l'équipe des Éditions Odile Jacob, à Jean-Luc Fidel et Suzanne Jamet pour leur professionnalisme et leur contribution précieuse à l'élaboration de l'édition française de ce livre.

Index

Table

Troisième partie :
BIOLOGIE DU CONNAÎTRE

Quatrième partie :
VOUÉS À CONNAÎTRE

Ouvrage proposé par Jean-Pierre Changeux

CET OUVRAGE A ÉTÉ COMPOSÉ
ET MIS EN PAGE PAR NORD COMPO (VILLENEUVE-D'ASCQ)
ET ACHEVÉ D'IMPRIMER SUR ROTO-PAGE
PAR L'IMPRIMERIE FLOCH À MAYENNE
EN OCTOBRE 1999

N° d'impression : 47156.
N° d'édition : 7381-0738-X.
Dépôt légal : octobre 1999.
Imprimé en France